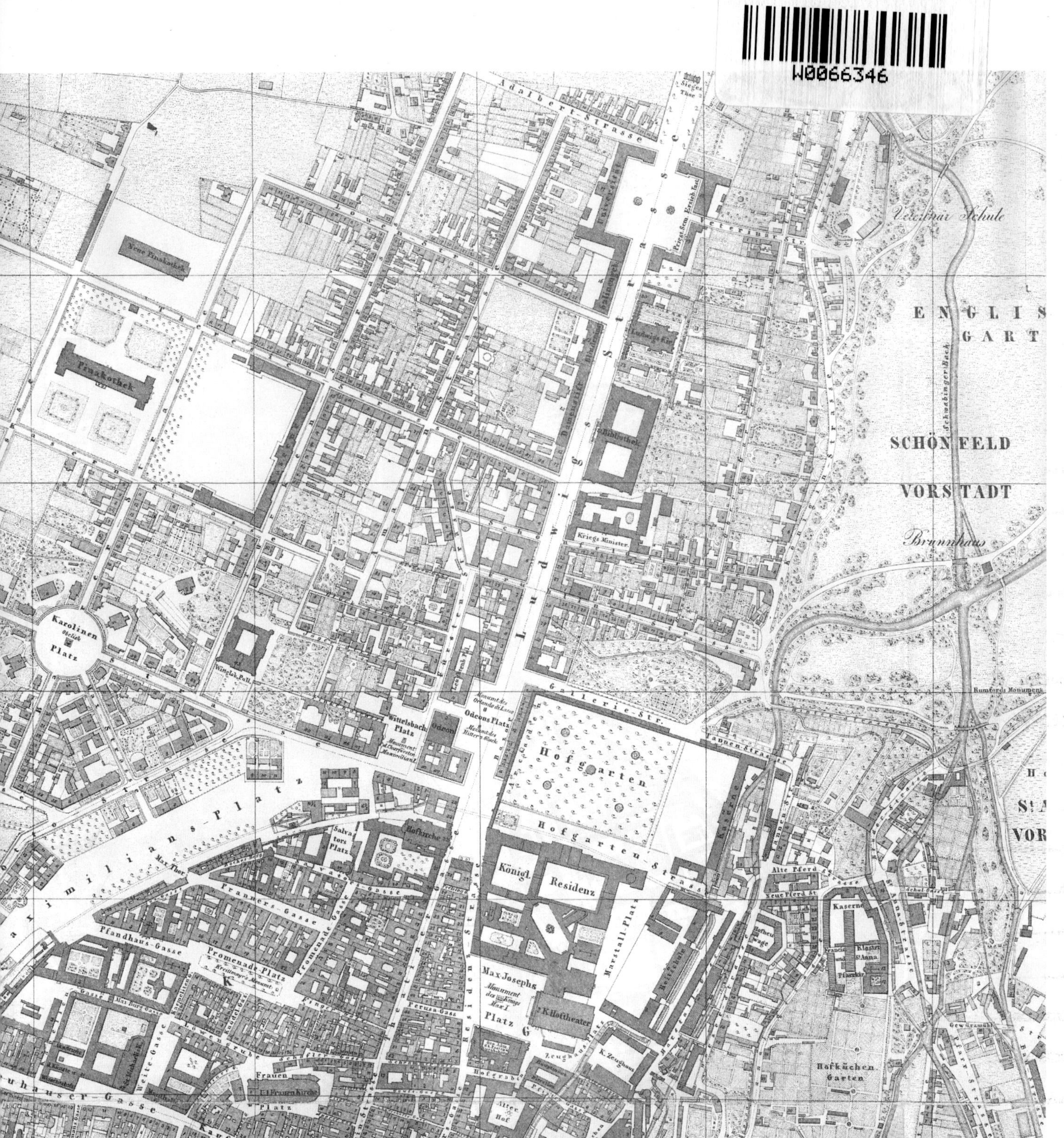

Neue Pinakothek
Pinakothek
Karolinen Platz
Veterinär Schule
ENGLIS GART
SCHÖN FELD
VORSTADT
Brennhaus
Adalbert Strasse
Ludwigs Kl
Bibliothek
Kriegs Minister
Rumford's Monument
Galerie-Str.
Hof Garten
Hofgarten-Strasse
Odeons Platz
Odeon
Wittelsbach Platz
Maximilians-Platz
Max Thor
Salvatorten Platz
Hofkirche
Königl. Residenz
Marstall-Platz
Alte Pferd
Kaserne
Franners-Gasse
Pfandhaus-Gasse
Promenade Platz
Max Josephs Platz
Monument des Königs Max J.
K. Hoftheater
K. Zeughaus
Zeughaus
Hofküchen Garten
Gewerbeschule
Frauen
L.F. Frauen Kirche Platz
Peters Gasse
Hofgraben
Alter Hof
Neuhauser-Gasse
Kaufinger Gasse
Schrannen Platz
St Peters K Platz
Spital-Gasse
Althammer
Brunn-Gasse
W0066346

Reinhard Bauer

# Maxvorstadt

## zwischen Münchens Altstadt und Schwabing

## Das Stadtteilbuch

München 1995

Titelbild: links oben: Brunnen vor der Universität
          rechts oben: Kirche St. Benno
          links unten: Löwenbräu am Stiglmaierplatz
          rechts unten: Häuser in der Heßstraße
          Mitte: Propyläen am Königsplatz

Buchrückseite: Akademie der Bildenden Künste, Zeichnung 1898


Impressum:

Reinhard Bauer:
Maxvorstadt zwischen Münchens Altstadt und Schwabing
Das Stadtteilbuch
München 1995

© Bavarica-Verlag Dr. Reinhard Bauer
   Lerchenauer Str. 148, 80935 München, Tel + Fax 089/3 51 42 81

   Vertrieb: Verlag Wilhelm Unverhau,
   Nadistr. 32, 80809 München, Tel 089/3 51 31 67 Fax 089/3 51 97 16

Bildredaktion: Dr. Reinhard Bauer, Alois Schmitz

Satz und Lithographien: FotoSatz Pfeifer GmbH, Gräfelfing

Druck: Saupe & Co, Lerchenauer Str. 158, 80935 München

ISBN 3-920530-85-3

# Inhalt

# Vorwort

Wo liegt die Maxvorstadt und warum wird über sie ein Buch geschrieben? Selbst viele Bewohner dieses wichtigen Stadtteils wissen kaum von seiner Existenz. So ging es auch dem Autor, der hier (Nordendstraße/Ecke Neureutherstraße) aufgewachsen ist und sich für einen Schwabinger hielt. Ihm war damals der Aufruf, den Tim O. Tim 1955 in der Abendzeitung veröffentlicht hatte, nicht bekannt: *«Maxvorstädter erwachet! Erwachet aus jahrzehntelanger Unterdrückung, werdet euch endlich eurer selbst bewußt! Maxvorstädter vereinigt euch! [...] Historisch betrachtet gibt es überhaupt keine Schwabinger, denn die geistige Wiege Schwabings stand ohne Zweifel in der Türkenstraße [...] Diese aber gehört ganz zur Maxvorstadt. Desgleichen auch die Universität und das Siegestor; bis zur Hohenzollernstraße sind die Champs-Elyseés von München maxvorstädtisch... »*

Diese ironischen Sätze enthalten richtige Aussagen. Viele – die entscheidenden – Stätten der Schwabinger Bohéme lagen in der Maxvorstadt. Ursprünglich war die Grenze zwischen der Gemeinde Schwabing und der Haupt- und Residenzstadt München auf Höhe der Hohenzollernstraße. Erst nach der Eingemeindung Schwabings (1890) wurde die Stadtbezirksgrenze 1909 bei einer Neueinteilung zur Georgenstraße hin verschoben. Im Grundbuch sind die Parzellen noch bis zur alten Grenze mit dem am Anfang des 19. Jahrhunderts festgelegten Namen »Gemarkung Maxvorstadt« versehen. Heute sind die Umgrenzungen des Stadtbezirkes 3 (Maxvorstadt), in dem drei bzw. vier alte Stadtbezirke (5,6,7) aufgegangen sind: Georgenstraße im Norden; Englischer Garten im Osten; Galeriestraße – Briennerstraße – Lenbachplatz – Arnulfstraße im Süden; Maillingerstraße – Dachauerstraße – Lothstraße im Westen.

Die Maxvorstadt wurde ab 1808 unter König Maximilian I. geplant und nach ihm benannt. Bereits 1795 war mit der Anlage der Schönfeldvorstadt begonnen worden. Die prägendsten Bauten, wie die Universität, ließ Ludwig I. errichten. Unter seinem Enkel Ludwig II. entstanden hier auch die spätere Technische Universität und die Akademie. In Paläste, Villen und Mietshäuser zogen neben Adligen, Künstlern, Gelehrten und Offizieren auch viele einfache Leute. So wurde die Maxvorstadt mit ihrer unterschiedlichen Gesellschaftsstruktur das Viertel, in dem sich Kunst, Gelehrsamkeit und Politik trafen.

Hier arbeitete die Mehrzahl der Münchner Künstler, waren die Konzertsäle und lebten viele Musiker. In diesem Bücherviertel wohnen bis in unsere Zeit auch Dichter; genannt seien nur die Gebrüder Mann, Oskar Maria Graf oder der Lyriker Wolfgang Bächler. Die Kammerspiele, in deren Nachtprogramm z.B. Karl Valentin auftrat und Hermann Hesse Besucher war, spielten bis 1926 unter Otto Falckenberg in der Augustenstraße. Im Umkreis der Universität lebten und arbeiteten Wissenschaftler wie Justus von Liebig, Max Planck oder Wilhelm Röntgen.

Die Maxvorstadt war stets Schauplatz der Politik; zwischen Feldherrnhalle und Königsplatz fanden die Versammlungen und Demonstrationen statt. Am 1. März 1869 wurde in der Nordendhalle in der Schellingstraße die SPD München gegründet, 1915 einige Häuser weiter der spätere CSU-Vorsitzende und Ministerpräsident Franz Josef Strauß geboren. 1913 zog Adolf Hitler in die Schleißheimer Straße und wirkte später in der Schellingstraße. Hier lag vorübergehend die Zentrale der NSDAP; gegenüber wurde der Völkische Beobachter gedruckt. Daneben wohnte der spätere Ministerpräsident Wilhelm Hoegner. Wichtig war im Viertel auch die Frauenbewegung. Hier lebten und arbeiteten Anita Augspurg, Toni Pfülf und Ellen Ammann. In der Briennerstraße wirkte der Verein »Verein für Fraueninteressen und Frauenarbeit«, in der Theresienstraße der »Katholische Frauenbund«, der nun im Haus seiner Gründerin Ellen Ammann in der Schraudolphstraße 1 sitzt.

Nach der schweren Zerstörung im Zweiten Weltkrieg hat sich die Maxvorstadt sehr verändert. Hauptprobleme sind heute Umweltsituation und Immobilienpreise. So sind Grünflächen weiter von Bebauung bedroht und die Stadtverwaltung behindert Fahrradfahrer durch Schikanen, die eigentlich den Autoverkehr eindämmen sollen.

Für einen Laden von 87 qm in der Schellingstraße 44, in dem vorher der Fernsehsender Tele 5 saß, wird ein Verkaufspreis von rund 1,1 Mio gefordert. Man kann sich ausrechnen, was für eine Rendite erforderlich ist, um dieses Geld zu erwirtschaften.

Die Mietervertreibung, wie sie noch in den 80er Jahren praktiziert wurde, als der spätere Oberbürgermeister Christian Ude als Rechtsanwalt die Mieter der Türkenstraße 68a vertrat, geschieht heute weniger spektakulär. In der Genossenschaft Zieblandstraße 45 wird mit Hilfe der Stadt sogar eine soziale Form der Wohnwirtschaft praktiziert. Mehr als für manch anderes Stadtviertel gilt für die Maxvorstadt, obwohl sie von Natur aus eine hohe Bevölkerungsfluktuation hat,: »Hier ist eine Heimat, aus der man kaum freiwillig wegzieht« oder »Wir bleiben da!«

Bisher gibt es zwar unzählige Werke über Gebäude, Institutionen und Personen der Maxvorstadt, das vorliegende Stadtteilbuch ist aber das erste Buch über Geschichte und Gegenwart dieses Stadtviertels. Der Autor fühlt sich auch aus seiner Funktion als Vorsitzender des »Bürgerkreises Maxvorstadt e.V.« berufen, einen Beitrag zur Identität des Stadtbezirkes zu leisten. Er hat sich das Thema über lange Jahre durch Führungen und Vorträge erarbeitet.

Die übergroße Fülle des Materials macht eine radikale Beschränkung nötig. Doch wurde auch besonders Wert auf anschaulich erzählende Texte gelegt. Wenn z.B. der Diakoniestation Maxvorstadt mehr Platz eingeräumt wird als der Staatlichen Antikensammlung, läßt dies keinen Rückschluß auf die weltweite Bedeutung dieser beiden Institutionen zu. Während man sich über die Museen in eigenen Publikationen kundig machen kann, sind andere wichtige Institutionen in der Öffentlichkeit kaum bekannt, obwohl auch sie Beachtung verdienen. In der »Diakonissenanstalt« in der Heßstraße z.B. haben viele Münchnerinnen und Münchner das Licht der Welt erblickt.

Wenn das Interesse es möglich macht, ist der Autor, der für Anregungen dankbar ist, bereit, in einem zweiten Band Ergänzungen folgen zu lassen.

Dr. Reinhard Bauer

*Blick vom Turm der Ludwigskirche durch die Ludwigstraße nach Süden auf die Theatinerkirche St. Kajetan und die Frauenkirche*

# Die Entstehung der Maxvorstadt

## Natürliche Gegebenheiten

Der Norden und Nordwesten des Münchner Burgfriedens, in dem die Maxvorstadt lag, ist von Natur aus ein weitgehend flaches, wasserloses und recht unfruchtbares Land. Die hier liegenden Wiesen, Äcker und Gärten waren bis um 1800 nur von vier größeren Straßen und einigen Feldwegen durchzogen. Fernverbindungen waren die Chaussee nach Nymphenburg oder auch Fürstenweg, (Briennerstraße–Nymphenburger Straße nach Neuhausen), die Chaussee nach Dachau (Dachauer Straße), der »Rennweg« nach Schleißheim (Schleißheimer Straße) und die Schwabinger Landstraße ( Ludwig- und Leopoldstraße; auch Hauptweg in Richtung Freising und Ingolstadt). Diese Landstraßen waren ursprünglich schmal und hatten teilweise einen gewundenen, an das Gelände angepaßten Verlauf. Seit dem Beginn des 18. Jahrhunderts durchlief der »Türkengraben«, als Verbindungskanal von der Residenz zu den Schlössern Nymphenburg und Schleißheim geplant, aber bald trocken, das Gelände in Nord-Süd-Richtung.

## Kurfürst Karl Theodor

Der »Wittelsbachische Hausvertrag« wurde 1771 von der bayerischen und pfälzische Linie der Familie mit Maximilian III. Joseph von Bayern und Kurfürst Karl Theodor von der Pfalz unterzeichnet. Hier war festgelegt, daß der Überlebende Gesamterbe werden sollte. München mußte Hauptstadt bleiben und der Herrscher sich zur katholischen Religion bekennen mit der Verpflichtung, in Bayern keine andere einzuführen. Als Maximilian III. 1777 kinderlos starb, mußte Karl Theodor mit seinem Hofstaat von 2000 Menschen von seiner Residenz Mannheim an die Isar ziehen. Er kam in ein verschuldetes und wenig entwickeltes Land, das er verabscheute und gerne an Österreich vertauscht hätte. Sein Regime wurde von den Münchnern als despotische Fremdherrschaft empfunden, sein Tod 1799 als Erlösung.

## Rumford und sein Militärgarten

Soziale Reformen und eine Reorganisation der Armee bewirkte der von Kurfürst Karl Theodor u.a. als Kriegsminister eingesetzte Engländer aus Amerika Sir Benjamin Thomson, später Graf Rumford. Dieser kümmerte sich auch um die Ausbildung der Soldaten und ihre Anleitung zu landwirtschaftlichen Arbeiten. Er ließ dazu Militärgärten anlegen, in denen auch Früchte zur Selbstversorgung angebaut wurden. Zur »Freizeitbetätigung des Militärs und zugleich als öffentliche Promenade« sollte die Garnison München 1789 einen Militärgarten anlegen. Als geeignetes Gelände war eine Wiese hinter dem *Klebergarten* beim Schwabinger Tor vorgesehen. Die *Au vor dem Swäbinger Thor* oder *Hirsch-Anger*, wie die sumpfige Gegend zwischen Schwabinger Landstraße und Isar bis dahin

hieß, wurde nur als Weide und Jagdrevier genutzt. Der durch Soldaten kultivierte Garten wurde dann 1790 als Theodor-Park, später Englischer Garten (nach der in England üblichen naturnahen Gartenbauweise) »dem Publikum« der Stadt München zur Erholung gewidmet. Diese Anlage reichte ursprünglich von der Isar bis zur Schwabinger Landstraße, wo am Rand Gewerbe angesiedelt wurde. Das 1790 errichtete Gebäude des Glocken- und Geschützegießers Regnault lag etwa beim späteren Kriegsministerium (Ludwigstraße 14). Nach Norden hin anschließend (der späteren Staatsbibliothek zu ) ließ Rumford 1794 das vom Militär kontrollierte *Bohrhaus* anlegen, in dem Kanonen mit von Christian und Georg von Reichenbach entwickelten Maschinen bearbeitet wurden. Dieses Bohrhaus nutzte Rumford 1797 für seine physikalischen Versuche. Hier gelangen ihm seine bahnbrechenden Entdeckungen über Wärme, deren Entstehung und Verbreitung. Er setzte seine Forschungen auch in die Praxis um und baute Öfen und Herde, die bis zu 90% Energie sparten.

## Die Niederlegung der Festungswerke

Durch die militärische Entwicklung waren die Befestigungsanlagen Münchens – Mauern, Tore, Wälle und Gräben – im 18. Jahrhundert nutzlos geworden. Sie waren ein Hindernis für Verkehr, Wirtschaft und Bauentwicklung, dessen Unterhalt große Kosten verursachte. Bereits unter Kurfürst Karl Theodor begann Graf Rumford mit der Entfernung der Befestigungsanlagen der Stadt: 1791 wurde mit dem Architekten Franz Thurn der neue Karlsplatz angelegt; eine breite Ringchaussee um die Altstadt zwischen Schwabinger-, Karls-, Sendlinger- und Isartor folgte. Die großen Pläne für den Wohnungsbau scheiterten aber an der »mangelnden Finanzkraft privater Bauunternehmer« und den »strengen Normen amtlicher Bauvorschriften«. Die Militärverwaltung, der Magistrat und das Volk in der Stadt beobachteten Neuerungen mißtrauisch bis widerwillig und behinderten sie, wo dies möglich war. Erst als Kurfürst Max IV. Joseph am 24. Juli 1801 privaten Grundeigentümern volle Verfügungsgewalt über ihren Besitz im Bereich der Befestigungsanlagen zugestand, war die Bürgerschaft zur Mitarbeit bereit. Auch die Einebnung der riesigen Wälle und Bastionen sowie der tiefen Gräben war mit großem Kapitaleinsatz verbunden. Bei privaten Bauunternehmern, die in diesem Bereich tätig werden sollten, hätte es ohne Subventionen bei den zu erstellenden Häusern zu hohen Mietpreisen kommen müssen.

## Max I. - Der Namensgeber der Maxvorstadt

Erbe des bayerischen Kurfüstentums wurde nach Karl Theodors Tod 1799 Maximilian IV. Joseph aus der wittelsbachischen Linie Pfalz-Sulzbach. Er war 1756 geboren und nach seinem Taufpaten Maximilian III. Joseph benannt. Trotz seines unsoliden Lebenswandels war er

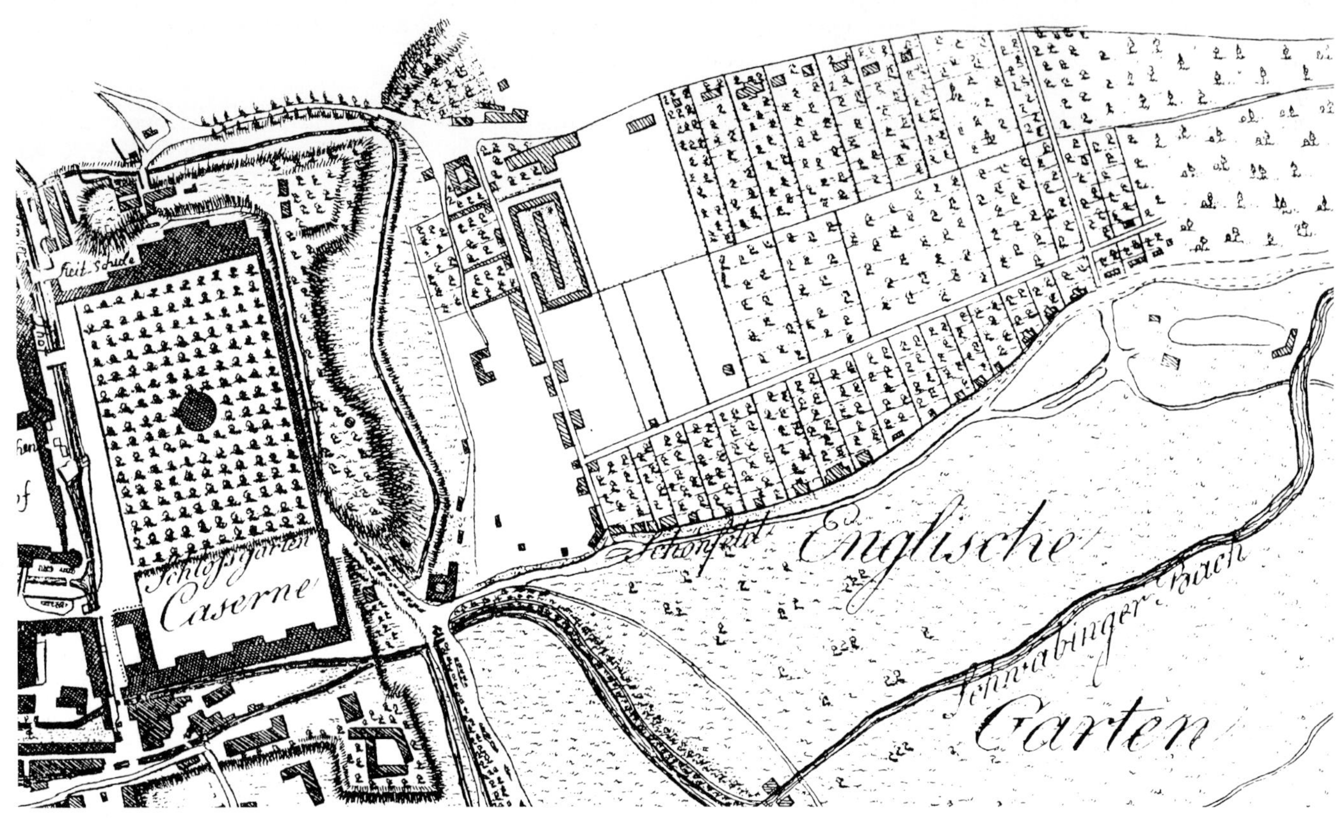

*Plan der Schönfeldvorstadt; aus: Carl Friedrich von Wiebeking: Isar bei München (1814)*

schon bei Antritt der Herrschaft in München äußerst populär. Er hatte nämlich mit patriotisch gesinnten Kräften verhindert, daß Karl Theodor Bayern an Österreich tauschte. Er wurde mit seiner Familie in der Hauptstadt freudig empfangen. Das im Krieg befindliche und von den Österreichern besetzte Land war auf einem Tiefpunkt, korrupt und verschuldet.

Max setzte auf die richtige Seite: Mit seinem Berater Graf Maximilian von Montgelas, der bis 1816 wesentlich die Politik bestimmte, suchte er die Verbindung mit Napoleon I.

Durch Unterstützung Frankreichs wurde Bayern 1803 für seine verlorenen linksrheinischen Gebiete mit geistlichen Fürstentümern und Reichsstädten entschädigt; Franken und Bayerisch Schwaben wurden einverleibt.

## Die Schönfeld-Vorstadt

Am 2. Juni 1795 war durch Kurfürst Karl Theodor der militärische Festungsstatus der Landeshauptstadt für aufgehoben erklärt worden. Damit waren auch wilde Gartensiedlungen, die sich vorher im Umkreis Münchens gebildet hatten, gleichsam legalisiert. 1790 hatte Rumford mit der Anlage des »Karl-Theodor-Parks«, des für die Öffentlichkeit bestimmten späteren Englischen Gartens, begonnen. An dessen Rand entstand das *Schönfeld* als 1797 offiziell so benannte Gartenvorstadt. Es war »die erste in München von der Regierung auf öffentlichem Grund nach einheitlichen Baulinien und Baunormen angelegte Siedlung außerhalb der Festungswerke«. Hier wurden einerseits dringend benötigte Wohnungen geschaffen, andererseits konnte die Regierung durch den Verkauf der Grundstücke noch Geld einnehmen. Die ersten Verkäufe von diesen ursprünglich für die Anlage des Rumfordschen »Militärgartens« vorgesehenen Grundstücke fand 1794 statt. Die gleich großen Parzellen gingen meist an Angehörige der bürgerlichen Mittelschicht. Es war die Auflage daran geknüpft, innerhalb einer bestimmten Frist nach einer 1795 erlassenen Vorschrift zu bauen. Die Verwaltung des Englischen Gartens sollte die Einhaltung dieser Bestimmungen an der Königinstraße und später auch an der Kaulbachstraße und Schwabinger Landstraße überwachen. Vorgeschrieben waren Wohnhäuser mit Gärten in regelmäßigen Reihen mit höchstens fünf Fensterachsen und einem Obergeschoß unter dem Mansardendach.

## Der Plan der neu anzulegenden Vorstadt 1803

Mit Gartenstädten alleine war das drängende Problem der Wohnungsnot aber nicht zu lösen. Man begann daher mit Planungen, an denen sich auch Bürger beteiligten. So legte Joseph Zängl dem Kurfürsten 1803 einen »Plan der neu anzulegenden Vorstadt von Karls- bis Schwabingerthor in München« vor und schrieb:

*«Dem durchleuchtigsten Beförderer der Künste und Wissenschaften dann der Volks- und Geistesbildung, der Preß- und Denk-Freyheit und Verschönerer der Hauptstadt München, MAX JOSEPH, meinem gnädigsten Fürsten und Herrn etc. etc. sei dieser Plan samt Beschreibung der neu zu erbauenden Vorstadt als ein ewiges Denkmal heißen Dankes in tiefster Erfurcht geweiht vom unterthänigst gehorsamsten Joseph Zängl, Bürgerlicher Stadtbuchdruker und Herausgeber des Münchener Tagblatts.*

*Vorläufige Erinnerung: Wenn wir uns auch nur einen Zeitraum von 10, ich will nicht sagen von 20 Jahren zurückdenken, so finden wir, daß sich die Volksmenge in Müchen zusehends vermehrt hat. Die Hausmiethen, so wie der Kapitalwerth der Häuser selbst, stieg beinahe bis zum Ungeheuern hinan, und obwohl alljährlich neue Stöcke auf alte Häuser aufgesetzt, neue Häuser in und vor der Stadt gebauet, und selbst Klöster in Wohnungen für Zinsleute umgeschaffen wurden, so konnte hiedurch doch noch nicht dem Bedürfnisse der Wohnungen hinlänglich gesteuert werden. Kaum ist ein neues Haus der Erde entwachsen, so erhält es schon seine Einwohner, ohne erst das nöthige Austrocknen abwarten zu dürfen, und während seines Baues miethet man schon ein, ehe man noch weiß, wie der Bau ausfallen werde. Mag auch die Neugierde, die Liebe zur Veränderung und zum Wechsel vielen Antheil an dieser Voreile haben, so läßt sich doch nicht läugnen, daß der Mangel, besonders an guten und bequemen Wohnungen, selbst die meiste Ursache hievon seyn müsse. Unter der Regierung Karl Theodors ward das Rondel vor dem Karls Thore, und die Reihe der Häuser im Schönfeld zu bauen angefangen, nach und nach vortgesetzt, und steht nun vollendet da.*

*In den Häusern der ersten Vorstadt wohnen nun schon über 80 Familien, und im Schönfeld, wo die Baulust noch eben so wenig ihr Ziel erreicht hat, als an der Strasse nach Schwabing, steht kein Haus unbewohnt. Welche neuen Palläste und Häuser hat das Lehel erhalten, und erhält sie noch immer? und doch, wo stehen Wohnungen in der Stadt selbst jemals auch nur ein halbes Jahr leer? Sind nicht selbst die Stübchen unterm Dache vermiethet? Wenn man bei irgendeiner Hausveränderung durch Kauf und andere Umstände nach hiesigen alten, und der dermaligen Bevölkerung gar nicht mehr anpassenden Stadtgebrauch binnen 14 Tagen eine neue Wohnung sich suchen muß, in welche unangenehmen Verlegenheiten man sich versetzt, und wie schwer hält es, eine schickliche Wohnung zu erhalten? Alles dieses scheint die Vergrößerung der Stadt von außen immer nothwendiger zu machen. [...] Hiezu kömmt auch noch, daß man rücksichtlich der Wohnungen auch immer heiekler und delikater wird, und mehr seine Gesundheit hiebei bedenkt; die kleinen Gäßchen und Winkel der Stadt, worin der Dunst von Menschen die Luft verpestet, und keine Sonne den Tag in die Zimmer bringt, werden immer mehr verschmäht, und man wünscht sich lieber im Freien anzusiedlen, und einen reinen Himmel vor sich ausgebreitet zu sehen; daher das Entstehen und schnell bewohnt werden so vieler Häuser vor der Stadt: nur ist es zu bedauern, daß das Bauen vor der Stadt so ganz willkürlich getrieben wird. Das neue Karlsthor ausgenommen, wurde bisher bei der Anlegung der Vorstädte nicht die mindeste Rücksicht auf Regelmäßigkeit, Ordnung, Symetrie und Bequemlichkeit genommen; sondern der Eigendünkel trieb da bisher sein eigenes Spiel; kleine und grosse Gebäude stehen hier ohne Ordnung und Linie neben und untereinander; einige zeigen die Fronte, andere das Hintertheil, oder die Seitenflügel gegen die Strasse; andere erheben sich kollossalisch über die angränzenden Zwerge empor, und die Zugänge liegen in engen, engen Gäschen versteckt. Man sieht zu deutlich, daß ohne Plan und Absicht unsere Vorstädte, die mit Unrecht diesen Namen tragen, entstanden sind, und daß dem Wohlstande derselben, da er sich nun einmal fest eingenistet hat, nicht*

*anders, als durch Niederreißen und Wiederaufbauen begegnet werden könnte. Doch durch ein so gewaltsames Mittel, das in die Eigenthumsrechte eines andern zu verfänglich eingriffe, soll und darf nicht vorgeschritten werden; damit aber diese unordentliche Baulust nicht auch auf diejenigen Plätze sich ausdehne, welche nun längs des Kapuzinergrabens bis zum Schwabingerthore hin von der Regierung zur Anlage einer Vorstadt den Baulustigen käuflich überlassen werden: so fand selbe es für nöthig und zweckmäßig hiervon einen Plan zu entwerfen [...].«*

Dieser Plan kam allerdings nicht zur Ausführung.

## Maßnahmen gegen die Wohnungsnot

1803 wurde das Gebiet nordwestlich der Stadtbefestigung »Kreuz-Viertel außer der Stadt« genannt und umfaßte bereits 129 Hausnummern. Seit 1806 wuchs der Anspruch der Stadtplanung in München. Man war Verwaltungs- und Kulturzentrum eines Königreichs geworden und mußte dies wirksam darstellen. Nur neue Konzepte konnten die Lösung des Wohnungsproblems bringen. Ausweisung von Bauland und Errichtung von Mietwohnungen außerhalb der Altstadt waren nötig. Die Regierung drängte daher darauf, mehrgeschossige Miethäuser auf dem Gelände der alten Befestigungen zu errichten. Die königliche Baukommission der Residenzstadt München vermerkte am 21. Juni 1807, daß beim Maximiliansplatz Häuser mindestens 3 Stockwerke hoch sein müssen, wodurch «*viele nach Hausmieten trachtenden Bauliebhaber [...] wegen höherer Verzinsung seines Kapitals eher zum Anbauen verleitet werden [...]. Dadurch, daß jede Behausung einen schönen Gartenplatz erhält, wurde der »äußere Spazierweg« (= Ottostraße) sehr angenehm*«.

Am Beginn der Planungen für die Maxvorstadt stand am 28. November 1807 eine Ortsbegehung der Münchner Baukommission westlich des Maximiliansplatzes. Man wollte dabei das Gelände für eine neue Straße (etwa vom späteren Lenbachplatz in Richtung zum heutigen Stiglmaierplatz) erkunden, Baugebiete ausweisen und dafür Richtlinien festlegen. Da der geplante Botanische Garten davon berührt war, wurde auch Hofgartenintendant Ludwig von Sckell zugezogen. Dieser schrieb unter das Protokoll Bedenken gegen die Straßenplanung: «*Die Grundsätze und Formen, nach welchen sich die Stadt München hier erweitern und regulaire und recht winkelichte Vorstädte aufsprießen sollen, müßten, wenn sie es noch nicht sind, vordersamst bestimmt werden, ehe die Linie des befragten Wegs, und welche Richtung er nehmen muß angegeben werden kan.*«

## Der erste Architekturwettbewerb

Zwei Jahre später wurden von Sckell und der Architekt Carl von Fischer , die 1808 ein neues städtebauliches Konzept für die Maxvorstadt vorgelegt hatten, mit den Planungen betraut. Ludwig I. griff nun als Kronprinz erstmals in die Stadtentwicklung ein. Vorausgegangen war die Ausschreibung einer Idealkonkurrenz, einer Art Architekturwettbewerb, Anfang 1808. Unter den 17 Beiträgen war auch eine Einsendung des Kronprinzen. Beabsichtigt war die Planung eines Straßensystems zur Erschließung und Bebauung des Vorstadtgeländes. Am 12. November 1808 erhielt der Plan für die künftige Maximiliansvorstadt die königliche Genehmigung.

Johann Andreas Schmeller beschreibt am 4.6.1834 Veränderungen gegenüber dem Zustand 1818, die ihm bei einem Spaziergang vom Karlsplatz zum heutigen Stiglmaierplatz auffielen, in seinem Tagebuch: *[...] so ein Querweg vom Carlsthor her durch Wiesen, in die Nymphenburger Lindenallee [Briennerstraße] einführte. Allein jetzt ist jene Lindenallee bis zur Dachauerstraße bis auf wenige Bäume, die in einen Gartenbezirk fielen, verschwunden, und die nackte Straße mehr südlich geführt. Wo der Weg durch Wiesen gieng, liegt jetzt zwischen Eisengittern der Botanische Garten, und eine Anzahl stattlicher Häuser der langen Carlsstraße.*

1828 waren schon 676 Häuser errichtet, 1858 schließlich 1237 (Maxvorstadt I: 636 und II: 601).
Die Schönfeldvorstadt umfaßte 1803 erst 24 Häuser und 1828 dann 176.

## Der (Alte) Botanische Garten

Max I. war kein Neuerer und hatte geringes Interesse an Planungen. Er regierte auch nicht gerne und hätte sich als »gelassener Mensch« sowie Familienvater lieber nur seinen Neigungen gewidmet. Sein Hauptinteresse galt den Naturwissenschaften. So finanzierte er die Exkursion der Biologen Karl Friedrich von Martius ( aus der Karlstraße)

und Johann von Spix nach Brasilien. Max I. förderte die Kgl. Bayerische Akademie der Wissenschaften und stiftete ihr aus seinem Privatvermögen ein großes Grundstück nordwestlich vom Karlsplatz, die Herzog-Max-Wiese. Hierauf sollten das Chemische Laboratorium (heute Chemisches Institut der Ludwig-Maximilians-Universität) und der Botanische Garten errichtet werden, das erste Geschenk des Monarchen an die Bürger seiner Residenzstadt. Nach dem Botanischen Garten richteten sich dann auch die Achsen der Straßen in der Maxvorstadt aus.

Am 12. Mai 1812 wurde er offiziell eröffnet und der Akademie der Wissenschaften übereignet. Das von Oberbaukommissär Joseph Emanuel von Herigoyen (1746-1817) errichtete klassizistische Tor zum Karlsplatz hin ist heute noch erhalten. Beete, Baumreihen und ein 120 m langes Gewächshaus boten vielen Gewächsen aus aller Welt Platz.

Die ersten Direktoren waren die bekannten Naturforscher Franz von Paula Schrank (1747-1835) und Karl Friedrich von Martius (1794-1868). Letzterer trat 1854 aus Protest gegen den Bau des Glaspalastes in seinem Garten vom Amt zurück. Nachfolger wurde 1859 Max Kolb, 1829 geboren, wohl ein illegitimer wittelsbachischer Sproß. Er war Vater der Schriftstellerin Annette Kolb (1870-1967), die mit ihrer Familie in der Sophienstraße aufwuchs.

Seit der Mitte des 19. Jahrhunderts traten Schäden an den Pflanzen des Botanischen Gartens auf, die man hauptsächlich auf den Kaminrauch aus der Stadt und Ruß sowie Abgase vom nahen Bahnhof zurückführte. Aus diesem Grund wurde schließlich 1913 der Botanische Garten hinter das Schloß Nymphenburg verlegt.

# Die Kunststadt Isar-Athen

## Ludwig der Schöpfer

Am 25. August 1786 wurde in Straßburg der eigentliche Schöpfer der Maxvorstadt geboren. Es war der erste Sohn des damaligen Herzogs von Zweibrücken, Maximilian Joseph, und seiner Frau Auguste Wilhelmine von Hessen-Darmstadt. Nach seinem Paten, dem französischen König Louis XVI. und dem Onkel Herzog Karl August wurde das Kind Ludwig Karl August getauft. Die Mutter starb 1796 und Max Joseph heiratete in zweiter Ehe Karoline Friderike Wilhelmine von Baden. Ludwig wurde streng katholisch erzogen, obwohl Mutter und Stiefmutter Protestantinnen waren. 1799 wurde Max Joseph als Maximilian IV. Kurfürst von Bayern und Ludwig Kronprinz. Der junge Mann war Kunstliebhaber und fühlte sich als Dichter. 1804 brach er zu seiner großen Italienreise auf, die fast ein Jahr dauerte; sie führte ihn über Venedig und die Städte Oberitaliens nach Rom. Insgesamt war Ludwig im Laufe seines Lebens 77mal in in der Heiligen Stadt, die er besonders liebte. Dort lebte er zusammen mit schönen Frauen und deutschen Künstlern.

## Kunst

Ludwig sammelte Kunst – besonders antike Statuen; die meisten erwarb er in den Jahren zwischen 1811 und 1819. Die Ergebnisse dieser Leidenschaft lassen sich großenteils in der Glyptothek bewundern. 1463 Briefe wechselte er mit dem Künstlerfreund und Kunstagenten, dem Archäologen, Bildhauer und Maler Johann Martin Wagner, der auch die Marmorplastik »Barberinischer Faun« für ihn erwarb. Der Kunstgeschmack Ludwigs orientierte sich an italienischen und griechischen Vorbildern; sie prägten auch seine Bautätigkeit.

Die 1808 in München gegründete Kunstakademie lockte viele Maler in die Stadt. Das Interesse an den Künstlern dokumentierte sich im Münchner Kunstverein, der 1844 bereits über 3000 Mitglieder hatte. In dieser Zeit lebten im Isar-Athen rund 400 Künstler, die fast 1% der Bevölkerung ausmachten. Durch die Förderung Ludwigs wurde München zu einem Zentrum der romantischen Malerei mit Karl Rottmann, Moritz von Schwind und anderen, die unten im Kapitel Straßennamen aufgeführt sind.

*◀ Links unten: Die Nord-West-Seite der Ludwigstraße. In Vordergrung das ehemalige Damenstift-Gebäude, heute Verwaltungsgericht.*

*Rechts unten: ▾*
*Die Südwest-Seite der Ludwigstraße*

## Die Ludwigstraße

Schon als Kronprinz mischte sich Ludwig in Planungsfragen ein und ließ sich 1812 inoffiziell die Leitung der Bauangelegenheiten des Königreichs übertragen. Planung und Bau der Maxvorstadt war sein Hauptanliegen. Sein wichtigstes Gesamtkunstwerk war die 1822 nach ihm benannte Ludwigstraße. 1814 wurde der klassizistische Architekt Leo von Klenze (1784-1864) für die Planungen gewonnen. Das Schwabinger Tor (auf dem Gelände der heutigen Feldherrnhalle) wurde 1816 abgerissen und die Gräben der Stadtbefestigung zugeschüttet. Der Kronprinz stellte seine Privatmittel zur Verfügung, bemühte die Stadt und gewann Verwandte sowie Privatleute, um den Prachtboulevard mit Bauten zu bestücken. Ludwig bestimmte mit Klenze auch die genauen Einzelheiten, wie die Gebäude an der Straße auszusehen hatten. Der Staat war so hoch verschuldet, daß er hier zunächst keine Unterstützung erhielt. Der erste, der als Bauherr gewonnen werden konnte, war der Schwager des Prinzen, Napoleons Stiefsohn Eugène Beauharnais (1781-1824), Herzog von Leuchtenberg. Sein Palais entstand 1817 am Fürstenplatz, dem späteren Odeonsplatz. Zur Ergänzung ließ Ludwig einen Konzertsaal, das Odeon, auf der Südwestseite des Platzes bauen. Als Kriegsministerium wurde 1830 das Gebäude Ludwigstraße 14 (Ecke Schönfeldstraße) errichtet.

In Anspielung auf diese Bautätigkeit klagte Bürgermeister Jakob Klar (1783-1833) 1829, daß Paläste errichtet würden, wo man Wohnhäuser bräuchte. Landtag und Stadt waren von Ludwigs Bauwut wenig begeistert, mußten sie doch erhebliche Summen aufbringen. Grundstücke an der Ludwigstraße kosteten den Magistrat 750000 Gulden.

## Die Ludwigskirche

Streit gab es besonders um die Kirche St. Ludwig, die den glänzenden Abschluß der Löwenstraße (später Schellingstraße) bilden sollte. Der König stellte für ihren Bau 100000 Gulden aus seinem Privatvermögen zur Verfügung. Die hochverschuldete Stadt sollte eine ungeheure Summe für diese Pfarrkirche in einem noch kaum bewohnten Stadtteil aufbringen. Als sie sich anfangs weigerte, für eine Kirche in den Wiesen, wo man »nur den Schafen predigen könne«, so viel Geld auszugeben, drohte Ludwig, seine Residenz und die Universität zu verlegen. Diesem Druck mußte sich der Magistrat beugen. So wurde 1829 der Grundstein gelegt, und selbst durch widrigste Umstände ließ sich Ludwig nicht vom Weiterbau abbringen. Die dreischiffige Basilika, nach italienischen Vorbildern vom Architekten Friedrich von Gärtner (1792-1847) geplant und mit den Fresken von Peter von Cornelius (1783-1867) geschmückt, wurde schließlich 1842 fertiggestellt. Der Bau kostete allein die Stadt München 877538 Gulden.

## Öffentliche Bauten

Um die Lücke zwischen dem Kriegsministerium und seiner Kirche zu schließen, ließ der König hier nach dem Vorbild des florentinischen Palazzo Ruspoli die monumentale Staatsbibliothek (1832-1842) errichten. Die königliche Bibliothek war durch die Säkularisierung der Klosterbibliotheken zu einer der größten der Welt geworden. Die Bauten waren nicht nach der Funktionalität, sondern dem Geschmack und den Launen des Königs ausgerichtet.

Auch auf der westlichen Seite der Straße wurden von Friedrich von Gärtner monumentale Bauwerke aufgeführt, für die Zweckmäßigkeit nicht wichtig war. Die Blindenanstalt, das Damenstift (1840), das Max-Josef-Stift (1838) und die Salinenverwaltung (1840) waren Institutionen, über die der König ohne parlamentarische Kontrolle verfügen konnte. Einen Abschluß stellte das Universitätsgebäude (1835-1840) mit dem gegenüberliegenden Georgianum (Studienstiftung für Theologen) dar.

Schließlich wurde an der Stadtseite der Straße die Feldherrnhalle (1840-44) nach dem Vorbild der Loggia dei Lanzi in Florenz errichtet. Das Gegenüber bildete das Siegestor (1843-44), ein Denkmal zum Ruhm des bayerischen Heeres nach dem Vorbild des Konstantinbogens in Rom. Hier war nach Ludwigs Plänen die Grenze der Stadt erreicht; die heutige Adalbertstraße ließ er ursprünglich »letzte Straße« nennen.

## Ein Gesamtkunstwerk

Die 1200 Meter lange Ludwigstraße ist nicht als Verkehrsweg konzipiert, sondern als Pracht- und Paraderaum. Gab es im 19. Jahrhundert noch vereinzelt kritische Stimmen, so herrscht heute Einigkeit: Ludwig und seinen Architekten ist ein einzigartiges Gesamtkunstwerk gelungen.

Gestört wurde es allerdings durch die Nazis, die im Bereich der Von-der-Tann-Straße klassizistische Häuser beseitigten und an deren Stelle das Zentralministerium errichteten sowie das Herzog-Max-Palais durch den Bau der Reichsbank ersetzten. Die Spuren der Bomben des Zweiten Weltkrieges sind heute weitgehend getilgt. Das störendste ist freilich der Autoverkehr, dessen Lärm Gespräche erstickt.

Als der Magistrat der Haupt- und Residenzstraße 1871 beschlossen hatte, die Ludwigstraße grüner zu gestalten, äußerte sich der Münchner Architekten- und Ingenieurverein: *«Die Ludwigstraße werde sowohl in der Wirkung ihrer bedeutendsten Einzelbauten, als auch namentlich in ihrem so einzig dastehenden Gesamtbild durch jede Anpflanzung durchlaufender Baumreihen, [...], aufs tiefste geschädigt.*

Ihr im wesentlichen auf die perspektivische Wirkung der vorherrschenden Horizontallinien beruhender Charakter vertrage keinerlei Unterbrechung durch das bewegte Element einer Baumanlage.« Dagegen empfahl der Verein, die seitliche Erweiterung am Odeonsplatz (vor dem heutigen Innenministerium bzw. Finanzministerium) sowie vor der heutigen Universität und den Wittelsbacher Platz mit »Baumanlagen zu schmücken«.

Heute wird streng auf die Bewahrung des ursprünglichen Charakters der Straße geachtet; selbst die Anlage der nötigen Fahrradwege war umstritten.

## Die Glyptothek und der Königsplatz

Bereits als Kronprinz ließ Ludwig ab 1816 die Glyptothek
aus seinen privaten Mitteln als öffentlichen Museumsbau
für seine Sammlung von Steinplastiken errichten. Nach
Klenzes Plänen, die auf Entwürfe von Karl von Fischer
zurückgingen, entstand bis 1830 ein Gebäude im klassizistischen Stil nach griechischen Vorbildern.
Der Schriftsteller Karl Stieler (1842–1905) sieht den
Königsplatz auch kritisch: *[...] In dem Bestreben, seine
Hauptstadt bis ins Unendliche zu vergrößern, hat König
Ludwig Sorge getragen, seine wichtigsten Monumente
weit auseinander zu bauen, die zumindest, von denen
man hofft, daß sich eines Tages auch Häuser zu ihnen
gesellen werden. [...] Nach vielen kaum angedeuteten
Plätzen, die vielen erst geplanten Straßen, wo Leuten, die
dort bauen wollen, wie in den Wüsten Amerikas kostenlos
Grundstücke zur Verfügung gestellt werden, kommt man
zur Glyptothek, das heißt zum Museum der Skulpturen.
Man ist dermaßen griechisch in München, daß man in
Athen vorgedrungen bayerisch sein müßte, wenigsten
haben sich die echten Griechen darüber beklagt. [...]*
Schmeller vermerkte 1821 in sein Tagebuch:*[...]Gestern in
[...] Herders Gesellschaft die brasilianischen Sammlungen
[von Martius] gesehen, und unter des Meisters Klenze
Anführung die Glyptothek. Wohl thaten mir die schönen,
bisher fertigen Frescogemälde, nach Cornelius Cartons
und zum Theil von ihm selbst ausgeführt. Als ich dem
Baukünstler bemerkte, dieser herrliche Tempel scheine
wohl nur auf den gegenwärtigen Schatz von Kunstwerken
berechnet, und wenn irgend eine neue Schule wie z.B. die
aeginätische entdeckt würde – so dürfte die Zahl und
Abtheilung der Gemächer unzulänglich werden: meinte
er, das könne nie der Fall seyn.*
Karl Stieler: *[...] Mit fieberhaftem Interesse ward das
Geschick jeder einzelnen Statue verfolgt, die der König in
Aussicht genommen, und bei manchen dauerte es ein Jahr-
zent, bis alle Schwierigkeiten glücklich überwunden
waren. Denn der päpstliche Hof hatte eben damals ein
Ausfuhrverbot auf antike Kunstwerke gelegt, aber Ludwig erwiderte sehr resolut, es möge doch Rom bedenken,
was Bayern schon für die Kirche geleistet, und wie unklug
es sei, Bayerns Fürsten dadurch aufzubringen. Die »Ägineten«, die er als Kronprinz um 10000 Dukaten erstanden
hatte, wurden mit Lebensgefahr durch Pest und Krieg
nach Rom geschafft, und ein rasender Orkan drohte noch
kurz vor Neapel das Schiff zu vernichten – aber endlich
landete es sicher in Ostia. Der Eindruck, den diese Statuen
in Rom erweckten, war so gewaltig, daß der russische
Minister Nitrow sofort die zehnfache Summe bot – natürlich umsonst.[...]*
*Viele Jahre dauerte der Bau des merkwürdigen Hauses der
Glyptothek, über jede Einzelheit beriet sich der Fürst mit
den Sachverständigen, und »halbe Tage lang« brachte er
selbst auf der Baustätte unter den staubigen Gerüsten zu,
so daß das Volk ihn lachend als »Oberpolier« bezeichnete.
Unten aber in den gewaltigen Sälen malte Cornelius das
große Leid von Troja und die wunderbaren Göttergestal-
ten von Hellas. [...] Die Leute nannten die Glyptothek das
»närrische Kronprinzenhaus«, den Obelisken den »Nymphenburger Grenzpfahl«, und mit Recht schrieb Martin
Wagner aus Rom, »daß den meisten der Bierkrug doch
noch immer viel lieber sei als die ›Ägineten‹.« [...]*

*Ursprüngliche Innenausstattung der Glyptothek mit Fresken, Marmor-
und Stuckdekoration. Photo um 1900*

Auf der anderen Seite des Königsplatzes erbaute Georg
Friedrich Ziebland dann das »Kunst- und Industrie-Aus-
stellungsgebäude« (1838-48, nun Staatliche Antikensammlung).

## Die Propyläen

Den Abschluß dieses Ensembles, das die Griechenland-
liebe des Königs dokumentiert, bildeten die von Klenze
nach dem Vorbild der Athener Akropolis (1848-1860)
errichteten Propyläen. Das zwecklose Bauwerk war als
symbolisches Stadttor gedacht und erntete viel Kritik,
aber auch Bewunderung.
*[...] Deutsche Experten geben zu, daß Klenzes Werke trotz
seines großen ornamentalen Könnens und seiner profun-
den Kenntnis der Architekturgeschichte der wahren Geni-
alität entbehren, da sie fast ausnahmslos nach dem Modell
irgendeines griechischen oder italienischen Bauwerkes
errichtet wurden. Klenze wird auch kritisiert, weil er die
Richtlinien mißachtete, die einen Architekten bei der Ausstattung des Gebäudeinneren leiten sollen, besonders was
die Lage der Treppenhäuser betrifft. Aber mit keinem
Gebäude hat er sich mehr Kritik zugezogen als mit den
Propyläen, seinem letzten Werk.
Diese Tor wurde von König Ludwig nach seiner Abdankung errichtet zu Ehren der Begründung der griechisch-
bayerischen Dynastie (die Propyläen waren nach dem
Sturz derselben noch nicht vollendet), und es scheint, daß
die Mängel der Propyläen die Abdankung des Monarchen,
und die Stilmischung die Unzulänglichkeit von König
Ottos Herrschaft bildlich darstellen sollen. Die Propyläen
haben im Osten und Westen je eine Säulenhalle mit dori-
schen Säulen, und die beiden Säulenhallen sind durch*

korinthische Säulen miteinander verbunden. Auf jeder Seite der Säulenhalle ist ein schwerfälliger und unpassender Seitenflügel, von Fenstern und Türen durchbrochen, und an der Dachlinie, die von Flügel zu Flügel läuft, sind nachgemachte Löwenköpfe. Die allgemeine Wirkung des Gebäudes ist schwerfällig und plump, und die darauf angebrachten Skulpturen sind viel zu klein, um in irgendeinem Verhältnis zum Ganzen zu stehen. Wenn man sich der Säulenhalle nähert, liegt eine gewisse Großartigkeit in ihr, aber aus der Entfernung betrachtet verliert sich die Großartigkeit im Mißverhältnis der Abmessungen. In praktischer Hinsicht ist das Gebäude sogar noch mangelhafter als in künstlerischer. Es gibt zwei seitliche Durchfahrten für Fuhrwerke. Die mittlere ist königlichen Kutschen vorbehalten, und entlang der Mitte gibt es Fußsteige. Die Fußgänger müssen folglich die Fahrspur zweimal überqueren, um durchzukommen, müssen sich zweimal dem Risiko aussetzen, überfahren zu werden, und haben strenggenommen überhaupt keinen eigenen Gehweg. Wenn ich hinzufüge, daß das Tor eingeweiht wurde, bevor es fertiggestellt war, um das Reiterstandbild von König Ludwig durchzulassen, und dann wieder für die Öffentlichkeit geschlossen wurde, nachdem es feierlich eingeweiht und ihr zur Benützung überlassen worden war, habe ich genug über das neue Gebäude gesagt. Der Bürgermeister von München, der es vom Zeremonienmeister König Ludwigs übernahm, versprach, daß die Stadt es immer im gleichen Zustand erhalten würde, wie sie es übernommen hatte. Glücklicherweise wurde das Versprechen ohne Rücksicht auf den Zustand abgegeben,*

*in dem die Stadt die Propyläen übernahm, und das Tor wurde nicht dazu verurteilt, bis zum Ende aller Tage unvollendet zu bleiben. [...]*

## Die Alte Pinakothek

Ludwig war es auch ein Anliegen, die königliche Gemäldegalerie in einem würdigen Rahmen öffentlich zugänglich zu machen.

1826 war von Klenze mit dem Bau der 1836 im Stil der Hochrenaissance vollendeten »Alten Pinakothek« in der Barerstraße begonnen worden – wegen der weiten Entfernung von der Stadt spöttisch als »Dachauer Gemäldegalerie« bezeichnet. Ludwig war von dem Gedanken beseelt, der Anblick von schönen Kunstwerken würde die Menschen bessern, und die Museen waren daher bei freiem Eintritt, allerdings nur wenige Stunden am Tag, öffentlich zugänglich.

In der Alten Pinakothek,sollten jene kostbaren Bilderschätze vereinigt werden, die mit der Pfälzer Linie der Wittelsbacher aus Mannheim und Düsseldorf nach München kamen. Um sie zu ergänzen, vor allem mit altdeutschen Meistern, hatte der König noch die Sammlung der Brüder Boisserée, die sich damals in Stuttgart befand, um 240 000 Gulden erworben. Aber es war ihm keine geringe Sorge, daß man den Preis nicht erfahre. »Denn wenn man das Geld im Spiel verliert oder für Pferde ausgibt, meinen die Leute, es wäre recht, wenn man es aber für die Kunst verwendet, sprechen sie von Verschwendung.«

*Der Königsplatz vom Südosten mit Antikensammlung, Propyläen und Lenbachhaus*

Die Ludwigstraße mit Blick von der Universität nach Süden zur Feldherrnhalle beim Einzug der Prinzessin Marie von Preußen am 11. Oktober 1842 zur Hochzeit mit dem späteren König Max II. Gemälde von Gustav Wilhelm Kraus

Den Bau würdigt Edward Wilberforce 1863:
*[...] Man übertreibt sicher nicht, wenn man die Alte Pinakothek ein wunderschönes Bauwerk nennt. Sie ist auf jeden Fall ein edles Gebäude. Der Eingang an der Seite hindert viele daran, sie angemessen zu würdigen. Erst wenn man sie von vorne betrachtet, kann man ihren Wert so beurteilen, wie sie es verdient. Von diesem Standpunkt aus ist ihre Wirkung wahrhaft großartig und harmonisch. Das wuchtige Aussehen, welches das Gebäude bietet, ist ein würdiges Ergebnis des gewählten Stils und es wird vom Farbton des Baumaterials unterstützt. Im Stil eines römischen Palastes erbaut, erinnert die Pinakothek nicht an ein bestimmtes Vorbild, da ihre architektonischen Werte die eines jeden möglichen Vorbildes übertreffen.*

Der Bau wurde im Zeiten Weltkrieg schwer beschädigt, die Kunstwerke aber waren ausgelagert und blieben erhalten.

Am 19. Januar 1945 vermerkt Wilhelm Hausenstein in sein Tagebuch: *Ich suchte mir zu vergegenwärtigen, was an Bildern vordem die Stelle besiedelt hielt, die jetzt durch eine Sprengbombe aus der Alten Pinakothek herausgeschlagen ist und als wüste Bresche klafft: vielleicht die Medici-Skizzen des Rubens, die mir immer so viel köstlicher waren als die ausgeführten großen Bilder aus dem Luxembourg im Louvre.*

Das Gebäude wurde von Hans Döllgast vereinfacht wieder aufgebaut, wobei Spuren der Zerstörung bewußt sichtbar blieben.

## Die Neue Pinakothek

Die »Neue Pinakothek« , 1846-1853 nördlich der Alten von August Voit errichtet, war der Kunst des 19. Jahrhunderts gewidmet. Die Fassade zierten Fresken von Wilhelm von Kaulbach.

König Ludwig als Bildersammler nahm Edward Wilberforce 1863 aufs Korn:«*[...] Der Ankauf eines Gemäldes für die Neue Pinakothek ist von so hohem Wert für Künstler, daß sie bereit sind, ihre Bilder zu jedem Preis zu verkau-*

Renovierte Fassade der Alten Pinakothek mit erkennbaren Kriegszerstörungen

*Die Neue Pinakothek mit ihren Fresken um 1880*

fen, den König Ludwig eventuell bietet. Ich erfuhr, daß er die Bilder billiger als jeder Händler bekommt und daß ihm die Künstler bereitwillig ihre Werke schenken, um sie an den Wänden seiner Galerie aufgehängt zu bekommen. Ein Maler, der sonst keine Käufer für seine Bilder finden konnte, hatte das Glück, zwei von ihnen an den König verkaufen zu können. Er wurde augenblicklich mit Aufträgen überhäuft.
Angesichts dieser Versuchungen, wertlose Bilder billig zu kaufen, unbegabte Künstler auf Kosten derer zu fördern zu können, die ihre Bilder ausgestellt haben wollen, ist es erstaunlich, daß es König Ludwig gelungen ist, ohne die Spur eines Kunstverstandes zu haben, so viele Werke von unbestrittener Qualität zu sammeln.«

Der spätere Kunsthistoriker Alfred Neumayer berichtet aus seiner Kinderzeit um 1910: »*Unsere Wohnung in der Heßstraße lag der Pinakothek gegenüber, und der tägliche Spaziergang mit dem Kindermädchen führte zuerst in die Anlagen, die das Museum umgaben. Das riesige, einen Geist der Öde ausstrahlenden Gebäude hatte zwei Orte der Fesselung: das übermannshohe, manchmal verschlossene, manchmal geöffnete Portal, das also gleichermaßen versagte und verlockte, und die sich unter dem Dach erstreckenden Fresken. Diese fast völlig vom Münchner Klima zerstörten Wandbilder fesselten meine Aufmerksamkeit. Hier waren Andeutungen zu erratender Bilder, die aber vor dem suchenden Blick gleichsam in die Mauer zurücktraten und das Versprechen ihrer Bedeutung zurücknahmen. Es wurde mir erklärt, daß diese Bilder sehr alt seien, und daß Regen und Schnee sie von der Wand gelöst hätten. Was aber die Erklärer damit, ohne es zu mer-*

*ken, einfliesen ließen, war das Gefühl der Zeit. In dem ausgewaschenen Gelb und Grün der unkenntlichen Fresken erschaute ich zum erstenmal die Zeit – auch sie im Bilde.*

Die Neue Pinakothek mit ihren verblaßten Fresken wurde 1944 von Bomben beschädigt und Wilhelm Hausenstein schrieb 1945: «*Die Füße trugen mich von selbst zwischen den Pinakotheken hin die Theresienstraße hinaus. Ich stand eine Weile vor dem Loch, das die Stelle bezeichnet, wo ehedem – im Parterre der Neuen Pinakothek gegen Süden – der Arbeitssaal des Graphischen Kabinetts gewesen ist: dort habe ich um die Weihnacht 1908 die ersten Vorbereitungen zu meinem Buch über Brueghel (meinem Début) getroffen.*

Das Gebäude, dessen Restaurierung möglich gewesen wäre, wurde 1949 beseitigt. An gleicher Stelle entstand von 1975 bis 1981 nach Plänen von Alexander von Branca eine neue »Neue Pinakothek« im postmodernen Stil.

## Baumschutz im Jahr 1841

In der Maxvorstadt, als Gartenstadt geplant, erhielt das Grün im öffentlichen Raum eine Vorrangstellung. König Ludwig I. nahm auf die Planungen selbst großen Einfluß und kümmerte sich persönlich auch um Details, wie aus einem Brief an seinen Minister von Abel vom 19. April 1841 (Bayer. Hauptstaatsarchiv M Inn 44/273 I) hervorgeht:

*Von den in der Arcisstraße gesetzt wordenen Bäumen sind nicht nur mancher abgestorben, sondern es fehlen dorten schon wieder Mehrere. Ich will, daß befragliche Alleen fortan in gutem Stande erhalten werden, und befehle deß-halb, daß alsbald die nöthigen Ergänzungen durch Nach-setzen gesunder, frischer Pflänzlinge derselben Art, wie deren dorten schon stehen, stattfinden sollen. Bey Anblick dieser Allee, und wenn man zugleich auf die schon so oft geschehenen Nachpflanzungen und Ausbesserungen Rücksicht nimmt, ist zu vermuthen, daß hier, vielleicht selbst von Seite der Hauseingetümer u.ä. dem Sich-Entfal-ten und Gedeihen der dortigen Bäume absichtlich entge-gen gewirkt werde.*

*Daher soll bey dieser Alle eine sorgfältige Aufsicht gepflo-gen, und jede Beschädigung an deren je entdeckt werden-den Urheber strengstens geahndet werden.*

*Da vielleicht der Grund von solchen an besagter Allee-pflanzung geschehenen Beschädigungen mitunter in der etwa von dortigen Hausbesitzern und Miethleuten geheg-ter Besorgnis, ob durch befragliche Baumpflanzung – so wenn sie einmal groß geworden – ihren Gebäuden verur-sacht werden können der Feuchtigkeit, und Abhaltens des Sonnenlichts gelegen seyn könnte; so möchte Ich wissen, ob und wie dieser Besorgniß zu begegnen, und ob nemlich nicht zweckdienlich, wenn bestimmt würde, daß die dor-ten stehenden Bäume jedenfalls nur bis zu einer gewissen Höhe, und bis zu welcher Höhe, werden aufwachsen gelassen werden, und wenn dieses sodann – übrigens ohne Erwähnung des Umstands eines gegen Haus-Eigenthü-mer, oder dortige Miethleute gehegt wordenen Verdachts – in geeigneter Weise veröffentlicht würde?*

*Ihr wohlgewogener König Ludwig*

## Bauspekulation und der Häuserbankrott von 1831/34

Neben den königlichen Bauten entstanden viele Privat-häuser.

Die Wohnungsnot in München um 1800 und der weitere Anstieg der Bevölkerung weckte die Erwartung hoher Renditen beim Bau von Mietshäusern. Ein erster Schritt war, daß Grundstücksspekulanten für Bauten in Frage kommende Gelände in der Maxvorstadt aufkauften. Die meisten Objekte wurden dann von Bauunternehmern als Bauherren errichtet, da diese auf Grund der Baukonjunk-tur über gute Finanzreserven verfügten und kostengünstig arbeiten lassen konnten.

Da sich in den 1820er Jahren der Bau von Mietshäusern als sehr rentierlich erwies, wurde die »Bauwuth auf solche Weise gesteigert«, daß 1831 plötzlich ein erhebliches Über-angebot an Wohnungen vorhanden war. So wird erklär-lich, warum Johann Adreas Schmeller am 23. April 1836 in seinem Tagebuch vermerken konnte: *«Die Wohnung Theresienstraße No. 7 im Hause des Schlossers Haller über 3 Stiegen (zu 250 Fl.) verlassen – und die schräg gegenüber im Hause No. 2 (des Bierwirts Ludwig Knorr) über 3 Stie-gen (zu 170 Fl. wofür auch ein gutes Stück Garten überlas-sen ist) bezogen.«*

1831 standen etwa 1500 Wohnungen leer, rund 10% des in München vorhandenen Wohnraumes. Dadurch hatten sich viele Bauherren verspekuliert und ihre Häuser muß-ten versteigert werden. So wurde z.B. das Haus Elisen-straße 2 auf 40 000 Gulden geschätzt; es brachte aber nur 16 250 Gulden. Dadurch konnte die Jahresmiete von 2400 auf 1000 Gulden gesenkt werden und das Objekt warf immer noch eine Rendite ab. Geschädigt wurden dabei Handwerker, Geldgeber und Arme (Witwen und Waisen, deren »Ewiggelder« hier verlorengingen).

Bis 1840 war diese Krise durch weiteren Zuzug in die Stadt überwunden, und der Bauboom ging wieder weiter.

Die Staatliche Kunstgewerbeschule in der Luisenstraße (neben dem Lenbachhaus), errichtet 1845 von August v. Voit als Kgl. Glasmalerei-Werkstatt. 1884 erweitert und nach Bombenschäden abgebrochen. Heute steht hier das Gebäude der Institute für Geographie der Universität. Photo um 1895

# In der Schönfeldvorstadt um 1840

*von Felix Dahn*

Der ländliche Charakter der Schönfeldvorstadt wird in den 1890 veröffentlichten Erinnerungen von Felix Dahn (1834-1912) deutlich. Dieser wuchs hier auf und hatte seine prägenden Erlebnisse, die auch seinen berühmten historischen Roman »Ein Kampf um Rom« beinflußten. Er war als junger Mann als Mitarbeiter an der Bavaria Landes- und Volkskunde des Königreichs Bayern tätig und wirkte später als Jura-Professor.

### Das Haus in der Königinstraße
*Meine Ältern hatten in München zuerst in dem sogenann-ten »Neunerhause« östlich vor dem botanischen Garten gewohnt. Damals flog der Pulverthurm zu Grünwald [in der heutigen Lothstraße: 16.5.1835] in die Luft. Als man aus den andern Zimmern an meinen Korb eilte, fand man denselben durch den Luftdruck umgeworfen, mich aber auf der Erde ruhig weiter schlafen. Welch gutes Gewissen muß ich schon damals gehabt haben!*

*Alsbald aber bezogen meine Ältern das liebe, das unver-geßliche Haus an der Königinstraße Nr. 9 [jetzt Nr. 19], an welches und an dessen großen, herrlichen Garten sich die schönsten Erinnerungen, ja wohl auch die glücklichsten Zeiten meines ganzen Lebens knüpfen: die Jahre der Kindheit, der Knabenzeit, der ersten Jünglingszeit von 1835 bis 1850. [...]*

*Das Haus war gar schlicht, als es meine Ältern erwarben. Es hatte einem Herrn von Zwack gehört [...].*

*Dieser recht bescheidene Umfang des Hauses war später durch einen Neubau erweitert, [...] Ganz besonders ver-schönt wurde nun aber das Haus und seine Bewohnung angenehm gemacht durch zwei breite »Glasgänge«, die nach Außen durch Glasfenster schließbaren Gänge, wel-che in beiden Stockwerken, von Süd nach Nord laufend, die zwei neu gewonnen Räume mit einander verbanden: unten gelangte man durch eine Glasthüre aus dem Hof in diesen neuen Glasgang, dann durch die Hofthür in das Haus; oben ward statt des Fensters ebenfalls eine Glasthür aus dem Gang auf den Treppenabsatz gebrochen.*

*Die Häuser Königinstraße Nr. 17 und 19. In dem Haus in der Mitte wuchs Felix Dahn auf. Photo um 1910*

*Die Rückwand beider Gänge – die Außenwand des Hau-ses, – desgleichen der von Ost nach West laufende Haus-gang ward von den Meisterhänden befreundeter Künstler gar schön geschmückt in pompejanischer Weise auf rothem Grund mit allerlei Bildwerk. Blumen und Blattpflanzen füllten den Hintergrund der beiden Glasgänge und ich ließ es mir nicht entgehen, gar manches liebe Vögelein – vorab ein Rothkehlchen, aber auch manchen Gast aus der Blaumeisen und der Tannmeisen lustigem Völklein den Winter über in dem oberen Gang zu beherbergen: wurden nun die Fenster um Mittag geöffnet, flogen sie spatzieren: aber noch bevor die Sonne hinter den hohen Kastanien im Hintergrunde des Gartens zu Rüste ging, flogen sie ganz pünktlich wieder ein, das warme Nachtquartier in den hohen Rhododendron- und Magnolien-Büschen suchend. [...]*

*Unser Haus war von der im Osten vorbeiziehenden Köni-ginstraße geschieden durch eine Art Vorgarten, etwa fünf-undzwanzig Schritt lang und fünfzig breit, [...]*

*Man hat wohl die Häuser an der Königinstraße für nicht besonders gesund erklärt. Das mag für jene Strecken zutreffen, an welchen die Bäume des englischen Gartens oder doch seiner nach Westen vorgeschobenen Baum-Eilande den Fenstern so nahe stehen, daß sie Luft und Licht entziehen und Feuchtigkeit hinein werfen: so die jetzt verschwundene, dem Bedürfnis des Verkehrs gewi-chene schmale Insel hoher Pappeln, welche vor der Ein-mündung der Schönfeldstraße lag.*

### Der Englische Garten
*Wir aber haben fünfzehn Jahre in unserem Häuslein gewohnt und nie an einer nennenswerthen Krankheit gelitten. Jenen Vorzug dankte das Haus wohl vor Allem dem Umstand, daß ihm gegenüber Bäume fast gar nicht ragten (- nur auf dem südlichen Drittel etwa seiner Stirn-seite -), vielmehr eine wunderschöne Wiese sich viele tau-send Schritte weit nach Osten dehnte, indem sie sich jenseit – östlich – des Fußweges, der den englischen Garten hier von Süd nach Nord durchzieht, fortsetzte, bis an einen Arm der rasch fluthenden Isar und erst recht weit jenseit – östlich – dieses Wasserlaufes bis zu dem einfachen, aber schönen »Monopteros«, d.h. dem runden hellenischen Tempel mit einer Säulen-Stellung, der auf einem mäßigen Hügel und zahlreichen Marmorstufen, im Rücken von einer dunkeln Reihe hoher Waldbäume hell sich abhe-bend, stattlich aufsteigend, den Ausblick von unsern Fen-stern höchst befriedigen, in wohlthuender Schönheit abschloß. – [...]*

*Ja, dieser »englische Garten«! Mit dankgerührtem Herzen denk‹ ich sein, wie des für mich davon unscheidbaren Gar-tens hinter meinem Älternhaus.[...]*

*Zwei starke Stunden erstreckt sich die Anlage, an dem kleinen See vorüber, bis in die von Rothwild, Rehen und Fasanen belebte Hirschau.*

*Welche Beleuchtungen, welche Stimmungen in diesem weiten Waldrevier! Im Herbst das leuchtende Goldbraun der Buchen im Sonnenglast oder das Spinnen des ziehen-den Nebels um die Spitzen der düsteren Tannen, im Winter*

*Der Karolinienplatz mit Obelisk von Südwesten*

die prachtvollen Gebilde des Rauhfrists oder die wuchten-
den Schneemassen, welche zuweilen dichter als Hand-
spannen hoch jeden Ast bedeckten und die Zweige der
Büsche lastend bis zur Erde niederbogen.

### Das Paradies der Jugend

[...] Der Garten maß in der Länge von dem Gatterzaun
des Hofes im Osten bis zu der hohen Bretter-Planke, welche ihn im Westen von der »oberen Garten-« (jetzt Kaul-
bach-) Straße schied, nicht weniger als 105 Meter, in der
Breite aber von der Südplanke bis zur Nordplanke 3 ½
Meter.[...]

Bei dem Zusammentreffen des mittleren Längsweges und
jeder Querstraße lag in einer weiten Rundung der stattliche Springbrunnen, gespeist von einem starken in den
Garten selbst entspringenden Quell, der wunderklar, aber
sehr kalt war. So gewährte das fast mannshohe Becken, aus
welchem des Springquells flüßige Säule stieg, im Sommer
ein herrliches Bad; nicht nützlich nur uns Buben: über das
Blumen und Blattpflanzen tragende Gittergeländer ward
– nach Bedarf – ein spitz zulaufendes Zelt von undurch-
sichtiger grauer Leinwand aufgeschlagen, unter dessen
Schutz Erwachsene auch dann noch baden konnten, als die
allmälig wachsende Zahl der in unseren Garten blicken-
den Fenster von Nachbarhäusern solche Bedachung erfor-
derte. Wir Buben trieben die Abhärtung in
dem stets sehr kalten Quellwasser so unsinnig weit, daß

wir etwa im November oder im März durch eine vielleicht
papierblattdicke Eisrinde hindurch in das Becken spran-
gen, allerdings nur um sofort mit äußerster Hurtigkeit,
aber doch in der Farbe gesottener Krebse uns wieder heraus zu schwingen. Die – unaussprechlich langweiligen –
Goldfische in dem Becken werden wenig Freude an sol-
chem Besuch verspürt haben; die Ältern durften natürlich
nichts davon ahnen.

Allein der Springbrunnen gewährte im Winter auch ein
länger dauerndes Vergnügen. Um die flüssige Säule herum
erhob sich dann allmälig aus den auf die gefrorne Fläche
des Beckens seitwärts auffallenden Tropfen ein hoher,
innen hohler, prachtvoller Eisthurm, dessen Kristalle im
Sonnenschein einen wunderschönen Anblick gewährten.
Jedoch wir Buben begnügten uns nicht gern lang mit der
bloßen Betrachtung: gar viele Kämpfe auf dem Eise,
Abenteuer von Nordpolfahrern spielten sich auf diesem
»weißen Meer« und um den Eisberg her ab. [...] Dagegen
die nach und neben der Bergburg am höchsten gewerthete
Veste war die herrliche »Kegelbahn«, welche sich auf der
Südseite des Gartens hart vom Hofzaun an der Seiten-
planke hinzog, zwischen dieser und ihrer Südwand nur
einen buben-(kaum manns-)breiten Gang lassend, in welchem verwilderte Himbeeren, Hollunder, Schirling wuchsen und der, fast immer in feuchtem Schatten liegend, ein
Versteck von Katze, Wiesel und Marder, ein wenig
unheimlich und verrufen war.

**«*Der Kampf um Rom*» der Knaben**

*[...] Die Bahn war von dem Garten nur durch eine offene
Bogenstellung geschieden: allein die ganze Länge beglei-
tende Blumengestelle in acht Stockwerken, im Sommer
von den sonst das Treibhaus füllenden Töpfen besetzt,
machten die »Bahn-Burg« hier unantastbar; der sehr
weite Eingang in die Halle ward durch völkerrechtlichen
Vertrag für immerdar als undurchschreitbar erklärt – : dies
war unumgänglich, da die Burg sonst nicht zu halten
gewesen wäre, in welche im Osten gegen den Hofzaun hin
noch zwei große Bogenfenster führten, und außerdem
noch hart an dem Kegelbrett eine sehr schmale, für den
Kegelbuben bestimmte Lucke: ganz dem durch König
Teja's Heldentod berühmten Engpaß auf dem Milchberg
bei'm Vesuv vergleichbar. Lieber Gott, du weißt es, wie
viele Hiebe und Stöße ich in Vertheidigung dieses Bretter-
loches davon getragen habe! [...] Dieses »Ritterspielen«,
wie wir es gemeinhin nannten, war die größte Freude meiner Knabenzeit: – ja vielleicht die größte, reinste, weil am
Mindesten mit Widerstreit errungene meines Lebens. [...]
ich erstürmte Rom und ward im Busento bestattet, ich war
(ganz besonders gern) König Teja auf dem Vesuv.*

**Die Nachbarn**

*[...] Die Kurfürstin, die Frau Nachbarin zur Linken, war
[...] die Wittwe des letzten als Kurfürst verstorbenen baierischen Fürsten [Karl Theodor], des Vorgängers des Königs
Max I. Ich habe sie in den vielen Jahren, da sie neben uns
wohnte, nie zu sehen bekommen, nur ihre Staatscarosse
und auf deren Bock ihren die meisten Monate des Jahres in
ein gelbes (ärmelloses) Wamms gekleideten Mops.[...]*

*Lustiger, erfreulicher war die Nachbarschaft zur Rechten,
im Süden. Das kleine Häuslein, noch schlichter als das unsrige, gehörte lange Jahre der Familie von Orff. Der Vater,
ein hoher Beamter [Großvater von Carl Orff], in seinem
langen, feierlichen Rock, in steifer, weißer Halsbinde, galt
mir als etwas unnahbar Strenges: die älteren Söhne haben
im baierischen Heer eine glänzende Laufbahn zurückge-
legt. Einen von ihnen traf ich -nach Jahrzehnten! – mitten
in den Granaten von Sedan – zwischen Balan und Bazeilles – wieder: er ist nunmehr (Februar 1890) commandiren-
der General des II. baierischen Armeecorps. Näher in den
Jahren stand mir ein jüngerer Bruder, Max, lange Zeit ein
lieber Spielgeselle. Beide Geschlechter hielten gute Nachbarschaft. Als die Orffs das Haus verkauften, stand es
geraume Zeit leer: – nur alle Vierteljahre erschien einmal
ein Verwalter oder Aufseher. Der Garten, ebenso umfang-
reich wie der unsrige, begann allmälig ein liebliches Wenig
zu verwildern.
Das ward nun aber für mich und meine Spießgesellen eine
Quelle der reinsten Freuden! [...] Zwei Herbste hindurch
kümmerte sich niemand um Alles, was darin gewachsen
war. Nun waren zwar die Äpfel, Birnen, Pflaumen da drüben nicht besser als die in meinem Garten, aber sie
schmeckten so viel besser! Und – ohne Zweifel -die Mus-
katellertrauben auf der sonnigen gen Mittag gekehrten
Planke waren auch besser als die Dahn'sche Auslese. Das
Andre verschweig' ich. [...]
Der nächste Nachbar neben dem Orff-Haus war Professor
Zenger, Lehrer des römischen Rechts, ein ganz ausgezeich-
neter Mann und treuer Freund meiner Ältern, die ihn als
verlässigsten Berather in allen Rechts- und Wirthschafts-*

*Angelegenheiten vertrauten. Dem schwäbischen Baiern
entstammt zeichnete sich der stattliche Herr durch einen
prachtvoll geschnittnen Charakterkopf aus: Wilhelm von
Kaulbach, eine Zeit lang sein Hausgenoß als Miether, hat
ein meisterhaftes Brustbild von ihm – in dem scharlachro-
then Talar der baierischen Rechtslehrer – geschaffen.
Mit dem ältesten Sohn, Gustav, habe ich bis an dessen frühen Tod treue Freundschaft gehalten: der jüngere, Max,
hat in der Folge für manches Lied von mir, zumal aus den
»schlichten Weisen«, gar anmuthige Weisen gefunden; die
jüngste Tochter, Marie, ein sanftes, blondes Engelköpflein
mit blauen Vergißmeinichtaugen, traf hart vor der Thüre
des väterlichen Hauses durch ein scheu gewordenes Pferd
ein grausamer Tod in der Blüthe der Jahre.[...] Professor
Zenger führte an Stelle des einstöckigen Hauses – wie sie
ursprünglich alle waren in jener Straße – ein mächtiges,
langes dreischössiges Gebäude auf. Man hat oft darüber
gelächelt, daß Franz Xaver Zenger außer den beiden
unerläßlichen Schriften Doctor- und Habilitationsschrift –
nichts veröffentlicht habe. Und wenn nun wirklich noch
ein Pandekten-Compendium mehr die Welt erblickt hätte,
wäre dieselbe dadurch glücklicher oder schöner geworden? Der weise Mann führte für einen deutschen Profeßor
ein beneidenswerth vernünftiges und naturgemäßes
Leben. Er war sein eigner Gärtner: mit Nachhilfe eines
Taglöhners bestellte er den großen Garten allein: im Sommer arbeitete er schon zwischen vier und fünf Uhr in demselben, bis er in die Vorlesungen gehen mußte, und von den
kühleren Nachmittagsstunden an desgleichen. Aber träg
war er wahrlich nicht der Mann, der Jahrzehnte lang im
Verwaltungsausschuß der Hochschule maßgebend gewirkt
und nebenbei – obwohl frommer Christ – die Übergriffe
der damals allmächtigen Ultramontanen mit zäher Aus-
dauer, freilich auch mit der unerläßlichen klugen Vorsicht
– bekämpft hat. Seine Vorlesungen, durch körnigen Witz
gewürzt, wurden gern gehört, und wenn wir spät in der
Winter-Nacht aus der Stadt zurückkehrten in den tief ver-
schneiten englischen Garten, brannte noch die Lampe in
seinem Arbeitszimmer. [...]*

*Eine sehr verschiedene Natur war der Monten-Gustel,
d.h. August, der Sohn des hervorragenden Schlachten-
Malers Dietrich Monten und der Frau Adele, einer wunderschönen Blondine. Monten kaufte den westlichen Theil
des früher von Orff'schen Gartens – südlich von dem uns-
rigen – und baute darin an der oberen Gartenstraße das
schöne echt künstlerisch ausgestattete Haus, welches nach
des Erbauers frühem Tode Kaulbach erwarb und bis an
seinen Tod bewohnte. So waren Montens unsere nächste
Nachbarn geworden und wie die Ältern hielten die beiden
einzigen Kinder beste Nachbarschaft und Freundschaft: in
der unsere Gärten scheidenden Planke ward ein Thürlein
angebracht und unzähligemale holte ich den lieben Gustel
zum Spiel in meinen Garten herüber, der noch mehr als
einmal so groß und schon deshalb viel besser zum Spiel
geeignet war, weil er uns der Beobachtung der lieben
Ältern leichter entzog.*

# Denkmäler und Revolution

## Das Erzgießereiviertel

Ursprünglich reichte das Gebiet des Dorfes Neuhausen bis zur Geländestufe am Stiglmaierplatz, »Galgenberg« und »Neuhauser Berg« genannt, an die Stadt München heran.
Diese weitete ihren Raumbedarf jedoch stetig aus. Auf der Viehweide von Neuhausen wurde erst exerziert, dann wurden in den Hang hinein Kiesgruben, von denen heute noch der Name Sandstraße zeugt, und Bierkeller angelegt. Zwischen 1794 und 1820 entstanden Löwenbräu-, Knorr- (später Augustiner-), Zacherl-, Pschorr-, Pollinger-, Hirschbräu- und Kreuzbräukeller. Schließlich der Arzbergerkeller an der späteren Erzgießereistraße.
Dort wurde 1814 die königliche Erzgießerei errichtet und Johann Baptist Stiglmaier begann mit seinem Werk. Hier entstand z. B. die Statue von Max I., die vor dem Nationaltheater steht. Hierzu schrieb Schmeller am 4.6.1834: »*Wir besahen uns in der Erzgießerey den colossalen Vater Max, an dem eben die Ciseleurs ihr Gehämmer verführen.*«
Neben der Erzgießerei entwickelte sich zwischen Sandgruben eine »Barackensiedlung«, in der arme Leute Unterschlupf fanden. An der Nymphenburger Straße wurden dagegen repräsentative Wohnbauten errichtet. Die Umgemeindung zum nahen München erfolgte zwangsläufig und wurde von den Neuhauser Bauern begrüßt. Man war schließlich nicht gewillt, für die Wohlfahrt des »zwielichtigen Gesindels« an der Sandstraße aufzukommen.

## Der Guß der Bavaria 1844

Neben der Erzgießerei stand jahrelang ein Bretterturm, in dem Ludwig von Schwanthaler an der Bavaria arbeitete. Er war der Sohn eines Tiroler Bildhauers, dessen Talent von Cornelius und Klenze entdeckt worden war. Diese hatten ihn dem König empfohlen und bei ihren Arbeiten zugezogen. Von Schwanthaler stammten beispielsweise Reliefs an der Glyptothek und Statuen in der Staatsbibliothek. Die Bavaria sollte eines der größten Denkmäler aller Zeiten werden. Da der Künstler gewohnt war, sehr sorgfältig zu arbeiten, war er lange mit Umänderungen und Verbesserungen beschäftigt. So vergingen Jahre bis zur Vollendung des Modells. Johann Baptist Stiglmaier erlebte den Guß nicht mehr. Dieser lag in den Händen von dessen Neffen Ferdinand von Miller, der die dramatischen Vorgänge in seinen Tagebüchern beschrieben hat:
*Es war am 11. September 1844, als zwei dicke Rauchsäulen aus den Kaminen der Gießerei gerade gegen den Himmel aufstiegen und verkündeten, daß heute ein großer Guß stattfinden werde. Ja, es sollte heute nicht allein das erste Stück der Bavaria, der Kopf derselben, es sollte auch mein erster großer Guß geschehen. Das Erz war flüssig im Ofen wie Wasser, viele Zuschauer, selbst fürstliche Damen, waren zugegen.- Mit welch kaltem Blute stieß ich sonst den Zapfen aus; heute war mir so bange, so ängstlich, doch*

*Der große Formsaal der königlichen Erzgießerei*

*es mußte vor sich gehen.- Das Erz stürzte hinunter in die Form mit Macht, mit pochendem Herzen erwarte ich das frohe Zeichen an den Luftröhren, aber es will nicht erscheinen. »Da ist ein Unglück im Anzuge«, durchschauert es mich; rasch bitte ich die vielen Zuschauer, die Gießerei zu verlassen, da höre ich es plötzlich furchtbar prasseln in der Tiefe. Gott! Die Form war – zersprungen! Armdick strömte das Erz aus der Form, der Schreck lähmte mir alle Glieder, nichts mehr konnte ich tun, als nur einen Blick nach oben zu richten mit den Worten: Herr, Gott, hilf du! – Das war alles was ich vermochte, und stumm und still stand ich, mein Unglück zu schauen. Da erkaltete der Feuerstrom – es dringt kein Erz mehr in die Form – ich sehe noch flüssig Metall auf der Höhe des Kanals – ein Hoffnungsstrahl durchzuckt mein Innerstes, ich steige schnell über den glühenden Kanal um die Luftröhren zu sehen. Welch ein Anblick – welche Freude! – Feurige Augen klotzen mich an aus denselben und doch so freundlich, so fröhlich!- Welch ein Jubel, als ich ausrief: Glück auf, der Guß ist gelungen! – Viel Schmerz, viel Freude habe ich schon erlebt, nie aber einen solchen Wechsel von Schreck und Freude empfunden. Wie brannte ich vor Neugierde zu erforschen, wie das zugegangen! – Der Druck des Erzes hatte die zwei Fuß dicke Mauer um die Form durchbrochen, vierzig Zentner Erz strömten aus der Öffnung – endlich erstarrt die flüssige Masse und erstarrt in einem Momente, wo nicht mehr dreißig Pfund hätten aus dem Riß entweichen dürfen, sonst – wäre der Guß mißlungen. [...]*
*«Wenn Sie den Kopf der Bavaria gießen, will ich dabei sein!« hatte der König verlangt. Ich sagte ihm, es sei viel interessanter, wenn das Werk aus der Grube gehoben wird, wenn es gleichsam aus der Grube herauf erscheint, während bei dem Gusse selbst, ob nun ein Kunstwerk oder ein Dampfzylinder unter dem Mauerwerk verborgen, immer nur zu sehen sei, wie der flüssige Metallstrom aus dem Ofen stürzt. »Gut«, sagte der König, »dann will ich das Heraufziehen mit ansehen.« In Rücksicht darauf hatte ich*

*nach dem Gusse in der Grube schon die Gußkanäle und Lufträhren weghauen, den Kern herausmachen und das Ganze abbrennen, reinigen und fertigstellen lassen.*
*Eines Abends steig ich in das Innere des Kopfes, um zu schauen, wie weit das Herausnehmen des Kernes gediehen sei. Drei Mann waren in demselben beschäftigt und ich sah mit Staunen, wie viel freier Platz trotzdem noch übrig blieb. Am Abend nach Feierabend holte ich Leute zusammen um zu probieren, wie viel Menschen im Innern wohl unterzubringen wären; 30 Mann fanden im Kopfe Platz. [...]*

## Denkmäler

Ludwig I. schenkte die Bavaria seinem Volk und ließ auch andere Denkmäler errichten, wie den Obelisk im Karolinenplatz, der an die 30000 im Rußlandfeldzug Napoleons 1812 umgekommenen bayerischen Soldaten erinnern soll. Der von einer Säulenreihe umgebene Rundtempel Monopteros wurde von Klenze auf einem künstlichen Hügel aus dem Schutt der Anlagen am Max-Joseph-Platz, Schwabinger Tor und Karlstor 1837/38 im Englischen Garten erbaut. Er sollte das Gedenken an Kurfürst Karl Theodor aufrechterhalten, unter dessen Herrschaft der Park angelegt wurde.
Die Bautätigkeit und Kunstförderung des sonst sehr sparsamen Königs diente nicht nur der Ankurbelung des »Tourismus«; sie war gleichzeitig ein »Konjunkturförderungs-Programm«, das Tausenden von Handwerkern und Künstlern über Jahrzehnte hinweg Arbeit bot.
Fast alle Bauten, die Ludwig in der Maxvorstadt schuf, wurden durch Bomben beschädigt, doch die meisten restauriert. Obwohl nach griechischen oder italienischen Vorbildern ausgerichtet, wurden sie charakteristisch für München und sie bestimmten das Gesicht der Maxvorstadt.

*Barerstraße vom Karolinenplatz nach Norden. Im Haus Nr. 19 (vorne) wohnte einst Lola Montez, es wurde bereits 1912 abgerissen. Auf dem Gelände stehen heute Neubauten der Technischen Universität. Photo um 1910*

## Lola Montez

Maria Dolores Gilbert (1820-1861) wurde in Schottland als Tochter eines Offiziers und einer Südamerikanerin geboren. Nach bewegtem Vorleben reiste sie als Tänzerin durch Europa und kam 1846 nach München, um im Hoftheater aufzutreten. Da ihr dies nicht gestattet wurde, kämpfte sie sich bis zu König Ludwig I. vor und überzeugte ihn von ihren Qualitäten durch eine in München »vielseitig erzählte Szene«. Sie habe sich *«als der König einigen Zweifel über die Realität der ersichtlichen Wölbung ihres Busens andeutete, eine Schere von des Königs Schreibtisch genommen und sich damit das Kleid vor der Brust aufgeschnitten. Von diesem Moment an soll die Anknüpfung des jetzigen Verhältnisses datieren.«*

Die Affäre war natürlich Tagesgespräch und löste viel Gespött aus. So vermerkte Schmeller am 16.2.1847: *«Dem neuen Erzbischof soll bei seiner Aufwartung König Ludwig gesagt haben, er möge sich bekümmern um den Loyola und nicht um Lola«. Am 28.2.: «Lola Montez finis Bavariae«* [das Ende Bayerns]. *Senora Montez interessierte sich auch für Literatur, denn Schmeller vermerkte am 27.5., daß sie in der Bibliothek war, um die sonst verschlossenen Erotica zu betrachten. Der König hatte eigenhändig befohlen, ihr alles zu geben, was sie verlangen würde.«*
Professor Schmeller, schildert in seinem Tagebuch am Abend des 1. März 1847 Demonstrationen gegen Lola, die damals ihm gegenüber in der Theresienstraße wohnte, bevor sie ein Palais in der Barerstraße bekam:
*»Es ist dunkel und wieder still geworden in dieser Theresienstraße, in der es fünf Stunden lang laut genug hergegangen ist. Ich hatte, von meiner Vorlesung an der Universität nach 3 Uhr heimgekommen, eben mein bescheidenes Mahl beendet, als ein ungewohntes Schreien mich ans Fenster des Schlafzimmers rief. Es waren Scharen von Studenten, die von der Ludwigstraße herein geströmt kamen, und stehen blieben dem Hause der Lola Nr. 8a gegenüber. Was hier geschah, konnt ich nicht selber bemerken. Augenzeugen sagen, es seyen ihr unter allgemeinem Pereat Steine ins Fenster geworfen worden. Sie sey sodann mit einer auch einem anderen Geschlechte kaum gegebenen Entschlossenheit ans Fenster getreten, habe aufs Wohl der also versammelten getrunken und ihnen Kußhändchen zugeworfen, nach einer anderen Erzählung habe sie mit Pistolen unter sie zu schießen Miene gemacht sey aber durch ihren treuen Knappen Dr. Curtius daran verhindert worden. Dem sey wie ihm wolle, bald marschierten von der Caserne her zwei Pelotons Soldaten, die nach beiden Seiten die schreiende Menge zurückdrängten, und alle nächsten Straßen absperrten. Nicht lange, so erschien eine Abtheilung berittener Gendarmen, und endlich noch ein Detachement von Cuirassieren, die bis jetzt zu thun hatten, die Menge, die sich immer wieder sammelte, zu zerstreuen. Mitten in diesem Tumulte soll, (ich habe ihn nicht selber gesehen) der König – die geheiligte Person – zu der allgemein verabscheuten gegangen seyn, die das höhnende Schreien und Pfeifen nun nicht mehr allein getroffen hätte.«*

Ludwig I. war als Frauenheld berüchtigt. Obwohl sein diesbezüglicher Lebenswandel, da er seit 1810 mit Köni-

gin Therese verheiratet war und mit ihr neun Kinder hatte,
nicht den moralischen Maximen der Zeit entsprach, stieß
die Affäre mit Lola als solche kaum auf Hindernisse. Die
Schwierigkeiten begannen erst, als Ludwig seine Favoritin als »Gräfin Landsfeld« in den Adelsstand erheben
wollte. Hierüber stürzten zwei Regierungen und letztlich
der König selbst.

## Die Revolution von 1848

Ab März 1847 gab es ständig Unruhen, besonders nachdem der König die meisten der von ihm eingesetzten Professoren ihrer Ämter enthoben hatte, weil die Universität
gegen Lola opponierte. Militär wurde gegen Demonstranten eingesetzt und selbst in der Residenz wurden
Fensterscheiben eingeworfen. Lola Montez wurde in
ihrem Haus in der Barerstraße von Demonstranten,
hauptsächlich Studenten, belagert und angegriffen. Daher
ließ der König am 9. Februar 1848 die Universität schließen und wollte alle Studenten aus der Stadt verbannen.
Dies brachte nun die Münchner Bürger auf die Barrika-
den, da sie wirtschaftliche Einbußen (Zimmervermie-
tung) fürchteten. Nur ein persönliches Eingreifen des
Königs verhinderte Plünderungen. Der Monarch sprach
»man kann mir mein Leben nehmen, aber den Willen
nicht« und doch sah er sich gezwungen, die Wiedereröff-
nung der Universität zu versprechen.
In ganz Deutschland gärte es in jenen Tagen – Revolution
war angesagt! Die Bürger forderten Reformen wie ein
gerechteres Wahlrecht, die Abschaffung der Zensur und die
Einrichtung von Geschworenengerichten. Zusicherungen
des Königs, verkündet am 4.3.1848, verhinderten ein Blut-
bad, als Bürger bewaffnet zur Residenz strömten. Am
11. März mußte »Gräfin Landsfeld« aus der Stadt fliehen;
ihr abenteuerliches Leben endet dann 1861 in New York.

*Steinplastik eines Löwen vor dem Gebäude der Bayerischen Landesbank an der Gabelsbergerstraße. Das Original stammt von dem Bildhauer Wilhelm v. Rümann.*

*Lola Montez flieht aus ihrem Haus in der Barerstraße, Zeichnung von Gustav König 1848*

# Mäzene von Wissenschaft, Dichtung und Musik

## Maximilianstil

Ludwig trat am 20.3.1848 zurück und verkündete: »*Bayern, Eine neue Richtung hat begonnen, eine andere als die in der Verfassungsurkunde erhaltene, in welcher Ich nun im 23. Jahre geherrscht. Ich lege die Krone nieder zugunsten Meines geliebten Sohnes, des Kronprinzen Maximilian [...]*«. Max II., der bis 1864 regierte, bemühte sich aus dem Schatten seines Vaters zu treten. Er versuchte, ihn als Bauherrn zu übertrumpfen, und prägte seinen eigenen »Maximilianstil«. Das Wittelsbacher Palais, das er als Kronprinz nach seiner Vorstellungen von Gärtner erbauen ließ, diente dann seinem Vater Ludwig als Münchner Wohnung. Dieser konnte sich mit dem Gebäude aber nie anfreunden.

## Kulturgeschichtliche Forschungen

Max unterstützte begeistert die Erforschung von Bayerns Sprache und Kultur. So besuchte er 1844, noch als Kronprinz, den Schöpfer des Bayerischen Wörterbuches Johann Andreas Schmeller (1785-1852) in der königlichen Bibliothek und versprach, ihm bei der Fortführung seiner Forschungen zu helfen. Einen bedeutenden Einfluß hatte die Berufung des Kunsthistorikers und Schriftstellers Wilhelm Heinrich von Riehl (1823-1897), dessen Grab im Alten Nördlichen Friedhof liegt. Er wurde Professor für Staatswissenschaften (1854) und dann Kulturgeschichte (1859) an die Universität München und ist Begründer der wissenschaftlichen Volkskunde. Er betreute auch die von Max angeregten und geförderten Bände der »Bavaria. Landes- und Volkskunde des Königreiches Bayern« (1860-67).

## Die Berufenen

Max II. war seit seiner Jugend an Wissenschaft und Literatur interessiert und rief daher Forscher und Dichter nach München. Da sie überwiegend aus dem nördlich gelegenen Ländern Deutschlands kamen, bezeichnete man diese »Berufenen« als »Nordlichter«. Dies war nicht freundlich gemeint; hauptsächlich die evangelische Konfession der Zugereisten stieß auf Ablehnung. Viele von ihnen lebten in der Maxvorstadt oder sie lehrten an der Universität.

1852 holte der wegen der Bausucht seines noch lebenden Vaters gezwungenermaßen sparsame Monarch auf seine persönlichen Kosten den Lyriker Emanuel von Geibel (1815-1884) nach München und machte ihn auf dessen Wunsch zum unbezahlten Honorarprofessor für deutsche

*Blick von der Briennerstraße auf die Türkenstraße mit dem Wittelsbacherpalais, erbaut 1848 von Friedrich v. Gärtner im Auftrag von Max II. in neugotischem Stil. Hier wohnte später Ludwig I. und es war 1919 Sitz der Räteregierung. Traurige Berühmtheit erlangte das wegen seiner Backsteine auch »rotes Palais« genannte Bauwerk als Sitz der GeStaPo in der Nazi-Zeit. Hier war u.a. auch der Widerstandskämpfer Pater Rupert Mayr inhaftiert zu dessen moralischer Unterstützung Studierende vor den Mauern demonstrierten. Nach Zerstörung im Krieg wurde das Gebäude 1950 abgetragen. Auf dem Gelände steht nun ein Neubau der Landesbank. Photo um 1900*

Literatur und Ästethik. Dieser wurde mit Paul Heyse, der die literarische Gesellschaft »Krokodil« gründete, Haupt des »Münchner Dichterkreises«. Dazu gehörten auch die von Max nach München gerufenen Friedrich von Bodenstedt (1819-1892) und Adolf Graf von Schack (1815-1894). Der von Heyse 1856 eingeladene Viktor von Scheffel wohnte im ehemaligen Haus von Gärtner, dem heutigen Universitätsbauamt in der Ludwigstraße; er war besonders populär durch seine Dichtungen »Der Trompeter von Säckingen« (1854) und »Ekkehard« (1855). Er wäre wohl in München geblieben, wenn er hier nicht seine geliebte Schwester, die ihn besuchte, durch die Cholera verloren hätte.

Franz Dingelstedt, der später selbst den Anfeindungen der Klerikalen wich, schildert die Probleme der »Berufenen« in der Isar-Metropole:

*«Um die Mitte der fünfziger Jahre war die Fremden-Colonie dergestalt an Zahl gewachsen, im Bestande gefestigt, daß sie als eigenes Element in der Bevölkerung gelten durfte, als solches auch bereits sich wirksam erwiesen hatte. Die meisten der neuen Ankömmlinge gruppirten sich um die Universität: Liebig, der Chemiker, -Jolly, der Physiker, -Siebold, der Zoologe, -Bischoff, der Anatom und Physiologe, -Pfeufer, der Therapeut, -Sybel, der Geschichtsschreiber, nach seinem frühen Abgang ersetzt durch Giesebrecht, -die Culturhistoriker Riehl und Löher, -Bluntschli, der Staatsrechts-Lehrer, -Carriére, der Philosoph und Kunsthistoriker, -der Pandektist Windscheid, -also Männer aller wissenschaftlichen Fächer und aller akademischen Facultäten, mit Ausnahme der theologischen. [...] In München kam zu angeborenen Abneigungen und Stimmungsverschiedenheiten noch ein wichtiges Moment: das confessionelle. Der Ultramontanismus hat seiner Zeit in Bayern schärfer und strenger regiert als Clericalismus in Oesterreich. Es war mehr als zufällig, daß nicht in Wien, sondern in München das wissenschaftliche Hauptquartier der Partei aufgeschlagen war, die »historisch-politischen Blätter«, aus welchen die populären Zeitungen, nicht blos in Bayern, sondern auch in Tirol, am Rhein, im Münsterlande ihre Directive, Waffen und Munition empfingen. Da nun die Mehrzahl der Maximilian-Colonie zum Protestantismus sich bekannte, – nicht Einer freilich zum streitbaren Muckerthum, – und außerdem von jenseits der Mainlinie ihre Abstammung herleitete, so wurden wir insgesammt, von vornherein als Preußen und als Ketzer angesehen, mithin zur Minorität gezählt, als Opposition gehaßt. Daraus flossen Conflicte, die wir keineswegs herausforderten, denen wir aber auch nicht ausweichen durften, die wir ausfechten mußten, wollten wir nicht uns selbst und unserer Aufgabe untreu werden. Dafür nur ein paar Beispiele aus meinem besonderen Wirkungskreise, dem Theater: ›Nathan der Weise‹, den das Wiener Burgtheater seit einem halben Jahrhundert gibt, mit verhältnismäßig geringen Auslassungen, stand auch in München nicht auf dem Index, wol aber bei Hof und bei der Curie in üblem Geruch, als ein antikatholisches Stück, eine Apotheose des Judenthums. Bei König Max II., dessen methodische Denkweise sich gern an Kategorien, an geflügelte Worte hielt, hatte man, wie die Minna von Barnhelm als ein »Preußenstück«, so den Nathan als ein »Judenstück«, oder auch als »die Komödie des religiösen Indifferentismus« zu discreditiren gewußt. Dies Vorurtheil, das sich für ein Urteil ausgab, konnte mich nicht*

*abhalten, für den Tag der Eröffnung der Industrie-Ausstellung, Sonnabend, 15. Juli 1854, »den mit falschen Ringen handelnden Hebräer« (dritte Variante der Inquisition), auf das Repertoire zu setzen. Ich dachte dabei an keinerlei Demonstrationen gegen die Widersacher; Lessings Meisterwerk schien mir durch seinen Charakter reinster Humanität und kosmopolitischer Universalität eben auf diesen Tag zu passen. So drang ich denn auch höchster Instanz damit durch, daß »Nathan« stehen blieb; aber, um den frommen Seelen wenigstens ein Zugeständniß zu machen, – der König neigte, seiner Natur nach, zu Compromissen, – mußte das Bild des Patriarchen, welchen unser Jost in allerdings grellen Farben und scharfen Zügen, aber ungemein wahr und wirksam darstellte, wesentlich abgetont werden.[...]«*

## Paul Heyse

Paul Heyse (1830-1814) wurde 1854 aus Berlin berufen. Er wohnte in der Luisenstraße und bezog jährlich ein Gehalt von 1000 Gulden mit der einzigen Verpflichtung, zu dichten und an den Symposien des Königs teilzunehmen. Der Dichter hatte in München eine Stellung, die, wie sein naturalistischer Widerpart Max Halbe einräumen mußte, der Goethes in Weimar glich. Er engagierte sich auch in vielfältiger Weise in der Stadt und wurde Ratgeber in literarischen Fragen. In seinen Erinnerungen schrieb Heyse: *«Ich habe es stets als eine besondere Gunst meines Geschicks betrachtet, daß mein Leben in jungen Jahren aus dem heimatlichen Berlin nach München verpflanzt wurde.«*
1910 wurde er als erster Deutscher mit dem Nobelpreis für Literatur ausgezeichnet.

## Hermann von Lingg

Ein anderer, heute weitgehend vergessener Dichter, der auch zum Dichterkreis »Die Krokodile« gehörte, war Hermann Lingg (1820-1905). Der Anwaltssohn aus Kempten wurde Mediziner und diente als solcher von 1846 bis 1849 in der bayerischen Armee, war den Wirren der Revolution gesundheitlich aber nicht gewachsen. Er zeigte Sympathie für die Revolutionäre, desertierte und floh in eine Nervenheilanstalt. Dort wurde Lingg im selben Zimmer untergebracht wie einst der Dichter Nikolaus Lenau. Nach der Heilung wollte ihn die Armee nicht mehr und er ging als Schriftsteller nach München. Wegen der Heirat mit einem einfachen Mädchen vom Lande verstieß ihn seine Familie.

Durch Emanuel Geibel kam Lingg dafür in den Freundeskreis von König Max II., der ihm ein regelmäßiges Gehalt aussetzte, das eine sorgenfreie Existenz sicherte. Sein Gedichtlein »Das Krokodil zu Singapur« gab dem Dichterkreis den Namen. Fast täglich verfaßte er Poeme, die auch gedruckt wurden. Manches aus dem umfangreichen Werk läßt Lingg als Vorläufer des Expressionismus erscheinen. Ludwig II. erhöhte den Sold und verlieh ihm den Maximiliansorden. Der Dichter wurde Ehrenbürger und erhielt 1890 sogar den persönlichen Adel. Sein Haus stand in der Nymphenburger Straße, gegenüber vom heutigen Gerichtsgebäude. Das Grab des merkwürdigen Einzelgängers ist auf dem Alten Nördlichen Friedhof.

*Der Glaspalast im Alten Botanischen Garten, erbaut 1854 als Ausstellungsgebäude von August v. Voit, abgebrannt am 6. Juni 1931. Photo um 1910*

## Der Glaspalast

Max II. war auch für Neuerungen in der Technik offen und beschloß 1853, die »Erste deutsche allgemeine Industrie-Ausstellung 1854« in München abzuhalten. Der König wählte schließlich den stadtnahen Standort am Nordende des (Alten) Botanischen Gartens gegenüber der Arcisstraße (heute Meiserstraße). Da hier ohnehin ein großes Gewächshaus geplant war und man den Winter über in der Kürze der Zeit weder genügend Backsteine, noch Holz, die üblichen Baumaterialien, herbeischaffen und verarbeiten konnte, wählte man Eisen und Glas. Nach den Plänen des Kgl. Oberbaurates August Voit und dem Vorbild des Crystal-Palace in London begann am 18. Januar die Firma Klett & Comp. (Cramer-Klett) mit den Arbeiten:

*«[...] Durch einmüthiges Zusammenwirken aller Beteiligten wurde es, allen Befürchtungen zum Trotz, ermöglicht, zu rechter Zeit fertig zu werden, und als am Abend des 14. Juli das Arbeitspersonal den Glaspalast verließ, war in der That die Aufstellung als vollendet zu betrachten, ein wohlgeordnetes, harmonisches, reizendes Ganzes bildend, bezaubernd durch den Reichtum von Farben und Formen, überraschend und imponierend durch Großartigkeit [...]. Der Eröffnungstag brach an – einer der schönsten unter seinen nächsten Vorgängern, welche mit ihren häufig wiederkehrenden Regengüssen zu günstigen Aussichten nicht berechtigten. Von der Sonne am fast wolkenlosen Himmel glänzend beleuchtet hob sich, mit den Fahnen sämtlicher an der Ausstellung sich betheiligenden deutschen Staaten reich geschmückt, das Ausstellungs-Hauptgebäude aus seiner Umgebung von in saftiges Grün gekleideten Baumgruppen in erhabener Pracht. [...]*

Die Ausstellung wurde aufgebaut, aber eine Choleraepidemie, der auch Königinmutter Therese zum Opfer fiel, vertrieb die Gäste bald wieder aus der Stadt.

Da ein Abriß der Anlage zu teuer gekommen wäre, suchte man andere Nutzungen für das Gebäude. So exerzierte hier das Militär, aber der Glaspalast wurde schließlich der Raum für Großveranstaltungen. Die hier abgehaltenen Gewerbe- und Kunstausstellungen gingen in die Geschichte ein.

Am 6. Juni 1931 brach aus ungeklärter Ursache während einer Kunstausstellung ein Feuer aus. Das Bauwerk wurde ein Raub der Flammen, mit ihm die Exponate. Hier verbrannten auch 110 Werke der bedeutendsten romantischen Maler wie Caspar David Friedrich und Moritz von Schwind.

Das Gelände wurde wieder Grünfläche; Aufbaupläne fielen der Machtergreifung zum Opfer. Hitler ließ als neuen Ausstellungsbau 1937 das Haus der (deutschen) Kunst am Englischen Garten errichten. 1937 war auch die umgestaltete Anlage des Alten Botanischen Gartens mit dem Brunnen von Josef Wackerle fertig. An Stelle des Glaspalastes wurde im monumentalen völkischem Stil das Parkcafé mit Biergarten und dem Kunstausstellungspavillon von Oswald Bieber errichtet.

Der »Kunst-Pavillon am Alten Botanischen Garten«, betreut vom Schutzverband Bildender Künstler, erinnert noch an die Tradition des Münchner Glaspalastes. *»Als Ausstellungspavillon vielleicht der schönste Münchens. Inmitten tausendfacher Vernunft aus Häusern, Firmen, Verwaltungen, Tunnel, Straßen und Schienen. Inmitten all dieser Geschäftigkeit der schiere Wahnsinn«* (Ausstellungsprospekt 1993).

## Choleraepidemie

Der von Max II. nach München berufene Theaterintendant Franz Dingelstedt schildert die Angst vor der in München 1854 wütenden Choleraepidemie: *«[...] Fremde und Einheimische, gleich einer scheuen Herde, nach allen Weltgegenden zerstreuend, die herrlich aufgeblühte Stadt über Nacht entvölkernd, Monate lang wüthend, und zwar mit gleichem Zorn gegen Paläste und gegen Hütten, im*

*Abzuge noch mit einem der letzten Partherpfeile die Mutter König Maximilian's, die gute Königin Therese, niederstreckend. Furchtbarer habe ich niemals, nirgends im Leben einen Gegesatz gesehen als München in der Mitte Juli's und München in der Mitte Augusts. Das Hoflager war zuerst nach Nymphenburg, dann nach Berchtesgaden verlegt worden. Die Anzahl von Reisepässen, welche Düring täglich ausfertigen mußte, ging in's Fabelhafte. Alle Gasthöfe leer; noch leerer die Theater; am allerleersten der Glaspalast, aus dessen zum Ersticken heißen Räumen ein schwüler Hauch, wie aus der Tiefe des Seuchenheerdes oder aus einem schwefelichten Krater, den wenigen, schattenhaft umherirrenden Besuchern entgegenqualmte. Dafür hüllten sich, vermehrten sich, immer nicht dem Bedarf genügend, die Spitäler; Friedhof und Leichenhaus waren die einzig frequenten Stellen in der verödeten Stadt; die im Trab durch die Straßen fahrenden Todtenwagen hatten die glänzenden Hofkutschen und Gala-Equipagen abgelöst. [...]*

Erst in den 70er Jahren gelang es dem Hygieniker Max von Pettenkofer, dem Übel an die Wurzel zu gehen. Wasserleitungen und ein Einschwemmkanalisationssystem – zuerst unter der Maxvorstadt – wurden erbaut.

## Häuser und Wohnungen um 1860

Über Zustände im Wohnungswesen um 1860 berichtet der Engländer Edward Wilberforce: *[...] In München scheint die Qualität eines Hauses keinen Einfluß auf die Höhe der Miete zu haben; tatsächlich sind gute Häuser oft billiger als schlechte. Bei meiner Wohnungssuche besichtigte ich unter anderen auch zwei Häuser nicht weit voneinander. Ich entdeckte, daß eines ungewöhnlich komfortabel eingerichtet war und fünf englische Pfunde weniger an Jahresmiete kostete als das andere, das ein Zimmer weniger hatte, bar jeden Komforts war und sogar ärmlich wirkte. Diese Häuser waren fast zur gleichen Zeit errichtet worden, aber das eine war von einem Spekulanten hochgezogen worden, der die existierende Nachfrage befriedigte. [...] ; da mein Schicksal mich zwang, während der ersten sechs Monate meines Aufenthalts in einem solchen zu wohnen [vom 10. Juli 1856 bis zum 10. März 1857 bei der Kammerdienerswitwe Mühlbacher in der Frühlingstraße (Von-der-Tann-Straße) 11], kann ich nur die bedauern, die nichts anderes für ihre Bedürfnisse Passendes finden. [...]*

*Die Deutschen haben sich im Häuserbauen noch keine Lorbeeren erworben, und man darf kaum erwarten, daß sie in früheren Zeiten Wohnbedürfnisse befriedigen konnten, denen sie sogar heute noch gleichgültig gegenüberstehen. [...]*

*Außerdem haftet den alten Häusern allgemein ein Geruch an, der in allen Gängen herrscht, in den Treppenhäusern steckt und sogar kräftig aus den Haustüren strömt. Jedes Haus, das lange von Deutschen aus der Mittelschicht bewohnt worden ist, scheint diesen Geruch anzunehmen, der teilweise die Folge des Sauerkrautes ist, der aber noch mehr die Folge einer Mißachtung der Lehren Liebigs ist, wie das ausführlich in einem der Berichte des Grundbuchamtes festgestellt wird.*

## Ein junger Märchenkönig und sein Komponist

Am 10 März 1864 wurde durch den überraschenden Tod seines Vaters Max II. der 18jährige Ludwig II. König von Bayern. Der schöne Jüngling kümmerte sich weniger um die praktischen Dinge und schwärmte besonders für die Musik Richard Wagners. Ludwig rief den Komponisten bald zu sich und hielt ihn fürstlich aus. Er schenkte ihm ein Palais in der Briennerstraße gegenüber der Einmündung der heutigen Richard-Wagner-Straße.
Wagners Verhältnis zu Ludwig und sein Leben und Schaffen in der Maxvorstadt wird aus seinen Briefen deutlich:

An König Ludwig II. von Bayern,
*München, 31. Dezember 1864*
*Letztes! Höchstes! Schönstes meines Lebens!*
*Wundervoller König!*
*Ich sitze mit Semper, Cornelius, Bülows und dem treuen Pfistermeister beisammen; um das Jahr der Wunder zu beschließen, ließ ich mich an den Tisch heranrollen, an welchem ich die Freunde mustern wollte, die ein Engel um mich vereinigte, damit ich Mut und Freude mir erhielt. Da kam der Brief meines göttlichen Freundes: zum ersten Male vermochte ich wieder aufzutreten, mich stehend zu erheben, um Ihm ein brünstiges Lebehoch auszubringen! – Es war ein seltsames Seelenbeben, mit welchem die Freunde in meinen weichen Ruf einstimmten! – O mein König! Mein Erlöser!!*
*Nun wanderte ich durch die Hölle – das Jahr des Purgatorios ging zu Ende: aus den heiligen Flammen des Fegefeurs trete ich neu und verjüngt in die himmlischen Paradieses-Jahre! Was ich singe und schaffe, es kann nur noch eine Hymne sein:*
*Selig der da glaubt!*
*Das Himmelreich ist unser!*
*O König, wir werden siegen!!*
*Heil, Heil! Zum neuen Jahre neuen Lebens Heil! Dank und ewige Liebe!*
*Aus tiefstem Herzen Untertan Richard Wagner*

An Mathilde Maier, *München, 29. Januar 1865*
*[...] Bülows sind seit Mitte Dezember hier eingerichtet, Luitpoldstraße 15. Er ist – elend, fast verloren, wie die Mücke, die sich im Licht verbrennen muß. Bei sehr zarter, kränklicher Natur Überreizung und Überspannung jeder Art. Zu befürchten steht einmal totale Lähmung, namentlich wenn er das Klavierspielen nicht ganz läßt, wovon er aber nichts wissen will und deshalb lieber jeden Arzt, jeden Freund leidenschaftlich verspottet. Nun kannst Du Dir denken, wie Cosima sich wieder dabei befindet – was das für ein großen Hin und Her von Leiden, Qualen und Quälerei ist: Seit Silvester ist dagegen nun Peter Cornelius da: nun Gottlob! der ist wenigstens gesund! Für Dich hat er bereits ein großes Faible gefaßt, Deine Zeichnung »Fanget an!« hat ihn ganz exaltiert. Ich glaube, er könnte Dir, ohne Dich zu sehen, einen Heiratsantrag machen. Er wohnt nun nicht weit von mir, Karlstraße 39 gegenüber dem Zumbusch; unsere Gärten stoßen aneinander. Täglich 2 Uhr speist er bei mir. Dann geht's – seitdem ich wieder gehen kann – spazieren durch den Englischen Garten, Bogenhausen, am Maximilianeum vorbei über die Isarbrücke durch die Stadt zurück. Abends sehen wir uns zusammen bei mir oder auch bei Bülows. Sonst fällt nichts*

*vor, außer wenn der König einmal nach mir schickt, was nicht häufig vorkommt, da der arme junge Mann schrecklich mit Hof, Regieren usw. geplagt ist. [...]*

An Eliza Wille, *München, 26. September 1865*
*[...] Die wundervolle Liebe des Königs hält mich im Leben: er sorgt für mich, wie noch nie ein Mensch für den andren sorgte. Ich lebe in ihm auf und will ihm meine Werke noch schaffen. Für mich lebe ich wirklich eigentlich nicht mehr. Doch hält er eben mir alles fern, was mich an das Leben und die Wirklichkeit erinnert: ich kann nur noch träumen und schaffen.*
*So geht es und wird es gehen. Meine Arbeitslust verschlingt mein ganzes Gedenken. Die Nibelungen werden nun vollendet: ein Parzival ist schon entworfen. Es ist alles wundervoll, traumhaft: sonst wäre alles tödlich schmerzhaft.[...]*

## Richard Wagner in der Briennerstraße

Wagner war in der Briennerstraße künstlerisch tätig, aber er gab sich auch weltlichen Genüssen hin. Der vom Komponisten dann entdeckte Tenor Rudolf Stuckenbrock (1835-1909) schildert in seinen »Erinnerungen« einen Besuch beim Meister in München 1864:
*«Am anderen Morgen kam bereits ein Diener Richard Wagners, um mich zu dem Meister zu holen. Dieser wohnte damals, im Jahre 1864, in der kleinen Villa vor den Propyläen, die der König Ludwig für ihn hatte einrichten lassen. Klopfenden Herzens übertrat ich die Schwelle. Bei meinem Eintritt in den Salon sah ich drei Herren in dem Raum. Zwei derselben, der eine groß und schlank, der andere klein und korpulent, suchten in einem Berge von Notenheften, der neben einem Flügel lag. In einem Sessel am Fenster sah ich eine zierliche Gestalt in violettem Samtrock und ebensolchem Barett. Diese mußte der große Meister sein. Ich sah es an seinen Augen, obwohl ich noch niemals ein Bild von ihm gesehen hatte, und an ihn wandte ich mich mit dem Briefe, den der Agent mir mitgegeben hatte. Er öffnete ihn schnell und rief dann fröhlich: ›Ach, Cornelius, da kommt unser Siegfried, wir wollen doch einmal sehen, was wir zu erwarten haben! Sie sollen uns etwas vorsingen, junger Freund, was können Sie denn?‹ – Das klang so einfach und natürlich, daß ich gleich Mut faßte: [...]*
*[...] an den frohen Mienen der Anwesenden, daß ich gewonnen. Der Meister machte mich nun mit den Anwesenden bekannt: ›Dieses ist mein getreuester Freund, Herr Peter Cornelius, der Komponist der Zukunft, und hier ist Ihr künftiger Gesanglehrer, Professor Schmitt, der ›Grobschmied‹ genannt! Sollte er aber mal zu gröblich mit Ihnen verfahren, so melden Sie es mir, ich stehe Ihnen bei.‹ Der Professor Schmitt lächelte säuerlich-süß, wagte aber nicht zu antworten, denn er wußte wohl bereits, daß man damit beim Meister nicht weit kam, besonders wenn man im Unrecht war. ›Und nun, mein junger Freund‹, wandte sich der Meister zu mir, ›richten Sie sich hier gleich ganz gemütlich ein. Ihren Kontrakt für das Königliche Hoftheater werden Sie zugeschickt erhalten, und mit Ihren Gesangsstudien werden wir übermorgen beginnen. Morgen können Sie sich München ansehen. [...]«*
*Nachdem ich meine Gesangsstudien bei Richard Wagner*

*begonnen, war ich täglicher Mittagsgast in seiner Villa. Ich attachierte mich dort besonders an den gemütlichen Peter Cornelius. Der Meister präsidierte an der Tafel, und ich bemerkte mit Staunen, wie er scheinbar das Essen ganz als Nebensache betrachtete. Er kostete nur hier und da von den Speisen und nippte von Zeit zu Zeit von seinem Glase Rotwein, das er vor sich stehen hatte. Dabei unterhielt er die ganze Gesellschaft in seiner liebenswürdigen Weise. Einmal hatten Cornelius und ich uns am Schlusse der Tafel mit unseren Weingläsern zurückgezogen und standen im Gespräch vertieft am Fenster, als plötzlich ein Kopf zwischen uns auftauchte.*
*›Man steht am Fenster, trinkt sein Gläschen aus.‹ Der Meister war es, der seinen Kopf zwischen uns gesteckt und plötzlich mit komisch finsterer Miene fortfuhr: ›Wollt ihr mich denn ganz und gar ruinieren, ihr leichtsinnige Bagage?‹ – ›Wieso denn?‹ fragte Cornelius. – ›Ihr fragt auch noch? Wißt Ihr denn gar nicht, daß man hier in München eifrig am Werke ist, mir mein Grab zu schaufeln? Und ihr schaufelt mit? O Gott, beschütze mich vor meinen Freunden! Da wird in den Zeitungen erzählt, daß ich, der Antichrist, hier täglich meinen Anhängern Trinkgelage gebe, daß ich selbst mich in Champagner bade, und da stellt sich dieses leichtfertige Volk sogar ans Fenster, damit jeder, der vorübergeht, sehen kann, wie es im Hause des Antichristen zugeht. Ihr seid mir nette Freunde, und dieser junge reine Tor ist auch schon mit in euer Lasterleben hineingezogen?‹ Plötzlich wich die grimmig-finstere Miene aus dem Gesicht des Meisters, der Schalk blinzelte hervor, und mit strahlenden Augen und lebenswarmer Gemütlichkeit hielt er uns sein Glas entgegen. ›Kommt, Kinder, stoßen wir an auf das Gedeihen unseres großen Werkes!‹*

## Richard Wagner im Hofbräuhaus

Stuckenbrock schreibt weiter:
*In unserer Tafelrunde war ich schnell warm geworden. Ich befand mich fast jeden Abend im Kreise der Wagnerianer, unter denen ich prachtvolle Menschen und liebe Freunde gefunden. Eines schönen Abends war beschlossen worden, in corpore nach dem alten Hofbräuhaus zu ziehen. Ein Herr Knab, damals noch ein kleiner Maler, später ein berühmter Professor, hatte von dem pittoresken Treiben in dem damaligen alten Hofbräuhaus einen interessanten Bericht erstattet. Der neue Bau, der für den alten aufgeführt wurde, war noch nicht fertig; das Publikum wollte aber, nach alter Gewohnheit, absolut sein Bier im Hofbräuhaus trinken. Es strömte allabendlich herzu und wollte untergebracht sein. So füllte es denn nicht allein den noch benutzten Raum des alten Hauses, sondern saß auf den Treppenstufen, auf den Hausfluren, teilweise sogar auf dem blanken Fußboden, den geliebten Maßkrug zwischen den Knien. Die Besucher des alten ehrwürdigen Hauses waren ja längst gewöhnt, alle Ansprüche auch auf bescheidensten Komfort draußen zu lassen, und waren glücklich, wenn man nur noch einen leeren Maßkrug, wenn auch nicht immer auf legalem Wege, erwischt hatte. Dabei wurde gejodelt und getanzt, es sollte ein Hexensabbat allabendlich dort gefeiert werden. Das mußten wir doch sehen, und ›Auf nach dem Hofbräuhaus!‹ hieß die Parole, die jubelnd weitergegeben wurde.*

Auf der Straße huschte eine kleine, eng vermummte
Gestalt an uns vorüber, in einen dunklen Mantel gehüllt,
den Kopf mit einer alten Pelzhaube bedeckt, deren Auf-
schläge niedergeklappt waren und am Gesicht niederhin-
gen. Der Hals war mit einem alten grauen Spätzel dicht
umwickelt, die ganze Gestalt hatte etwas Fabelhaftes.
Cornelius war stehengeblieben. ›Kinder, habt ihr die
Gestalt gesehen? Das war er! Gewiß, ich täusche mich
nicht -das war unser Meister! Er hat sich entstellt, weil er
nicht erkannt sein will – am Tage geht er nicht mehr aus,
weil immer, sobald er sich auf der Straße sehen läßt, ein
ganzer Schwarm sich um ihn sammelt.‹ – ›Da muß er mit
ins Hofbräuhaus, da wird er sich amüsieren‹, rief eine
Stimme. – ›O wahrhaftig, eine gute Idee!‹ bestätigte Cornelius. ›Wirklich, das wäre etwas für ihn. Aber wie fangen
wir ihn? Wir müssen ihm den Weg abschneiden.‹ Im flin-
ken Trab ging es durch eine Seitengasse. Wir traten ihm
entgegen, ihn von allen Seiten umzingelnd. Er hatte uns
erkannt. ›Was treibt ihr euch denn so spät auf der Straße
herum? Wißt ihr nicht, daß artige Kinder ins Bett gehören?‹ – ›Ach, liebster Meister, wir wollten Sie arretieren,
Sie müssen mit uns ins Hofbräuhaus!‹ – Der Meister schien
wirklich zu überlegen: ›Wenn nun ein Kellner mich
erkennt? Was dann?‹ – ›Oho, Kellner? Da gibt es nur Kellnerinnen, und diese auch nur bei Tage. Wenn wir jetzt
kommen, können wir uns nur noch als Zaungäste eindrän-
gen, und für diese gibt es überhaupt keine Kellnerinnen,
nicht einmal Maßkrüge, die man sich erst stehlen und
selbst am Röhrbrunnen ausspülen muß. Wenn man dann
den Maßkrug in die eine, das Geld in die andere Hand
nimmt, sich bis ans kleine Schiebefenster durchdrängt und
beide Hände in das Fenster streckt, bekommt man sein
Bier, sonst gibts gar nichts! – Ein Maler, der Bescheid
wußte, hatte gesprochen. Der Meister sah uns an, in sein
Gesicht kam ein Zucken: ›So geht's da zu? Top, Kinder, ich
gehe mit.‹
Jubelnd umkreisten wir unseren Meister und zogen im Tri-
umph dem ›Platze‹ zu. Schon aus der Ferne hörten wir
einen Höllenlärm. Auf dem Hausflur hatte sich eine
gemütliche Prügelei entwickelt, gemütlich in dem Sinne,
daß nur Fäuste, höchstens einige Maßkrüge dabei in
Aktion getreten waren und daß schallendes Gelächter aus
beiden Lagern tönte. Unser findiger Maler hatte bereits
für uns ausgewittert, wo noch ein Unterkommen für uns
zu finden war, denn in den geschlossenen Zimmern war
für einen normalen Kulturmenschen das Atmen zu einer
Unmöglichkeit geworden. Er hatte einen offenen Schup-
pen gefunden, in dem ein großer Mergelhaufen lag, auf
dem schon verschiedene Bierdurstige sich in Ermangelung
anderer Sitzgelegenheit niedergelassen hatten. ›Raum für
alle hat die Erde‹ – es waren noch Plätze frei, und wir
säumten nicht, uns diese zu sichern. – Der Meister strahlte
vor Vergnügen; das bunte Treiben amüsierte ihn sichtlich.
Jetzt konnten wir ihn genauer betrachten. Nein, in dieser
Vermummung konnte ihn niemand erkennen. Die zerzau-
ste Pelzhaube verhüllte den Kopf und den größten Teil des
Gesichtes, um Hals und Kinn war der große graue Schal
geschlungen, so kam allein seine etwas reichliche Nase voll
und ganz zur Geltung. Nun aber hieß es Maßkrüge ›stehlen‹, wenn wir Bier haben wollten. Wieder war es unser
Maler, der uns die beste Anleitung dazu gab. In unserer
Nähe hatten einige Gäste sich Bänke improvisiert, zechten
und besprachen Tagesfragen. Wir umschlichen sie, und

*Blick durch die Briennerstraße nach Osten auf die Propyläen. Hier lebte
Richard Wagner 1864. Rechts die ehemalige Schack-Galerie. Postkarte
um 1890*

sowie einer nur den Kopf zur Seite wandte, wurde ihm der
Maßkrug flink wegeskamotiert. Schleunigst ging es zum
Röhrbrunnen, wo gespült wurde. Diese Eskamotage war
damals im Hofbräuhaus als etwas Selbstverständliches
hingenommen, und derjenige, dem es just passierte,
machte kein Aufhebens, sondern schaute nur eifrig aus,
sich einen neuen Maßkrug geräuschlos anzueignen. Ich
sehe noch das pfiffige Gesicht des Meisters, als er einen leeren Maßkrug erbeutet und freudestrahlend damit zum
Röhrbrunnen eilte. Nach verschiedenen Stößen und Püf-
fen kamen wir mit unseren erbeuteten Krügen an das
kleine Schiebefenster und fanden uns schließlich auf unserem Mergelhaufen lachend wieder zusammen.
Der Meister tat aus seinem schäumenden Krug einen langen Zug. ›Ah, das ist Nektar, ein Göttertrank! Kinder, dieser Abend ist der schönste Abend meines Lebens. Alle
guten Menschen sollen leben. Ja, du auch! Prost, ich
komme dir was!‹ Diese letzten Worte waren an ein altes
Radiweib gerichtet, das uns gegenüberhockte und zu uns
herüberlächelte. Der Meister hatte ihr zugetrunken, und
sie tat uns grinsend Bescheid. ›Übrigens, Alte, ich kenne
dich! Du bist Hekate!‹ – ›Na, dös tuat grad net stimme, das
Katherl is drunten beim Augustiner. I bins Mirl!‹ Und
dabei trommelte sie mit den großen Männerstiefeln, in
denen ihre Füße steckten, lustig auf dem leeren Faß. ›Bist
eppa Pauer aus Heidhausen? Schaust just so aus‹, krähte
die Alte den Meister an. Der Meister schüttelte sich vor
Lachen und strahlte vor Vergnügen. ›Seid umschlungen,
Millionen!‹ phantasierte er in seiner Ekstase, ›Diesen Kuß
der ganzen Welt!‹ – ›A Bussel magst a no? Na i kimm glei!‹
Dabei turnte die Alte von ihrem Faß herunter; ich kniff
Cornelius in den Arm: ›Um Gottes willen, er wird doch
nicht ...!‹ – ›Lassen Sie ihn doch! De gustibus! Was geht's
uns an?‹ Die Alte stand vor dem Meister mit ihrem leeren
Maßkrug: ›Woaßt – zuerscht mußt mi aber aa neige Moaß
zoahlen!‹ Schleunigst griff der Meister in die Tasche und
gab der Alten ein Geldstück, mit dem sie abhumpelte.
Nach einem Weilchen kam sie wieder mit ihrem gefüllten
Krug, und wir mußten der Reihe nach mit ihr anstoßen.
Das Busseln hatte sie über dem Maßkrug vergessen.
Mirl hatte sich verabschiedet, und auch wir dachten an die
Heimkehr. Der Meister war ganz begeistert und rief ent-
zückt: ›O ambrosianische Nacht, ich grüße dich!‹ -«

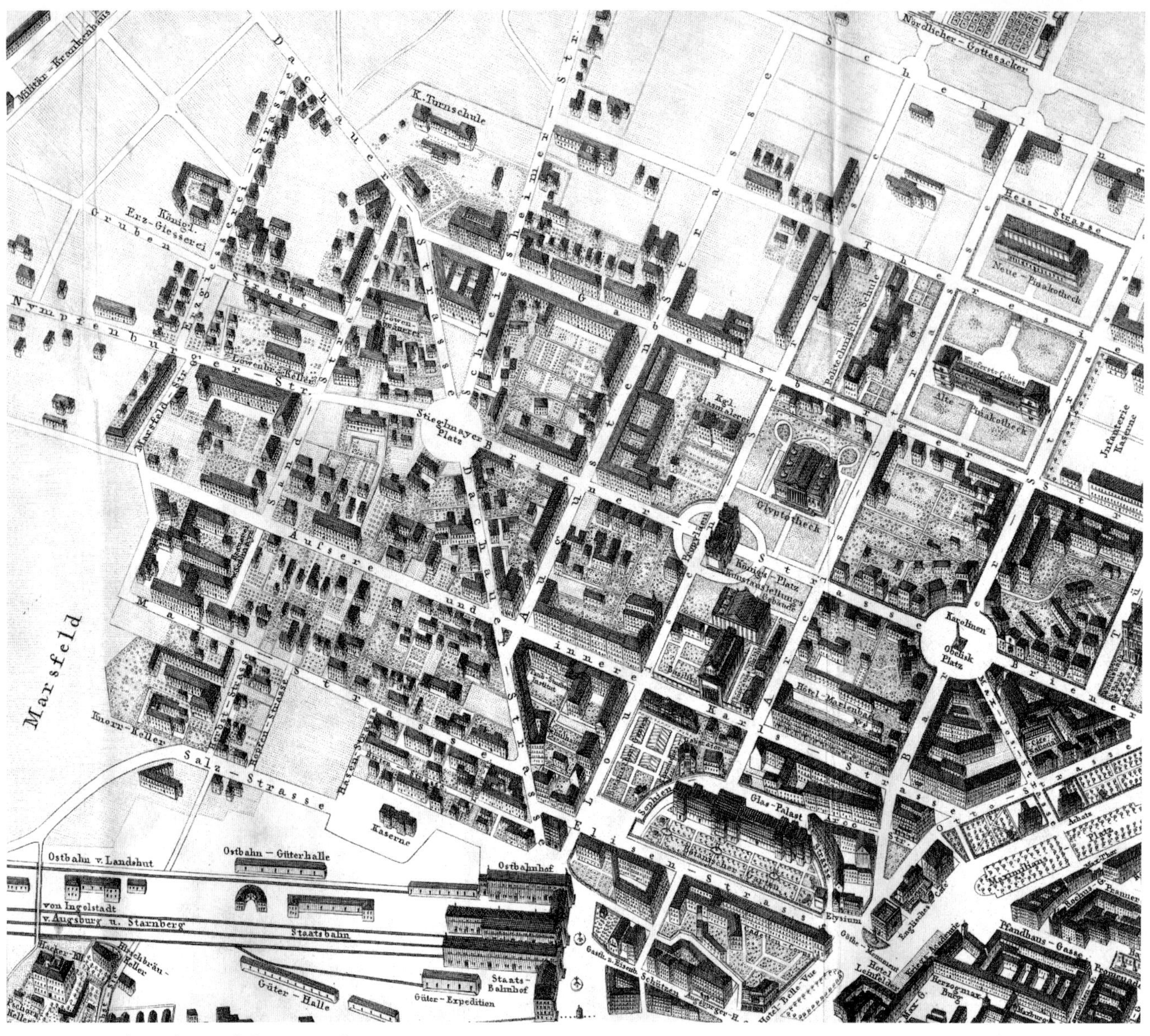

*Die Maxvorstadt aus der Vogelschau. Gezeichnet von C. Seitz 1871*

## Die Vertreibung des Genius

Die glücklichen Zeiten in München gingen zu Ende. Am 19. Januar 1866 schrieb Wagner aus Genf an seinen König:
*[...] Deshalb hören Sie wohl, Geliebter:-*
*Ich kehre nicht nach München zurück!*
*Sagen Sie das den Elenden, die Sie betrügen und verraten: Sagen Sie ihnen aber auch, daß Sie – König von Bayern sind und – bleiben werden!*
*Erwachen Sie, mein herrlicher Freund, und seien Sie ganz und voll, wozu das Schicksal Sie berufen hat. Seien Sie ein königlicher König: nur diesem ist es beschieden, der Welt noch meine Werke zu schenken!-*
*Wir beide sind bedürftig: Sie – der Stählung zur königlichen Sendung, ich – der Ruhe zum künstlerischen Schaffen: beides erreichen Wir nur, wenn Wir jetzt jeder Weichheit entsagen und Jeder – vor den Augen der Welt – seinen eigenen Weg geht.*
*Ermessen Sie die Vorteile, welche mein freiwilliger Entschluß Uns beiden bietet!*
*Wie sehr ich an dem Häuschen und Garten, welches Ihre Liebe mir zum dauernden Wohnsitz angewiesen hatte, hing, wissen Sie: welch ein Opfer ich bringe, wenn ich es aufgebe, mag Ihnen zeigen, was ich mir durch dieses*

*Opfer zu gewinnen hoffe: Ruhe! Ruhe, ohne deren feste und dauernde Versicherung ich jetzt zugrunde gehe – die Zerstreuung meines Geistes ist furchtbar. [...]*
*Nehmen Sie, ich bitte Sie, dies liebe – und doch so unheilvolle Häuschen in Ihrer Briennerstraße zurück; lassen Sie es verkaufen, und ermöglichen Sie mir dagegen eine neue geeignete Niederlassung in der Schweiz oder im südlichen Frankreich, wo ich so gut wie unbekannt bin, völlig einsam leben und nur von meiner treuen Dienerschaft mich pflegen lassen kann. Ich ersehe nur hierin die Möglichkeit, noch meine Werke zu schaffen und zu vollenden [...]*

Ludwig II. wollte von Wagners Freund, dem Baumeister Gottfried Semper, ein Opern-Festspielhaus am Gasteig errichten lassen. Als die Münchner aber die Verschwendung anprangerten und Intrigen gegen Wagner sponnen, mußte Ludwig den Busenfreund aus der Stadt verbannen. Dadurch wurde dem König München verhaßt und er entwickelte nun voll seine Baulust, die er auf die Königsschlösser am Alpenrand konzentrierte. Die Maxvorstadt, wo in seiner Regierungszeit neben vielen Privathäusern die Kunstakademie und die spätere Technische Universität entstanden, sollte ihn auf seinem letzten Zug nach seinem Tod im Starnberger See noch sehen.

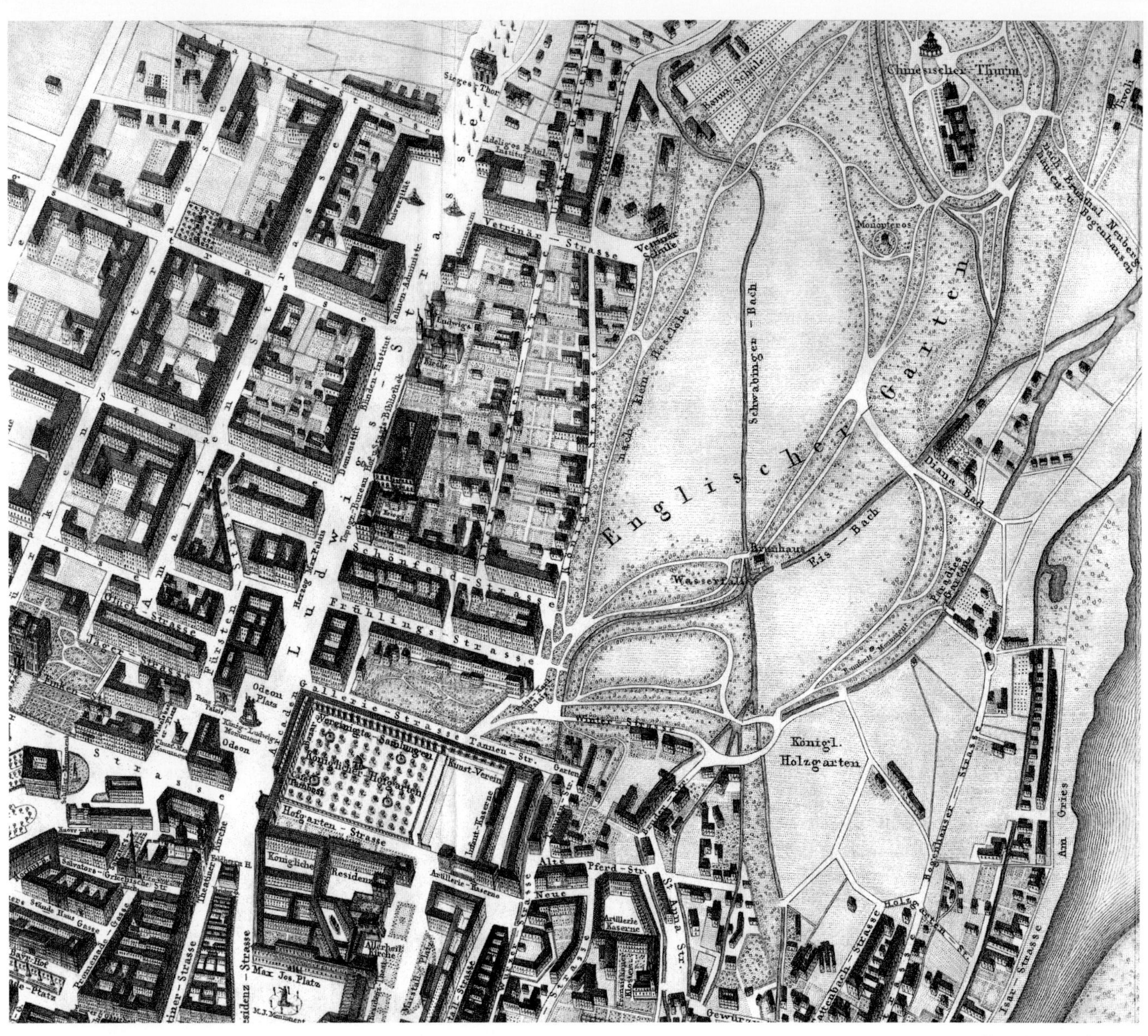

## Adele Spitzeder - Wunderbare Geldvermehrung

1871, im Jahr der Gründung des zweiten Deutschen Kaiserreiches, wurde die Maxvorstadt um eine Attraktion reicher – aber nur vorübergehend. Die Presse berichtete über den Aufstieg der erfolglosen Schauspielerin Adele Spitzeder zur Bankiere: *Am 1. Oktober siedelte Adele in ihr eigenes Haus Nr. 9 an der Schönfeldstraße über, das sie bereits im Juli desselben Jahres gekauft hatte. Es begann nun ein Leben im großen Styl. Das Geschäft nahm immer größere Dimensionen an, sie wußte dasselbe den Leuten als ein Unternehmen hinzustellen, welches auf die Förderung der Interessen des armen und gemeinen Mannes berechnet sei. Jedem, der für Andere Geld einlegte, zahlte sie einen Vermittlerlohn von 5 bis 7 Prozent aus. Sie übernahm zahllose Pathenschaften und spendete reiche Geschenke [...] Von einer kaufmännischen Anlage und Verwendung der eingehenden Gelder ware keine Rede; Adele Spitzeder trieb zwar ein Ausleihgeschäft, wobei sie allerdings in Berechnung von Wucherzinsen das Möglichste leistete, allein dasselbe war nicht von nennenwerthem Umfange. Sie kaufte auch Häuser und Anwesen, welche selbstverständlich zu den hohen Zinsen, die sie an ihre Einleger gab, eine winzig kleine Rente abwarfen. [...]*

*Die Geschäfte der s.g. Dachauerbanken haben notorisch in neuerer Zeit eine sehr bedeutende Ausdehnung genommen, indem es ihnen gelungen ist, in einzelnen Kreisen auch die Kapitalien der ländlichen Bevölkerung durch Zahlung abnorm hoher Zinsen an sich zu locken. Hierin liegt eine grosse Gefahr für den Wohlstand der Betheiligten und die sichere Aussicht auf Verarmung für viele [...] 2. Oktober 1872: [...] Frl. Spitzeder besitzt zur Zeit 16 Häuser und Anwesen allein in München, sie besitzt Grundkomplexe hier und auswärts, sie besitzt eine Gemäldegallerie, die auf mindestens 100.000 fl. geschätzt ist und außerdem noch so eine hübsche Summe in Staatspapieren, daß Hr. Erhardt, obgleich er aus seinen »Ersparnissen« als Bürgermeister sich bereits ein stattliches Haus erobert hat, sie darum zu beneiden triftige Gründe hätte. [...]*

Die Schönfeldstraße sah 1873, als es den Behörden gelang, 40 Gläubiger gleichzeitig zur Eintreibung ihrer Forderungen zu bewegen, den Zusammenbruch des Unternehmens. Viele kleine Leute, ja auch Gemeinden, waren ruiniert – es fehlten 15 Millionen Mark. Die Strafe waren drei Jahre Zuchthaus und eine Umbenennung in Schmidt. Adele wohnte dann wieder in der Maxvorstadt und liegt auf den älteren Südlichen Friedhof begraben.

# Prinzregentenzeit

## Gärten und Gesellschaften zwischen Glaspalast und Glyptothek
*von Karl Alexander von Müller*

### Die Umgebung
*[...] Ich war das erste Kind meiner lieben Eltern und kam, neugierig und ungeduldig von Anfang an, früher als erwartet, am 20. Dezember 1882, frühmorgens ein Viertel nach 1 Uhr, in München auf die Welt. Mein Geburtshaus stand in der Arcisstraße [heute: Meiserstraße], beinahe in der Mitte zwischen dem damaligen Münchner Kunsttempel, dem Glaspalast, und der Glyptothek; in der Pfarrei des Benediktinerklosters St. Bonifaz, das Ludwig I. gestiftet hatte und in dem er auch begraben liegt; schräg gegenüber einer alten Bierwirtschaft »Zum Frohsinn« – also in einer damals noch charakteristisch Münchnerischen Umgebung von Kunst und Königtum, Frömmigkeit und weltlichem Lebensgenuß.*

*Es war ein kleines, einstöckiges Biedermeierhaus, wie deren in dieser Stadtgegend bis zur Zerstörung Münchens ein oder zwei erhalten waren, mit einer schmalen Straßenfront, an die sich rückwärts ein längerer Gartenflügel und, durch Hof und Wiesengrün getrennt, ein niederer Stallbau und ein Ateliergebäude anschlossen: in meiner Erinnerung die erste, und da ich sie schon mit vier Jahren wieder verlassen mußte, eine dämmrige und märchenhafte Welt.*

### Geselliger Mittelpunkt
*Meine Eltern, schon in angesehener Stellung, aber ohne Vermögen wohnten als junge Eheleute im vorderen Teil des Erdgeschosses zur Miete. Der Hauptbewohner und Eigentümer des Hauses, Otto von Faber du Faur, war ebenfalls eine kennzeichnende Gestalt des damaligen Münchens, Maler, Edelmann und Offizier. Manchen Morgen gegen 9 Uhr stand ich im Mädchenröckchen, das zu jener Zeit auch die Buben bis zu ihrem vierten Jahr zu tragen pflegten, aufmerksam vor dem Stall und sah mit Bewunderung zu, wie der stattliche Mann von seinem täglichen Morgenritt würdevoll und pünktlich nach Hause kam. Er hatte immer kostbare, kleine, langschweifige Pferde, manchmal mit prächtigem fremdartigem Zaumzeug, das wunderbar in der Morgensonne funkelte.*

*[...) Seine kluge, lebensprühende Frau machte sein Haus zu einem geselligen Mittelpunkt, in dem die verschiedensten Kreise sich trafen – Piloty und Lenbach, Nußbaum und Siebold, Crailsheim und Eisenhardt, Ferdinand von Hornstein und der junge Max Planck gingen aus und ein über den schmalen Gehsteig, an dem ich unter den Augen meiner Mutter oder der Kinderfrau mit Sand und farbigen Glasschussern spielte. Aber der verdiente künstlerische Ruhm hat den Hausherrn erst nach seinem Tode (1901) erreicht.*

### Der Garten
*[...] der Garten! Hinter Hof, Stall und Ateliergebäude, im rechten Winkel abspringend, lag er verborgen da, und hinter ihm wieder, nur durch niedere Plankenzäune getrennt, eine weite, vogelzwitschernde grüne Welt, die damals noch das ganze Häusergeviert zwischen Arcis- und Barer-, Karls- und Briennerstraße erfüllte. Als Erwachsener bin ich wohl erstaunt gewesen, wie klein im Raum, im Verhältnis zu meinen Erinnerungen, unser eigener Anteil an dieser Gartenfülle tatsächlich gewesen war.*

*Aber er besaß alles, was auf dieser Erde zu einem Garten gehört, und ich habe in meinem Leben keinen mehr gesehen, der ihm für mich gleichkam. Er hatte eine geheimnisvoll leichtgewellte Wiesenfläche, die von einem schlängelnden Kiesweg in mehreren Windungen durchzogen war, ein Springbrünnlein, dessen klarer Strahl, vollentfesselt, bis in die dünnen Zweige der stattlichen Weide aufstieg, die ihn beschattete; eine große Rhabarberstaude, deren saftig-dicke Stengel und gewaltige Blätterlappen damals höher waren als ich selber; er hatte herrlich duftende Flieder- und Jasminbüsche, Goldregen, helleuchtende Birkenstämmchen und große Beete wunderbarer weißer und rote Rosen; er hatte Zäune zum Überklettern, ein lustiges, zeltartiges Gartenhäuschen in seiner einen Ecke und ein unheimliches, dunkles feuchtriechendes Gebüsch mit Lohe und Turngeräten in der andern – Platz genug für tausend Spiele und Ernsthaftigkeiten, kindliche Freuden, Beobachtungen und Schrecknisse, die jetzt ebenso spurlos in der Vergangenheit versunken sind wie der Garten, der sie einst hervorgerufen.*

### Spielplätze und Spielgesellen
*Wenn wir diesen Garten und das Haus verließen, so gab es drei beliebte Treffplätze der Kinderfrauen und jungen Mütter unseres Viertels: die jenerzeit noch ziemlich kahlen Eschenanlagen am Maximiliansplatz, den alten Botanischen Garten hinter dem Glaspalast mit moosübersponnenem Brunnen und exotisch hauchenden Sträuchern, und vor allem den kleinen stillen Park hinter der Glyptothek. Da spielten wir in Scharen in Sand und Gras, purzelten über die Geländer und schlugen uns Knie und Hände auf, ohne uns darum zu bekümmern, daß hinter der nächsten Gartenmauer, die uns begrenzte, Paul Heyse wohnte und dichtete, daß von der einen Seite, aus seinem renaissancehaften Malerpalast, Franz Lenbach, von der andern der Gelehrtenpoet Max Haushofer und manche andere Münchner Berühmtheiten auf unsere Spielplätze herabschauen*

*Gartenhaus im Park der Villa Richard Wagners in der Briennerstraße, errichtet um 1840. Die Familie Hirth, der das Anwesen 1923 gehörte, mußte das Grundstück parzellenweise verkaufen. Photo um 1924, vor der Bebauung*

konnten, und wußten von keiner Zukunft. Einige der damaligen Spielgesellen sind mir in dieser Zukunft wieder begegnet, darunter vor allem die beiden Zwillingskinder des Mathematikers Pringsheim, Klaus und Katja, Thomas Manns Frau, und die laute Bubenschar des Hofrats Paulus. Dieser wurde von der Fama, ich weiß nicht mit welchem Recht, als ein natürlicher Sohn des Prinzen Luitpold bezeichnet. Jedenfalls schienen er und sein Bruder äußerlich verkleinerte, freilich nicht verschönte Abbilder des späteren Prinzregenten, und er selbst besaß in künstlerischen Dingen zeitweilig großen Einfluß auf den alten Herrn.

[...] Auch einen ländlich gackernden und flatternden Geflügelhof gab es noch in der Nähe, im Garten des Hohenloheschen Palais an der Briennerstraße, mit einem großen Truthahn, dessen cholerisch großspuriges Wesen immer neue Unterhaltung bot. Auf dem Weg zu den Glyptothek-Anlagen konnte ich schwer hier vorübergebracht werden, ohne ihn ausgiebig zu bewundern und zu reizen, bis er mit scharlachrotem, blutdurchschossenem Gurgelhals und aufgesträubtem Federrad, erschreckend und schön zugleich, heranrauschte. Einmal, als ich eben am Gitter aus Leibeskräften winkte und schrie, kam ein zierlicher, sehr alter und sehr vornehmer Herr im Zylinder aus dem Palais gegangen und sah mir in Vorbeigehen mit merkwürdig durchdringenden, klaren Augen schweigend ins Gesicht, daß ich verstummte. Das war der damalige Statthalter von Elsaß-Lothringen und spätere Reichskanzler Fürst Chlodwig zu Hohenlohe-Schillingsfürst, mit dem mehrere meiner historischen Arbeiten sich beschäftigen sollten.

### Der Leichenzug des Königs

*Das einzige geschichtliche Ereignis, das ich schon damals, wenigstens halbbewußt, miterlebte, war das Leichenbegängnis von König Ludwig II. Mein Vater war 1879/80 selbst Kabinettssekretär des unglücklichen Fürsten gewesen und nun, 1886, tief in die Geschichte seiner Entmündigung verflochten. Davon hatte ich natürlich keine Ahnung. In meinem Gedächtnis ist nur geblieben, wie ich mit meinen zwei kleinen Basen auf einem Fenstervorsprung unserer Wohnung sitze und wie draußen, unmittelbar vor unsern jungen Augen, ein endloser feierlicher Zug vorbeizieht, aus dem ein Bild sich mir unauslöschlich einprägt: in strahlendem Sonnenschein ein ganz schwarzes, in lange Flöre gehülltes Trauerpferd, das gesenkten Hauptes, unendlich rührend, wie mir schien, und würdevoll einem hohen, blumenübersäten Leichenwagen folgt, und hinter ihm dann, langsamen Schrittes, eine Gruppe von drei Männern: in der Mitte, einige Schritte voraus, weißgrauen Bartes bereits, der Prinzregent Luitpold von Bayern, der Oheim des Toten, der nun unser Herrscher geworden war, und rückwärts zu seinen Seiten, der eine in dunkel-, der andere in hellblauer Uniform, die zwei Kronprinzen des Deutschen Reiches und Österreich-Ungarns, über denen in jener Stunde ungesehen gleichfalls bereits das Verhängnis eines nahen tragischen Todes hing: Friedrich Wilhelm von Preußen, blondbärtig, mit dem Marschallstab der Siege von 1870/71 in der Hand, und zu seiner Linken der unselige [Kronprinz] Rudolf, der schönen [Kaiserin] Elisabeth [von Österreich] Sohn.*

*Wenige Monate später wurde mein Vater Polizeidirektor und dann Polizeipräsident von München, und wir verließen dieses Stadtviertel und die ersten Stätten meiner Kindheit.*

## Maibock und Tram

Max Halbe (1865-1944) kam als 19jähriger aus Danzig 1884 nach München und promovierte 1888 in Geschichte an der Universität. Er lebte auch von 1895 bis zu seinem Tod wieder in der Stadt, wo er seine großen Triumphe als Dramatiker feiern konnte. 1893 wurde er durch sein naturalistisches Schauspiel »Jugend« berühmt. In seiner Autobiographie »Jahrhundertwende« schreibt er über seine erste Zeit in München:

*«[...] Als ich in jenen regenfeuchten Frühlingswochen Anno Domini 1884 meinen gänzlich unfeierlichen studentischen Einzug in der Isarstadt hielt, war gerade der Maibock. Es regnete tagelang, was vom Himmel herunter wollte. Es regnete Schnürln oder Spagat, wie der Münchner zu sagen pflegt. Auf den damals noch makadamisierten (chaussierten) Straßen – Steinpflaster war noch wenig vorhanden – spritzte, wenn ein Wagen vorbeifuhr, was ja vorkam, Schlamm und Kot springquellenartig gen Himmel; man plantschte bis an die Knöchel im Wasser. Hier war selbst für den wissensdurstigen Fremden, der hinter jeder Straßenecke das Wunder erwartete, kein langes Bleiben. Wohin trieb es ihn also wie durch ein Naturgesetz? Zum Bockfrühschoppen ins Platzl und, wenn der Abend kam, in den ›Affenkasten‹ beim Augustiner, Spaten oder Pschorr. Im Platzl beim Maibock erklang aus Hunderten von Kehlen das Lied vom »Alten Peter«, von der grünen Isar und von der Gemütlichkeit, die in der Münchner Stadt nicht ausstirbt. [...] Ich hatte in der Theresienstraße 5 ein behaglich möbliertes Zimmer gefunden, im*

*Theresienstraße 40–32. Auffällig die neubarocke Fassade des Hauses Nr. 34. Heute befindet sich hier eine Betonwand des Heizkraftwerkes, ein die Maxvorstadt überragender Bau. Photo um 1910*

*ersten oder zweiten Stock. Unten war ein Kolonialwaren-laden [...] Wenn ich aus dem Fenster sah, so fiel mein Blick auf ein weiß und blau gestrichenes Wägelchen, das mir heute wie aus einer Spielzeugschachtel vorkäme. Es war ein Gefährt der Münchner Straßenbahn, die man damals, wie auch heute noch, Trambahn nannte. Das Wort ging darauf zurück, daß ein englischer Unternehmer zuerst die »Tram« (englisches Wort für Schienen) in München einge-führt hatte. Die Linie, die an der Ludwigstraße, dicht vor meinem Hause, endigte, war die spätere Ringlinie und führte zu jener Zeit über den Bahnhof nur bis zum Isartor-platz. Außerdem gab es noch die Dampftrambahn nach Nymphenburg und, soweit ich mich entsinne, schon die grüne Linie vom Bahnhof bis zur Universität. Alle zehn Minuten tauchte so ein weiß-blaues Wägelchen vor mei-nem Fester auf, bremste geräuschvoll, hielt knirschend an, worauf der geduldige Braune umgespannt wurde. Nach einer ausgiebigen Pause, während welcher Maßkrug und Brotzeit keine geringe Rolle spielten, trollte sich das Gefährt wieder von dannen, dem »fernen« Bahnhof und dem noch ferneren Isartorplatz entgegen. Ein idyllischer Anblick, wenn ich ihn mir heute zurückrufe. Damals kam er mir nicht wenig großstädtisch vor.*
*Jenes München der achtziger Jahre war freilich noch eine sehr friedliche und geruhsame Großstadt, wenn es über-haupt schon eine war. [...]«*

## Kunst und Geselligkeit um Karolinen- und Königsplatz
### *von Helene Raff*

### *Ein gesunder Stadtteil*
*Niemand gewöhnt sich leicht an ganz Neues und Fremdes. Wir kamen uns zunächst in München sehr verloren vor, zumal wir es mit der Wohnung schlecht getroffen hatten. Die Parterrezimmer eines ehemaligen fürstlichen Palais in der Max-Joseph-Straße, offenbar frühere Dienerschafts-räume, nahmen uns auf. Eines davon sah auf eine benach-barte Feuermauer, war ohne Licht und Luft. Öfen mit ver-alteten Schornsteinanlagen, kein Gas vorhanden. Wir mußten unsere Gaskronleuchter sämtlich auf Petroleum ändern lassen. Und die Mädchenkammer war völlig dun-kel, denn das einzige Fenster ging nach dem gleichfalls dunklen Korridor hinaus. Uns bangte, was das Mädchen, das gleichzeitig mit uns eintraf, dazu sagen würde, aber die aus Franken Gebürtige schien nichts einzuwenden.*
*Das Treppenhaus war sehr schön, und daß meine Tante Marchand im zweiten Stock wohnte, bedeutete viel. Aber damit waren die Vorzüge des Hauses erschöpft. Außer daß es im »grünen« Stadtteil lag. Dies »Grüne« bezog sich nicht etwa auf Gärten und Anlagen, sondern auf den »Pet-tenkoferschen Gesundheitsplan«. Max von Pettenkofer, der berühmte Hygieniker, der bekanntlich den Zusam-menhang von Epidemien mit dem Grundwasserstand dar-getan hat, war Urheber eines Stadtplans von München, auf dem alle die von Cholera, Typhus usw. verschonten Stadtgegenden grün, die hauptsächlichen Gefahrenzonen jedoch rot bezeichnet waren. Da es uns an Warnungen vor dem »ungesunden Münchner Klima« nicht gefehlt hatte, diente jener Stadtplan Tante Marchand und uns als Ratge-ber bei der Wohnungswahl.*

*Derb und schwer zugänglich erschien uns, namentlich meiner Mutter, zunächst der Münchner Menschenschlag. Ungleich primitiver in all seinen Bedürfnissen und Ein-richtungen, als wir es von Frankfurt her gewohnt waren. Schon kündigte sich der Süden an, dessen Bewohner das Haus hauptsächlich als Obdach einschätzen, ihr bestes Dasein im Freien leben. Wiederholt sagte meine Mutter auf Spaziergängen:« Dieser Himmel! Solche Bläue mahnt schon an Italien.« Und wenn man gegen Abend auf dem Königsplatz stand, von weißschimmernder Säulenpracht umgeben, dann meinte man wirklich, im klassischem Lande zu sein.*
*[...] Sehr allmählich kamen wir hinter die Münchner Besonderheiten. Beim Aufschlagen unserer Betten und Schränke hatten sich die Arbeiter ziemlich schwerfällig angestellt. Dafür konnte einem ein Schreiner oder sonstiger Handwerksmann in München meist sagen, aus welcher Zeit ein Möbel stammte; ob es Stil hätte und welchen. Von Verfeinerung war das Leben der Allgemeinheit weit ent-fernt, aber ein starkes Schönheitsgefühl, ein ausgesproche-ner Natursinn eignete vielen und bereicherte ihr Dasein. Um des Gelderwerbs willen die Mußestunden zu schmä-lern, fiel keinem ein. Seine Neigung und seine »Königlich bayerische Ruh« verkaufte im alten München niemand. Der größte Teil des Volkes war von einfacher katholischer Frömmigkeit. Die Kirchenfeste wurden glanzvoll gefeiert, ein Entzücken auch dem Zugereisten; uralte Volksbräuche und Volksmeinungen begleiteten das ganze Kirchenjahr. Die als Bildungsträger angesehene Schicht – Gelehrte, Künstler, Leiter großer Betriebe – bekannten sich vorwie-gend zum Liberalismus, dessen Organ, die »Münchner Neuesten Nachrichten«, die allbeherrschende Zeitung war. In dauernder Fehde lebte das vom witzigen Dr. Sigl geleitete «Bayerische Vaterland«. Aber das Privatleben blieb ungestört durch kulturelle und politische Meinungs-verschiedenheiten. Sogar das Antlitz der dazumal als revolutionärste Partei geltenden Sozialdemokratie zeigte viel mildere Züge denn anderwärts. Man verhielt sich friedlich und ließ den »Herrn Nachbarn« gewähren.«*

### *Kunstausstellungen im Glaspalast*
*Eine Glaspalast-Ausstellung war damals, wo sie nur alle vier Jahre stattfand, eine Heerschau über das gesamte der-zeitige Schaffen der Nationen, über den Wechsel künstleri-scher Strömungen, Wandlungen des Sehens und Empfin-dens. Im Jahre 1879, da ich den Glaspalast zuerst betreten, hatte die Innenausstattung prunkvollen Renaissanceche-rakter getragen, und das Historienbild, das Genrebild hatten vorgeherrscht unter den Gemälden. Die Ausstellung 1883 stand bereits unter ganz anderen Zeichen. Man begann abzurücken vom Kompositionsbild, zumal vom bühnenhaften. Gemalte Moritaten gab es zwar dennoch: unter den trefflich »gekonnten« Riesenge-mälden der spanischen Abteilung befand sich z.B. eine sol-che »Das Gericht des Königs Ramiro« von Tasado. Auf einem Steinboden, der in Blut schwamm, kollerten abge-hauene Köpfe, während der grausame König im Vorder-grund seinen Hund abhielt, das Blut aufzulecken. Der Glaspalast war nicht lange eröffnet, da hing der gemalten*

*In der Richard-Wagner-Straße hat sich ein Ensemble von Häusern des Architekten Leonard Romeis von 1900 erhalten*  ▶

*Wohnhaus Gabelsbergerstraße 11, erbaut 1900 von Gabriel v. Seidl. Photo 1904*

*Schauermär schon ein Spitzname an; sie hieß: »Der Kopfsalat«. Gerade wie von dem »Die Wahrheit« darstellenden Bilde eines französischen Meisters, auf dem ein sehr unanmutiger weiblicher Akt eine Leuchte emporhielt, gesagt ward: »No ja, die Wahrheit is meistens zuwider.« Dem Publikum gefielen Bilder von poetischem, d.h. süßlichem Inhalt immer noch, besser oft als anerkannte Meisterwerke. Mit dem »anerkannt« war das freilich so eine Sache. Denn die Sieger von heute waren oft die Unterlegenen von morgen und umgekehrt. Arnold Böcklin konnte man z.B. damals ansprechen hören als »Landschafter, der den Reiz seiner aus Italien stammenden Motive durch die exzentrische Staffage verderbe.«- Wilhelm Leibl hatte in den Augen vieler kein Verdienst als das des Fleißes. Fritz von Uhde wurde in den 80er Jahren noch als »Schmierer« bezeichnet und Hans von Marées mit den Worten »Ein Woller, kein Könner« abgetan, während über Hans Thoma Laien wie Kunstkritiker mitleidig den Kopf schüttelten. [...]*

### Künstlerinnen

*Bei der herrschenden Überzeugung, daß Frauen im allgemeinen zur Kunst nicht berufen seien, gab es eine öffentliche Malschule für sie natürlich nicht. Die staatliche Kunstakademie nahm bloß Männer auf; die große Schule des Künstlerinnenvereins bestand noch nicht. Das Kunststudium ließ sich nur ermöglichen, indem eine Anzahl junger*

*Mädchen ein Atelier mietete, die Kosten hierfür wie Heizung, Modellgeld usw. gemeinsam bestritt und einen namhaften Künstler vermochte, sich wöchentlich zwei- bis dreimal zur Korrektur einzustellen. Nicht oft ließ ein solcher sich dazu bereit finden. In unserem Falle hatte die ungewöhnliche Begabung einer von uns Mädchen den bekannten trefflichen Rokokomaler Heinrich Lossow vermocht, sich mit uns zu befassen. Unser erstes Schulatelier befand sich übrigens in der Karlstraße im Hause des Staatsrates von Eisenhardt, dessen Gattin Luise (Verfasserin von »Unter vier Königen« und »Ignaz von Döllinger«) ihrem Vater Franz v. Kobell wie aus dem Gesicht geschnitten war. Wir waren unser sieben. Lina Kempter, Sophie Pühn, Tochter des Direktors der Hypotheken- und Wechselbank, Michaela Pfaffinger, Marie Schwalb, Paula Thiersch, der bekannten Künstlerfamilie entsprossen, Emilie Wislicenus, unser Stern, und meine Wenigkeit. Späterhin fanden andere sich dazu: die drei Livländerinnen Lucy von Senger, Alexandra von Berckholz, Anna Bosse, die Hamburgerin Marie Rakemann, eine junge Deutschpolin Marie Steif und Emma Roßbach aus Jena. Die beiden letzteren blieben nicht lange, wie auch Lina Kempter, Paula Thiersch und leider Emilie Wislicenus uns bald verließen. Von der ganzen Schar ist übrigens im München nur noch Marie Schwalb, die schlanke, einst bildschöne Offizierstochter, ansässig, die sehr feine, gut beobachtete Bilder malt und verdientermaßen auch ihr Publikum hat.*

*Jene Kreise setzten sich zum großen Teil aus den Einge-
wanderten, durch König Max II. »Berufenen« zusammen,
die mit den hervorragenden Einheimischen zu einer einheitlichen Bildungsschicht verschmolzen waren. Einge-
führt durch meinen Onkel, der Paul Heyse von der Schil-
lerstiftung her kannte, gelangten wir in Heyses Haus
nächst den Propyläen. Ich weiß noch, mit welchem Herz-
klopfen ich den Vorgarten durchschritt und durch den säu-
lengetragenen Portikus die Vorhalle betrat, wo Abgüsse
von antiken Reliefs die Wände schmückten und neben der
Treppe die Figur des Adoranten die schlanken Arme erhob.
Schon dieser Raum gab einen Begriff vom Geist des Hauses, nämlich von einer am Erbgut der Klassik genährten
deutschen Kultur. Als Träger solcher Kultur stellten auch
Herr und Herrin des Hauses sich dar: zwei von der Natur
begünstigte Menschen, deren verfeinerte gesellschaftliche
Form von durchscheinender Güte beseelt war. Ungerechter-
weise ward Heyse von vielen, die das Ästhetische in seiner
Haltung und Rede störend empfanden, als selbstgefällig
oder süßlich verschrien. Wer ihn näher kannte, hatte bald
Gelegenheit, zu erfahren, daß hinter dieser Schönheit im
Wort und Gebärde eine starke, gegebenenfalls schroff sich
äußernde Unabhängigkeit und ein furchtloser Bekenner-
mut steckten. Beiden Gatten eignete außerdem die uner-
müdliche Hilfsbereitschaft und Einfühlung gegenüber den
wirtschaftlich Schwächeren, den Dienenden, auch der
stummen Kreatur. Im Hause herrschte ein patriarchali-
sches Zusammenhalten zwischen Arbeitgeber und Arbeit-
nehmer in ganz seltener und vorbildlicher Weise. Die beiden treuen Hausgehilfen, Köchin und Stubenmädchen,
blieben regelmäßig im Dienst, bis sie entweder heirateten
oder starben. Der alte Gärtner und Ausgeher, gleichfalls
ein Leben lang im Heyseschen Dienste, wollte eines Tages
kündigen, warum? Weil man ihm die Verlobung einer jüngeren Freundin des Hauses nicht mitgeteilt hatte, während
er es als sein gutes Recht ansah, alsbald ins Vertrauen gezogen zu werden.
Damals, nachdem das Leid um den Verlust dreier Kinder
einigermaßen überwunden war, unterhielten Heyses
einen regen Freundesverkehr. »Dichter und ihre Gesellen«
gingen im Hause ab und zu, Hermann Lingg, Richard Voß
mit seiner schönen Gattin, Karl Stieler, Richard Weltrich,
der Schiller-Biograph, Erich Petzet, der Platen-Herausge-
ber, der Dichter-Gelehrte Wilhelm Hertz nebst seiner zarten, feinen Frau und dessen schwäbischer Landsmann
Ludwig Laistner, der mit Heyse den »Neuen Deutschen
Novellenschatz« herausgegeben hat. Außerdem berühmte
Dozenten der Münchner Hochschulen, auswärtige Gei-
stesgrößen – unmöglich, alle Besucher zu nennen. Die bildenden Künste waren im Heysehaus vertreten durch
Franz von Lenbach, dessen Pinsel beide Heyses mehrfach
verewigt hatte, durch Fritz August von Kaulbach, Theodor Pixis, der Heyse schon aus der Dichtergesellschaft
»Das Krokodil« befreundet war [...]
Von Zeit zu Zeit pflegte, abgesehen von intimeren Mit-
tags- oder Abendgesellschaften, Heyse eine größere
Korona zur nachmittäglichen Vorlesung eines neu entstandenen Werkes einzuladen. Im Sommer 84 wohnte ich zum
ersten Male einer solchen bei, nachdem Mutter und ich
schon mehrfach an dem traulichen Teetisch im Heysehaus
gesessen, auch an einer Abendgesellschaft, bei der Emilie
Herzog sang, teilgenommen hatten. [...]*

*Durch Hans Wihans pikante und gescheite junge Frau
ward ich bald darnach eingeführt bei Thomas Knorr und
Georg Hirth, den Besitzern der Münchner Neuesten
Nachrichten. Das Haus Dr. Georg Hirths an der Luisenstraße nächst den Propyläen stellte ein Museum im kleinen
dar, barg Kostbarkeiten an Gemälden, Büchern, alten
Möbeln und Hausrat. Nicht minder das Haus Knorr an
der Brienner Straße, ehemals Richard Wagners Wohnhaus.
[...]*

*Freundinnen*
*Unsere häuslichen Verhältnisse hatten sich binnen Jahres-
frist insofern geändert, als wir aus der Max-Joseph-Straße
in die Brienner Straße 33 übersiedelt waren. Leider bot die
neue Wohnung nicht Raum für unsere junge, uns sehr lieb
gewordene Freundin Klara Walther. Ich verlor etwas am
Beispiel und Umgang dieser Mitstrebenden, die später,
weit begabter als ich, eine der besten Münchner Malerin-
nen wurde. Doch sie zog in unsere nächste Nähe, in die
Brienner Straße 35, ein richtiges Freundeshaus für uns. Da
hauste im I. Stock die Witwe des Kunsthistorikers Julius
Braun, Rosalie Braun-Artaria, der bekannten Mannhei-
mer Verlegerfamilie entsprossen. Die energische, hochbe-
gabte Frau, die in ihrem Buche »Von berühmten Zeitgenossen« das München ihrer Zeit trefflich geschildert hat,
und deren Antlitz noch die Schönheit erkennen ließ, die
einst Anselm Feuerbach begeisterte, erhielt seit ihrer frühen Witwenschaft sich und ihre beiden Töchter duch eigene
geistige Arbeit. Was dies damals für eine Frau bedeutete,
kann sich heute kaum noch jemand vorstellen. Frau Rosalie aber hatte ihre Jugend und nachmals ihren Ehestand in*

*Die Gartenseite der Kaulbachvilla, erbaut 1888 von Gabriel v. Seidl.
Photo 1898*

*Das Lenbachhaus, errichtet für den Maler Franz von Lenbach von Gabriel v. Seidl. Es beherbergt heute die Städtische Galerie*

*einer ihre Naturanlage fördernden Bildungsatmosphäre verbracht; sie schrieb und sprach vorzüglich. Mit Genuß habe ich sie einen Winter lang über das Zeitalter Ludwig XIV. vortragen hören – in einer Kursfolge, die von ihr und Frau Emma Ladden begründet war. Später berief Adolf Kröner, der Chef der Cottaschen Verlagsanstalt, Rosalie Braun in die Redaktion der Gartenlaube. Die ältere Tochter Irene war zur Kunstgewerblerin ausgebildet, wobei poetisch begabt; der jüngeren Tochter Jula weissagte ob ihrer reizvollen Erscheinung und ihrer heiteren Gescheitheit jedermann die baldige Heirat. Nahe Freundschaft und Hausgenossenschaft verband die Braunschen Damen mit Karl von Zittel, dem Geologen und Paläontologen, und seiner gastlich freundlichen Frau, einer Tochter des Landschafters Schirmer. [...]*

## Lenbach und seine Villa
### von *Jules Huret*

*Die Villa Lenbach ist ein wahres Wunder an Dekoration und Ausstattung. Mit seiner dreiteiligen Loggia im ersten Stock und seiner halbmondförmigen Terrasse, die das Erdgeschoß überragt, nimmt sie sich wie eine florentinische Villa aus. In einer Ecke des Vorhofes, wo ein Springbrunnen sich erhebt, hatte Lenbach – niemand ist vollkommen – künstliche Ruinen, bemooste Steine, mit Efeu umspon-*

*nen, alte, gestürzte Kapitelle in unechtem, etwas anfechtbarem Romantismus ausstellen lassen. – Doch was einem im Innern geboten wird, läßt das Äußere vergessen.*
*Die Witwe des Künstlers, ein liebenswürdige, vornehme Erscheinung, hat dem Publikum den Eintritt in das Atelier und die anstoßenden Räume gestattet. – Das Atelier ließ sie ganz in dem Zustande, in dem es sich beim Tode des Meisters befand, und auf den zahlreichen Staffeleien kann man ein bis zwei Dutzend Originale und Reproduktionen berühmter Porträts bewundern: Bismarck, Wilhelm I., Moltke, Mommsen, Virchow, Helmholtz, Lady Curzon, Eleonore Duse, Mrs. Whitney, Luise von Sachsen, Herzogin von Bayern, Prinzessin Clementine von Coburg und herrliche Unbekannte. Bilder von Tizian, Rubens, Lawrence, Reynolds, Gainsborough, Teniers, Hobbema, Terborch, Van der Goes, Runsdael, der deutschen Primitiven, wundervolle Gobelins, Wandteppiche in gotischem und Renaissancestil, Plafonds, Parketts, geschnitzte Sopraporten, vatikanische Lehnstühle, alte italienische Möbel, persische Teppiche, chinesische Kuriositäten, Bronzen, griechische Statuen; alles ist mit authentischen Reliquien der vergangenen Jahrhunderte ausgestattet. Der Festsaal ist ein Meisterwerk an Harmonie und Zusammenstellung: dort, inmitten dieser Dinge, an denen sein Herz hing und die mit der Malerei und der Liebe zusammen sein Leben ausmachten, wollte der große Meister sterben.*

# Das »klassische Schwabing«

## München leuchtete

Am Ende des 19. Jahrhunderts wurde München, genauer Schwabing und eigentlich die Maxvorstadt, das geistige, künstlerische und gesellschaftspolitische Zentrum. Von hier gingen Innovationen aus, die Deutschland und die Welt bewegen sollten. Es sind nicht nur Lenin und Hitler gemeint, die hier im Exil waren. Dichter wie Max Halbe, Frank Wedekind oder Thomas Mann schufen mit diesem Hintergrund ihre Werke.

Auch »München leuchtete«, das geflügelte Wort von Thomas Mann aus seiner 1902 veröffentlichten Erzählung »Gladius Dei« meint wesentlich die Maxvorstadt, in die er 1894 zog und wo er Schriftsteller wurde:

*München leuchtete: Über den festlichen Plätzen und weißen Säulentempeln, den antikisierenden Monumenten. Junge Leute, die das Nothung-Motiv pfeifen und abends die Hintergründe des modernen Schauspielhauses füllen, wandern, literarische Zeitschriften in den Seitentaschen ihrer Jacketts, in der Universität und der Staatsbibliothek aus und ein. Vor der Akademie der bildenden Künste, die ihre weißen Arme zwischen der Türkenstraße und dem Siegestor ausbreitet, hält eine Hofkarosse. Und auf der Höhe der Rampe stehen, sitzen und lagern in farbigen Gruppen die Modelle, pittoreske Greise, Kinder und Frauen in der Tracht der Albaner Berge.*

*Lässigkeit und hastloses Schlendern in all den langen Straßenzügen des Nordens [...] Man ist von Erwerbsgier nicht gerade gehetzt und verzehrt dortselbst, sondern lebt angenehmen Zwecken. Junge Künstler, runde Hütchen auf den Hinterköpfen, mit lockeren Krawatten und ohne Stock, unbesorgte Gesellen, die ihren Mietzins mit Farbenskizzen bezahlen, gehen spazieren, um diesen hellblauen Vormittag auf ihre Stimmung wirken zu lassen, und sehen den kleinen Mädchen nach, diesem hübschen, untersetzten Typus mit den brünetten Haarbandeaus, den etwas zu großen Füßen und den unbedenklichen Sitten. [...]*

## Großbürgerliches Leben in der Arcisstraße

Katia Mann, die Frau von Thomas Mann, wuchs in der Arcisstraße auf und erzählt über ihre Jugendzeit: *Meine Eltern [...] hatten ein ganz angesehenes und vielfältig besuchtes Haus und gaben große Gesellschaften. Durch den Beruf meines Vaters [als Mathematikprofessor] und seine persönlichen Neigungen war es ein wissenschaftliches Haus mit musikalischen Interessen. Zur Literatur hatte er kein sehr lebhaftes Verhältnis, im Gegensatz zu meiner Mutter. Es kamen sehr viele Leute in die Arcisstraße, auch Literaten, besonders aber Musiker und Maler. Richard Strauß kam zu uns und die Schillings, es kamen Fritz August Kaulbach, Stuck und viele andere aus Münchens gesellschaftlich-künstlerischen Kreisen. Bei uns wurde sehr viel und sehr oft Hausmusik gemacht. Wir hatten einen sehr hübschen Musiksaal. [...]*

## Lokalleben eines Dichters:
### Aus dem Tagebuch von Frank Wedekind

Der Dichter Frank Wedekind (1864-1919) war 1884 erstmals nach München gekommen und hielt sich häufig in der Stadt auf, bevor er sich 1896 endgültig hier niederließ. Als Mitarbeiter des Simplicissimus, Kabarettist und Dramatiker wurde er unsterblich. Er wohnte in der Maxvorstadt und trat dort auch auf. In seinem Tagebuch schildert er offen und genau seine Alltagserlebnisse bei einem Aufenthalt 1889/90:

**Wohnen und Essen (5. Juli 1889)**
*[...] Schließlich miete ich mich Adalbertstraße 41, IV ein bei einer alten Frau, die Vorausbezahlung wünscht. Nach Auseinandersetzung meiner Verhältnisse sieht sie davon ab. Mit einem Pfund Kirschen gehe ich in den Englischen Garten, der mich gegenüber dem Tiergarten sehr stimmungsvoll berührt und von dort ins Café Luitpold.*

*[...] Da es erst 6 Uhr ist, gehe ich zum Bahnhof, um meinem Koffer zu holen. Beim Weg durch die Luisenstraße werde ich Paul Heyses ansichtig, der seinen Apollokopf zum Fenster hinausstreckt. Ich trage meinen Koffer nach Hause, nicht ohne mir viel darauf einzubilden, mache einigermaßen Toilette und sehe beim Fortgehen eine hübsche junge Dame in der Küche, die ich für meine Nachbarin, die Malerin, halte. Es ist aber die Tochter meiner Wirtin, Direktrice im Geschäft Schütze unter den Arkaden. [...]*

**(6. Juli 1889)**
*[...] Ich gehe zum Essen in die Engelsburg, die sich sehr herausgemacht hat. Das ganze Lokal voll Studenten und Einjährigen. [...] Um acht gehe ich in den Hofbräukeller zu einer Maß und einem Geräucherten. Ich fürchte beinahe, daß ich vor lauter Gemütlichkeit nicht werde arbeiten können. Ich fühle mich angesichts dieses Bierlebens in ein früheres Jahrhundert versetzt. [...] Abends in meiner Nähe in der Nordendstraße eine fürchterliche Rauferei in einem Wirtshaus. Aus dem heillosen Lärm hört man nur das eine Wort »Raus! Heraus!« Die ganze Straße gerät in Aufregung und schimpft über die Polizei, die sich nicht blicken läßt. Einige Fiaker fahren vor, offenbar um die Beschädigten zu transportieren. [...]*

**(16. Juli 1889)**
*Ich suche nach einer Wohnung, könnte in der Amalienstraße eine mit »sehr feiner« Bedienung, wie sich der verschmitzte alte Schneidermeister ausdrückt, beziehen, miete mich dann um ein Haar in der Georgenstraße ein und finde schließlich was Passendes in der Akademiestraße: über vier Stiegen ein langes, darmartiges Zimmer mit Alkoven zu 15 Mk.[...]*

**Fasching in der Blüte (1. Februar 1890)**
*Um neun Uhr rasselt der Wecker herunter. Ich habe mir vorgenommen, Mauer zu besuchen. Seine Mutter ist krank, und dann arbeitet er gegenwärtig nach einem Modell, das sehenswert sein soll. Wenn sie so vor ihm liege, sei sie zum Küssen und wecke doch seine Begierde nicht, vielleicht deshalb, weil sie ein wenig dumm sei. Tauche ihm sonst das sexuelle Bedürfnis einem Modell gegenüber auf, so mache er die Geschichte vorweg ab, um ihr während der Arbeit geschlechtslos gegenüberzustehen. [...]*

*Darauf gehe ich bei schneidiger Kälte ins Luitpold in der Hoffnung, Masken zu Gesicht zu bekommen. [...]*
*Da es gegen zwei Uhr im Luitpold nichts mehr zu trinken gibt, machen wir uns auf den Weg in der Hoffnung, noch sonst irgendwo einen Unterschlupf zu finden. In der Türkenstraße im Goldenen Hirschen ist Musik. Wir treten ein und finden eine Gesellschaft Offiziere, deren jeder sein Mädchen mitgebracht hat. Bier gibt es nicht mehr, überhaupt für Zivil Polizeistunde. Wir irren weiter. Das kleine Luitpold ist noch bis auf den letzten Platz gefüllt, aber nichts mehr erhältlich als ein Schnaps, darauf wird alles hinausgeschmissen. Mit wenig Zuversicht steuern wir nunmehr der Blüte zu, dem letztem Hoffnungsort. Wir sind noch weit zurück in der Blütenstraße, da brummt Mauer schon ganz resigniert: Es ist nichts mehr. Ich denke, du abergläubischer Patron! Hoffe aber doch, daß er sich nicht verrechnet. Ich höre nunmehr ganz deutlich Baßgeigengebrumm und äußere es unumwunden, worauf mich Mauer zurechtweist, um gleich nachher aufzujubeln, als er die hellerleuchteten Saalfenster mit den vorüberhuschenden Paaren sieht. In der Küche weist man uns beide in eine Ecke, die Köchin drückt auf den Knopf, und die Fahrt beginnt. Mauer ist stumm vor Entzücken. Eiffelturm! Eiffelturm!! flüstert er beseligt. Der Köchin will er noch einen Kuß applizieren, aber der Aufzug entreißt sie seinen Armen. Es gilt alle Vorsicht, um die Köpfe nicht anzustoßen. Plötzlich stehen wir am Saaleingang. Ich mache Mauer auf einen Tisch Akademiker aufmerksam. Wir gehen darauf zu, als er mit einem Mal von meiner Seite verschwindet. Im nächsten Moment sehe ich ihn auch schon mit einer dicken Brünetten rasend an mir vorüberwalzen. Als der Tanz zu Ende, führt er sie an unseren Tisch. Sie ist die Liebe eines anwesenden Akademikers namens Petin, eines Österreichers, der sich mit großer Zuvorkommenheit meiner annimmt. Er macht den Eindruck eines stillen, schweigsamen Menschen, eines Naturkindes, dessen Kraft durchaus nur im innersten Kern seines Wesens liegt. Seine Liebe ist offenbar Dienstmagd, breit und groß, gewöhnlich, ohne gerade gemein zu sein, besitzt aber ausnehmend weiches Fleisch. Neben Herrn Petin sitzt sein Bruder, gleichfalls mit einem strammen Mädel im Arm. Es hat kohlschwarze Augen, starke Mundteile und ist orientalisch kostümiert. Der gnädige Herr habe ihr gesagt, wenn sie zur Redoute gehe, müsse sie als Orientalistin gehen, und so sei sie denn als Orientalistin gekommen. Mauer fragt sie, wer denn der gnädige Herr sei. Der gnädige Herr sei Herr Pigelhain, worauf sie von der gesamten Tafelrunde nur noch per Frau Pigelhain tituliert wird. Hinter mir sitzt ein schlankes Modell im hellen Mädchenkleid und zwei Tische weiter eine Schwäbin mit einem sehr feinen Profil, in die sich Herr Petin senior etwas vergafft hat und sich nicht genug darüber ärgern kann, daß sie stupid sei. In der Tat macht sie en face auch einen äußerst spießbürgerlichen Eindruck, bei aller Fülle und Frische, ohne eine Spur jugendlichen Geistes. Außer diesen wenigen ist nichts Bemerkenswertes mehr in der Menge von Gevatter Schneider und Handschuhmacher mit Weib und Kind. Eine alte dicke Schnapsliese in kurzer Jacke und krachledernen Hosen ruft Lose zu einer an der Wand plazierten Lotterie aus, wobei sie unmenschlich kräht und sich allgemach von Tisch zu Tisch vollsäuft. Der ganze Rummel stellt den Ballabend irgendeines Gesangvereines dar, der sich auch in der Tat von Zeit zu Zeit in der Mitte*

*des Saales versammelt, um vierstimmig einen Jodler zu krächzen. Getanzt wird leider nicht mehr. So kneipen wir denn in aller Gemütlichkeit, bis wir die einzig Übriggebliebenen sind und der Hausknecht mit der Stange kommt, um die letzte Gasflamme auszudrehen. Er mahnt uns aufs eindringlichste zum Aufbruch. Nun stehen aber noch drei volle Flaschen auf dem Tisch, und wir erklären, nicht eher weichen zu wollen, als bis wir in aller Ruhe ausgetrunken. Er möge in Gottes Namen auslöschen und uns eine Kerze bringen. Das tut er denn auch, als er sieht, daß nichts weiter zu machen ist, bringt uns die Kerze, löscht alles aus und sagt, es komme nun vor halb acht niemand zum Haus hinaus. Ich beruhige unsere Damen, hinaus komme man immer, da sei keine Not, und nun wird gesungen, werden Reden gehalten, die Damen rauchen ihre Zigaretten, und die Brüder Petin zeigen sich als Liebhaber so liberal, wie es der zugelaufene Gastfreund nur wünschen kann. Gegen 7 drängen die Damen zum Aufbruch. Mauer ist etwas verblüfft, als er noch 6 Flaschen zahlen soll, aber er hat den ganzen Abend ankreiden lassen. Auf der Straße bemerke ich, daß er ziemlich angerissen ist. Jedem weiblichen Geschöpf fällt er um den Hals, um es abzuküssen. Die meisten sind uralte Weiber, die Milch oder Brot holen. Nunmehr separieren sich die Brüder Petin mit ihren Frauen und gehen voraus. An der Ecke der Theresienstraße reiche ich Mauer die Hand zum Abschied. Er steuert eben wieder quer über die Straße auf eine alte Scheuerfrau los. [...]*

### Rauferei (8. September 1889)

*[...] Ich gehe ins Café Roth und leere Maß auf Maß, bis die Schmerzen nachlassen. Nach Mitternacht kehre ich noch im Café Central ein. In der Amalienstraße betrachte ich mir dann mit wahrer Wollust eine Rauferei. Vor einem Café stehen gegen zwanzig Mann einander gegenüber, jeder in einer Verteidigungsrede begriffen. In den anstoßenden Häusern öffnet sich ein Fenster um das andre. Weiße Gestalten werden sichtbar und jammern, ob man nicht Ruhe halten könne bei der Nacht. Einige rufen nach der Gendarmerie. Da sich aber keiner der Redner aus seinem Konzept bringen läßt, ziehen sich die Gestalten zurück. Ein Velozipedist kommt angefahren, gibt seinem Vehikel in einiger Entfernung an ein in Blau gekleidetes Mädchen und mischt sich in die Rauferei. Ich nähere mich dem Mädchen, das mit seiner schlanken Gestalt im einfachen Waschkleid ohne Kopfbedeckung einen ganz anziehenden Eindruck macht. Aber sie weicht zurück, der Velozipedist kommt zurück, noch in einer Aufregung, nimmt die Maschine ab und führt sie an der Hand die Straße hinunter. Das Mädchen sucht ihn zu beruhigen und bittet ihn, sie doch mit aufsitzen zu lassen. Oder dann wolle sie sich vorn draufstellen. Er sagt, das gehe nicht, sie gehen ziemlich rasch nebeneinander die Schellingstraße hinunter und biegen in die Türkenstraße ein. [...]*

## Die Elf Scharfrichter

Frank Wedekind war auch einer der Mitbegründer des ersten deutschen Kabaretts, der Elf Scharfrichter, die ab 1901 im Rückgebäudes des Goldenen Hirsch in der Türkenstraße 28 auftraten.

*» Es war nicht der Scherz, nicht die leichtgeschürzte Muse, die wirkte, sondern der tiefe Ernst, die echte Kunst, die*

Blick in die Türkenstraße von der Einmündung der Blütenstraße zur Georgenstraße. An der Stelle des „Gasthauses zum Englischen Stall" befindet sich heute der „Türkenhof" (Türkenstraße 78). Photo um 1910

*einen erfaßte und erschütterte trotz der spielerischen Form, in der sie geboten wurde. Es war Leben und Dichtung im engen Bund. Die Scharfrichter waren ja keine Leute vom Bau, sondern Dilettanten, aus denen Künstler wurden. Sie trieben ihre Kunst nicht aus Beruf sondern aus Liebe zur Sache.«* Um die Zensur zu umgehen, gründete man einen Verein und erhob von den Gästen keinen Eintritt.

Hans Carossa berichtet über eine Reise zu dem Kabarett: *Im Café Wittelsbach zu Passau traf ich wieder einmal den Dichter Heinrich Lautensack, der sich noch immer als Faktotum in dem Münchner Kabarett der Elf Scharfrichter bewährte, genannt der Henkersknecht, zu allen Diensten willig und geeignet. Am liebsten wäre er selbst Scharfrichter geworden; doch deren Personal war vollzählig, und gemäß der Satzung durfte die Zahl Elf nicht überschritten werden. So blieben seine Leistungen fast immer im Verborgenen, und von seiner lyrischen Begabung, die auch der junge Rilke herzlich anerkannte, wußten wenige. Er war ein vortrefflicher Erzähler, und ich konnte ihm stundenlang zuhören, besonders wenn er von Frank Wedekind berichtete, dem Dramatiker, der ihm mehr und mehr zum Vorbild wurde. Wedekind, dessen Novelle ›Mine-Haha‹ mich als jungen Leipziger Studenten entzückt und erbaut hatte, kam mir durch Lautensack auch menschlich näher, und zum ersten Mal verstand ich es, daß diesem Dichter die Abenteuer eines armen Künstlers oder eines*

*Weibes, das durch Unglück und Unschuld auf die Nachtseite des Lebens geraten war, weit mehr bedeuteten als der glatte Lebensgang eines untadeligen Bürgers. Es kam vor, daß Wedekind sich mit einem irgendwo aufgelesenen Straßenmädchen ausführlich unterhielt, um für Theaterstücke und Novellen Stoff zu sammeln; er begegnete solchen Bekanntschaften mit Höflichkeit, behandelte sie als Damen und entschädigte sie für ihre Erzählungen reichlich. [...]*

*Am folgenden Morgen saß ich allein im warmen Schnellzug und ließ meine Gedanken um die Elf Scharfrichter kreisen, die mir durch Lautensacks Lobpreisungen schon vertraute Figuren geworden waren. Die verwegene Frage drängte sich auf, ob es wohl in jenem unvergleichlichen Kreise junger Künstler nicht auch für mich eine Verwendung gäbe, vielleicht einen kleinen Posten mit etwas Bezahlung, der mir täglich ein paar Stunden freie Zeit ließe und mich aus der strengen Haft ärztlicher Verantwortungen auf einen neuen Lebenspfad ins Ungebundene brächte.*

*Ein Rundgang führte mich nach meiner Ankunft in die Türkenstraße, und es war wie eine Fügung, daß mich vor dem Gasthaus zum goldenen Hirschen ein riesiges Plakat durch den freudigen Schrecken, den es mir einjagte, zum Stillstehen zwang. Eine lange Frau, halb Somnambule, halb Leiche, bis zum Kinn hinauf schwarz gekleidet, stand überlebensgroß im Vordergrund, zwei schwarze Flecken* deuteten die Augen an, eine feine gebogene Linie den Mund, zwei Tüpfelchen die Nase. Hinter dem gespenstischen Wesen aber war aus roter Flut ein Chor gehörnter Teufelsköpfe aufgetaucht, und alle blickten mit großen Augen auf die Unheimliche hin, keineswegs diabolisch, eher kindlichen Faunen gleich erstaunt. Unten aber war in ornamentalen Buchstaben eine Vorstellung der Elf Scharfrichter angekündigt, die am Abend stattfinden sollte.

Ich ging durch den Flur, um womöglich das Theater zu sehen, zu dem eine Reihe roter Pfeile hinwies, fand jedoch die Türe verschlossen. Im Hof deutete nichts auf ein künstlerisches Unternehmen; alles war durchaus werktäglich. Reste von Schnee, mit Asche beschüttet und gelb durchnäßt, hielten sich noch zwischen leeren Bierfässern. Unter einer steilen Stiege, die an der Außenseite des Rückgebäudes zu kleinen Wohnungen führte, lag ein abgedanktes Weihnachtsbäumchen, in dessen wachsbetropftem Gezweig noch Silberfäden glitzerten. Auf der verschlossenen Theatertür begegnete mir abermals das werbende Bild jener Frau, die dem nachtwandelnden Geist einer Ermordeten glich, und auf einmal begriff ich, daß das nicht die rechte Stunde war, um den Vater zu besuchen. Ich beschloß, meinen Vorsatz um einen Tag zu verschieben, erstand in der Buchhandlung, die auf dem Plakat angegeben war, eine Karte, bestellte mir für die Nacht ein Zimmer im Fränkischen Hof und erwartete in banger Spannung den Abend.

Lange vor acht Uhr kehrte ich in die Türkenstraße zurück und betrat das Lokal, in welchem die Scharfrichter nach dem Pariser Vorbilde der Montmartre-Cabarets ihre kleine Bühne aufgeschlagen hatten. Es war ursprünglich ein Stall, später ein Fechtboden und schließlich eine Studentenkneipe gewesen; ungefähr hundert Gäste hatten Platz darin. Die Wände waren bis zu halber Höhe mit grauem Stoff bespannt; hier hingen zwischen Skizzen junger Maler die von Wilhelm Hüsgen angefertigten Gipsmasken der Elf. In einer Ecke stand das grausige Wahrzeichen ihres Bundes, der schwarze Schandpfahl, der einen mit Perücke und Zopf bedeckten Schädel trug, und in diesem steckte das Henkerbeil. Alle Tische waren besetzt; nur an dem einen, der dicht vor der Bühne stand, fand ich noch einen freien Stuhl. Mir gegenüber saßen zwei gutgekleidete Paare, denen eben eine junge Kellnerin Salzbrezen und eine Leberknödelsuppe auftrug, ein echtes Münchener Gericht, das ich mir gleichfalls bestellte, obwohl es der dämonischen Umwelt, die mich als Gast erwartete, wenig entsprach. [...]

Leider reicht der Platz in diesem Buch nicht aus, die detaillierte Schilderung und Kommentierung (16 Seiten) des Auftritts von Marya Delvard, Marc Henry, Richard Weinhöppel u.a. abzudrucken. Am Ende verpflichtete sich der Arzt Carossa, der Leitung des Brettls Piloharpin-Tabletten in beliebiger Fülle zu senden und erhielt dafür eine Dauer-Ehrenkarte zum freien Besuch sämtlicher Vorstellungen. Nach- und weiterzulesen in »Geschichte einer Jugend« . Vielleicht bewog dieses Erlebnis den Dichter, von 1914 bis 1929 im schräg gegenüber des Goldenen Hirsches gelegenen Haus Theresienstr. 46/ Ecke Türkenstraße eine Wohnung zu wählen.

Daß das erfolgreiche Ensemble ab 1903 nur noch auf Gastspielreisen in ganz Deutschland zu sehen war und 1906 ganz auseinanderging, kommentierte Arthur Kutscher so: » Zugrundegegangen sind die Elf Scharfrichter

daran, daß sie sich, um größere Einnahmen zu haben, seit Oktober 1901 entschlossen, täglich zu spielen; das war schaffenden Künstlern auf die Dauer unmöglich, weil es zur Überdehnung der Kraft führte und die Produktion lahmlegte. Daneben kommt noch in Betracht, daß eine künstlerisch und geschäftlich in gleichem Maße fähige Persönlichkeit fehlte. [...] Sie waren zweifellos das bedeutendste Kabarett Deutschlands.«

## Künstler in der Theresienstraße

In der Maxvorstadt lebten zahllose Künstler und solche, die es werden wollten. Der geniale Zeichner und Texter der Zeitschrift Simplicissimus Thomas Theodor Heine wohnte in einem nüchternen Atelierhause Theresienstraße 148. Sein Arbeitsraum aber war sehr behaglich mit Biedermeiermöbeln eingerichtet und auf einem schwarz-grün gestreiften Lehnsessel saß mit mürrischem Gesicht der berühmte Mops, das zahme Vorbild der bissigen ›Simplicissimus‹-Bulldogge.

Der spätere Bundespräsident Theodor Heuss lebte als Student in der Theresienstraße 106. Er schildert in seinen Erinnerungen diese ländliche Idylle: »In München war es auch nicht ideal gewesen, um so mehr es sich später zeigte, daß unmittelbar unter dem Zimmer ein Pferdestall war, und daß im Sommer zwei Gäule eingestellt wurden – die schlugen und stampften in der Hitze ihrer Enge. Der Blick ging auf einen recht großen Garten mit Wiese, Obstbäumen und spielenden Mädchen. Das Wichtigste: die Bude kostete nur siebzehn Mark.«

Im Nachbarhaus lebte der geniale Zeichner Alfred Kubin, der über Erlebnisse, die seine Kunst beeinflußten, berichtet:

«Mit noch übervollem Herzen schweifte ich in der Stadt umher und betrat abends ein Varieté, denn ich suchte eine gleichgültige und doch geräuschvolle Umgebung, um einen innern Druck, der immer heftiger wurde, auszugleichen. Es ereignete sich dort etwas seelisch sehr Merkwürdiges und für mich Entscheidendes, das ich heute noch nicht ganz verstehe, obwohl ich sehr viel darüber nachgedacht habe. Wie nämlich das kleine Orchester mit dem Spiel begann, erschien mir auf einmal meine ganze Umgebung klarer und schärfer, wie in einem anderen Licht. In den Gesichtern der Umhersitzenden sah ich auf einmal eigentümlich Tiermenschliches; [...]

Was ich von diesen Vorstellungen, die verblüffend leicht wechselten, während ich selbst mich ganz passiv verhielt, festhalten konnte, zeichnete ich mit wenigen, markierenden Strichen in ein Notizheft. Noch auf dem Heimweg dauerte dieser innere Aufruhr an, die Augustenstraße schien von selbst zusammenzuschrumpfen und ein Gebirge in umgeheurem Ring um unsre Stadt zu wachsen. Zu Hause sank ich wie ein Toter ins Bett und schlief fest und traumlos bis gegen den Abend des nächsten Tages. Die folgende Zeit lebte ich sehr zurückgezogen. Ich verfestigte ganze Reihen von Tuschzeichnungen; lernte das gesamte zeichnerische Werk von Klinger, Goya, de Groux, Rops, Munch, Ensor, Redon und ähnlicher Künstler kennen, die abwechselnd meine Lieblinge waren und mich hin und wieder, wenn auch unbewußt, beeinflußten. Doch sah ich deutlich, daß meine Arbeiten einen ganz ausgesprochen persönlichen Stil hatten.«

*In den nächsten Monaten entstand in hektischer Folge das unheimlich und erschreckend anmutende Frühwerk. Wie besessen zeichnete Kubin in seinem Plüschzimmer in der Theresienstraße 108 phantastische Blätter.*

## Das Café Stefanie

Leonhard Frank, der als junger Mann aus Würzburg kam, lernte in München das Leben kennen. In seinem autobiographischen Roman »Links, wo das Herz ist« schildert er seine Erfahrungen.

*Das Café Stefanie war seine Universität, wo ihm Denkresultate geliefert wurden, und da das Schicksal ihm Zeit und Geld zum Studium der tausend dicken Bücher versagt hatte, mußte er sich aus eigenem die Vorstufen erarbeiten, um die Resultate zu besitzen. Er hatte sein Examen an der Universität Café Stephanie bestanden und war jetzt Professor mit einem Lehrstuhl an dem Tisch in der Nähe des Ofens. [...]*
*»Das Bohemé-Café Stefanie bestand aus einem Nebenraum, an dessen Fenstertischen Münchner Berühmtheiten jeden Nachmittag Schach spielten vor zuschauenden Straßenpassanten, und dem größeren Hauptraum mit einem glühenden Kohleofen, stark nach Moder riechenden Polsterbänken, rotem Plüsch, und dem Kellner Arthur, der in ein zerschlissenes Büchlein, notdürftig zusammengehalten von einem Gummiband, die Pfennigsummen notierte, die seine Gäste ihm schuldig blieben. Der überfüllte Hauptraum hatte seinen eigenen warmen Geruch, eine spezielle Mischung aus Kaffee- und dumpfen Moderduft und dickstem Zigarettenrauch. Wer hier eintrat, war daheim!«* Stellvertretend für die große Zahl der Berühmtheiten, die hier verkehrten, seien genannt Johannes R. Becher, Leonhard Frank, Franz Jung, Stefan George, Max Halbe, Gustav Meyrink, Franziska von Reventlow und Roda-Roda.

Der Dichter Johannes R. Becher würdigte seinen Lernort in einem Poem:

### Café Stefanie

*In München wars, im Café Stefanie,*
*Als ich dir, Emmi, die Gedichte sagte,*
*Die ich allein dir nur zu sagen wagte,*
*Und häufig kam das Wort vor:«Irgendwie.«*

*Am Tisch daneben spielte Mühsam Schach,*
*Und Frank saß einem Geldmann auf der Lauer.*
*(Vielleicht saß der indes im Café Bauer?)*
*Ein Denker hielt mit Kokain sich wach.*

*Franz Jung erschien mit seiner Tänzerin,*
*Und Bing, der Zeichner, ließ das Billard fahren,*
*Denn Däubler nahte sich mit Bauch und Bart.[...]*

*Ihr Freunde, die ihr gute Freunde ward,*
*Ich schreib euch dies zum Angedenken hin*
*An jene Zeit, als wir noch Kinder waren.*

Erich Mühsam beschrieb sein »Stammlokal«: » *Es wird wohl 1905 gewesen sein, daß ich zum ersten Mal angemeldeter Einwohner Münchens und selbstverständlich*

*Das Cafe Stefanie in der Theresienstraße/Ecke Amalienstraße um 1920*

*Schwabings war. Zum Stammlokal wurde das Café Stefanie gewählt, an der Peripherie des Künstlerviertels, im Münchner Quartier Latin gelegen. Hier verkehrten massenhaft Maler, Schriftsteller und Genieanwärter jeder Art, auch viele ausländische Künstler, Russen, Ungarn und Balkanslaven, kurz das, was der Münchner Eingeborne in dem Sammelnamen »Schlawiner« zusammenfaßt. Ein Ecktisch war für eine Anzahl Berühmtheiten reserviert, deren einige dem Schachspiel oblagen, andere die Tagesereignisse auf dem Gebiet der Literatur, der Kunst und des Theaters erörterten [...]«*
*»Café Stefanie! Einst des nördlichen Schwabings südlichstes Außenwerk, eine gegen das bürgerliche München, gegen Philistertum und Spießerei vorgeschobene Bastion der Erbpächter des Intellekts, des Ingeniums und der Vorurteilslosigkeit.«*

## Die Gaststätte Simplicissimus

Der andere wichtige Treffpunkt der Boheme entstand wenige Jahre später. Kathi Kobus aus dem Chiemgau war seit 1901 Wirtin in der Trinkstube »Dichtelei« in der Amalienstraße und richtete 1903 in der Türkenstraße 57, ein paar Häuser weiter, ihr eigenes Lokal, die »Neue Dichtelei« ein. Der Besitzer der »Dichtelei« ließ es nicht zu, daß Kathi Kobus diesen Namen verwendete. Der Verleger und Stammgast Albert Langen gab dann die Genehmigung, das Lokal nach seiner Zeitschrift »Simplicissimus« zu nennen; die von Thomas Theodor Heine entworfene Rote Dogge wurde zum Wirtshausschild und Geschäftszeichen. Der Simplicissimus avancierte zum Lokal der Münchner Künstlerschaft. Stammgäste waren u.a. Max Halbe, Willi Geiger, Oskar Maria Graf und Hans Brandenburg. Zunächst fand kein festes Programm mit täglichem Spielplan statt, die Gäste machten ihr Programm selbst und wurden mit Speisen und Getränken honoriert. Die Namen derer, die hier auftraten, sind heute legendär, z. B. Frank Wedekind, Erich Mühsam, Mary Irber und Joachim Ringelnatz. Später wurde ein Kabarettprogramm entwickelt, das bei Hausbällen, Stiftungs-und Namensfesten zur Aufführung kam.
Der »Hausdichter« Joachim Ringelnatz schrieb: »*Die offizielle Polizeistunde war um 3 Uhr. Häufig saßen wir dann noch hinter verschlossenen Türen bis zum hellen Morgen, um mit einem splendiden Glas Sekt weiter zu*

*Im Künstlerlokal Simplicissimus. In der Mitte steht die Wirtin Kathi Kobus. Photo um 1910*

*zechen oder über die Zwischenfälle zu klatschen, die sich im Verlauf der Nacht ereignet hatten. Es kam Kathi Kobus nicht auf die Geldstrafe an, die sie zahlen mußte, wenn der böse, unbestechliche (nicht der gute, bestechliche) Schutzmann uns erwischte [...]«*

Und Heinz Greul erzählt: «*Kathi, die sich gerne in Chiemgauer Tracht zeigte, überwachte mit strengem Regiment die wabernde Gemütlichkeit ihrer dionysischen Oase, wo sich, dennoch, ihr Ažbé zu Tode soff, die Duncan zu frühlichtiger Stunde auf den Tischen tanzte, wobei die Legende schwankt, ob sie es ganz oder nur teilweise nackt getan hat.*»
Heinz Greul beschreibt die Gasträume: «*Unter Tags gleicht das Lokal mit den zwei durch einen schmalen Schlauch von Gang, dem »Darm«, verbundenen Räumen, seinen mit Gemälden, Karrikaturen, Autographen bis an den Rand bepflasterten Wänden mehr einer Art markthaftem Kunsthandel, der sich Nacht für Nacht mit Menschen, Tabackqualm und Alkoholdunst lebensgefährlich schwängerte.*»

Die Wände des Lokals waren mit Bildern geschmückt, die Albert Weisgerber, Max Unold, Richard Seewald, Franz Marc und andere nachmals bekannte Maler gegen Naturalien getauscht hatten.
Der trinkfeste Matrose Hans Bötticher (1883-1934), genannt Joachim Ringelnatz, wurde »Hausdichter« des Simplicissimus und eröffnete 1909 in der Schellingstraße 23 sein »Tabackhaus«. Dem gegenüberliegenden Gebäude, der 1902 von den städtischen Architekten Adolf Schwiening und Hartwig Eggers errichteten Bedürfnisanstalt, lauschte er folgendes Gedicht ab, das die Not dieser Zeit spiegelt:

## Das Geschwätz in der Bedürfnisanstalt in der Schellingstraße

*Heute wurde Geld eingesammelt,*
*Wo ich angestellt bin, in dem Büro,*
*Für die Frau von jemand, der sich erhängte.*
*Eine Büchse ging rum. Und jeder schenkte.*
*Drei Mark; das ist bei uns immer so.*
*Es braucht niemand zu wissen, wodran ich bin.*
*Ich habe das Geld meiner Mutter gestohlen.*
*Ich habe noch gestern acht Mark für Kohlen*
*Bezahlt. Und die Alte stumpft doch bloß so hin.*
*Und bei ihrer Schwindsucht und sowieso*
*Kann es ja doch nicht mehr lange währen.*
*Ich kann auch nicht ewig fünf Menschen ernähren*
*Bei der Arbeit in dem Büro.*
*Ich möchte mal wieder eine Musik hören;*
*Das stimmt einen wieder mal froh.*

## Bei Bruckmanns am Karolinenplatz

Der Historiker Karl Alexander von Müller schildert
Gesellschaft und Charaktere der völkischen Szene, denen
er im Salon der Verlegerfamilie Bruckmann begegnete:
*Durch Hellingrath kam ich in diesen Jahren auch ins Haus
Hugo und Elsa Bruckmanns am Karolinenplatz: eine Art
fürstliche Kaufmannsresidenz, weite kunsterfüllte
Räume, deren Luft noch widerklang von Hofmannsthal,
Rilke und George. Durch die langen Fensterreihen leuchtet hinter einem wunderbaren antiken Torso der Obelisk
herein vor einem goldfarbenen Abendhimmel und stillen
Baumwipfeln. Der lange, schweigsame Heinrich Wölfflin
steht großartig und etwas steif hinter dem Stuhl des Hausherrn, der ihm zuredet, eine Autofahrt in die Schweiz mit-
zumachen. »Muß der Mensch eigentlich über den Julier-
paß gefahren sein?« erwidert er langsam, jede Silbe aus-
prägend in seinem holzschnittartigen, schweizerisch
tönenden Deutsch. Gegenüber in einem niederen braunen
Lehnsessel liegt lang und lässig, halb Deutscher, halb Engländer, auch in Aussehen und Gehaben, der Verfasser der
»Grundlagen des 19. Jahrhunderts«, Houston Stewart
Chamberlain. »Nein, nein!« ruft er lebhaft, »Keyserling
darf nicht mehr dabei sein, unter keinen Umständen!« –*
*»Warum«, fragt Hugo Bruckmann mit seiner schön klin-
genden, immer leicht ironischen Stimme, »verstehen Sie
sich nicht mehr?« – «Im Gegenteil, wir verstehen uns
ausgezeichnet, aber er bringt mich zur Verzweiflung.
Wenn ich mit dem Pickel eine Gletscherstufe einschlage,
fragt er mich: ›Herr Chamberlain, wie denken Sie
eigentlich wirklich über die Willensfreiheit?‹ » Und Ludwig Klages lehnt am Flügel, eine blonde Locke über der
schönen jugendlichen Stirn, prophetenhaft über eine
feine Romantikerhandschrift gebeugt – ach, ich war so
wissenschaftlich skeptisch jenerzeit, so weltkindhaft
ungläubig gegen alles, was nach Propaganda aussah: ich
genoß derweil lieber das matte, tiefe Grün des schönen
Niederländers, der über dem Kamin hing, und habe so
weder den großen Charakterologen noch seinen langjährigen Weggenossen, den genialischen Alfred Schuler, kennengelernt, der im Glauben lebte, ein magisch wiederge-
kehrter Römer der Kaiserzeit zu sein und in schwarzer
Römertoga, ein schwarzes Stirnband um Kopf und
Ohren geschlungen, auf dem Münchner Westfriedhof
ruht, unter der herrlichen Deckplatte eines römischen
Katakombengrabes, die er selbst vor seinem Tod mit
wunderbaren plastischen Arbeiten und symbolischen
Inschriften geschmückt hatte. [...]*

*Blick von der Schellingstraße (Kreuzung im Vordergrund) durch die Augustenstraße auf die Josephskirche. Wo Bauten
der Gründerzeit standen, erheben sich nun Wohnblocks aus den 50er Jahren. Photo um 1910*

# Der ehemalige 8. Stadtbezirk

### Erinnerungen *von Alois Höchtl (1928)*

Wie tief das Stadtteilbewußtsein im Marsfeld verwurzelt war, zeigt eine Weihnachten 1928 herausgegebene Broschüre mit dem Titel: *»Zur Verfassungsfeier des VIII. Stadtbezirkes. Ein kleiner Rückblick auf vergangene Tage.«* Der Verfasser Alois Höchtl war von Beruf »städtischer Oberbaurat und Vorsteher der Inspektion für elektrische Starkstromanlagen.« Als Dokument des Zeitgeistes steht der Text ungekürzt.

*Der 8. Bezirk – Die Max Vorstadt.(Deutscher Kaiser – Arnulfstraße – Krauss & Co. – Maillingerstraße – Nymphenburgerstraße – Lothstraße – Dachauerstraße – Sandstraße – Nymphenburgerstraße – Stiglmaierplatz – Dachauerstraße – Deutscher Kaiser: Das sind die Grenzen des 8. Bezirkes.)*

*Heimat in Deutschland – Heimat in Bayern – Heimat in München – Heimat im 8. Bezirk! Teuere, heißgeliebte*

*Heimat! Je kleiner der Raum umschrieben, desto mehr steigert sich das Gefühl für die Heimat und die Heimatliebe, desto inniger, herzlicher und fröhlicher ist das Gedenken an die liebe, gute schöne, alte Zeit und an die Stätten, an denen wir unsere sonnigen Kinder- und Jünglingsjahre verlebt haben, aus denen wir herausgewachsen sind, mannhaft, aufrecht, ehrlich, wahr, rechtschaffen und mit dem geziemenden Respekt für die Religion.*

*Bis vor 15 Jahren war es ein leichtes, sich auf dieses Gedenken zu konzentrieren, so, wie man ein Stereoskopbild durch das Schauglas betrachtet, rein und klar, tief und plastisch wirkend. Heute ist es durch das fürchterliche Geschehen in den letzten 15 Jahren ungleich schwieriger, vergangener Tage gedenkend, sich auf die liebe, alte Zeit einzustellen. Nicht immer bestes Licht ist es, was durch den Spiegel auf das Schaubild fällt. Es zeigen sich auch Schatten, tiefe störende Schlagschatten, die nur jene zu mildern oder gar zu verscheuchen in der Lage sein dürften, die sich unbeeinflusst von oben und unten, von rechts und*

*Der Bahnhofsplatz von Süden. Gegenüber dem im italienischen Stil erbauten Gebäude des Hauptbahnhofes steht das Kaufhaus Tietz. Kolorierte Postkarte um 1900*

*links aufrecht gehalten haben, mit dem stetig glimmenden Feuer der Begeisterung für Heimat und Vaterland im Herzen, das zur rechten Zeit flammend auflodert; jene, die sich außer der unauslöschlichen Heimatliebe den sonnigen Humor erhalten haben, der ihnen vom lieben Gott bei ihrer Geburt im 8. Bezirk in die Wiege gelegt wurde.*

*Vieles, was im 8. Bezirk war, ist vergangen, wenig Hinweise oder gar Denkmäler erinnern an die alte Zeit, auch die Menschen haben sich gewandelt, vielfach zum Oberflächlichen, zum Materiellen und zum Schlimmen. Wir Alten vom 8. Bezirk tragen der guten, alten Zeit die Erinnerung im Herzen. Schauen wir uns um: Vor allem richten sich unsere Blicke auf unsere Kirche St. Bonifaz, die uns zur Taufe, zur Kommunikon, zur Firmung und vielen auch zur Hochzeit und manchen Dahingegangenen zum letzten Weg geläutet hat. Dann – unsere beiden Schulen an der Luisenstraße, deren eine in die Höhere Mädchenschule umgewandelt und durch eine Gewerbeschule erweitert wurde.*

*Dankbar denken wir an unsere Lehrer von Kirche und Schule, z.B. Pater Romuald, die Lehrer Hofmeier, Lechner, Spöttl, Wucher, Böhngen, insonderheit aber des Lehrers Göttfried, dem Meister der Musik und des Gesangs, der wohl den schönsten vierstimmigen Kirchengesang mit uns Kindern gepflegt und damit die Sangesfreude in unsere Herzen gelegt hat.*

*Doch genug des ernsten Rückblickes, der unserer Dankbarkeit entströmte! Machen Sie mit mir einen Rundgang durch unseren lieben 8. Bezirk und setzen Sie sich in Gedanken um 50 Jahre zurück. Wie eine Trutzburg steht am Eingang des 8. Bezirkes der »Deutsche Kaiser«. Trutzburg deshalb, weil das Haus trotz Revolution und ihren Strömungen seinen Namen erhalten hat. Ehedem, vor 50 Jahren, als Restaurationsbetrieb nur ein Ausschnitt aus dem heutigen gewaltigen Block, wurde das Unternehmen durch die Tatkraft der Eheleute Stengel und von den Brüdern Karl und Adolf Stöhr, als einem der ältesten Münchner Baugeschäfte, in den heutigen, achtunggebietenden Hotel- und Gaststättenberieb umgewandelt, bis auf den Eckladen, an dem hoffentlich auch der Zahn des Vorwärtsstrebens des Unternehmens schon zu nagen beginnt.*

*Die Eheleute Bader waren es, die das Hotel Deutscher Kaiser und den Baderwirt betrieben haben. Bader, ein tüchtiger Münchener Wirt, seine Frau, nicht minder tüchtig, im Betrieb aber ebenso schön und stattlich und eine der elegantesten Vertreterinnen des Reitsportes. Daß eine Tante von mir lange Jahre Kellnerin im Restaurant Deutscher Kaiser war, die mir manches Stück kalten Braten und sonstiges zugesteckt hat, mag vielleicht mit ein Grund meiner besonderen Wertschätzung des »Deutschen Kaisers« sein.*

*Wenn wir durch die aus alter Zeit erhaltenen Bahnhofsvorbauten die heutige Fahrkartenhalle betreten, so sehen wir die letzte der drei Einfahrtshallen der Ostbahn, wie unser Hauptbahnhof vor 50 Jahren noch benannt wurde.*

*Gegenüber dem Deutschen Kaiser, fast in der Länge der heutigen Einfahrtshallen, war der Ausgang, mit einem Vordach auf die ganze Länge und am Platz standen in langen Reihen die Fiacker, ein- und zweispännig auf das Publikum wartend, d.h., die Fiacker selber haben nicht immer gewartet, die haben im Gasthaus zur »Steinernen Säule« – heute die beiden Sitzungssäle im Deutschen Kaiser – Brotzeit gemacht und zur besonderen Volksbelustigung Bier ausg'spielt.*

*Wir Buben haben gegen Entlohnung mit einem Kreuzer die Pferde mit dem Brot vom Bäcker Daniel gefüttert. Vielleicht war'n wir daran schuld, dass man bei manchem Gaul »an Huat aufhänga hat könna«, weil wir mehr Brot gegessen haben als die Pferde.*

*In der Pfefferstraße, Ecke der Hirtenstraße, hausten der Schmied Weinzierl und der Wagner Mühlbauer, im Anschluß an die Steinerne Säule der Schlossermeister Miller. Anschließend an die Pfefferstraße lag die Holz- und Kohlenhandlung Johann Hofmann, aus der der spätere Rennfahrer Hans Hofmann stammte und deren Platz bis zur Hirtenstraße durchging. Dann unsere alte »Salzstadelkasern« mit ihrem Küchen- und Vorratsschuppen. In großen, langen Sälen, Bett an Bett, waren die Soldaten untergebracht, ihr Hab und Gut im Kistel unterm und auf dem Zapfenbrett über dem Bett. Am Schluß der Nacht eine Luft, die nur mit dem Säbel durchhauen werden konnte; die kleinste Wanze hat die Tür aufmachen können. Auf die ganze Breite der Kaserne nach Westen die Retirade, ohne Wasserklosett, nur mit Sitzstangen, weithin anrüchig. Auf dem Exerzierplatz ohne Umzäunung die Turngeräte, an denen die Vaterlandsverteidiger gedrillt und gezwiefelt wurden, eine für die Jungen gesunde Bildungsstätte, die uns heute leider fehlt.*

*Gegenüber der Salzstadelkaserne, da wo heute der Starnbergerbahnhof steht, die Auffahrt zum Güterbahnhof, »das Kasernbergl« genannt, unser Wintersportplatz mit Rodelbahn. Von der Stelle aus ging die erste Dampftrambahn nach Nymphenburg. Als weiter, eingeplankter Platz, auf dem heute das Verkehrsministerium steht, der »Maffeianger«, später als städtischer Steinlagerplatz verwendet. Nicht zu vergessen an der Stelle der heutigen Eisenbahndirektion der Kandlerkeller. Gegenüber dem Augustinerkeller, anschliessend an den Kandlerkeller, gegen die Hackerbrücke zu, befand sich ein steiniger Platz, auf welchem die letzten Hinrichtungen mit dem Schwert vorgenommen wurden.*

*Von da ab weitete sich die Gegend in das von uns als Kriegsschauplatz der Jugend geliebte Marsfeld. Südwestlich begrenzt von der Bahn, als Bollwerk, die Lokomotivfabrik Krauss, über die Maillingerstraße hinaus eine weite Sicht, nur durch die Arbeiterhäuser der Zentralwerkstätte unterbrochen, nach Norden begrenzt von der Blutenburgstraße und im Südosten die Spatenbrauerei. Nur ein Bauwerk erhob sich am Marsfeld, in der Mitte, an der heutigen Arnulfstraße, ein Mauergeviert ohne Dach, mit einer desto tieferen Grube, die von einer Stange in Sitzhöhe begrenzt war, schon als kühnes Vorzeichen der heutigen Kläranlage in Großlappen.*

*Blicken wir über das Marsfeld hinaus, so erreichen wir den Hirschgarten. Dabei ziehen in seliger Erinnerung an unse-*

*Im Kochgarten an der Marsstraße. Photo um 1905*

rem Auge die unendlich langen Züge von Schulkindern vorüber. Einige Musikkapellen, jede Klasse eine große Fahne, jedes der Kinder ein weißblaues Fähnchen und mit Frühlingsblumen geschmückt: So marschierte die Schule zum Maifest in den Hirschgarten. Biegen wir am Marsfeld nach rechts in die Marsstraße ein, dann kommen wir an die Herbststraße, eine Fundgrube von originellem Volkstum, mit der Hochburg »Weinbierlhof«, in welchem die Kriegsbeile und sonstigen Waffen geschmiedet wurden, zu den Kreuzzügen der Jugend des 8. Bezirkes nach der Schwanthalerhöh‹. Daß diese leider vielfach damit endeten, daß die Streiter vom 8. Bezirk mit blutigen Köpfen heimzogen, war auf die gemütvollere Einstellung der Schwanthalerhöhler zurückzuführen. Nach der Herbststraße die Waggonfabrik von Rathgeber mit dem Kochgarten, Ecke der heutigen Seidlstraße, als beliebte Einkehr mit Kinderwagerln. Gegenüber dem Kochgarten, Marsstraße 26/27, Schlossermeister Schröder, ein prominenter prominenter Vertreter Münchener Handwerks- und Gewerbefleißes. Schlossermeister Schröder hat an Stelle des alten Kochgartens den noch heute stehenden Neubau erstehen lassen. Unweit vom Kochgarten, dem heutigen Verkehrsministerium gegenüber, in der Hasenstraße, die Huf- und Wagenschmiede von Hirschbold.

Vom Atelier des Bildhausers Echteler, gegenüber der Seidlbäckerei vorbei, kommen wir neben der Adam'schen Parkettfabrik zum Haus Nr. 5 des berühmten Malers Quaglio, mit dem grossen Atelier im Garten, gegenüber der Gastwirtschaft Marsgarten, in der an schönen Sommerabenden bei fideler Musik Feuerwerke abgebrannt wurden. Neben dem Marsgarten die optisch-feinmechanische Werkstätte von Stollenreuther. An den Marsgarten schloß sich nach einigen alten Bürgerhäusern der »Graf Arco Stadel« an, mit dem großen Vorplatz, von der Mars- und Dachauerstraße begrenzt. Hier waren jeweils die bayerischen Regimentsabordnungen einquartiert, die zu den vom König auf dem Oberwiesenfeld abgehaltenen Frühjahrsparaden kommandiert wurden. Aus dem Arco Stadel fuhr im Jahre 1876 der erste Pferdebahnwagen. Es war das Depot der mit belgischem Kapital unter Führung des Direktors Otlet organisierten Münchner Trambahn. Es war kein Zufall, daß der rothaarige Höchtl Alisi bei der Probefahrt vom Stiglmaierplatz bis zum Promenadeplatz als erster Schwarzfahrer am hinteren Zughaken gestan-

den, zum Teil, wenn er sich den Blicken des Kondukteurs entziehen mußte, g'hängt ist. Die Ehrengäste zur Probefahrt waren seine Schutzengel. Die hatten ihre Freude daran, weil's a so a netta Bua war, mit lockigem Haar. Der nette Bua hat nur den Nachteil g'habt, daß durch ihn manches Trambahnwagenfenster dahingegangen ist, und daß sein Temperament den Ruf auslöste: »Gebt's Obacht, da rothaarige Höchtl Alisi kimmt!«. Daß die älteren Frauen dabei vielfach die Hände über dem Kopf zusammenschlugen, war eine persönlich Eigenart dieser Frauen des 8. Bezirkes. Gegenüber dem Arco Stadel die sogenanten Betz-Häuser, Marsstraße 3 – 5, genannt nach ihrem Erbauer, dem Bildhauer Betz, der damit die Spekulations-Bauperiode nach dem Krieg 1870/71 eingeleitet hat.

Nun die Lämmerstraße. Auf der einen Ecke, der heutigen Apotheke, das Geburtshaus des Höchtl Alisi. Auf der anderen Ecke der Stuttgarter-Hof, mit seinem Saal, in welchem manche Tanzmusik veranstaltet wurde und in dessen I. Stock die »Spitzeder« ihre letzten Jahre verbrachte. Sie trug damals schon einen Bubikopf.

Neben dem Stuttgarter-Hof die Hof-Lithographische Anstalt von Brückner, nach der Firma Obpacher in der Karlstraße und Wolf & Sohn eine der ersten Steindruck-Anstalten zur Auswertung der Erfindung Senefelders. Gegenüber dieser Anstalt die große Ökonomie des Großmetzgers Lindl, ein altes Münchener Bürgershaus. Dahinter die Lindlwiese, ein Lieblingsspielplatz der Marsstrassler Buben und Mädeln, dessen herrliche Birnbäume, die grosse, saftige Wasserbirnen trugen, es immer erleben mußten, daß die Birnen nicht ganz ausreiften. Die Lämmerstraße stößt auf die Hirtenstraße, die als ausgleichender Pol wirkte und in der der lieblichen, blumenreichen Vorgärten der Schreinerfamilie Remmlinger gedacht werden muß. Nun gehen wir durch die Karlstraße, wo im Haus Nr. 67 der langjährige Polizeikommissär des 8. Bezirkes amtierte und wo die Hebamme Brünner wohnte, die den Storch bei der Beförderung der Erdenbürger in abertausenden von Fällen mit geübter Hand unterstützte.

Die Nymphenburger Straße kreuzend, kommen wir durch die Loristraße und durch die Erzgießereistraße zu den Wirkungsstätten der Familie von Miller, deren Senioren heute noch als die vornehmsten Vertreter alter Münchener Tradition wirken: Die Erzgießerei, aus der unsere Bavaria und tausend andere Münchener, bayerische und deutsche Denkmäler hervorgegangen sind. Die Sandstrasse wurde beherrscht vom Arzbergerkeller und von der Löwenbrauerei. Anschliessend der heutige Maßmannplatz als Übergang zu unserer geliebten Kgl. Turnanstalt, die heute noch erhalten ist und in der unsere jungen Glieder gestählt wurden.

Nun kehren wir durch die Dachauer Straße über den Stiglmaierplatz zurück zu unserem Ausgangspunkt. Wenn auch die Dachauer Straße auf der vom Bahnhof aus gesehenen rechten Seite und von der Hirtenstraße bis zum Stiglmaierplatz streckenweise auf der linken Seite nicht zum 8. Bezirk gehört, so pulsierte doch das Leben des 8. Bezirkes in dieser Strasse als Grenzsstraße des 6. Bezirkes. Viele Erinnerungen ziehen an uns vorüber: Der Omnibus vom Zechmeister nach Nymphenburg, der seinen Ausgang beim Salzstössler in der Neuhauser Straße, gegenüber dem Oberpollinger hatte. Der alte Löwenbräukeller, die Mayer'sche Kunstanstalt, die Wachszieherei Gautsch, deren Erzeugnisse den Ruhm Münchens als Kunststadt begründen halfen. Die Marienanstalt mit ihren klosterähnlichen Insassen, unweit davon als Lebenskontrast der Schützengarten, mit seiner Blechmusik, die zum öffentlichen Tanz aufspielte und die mehrmals von dem lauten Geräusch der gemütlichen Auseinandersetzungen der girrenden Liebhaber übertönt wurde. Das freie Dreieck Augusten-, Karl-, Dachauer Straße, auf welchem heute die elektrische Unterstation steht, war ein mit Bäumen bestandener Lieblingsspielplatz der Schuljugend. Unweit davon der Kgl. Poststall. Heute erst können es gemütvoll angelegte Münchner angesichts unserer inhaltslosen, der Amerikanisierung zustrebenden Zeit erfassen, wie schön es war, als der lange Zug berittener Postillone auf herrlichen schweren Pferden alltäglich zum Dienst auszog. Der Ruderwirt, eine alte Stammtischwirtschaft der Honoratioren des Bezirkes: Der Büchsenmacher Oberhammer, der Posamentier Hufnagl, der würdige Vertreter der freiwilligen Feuerwehr, der von seinem Hof aus ein Schlupftürl zum Feuerhaus hatte, um beim Alarm als erster zum Ausrücken bereit zu sein.

Neben dem Bezirksamt München-Land, in welchem der allbeliebte Bezirksamtmann v. Kobell amtierte, der Drechslermeister Brandl, der seine Drechslerkünste an der in der Auslage stehenden Drehbank zeigte. Der Metzger Partl, der Obstler Miller, der Photograph Werner neben dem alten Spezereiwarengeschäft Käsbohrer. Der Bäcker Daniel, der Buchbinder Mendlinger, der Säckler Magin, das damals große Kolonialwarenhaus Seif, gegenüber der Hirtenstraße, das von einem grossen Brandunglück betroffen wurde und dessen Besitzer das Hotel Bayerischer Hof erwarb. Besonders sei herausgeholt der Bäcker Multerer, der im Jahre 1874 die ersten Laugenbretzen einführte. Die Frau Multerer mit ihrer stattlichen Gestalt, ihrem feingeschnittenen lieblichen Gesicht glich uns Kindern einer Muttergottes. Als Originaltypen seien der Rahmerlmo‹ mit seinem immer sich wiederholenden »Sie kaufen nichts, Sie haben kein Geld« und der narrische Klavierprofessor genannt. Vor Abschluss unseres Rundganges gedenken wir noch des kleinen Schnapsladens Rothmiller, des Schweinemetzgers Zeller und der alten Seifensieder-Nanni in ihrem kleinen Ladl neben dem Schimmelwirt.

Der Schimmelwirt setzt allen lieben Erinnerungen die Krone auf. Denken Sie an den Garten Ecke Hirten- und Dachauer Straße, gegenüber dem Baderwirt, heute das Hotel Grünwald. An der Hirtenstraße bis zur Pfefferstraße eine Glashalle da, wo heute der Eingang zum Hotel Grünwald ist, die Haupteinfahrt zu den Stallungen der Einstellung Schimmelwirt. Im Hintergrund des Gartens die Wirtschaft mit ihrer großen Küche, in der vom frühen Morgen bis zu späten Abend die kleine, zierliche und schöne Schimmelwirtin residierte als Königin der Wirtsfrauen Münchens. So klein sie war, so tüchtig und so energisch und kinderlieb war sie, geachtet und verehrt von ihren Gästen. Die Stammgäste rekrutierten sich aus den Gewappelten des 8. und des angrenzenden 6. Bezirkes, aus der Creme der Bürgerschaft, hinter der auch Leistung

Am Stiglmaierplatz um 1910. Zwischen Dachauer- und Schleißheimer Straße ist am rechten Bildrand das »Bügeleisenhaus« zu erkennen, das nach Kriegszerstörung einem Parkplatz weichen mußte.

stand und die ihr liebes München hochhielten. Das Erscheinen der Schimmelwirtin am Armenball im Hoftheater war immer ein Ereignis und wurde zum Stadtgespräch. Nicht allein wegen ihres Liebreizes und zierlichen Wesens, sondern auch wegen ihrer kostbaren Balltoilette und ihres reichen, glänzenden Schmuckes.
Im Garten ging es bei täglicher Blechmusik hoch her, als Einkehr aller Bauern des Dachauer Gebietes. Der Hausknecht in seiner roten Weste mit silbernen Sechsern und dessen Mütze waren Nummern für sich. Stolz und Würde stiegen, wenn bei der Frühjahrsparade die Kürassiere und Chevauxlegers einquartiert waren.

Bei aller Einstellung auf den 8. Bezirk dürfen wir nicht unserer Angrenzer vergessen: Den Sterngarten, an Stelle des Warenhauses Tietz, den alten Schottenhamel, der heute noch von der Familie musterhaft geführt wird, den Musikinstrumentenmacher Lederer, das Prielmayergassl hinter dem Augsburger-Hof, dem heutigen Kaiserhof, wo der Bürgerverein sein Stammlokal hatte, das Kadettenkorps mit dem großen Garten und der Botanische Garten mit dem Glaspalast. Drüben in der Bayerstraße der Grüne Hof, daneben eine Wiese, wo die Menagerien Tagesell und Hagenbeck ihre Betriebe zeigten, nicht zu vergessen das Thalia-Theater in der Goethestraße.

Schließen wir den Rundgang in unserer Ausgangsstelle, dem Deutschen Kaiser. Wie schon eingangs erwähnt, können und dürfen wir stolz darauf sein, daß dem 8. Bezirk der Deutsche Kaiser erhalten blieb und daß er von den Eheleuten Stengel zu einem behaglichen Hotel ausgebaut und als solches in einer die Tradition Münchens pflegenden Art und Weise betrieben wird. Fürwahr, der rechte Ort zu seliger Erinnerung an die liebe, schöne und gute, alte Zeit, an all die lieben Stätten rührsamen Altmünchner Geschehens und an unsere Kinderjahre mit ausgelassener Fröhlichkeit im guten Sinne.
Das liebe Gedenken an unseren 8. Stadtbezirk aber wollen wir immer hochhalten mit den Worten »Heimat, in mein Herz bist Du gebettet, tief und warm, Heimat, an mein Herz bist Du gekettet, auch wenn Du arm«.

# Realitäten des Lebens

## Prostitution

Da der westliche Teil der Maxvorstadt ein Gebiet war, in dem ärmere Schichten lebten und es in der Nähe von Universität sowie Kasernen lag, konzentrierte sich hier am Ende des 19. Jahrhunderts die Prostitution. Bis zur Jahrhundertwende gab es überwiegend inoffizielle Bordelle mit registrierten Prostituierten in neu gebauten Mietswohnungen. Im Herbst 1900 ließ das Kriegsministerium eine Gaststätte in der Görresstraße kontrollieren, in der sich Dirnen und Zuhälter mit ihren Kunden, besonders Soldaten, trafen. Wilhelm Hausenstein vertraut bei einem Gang durch die Theresienstraße mit ihren zerstörten Atelierhäusern 1945 seinem Tagebuch an:
*Schräg gegenüber der südlichen Zeile fand ich ein Haus wieder, das im ersten Jahrzehnt etwas wie ein Hurenhaus gewesen und von mir in der Studentenzeit [um 1905] gelegentlich frequentiert worden ist [...]*

## Wohnungssituatuion

Karl Alexander von Müller erwähnt auch die Größe von Wohnungen in der Zeit um die Jahrhundertwende:*[...] Unsere erste Wohnung in der Arcisstraße hatte, außer Küche und Nebenräumen, fünf Zimmer gehabt und war von einer Köchin und einer Kinderfrau betreut worden. Die Dienstwohnung des Polizeidirektors zählte neun Zimmer, und der Hausstand vermehrte sich um eine »Französin« für mich und meine Geschwister. Im Lerchenfeldhaus in der Amalienstraße, in das mein Vater als Minister zog, kam noch ein Diener und dann ein weiteres Hausmädchen hinzu, und die Zahl der Wohn- und Schlafzimmer war auf zwölf angewachsen. [...]*
Die durchschnittliche Arbeiterfamilie in der Maxvorstadt mit zwei bis sechs Kindern hatte meist nur eine Wohnküche und einen oder zwei Schlafräume zur Verfügung.

## Einkaufsmöglichkeiten

Der Historiker Hermann Heimpel wuchs in der Maxvorstadt auf und beschrieb in seiner Autobiographie »Die halbe Violine« auch die Läden in der Zeit um 1910: *«[...] Kartoffeln und Äpfel wurden nicht im Laden gekauft. Sie rollten vom Bauernwagen in den Keller, wo in dem vom Vater ausgeschwefelten Faß auch der saure Pfälzer lagerte,[...] Die Münchner Metzger fuhren ihre blutige Last vom Schlachthof in ihre Läden auf leichten Tafelwagen mit hohen Rädern, vor denen die weitausgreifenden Traber der Daglfinger Rennbahn in der Gabel gingen, in die Wohnungen kam das Fleisch auf Fahrrad, Metzgerburschenschulter und Holzmulde. [...] Was fehlte, schickte der Nachbar und Kolonialwarenhändler Alexander Michel, dem die gute Lage an der Ecke des Elternhauses, sein Vorname und sein Regiment über den gleichnamigen Sohn eine gewisse Großartigkeit verlieh. [...] Tausend Bilder, Geräusche, Gerüche: wenn man, auf hohem Hocker, von den Käuferinnen ver-*

*gessen, beim Kurzwarenhändler Kahn in der Amalienstraße neben dem glühenden Eisenofen saß; oder wenn beim Sally Eichengrün, in der ›ersten Etage‹, die Stoffballen hinter der messenden Elle schwappten, die Scheren blitzschnell, den Ohren ein Schmerz, durch Tuch und Leinen flitzten: Straßen von Glück, Plätze voll Seligkeit. [...]«*

## Mietshäuser und Läden

Der Kunsthistoriker Alfred Neumeyer, der als Sohn eines Geheimrats und Universitätsprofessors am Anfang des Jahrhunderterts in der Maxvorstadt aufwuchs (Heßstraße, Türkenstraße und Königinstraße) erinnert sich in seinem Buch »Lichter und Schatten. Eine Jugend in Deutschland«: *Der Norden Münchens zwischen der Brienner- und Georgenstraße, wo die vier sich in regelmäßigem Abstand vergrößernden Wohnungen meiner Eltern lagen, dieser Norden bestand in der Hauptsache aus seit der Jahrhundertwende gebauten Mietshäusern, oft durch einen Hinterhof mit einem Rückgebäude oder Gartenhaus verbunden. Diese Straßen schienen mir damals von tödlicher Monotonie zu sein, öde Abwässer des königlichen Bauens, das die Ludwigstraße zur festlichen Mitte dieses Viertels machte. In der Ludwigstraße herrschte ein italienisierender Wohlklang, die blauen Straßenbahnen zogen fröhlich bimmelnd durch ihre geräumige Mitte, und perspektivische Akzente an ihrem Ende, das Siegestor und die Theatinerkirche, gaben jeder Richtung einen Zielpunkt. [...]*
*Da gab es schäbige Straßen mit zwei und drei Hinterhäusern, die abgewohnt und gleichsam müde aussahen, wie die Amalien- und Schellingstraße, und bei denen es fast unglaubhaft wirkte, daß sie zu solch italienischen Palästen wie die Akademie der Künste oder die Pinakotheken führen sollten. Doch die Belohnung ihrer grauen Langeweile lag für den Knaben in den Läden, die sich dort drängten. Hier gab es im Metzgerladen den Schweinskopf mit dem Lorbeerblatt im Maul, das Weißwarengeschäft mit hübschen Knopfreihen aller Größen, die Buchantiquariate mit alten Stichen und aufgeschlagenen, illustrierten Folianten, die Tabakläden mit geöffneten Zigarrenkisten, die im Vierfarbendruck die Bilder von bärtigen Männern und Inseln mit Kokospalmen zeigten, da gab es den schon erwähnten Gipsabgußladen von Nanni, in dem ich della Robbia und Donatello zusammen mit ›meinem‹ Buddha kennenlernte, und schließlich gab es in der Schellingstraße ein Papiergeschäft, zwischen den Weißwaren und dem Schweinskopf gelegen, das in einer Auslage neben dem Eingang wechselnde Bögen der ›Fliegenden Blätter‹ ausgestellt hatte. Hier sah ich zum erstenmal Holzschnitte nach Zeichnungen von Schwind und Richter mit den dazugehörigen Simrockschen Gedichten, Verse aus dem Nibelungenlied mit Siegfried, Hagen und Kriemhilde, hier gab es den ›Gestiefelten Kater‹ zu betrachten und Wilhelms Buschs ›Witwe Bolte‹ und ›Maler Klecksel‹. Obwohl ich die Häßlichkeit dieser Straßen deutlich spürte, so war man doch reichlich durch die Vielfalt der Auslagen und ihre so bestimmte Individualität belohnt. [...]*

### Türkenkaserne

*In der Türkenstraße lag vor allem die Türkenschule und
etwas weiter südlich die Türkenkaserne. Aus ihr konnte
man an Sonntagen und bei besonderen Gelegenheiten die
Militärkapelle des Infanterie-Leibregiments ausziehen
sehen, angeführt von meinem Privatturnlehrer, Tambour-
major Fritz Lang. Trommelklang, durch Mark und Bein
gehend, und schmetternde Blechmusik lösten sich ab,
angezeigt durch kunstvolles Stäbeschwingen des mit
einem Kaiserschnurrbart gezierten ›Herrn Lang‹, wie er in
der Turnstunde hieß, die er mit dem buckligen Fräulein
Kugler zusammen in der Von-der-Tann-Straße unterhielt.
Hinter der Militärkapelle schritt ein Offizier mit gezoge-
nem Degen und hinter ihm folgte – ein Körper mit vielen
Beinen – die Wachmannschaft, zur Ablösung an der Residenz bestimmt. Diese militärische Darbietung wie auch
jene, die man von der Barerstraße aus auf dem Exerzierplatz sehen konnte, gehörten zum willkommensten Schauspiel in meinem Stadtteil.
Als ich zwölf Jahre alt war, zogen meine Eltern in ihr eigenes Haus in der Königinstraße. [...]*

### Der Drache am Atelier Elvira

*Die [...] Privatturnstunde in der Von-der-Tann-Straße war
neben dem photographischen Atelier ›Elvira‹ gelegen, einer
apfelgrünen Fassade, die der Architekt Endell um die Jahrhundertwende im Jugendstil entworfen hatte. Ein enormer
Drache, aus krustigem Stuck nach einem japanischen Holz-
schnitt Hokusais gezeichnet, erfüllte die ganze Fläche der
Straßenfront. Seinem Kurvenschwung folgten die Umrisse
der Fenster- und Türöffnungen und die Verstabung des Gla-
ses, alle in asymmetrischen Kurven angelegt. Ich war
damals sechs Jahre alt, und der Drache erfüllte mich mit
Furcht. Nicht nur die enorme drohende Gestalt, sondern
auch die krustentierartige Behandlung der Stuckoberflä-
che, die unheimlichen Formen der Öffnungen und das gif-
tige Grün der Front erweckten in mir ein Unbehagen, das
zur Furcht hinzutrat. Da mein Weg nach Hause an diesem
gefährlichen Kunstwerk vorbeigeführt hätte, so wählte ich
den Umweg in die entgegengesetzte Richtung, um der
Situation zu entgehen, was meine Heimkehr verspätete.*

## Photoateliers

München war am Ende des 19. Jahrhunderts die wichtigste Stadt Deutschlands für die künstlerische Photographie
geworden. Dazu hatten besonders zwei Ateliers in der
Maxvorstadt beigetragen. Bereits 1859 hatten Joseph
Albert, der erste Hofphotograph der bayerischen Könige,
im Eckhaus Karlstraße 10, zwischen Königsplatz und
Glaspalast, ein Geschäft eingerichtet. Hier war neben der
Privatwohnung Platz für Empfangsalons, Büros, Ateliers
und Werkstätten; auch der Garten diente für Aufnahmen.
Von 1866 bis 1878 war das Unternehmen daneben noch im
ehemaligen Palais Pallavicini (Briennerstraße 38) fürstlich
untergebracht. Nicht nur die Könige wurden von Albert
photographisch festgehalten, auch z.B. die Schlösser von
Ludwig II. und seine Freunde wie Richard Wagner. Auch
den »Siegeseinzug« der bayerischen Truppe am 16. Juli
1871 in der Ludwigstraße können wir auf seinen Bilder
verfolgen. Albert erfand die nach ihm benannte Alberto-
typie.

*Blick auf die heute zerstörte Nordseite der Von-der-Tann-Straße, im Hin-
tergrund der Englische Garten. Das vorletzte Gebäude mit seiner Jugend-
stilfassade beherbergte das Photo-Atelier Elvira. Photo 1912*

Im November 1886 kamen die späteren Frauenrechtlerinnen
Anita Augspurg und Sophia Goudstikker nach München,
um in den »besten photographischen Ateliers« zu lernen.
Bereits am 13. Juli 1887 eröffneten die gelehrigen Freundinnen dann in einem Anbau des Hauses, in dem sie wohnten,
(Von-der-Tann-Straße 15) das Atelier Elvira. Die »weibliche
Leitung« – damals ganz außergewöhnlich – erregte großes
Aufsehen und man erwarb bald einen guten Ruf, besonders
in der Kinderphotographie. Es kam auch Prominenz wie
Paul Heyse als Kundschaft und schließlich auch das Königs-
haus. 1898 wurde offiziell der Titel »Kgl. Bayerisches Hofa-
telier« verliehen. Die künstlerisch und finanziell erfolgreiche Arbeit dauerte bis 1908 und scheiterte an einem persönlichen Zerwürfnis der beiden Damen. Anita Augspurg wurde
als erste Rechtsanwältin in München zugelassen. Das Atelier
wurde an Emma Pförtner-Uibeleisen verpachtet, die es bis
1928 an dieser Stelle fortführte.
1898 hatten die Freundinnen einen spektakulären Neubau
mit Drachenfassade durch den Jugendstilarchitekten August
Endell errichten lassen. Hitler befahl dann 1937 die Entfernung der Ornamente, da sie seine Kunststraße störten. 1944
brannte das Haus aus und wurde schließlich 1951 für den
Neubau des Konsulatsgebäudes des USA abgerissen.

Ein weiterer königlicher Bayerischer Hofphotograph (seit
1892) hieß Bernhard Dittmar und hatte sein Atelier in der
Amalienstraße.

# Krieg, Revolution, Not und Terror

## Ausbruch des Ersten Weltkrieges

Johannes R. Becher schildert in seinem autobiographischen Roman »Abschied« den Kriegsausbruch:
*Vor der breiten Toreinfahrt der Türkenkaserne standen Soldaten des Infanterie-Leibregiments in den neuen feldgrauen Uniformen.*
*»Was gibt's?« trat Hartinger auf einen der Soldaten zu.*
*»Nichts. Was soll's geben? Krieg gibt's«, lachte der gemütlich und unterhielt sich weiter mit seinen Kameraden.*
*Auf dem Kasernenhof erschollen Kommandos, der Posten präsentierte, und eine Abteilung, geführt von einem Leutnant, schwenkte in die Türkenstraße ein.*
*Die kleine marschierende Gruppe war bald von Neugierigen eingeschlossen, ab und zu unterbrach das dahinterschreitende Schweigen ein energischer Trommelschlag.*
*»Jetzt verkündens' den Kriegszustand«, schnaubte ein Dicker hinter mir. [...]*
*Von einem Trommelwirbel eingeleitet, verkündete der Leutnant die Verhängung des Kriegszustandes. Einige nahmen zögernd die Hüte ab. Alle blieben auf dem Platz stehen, wie festgebannt, als die Abteilung in die Kaserne zurückmarschierte.*
*Unter klingendem Spiel zog durch die Brienner Straße die Wache auf. Ein mächtiges »Hurra!« dröhnte über den Platz hin. Die Musik spielte die »Wacht am Rhein«.*
*Auf einzelnen Gebäuden wehten schon die Fahnen. Menschen schlossen sich zusammen, riefen »Hoch!« und »Hurra!« Autos, in denen Offiziere vorüberfuhren, wurden mit Winken und Hüteschwenken begrüßt; [...]*
Becher verweigert sich aber den Erwartungen seines Vaters und sagt *»Ich mache euren Krieg nicht mit!«*

## Not und Tod

Der Arbeitersohn Alois Wagner aus der Isabellastraße erinnert sich an die Zeit des Ersten Weltkrieges:
*In der Kriegszeit hatte die Mama ein Zimmer an ein Schauspielerehepaar mit einem Sohn, er hieß Omar, vermietet. Der Mann war bei den Kammerspielen in der Augustenstraße engagiert. Seine Frau, eine stattliche Erscheinung, schlank im langen schwarzen Kleid, das blonde Haar füllig im Nacken geknotet, spielte auch an diesem Theater. Sie hießen Martinelli. [...] Mein Bruder Xaver und ich sollten wirklich einmal auf der Bühne im Unionstheater in der Barer Straße bei einem Märchenspiel mittun. Wir hatten ein Drachengewürm darzustellen und am Schluß der Szene sollten wir mit den Fröschen im Chor ein Lied singen. Das mißfiel uns sehr, drum hauten wir während der Generalprobe ab und kamen nicht wieder. [...]*
*Der Krieg dauerte immer länger, die Not wurde immer größer. Im Oktober 1916 mußte mein ältester Bruder für das Vaterland in Frankreich sein junges Leben lassen. Die Trauer war groß, wie in unzähligen Familien. Im Winter 1916 gab's nicht einmal mehr Runkelrüben. Man mußte in Volksküchen um einen dünnen Grießbrei oder eine wässe-*rige Suppe Schlange stehen. Jeder bekam einen Schöpflöffel voll. Lebensmittel wurden nur noch in geringen Mengen ausgegeben. Textilien bestanden aus Kunststoffen. An den Schuhen hatten wir dicke Holzsohlen und -absätze. Zu Weihnachten gab es keine Geschenke mehr, nicht einmal Spielzeug für die Kinder. [...]*
*Ich kam 1918 in die Graphische Kunstanstalt Johann Hamböck, königlich-bayerischer Hoflieferant, in der Schönfeldstraße in die Lehre. Da das Geld zur Trambahn nicht reichte, mußte ich viermal am Tage den Weg von der Isabellastraße bis zur Schönfeldstraße und umgekehrt zu Fuß gehen bei einer Mittagspause von eineinhalb Stunden. [...]*

## Eine Prinzessin darf studieren

Prinzessin Pilar von Bayern floh nicht, sondern genoß Vorteile, die die Revolution mit sich brachte. Sie erzählte in einem Gespräch mit Carla Maria Heim:
*[...] Mein Bruder hat dann gesagt: »Ich gehe jetzt zur Universität und mache meinen Doktor in Kunstgeschichte.« Da habe ich gesagt: »Ich gehe mit, ich weiß sowieso hinten und vorn nix.« Da hat mein Bruder gesagt: »Ich weiß nicht ob das geht, denn da muß man irgendwelche Examen haben.« Da hab ich gesagt: »Ach was, wir gehen zum Syndikus, der wird uns schon aufklären.« Wir fuhren also zur Universität und gingen zum Syndikus, und in dem Zimmer war noch ein Mann dringestanden – der Pedell. Dann habe ich dem Syndikus also mein Leid geklagt und ihm gesagt, daß ich studieren will, und da hat er gleich gesagt: »Was haben Sie für eine Vorbildung?« »Nix, hab ich gesagt, »Volksschule. Institut. Privatlehrer.« »Ja, das ist zuwenig. Können Sie nicht noch das Gymnasium nachmachen?« »Nein«, hab ich gesagt, »ich bin jetzt zu alt. Ich denk nicht dran.« Hat er dann gemeint: »Wenigstens ein Erzieherinnenexamen?« »Nein«, hab ich gesagt, »ich fall da gleich durch, das kann i net.« Jetzt sagt der: »Das einzige was ging, wäre eine Sondererlaubnis von der Regierung.« Die werden mir doch keine Erlaubnis zum Studium geben, wo sie uns doch gerade rausgeschmissen haben. Der Pedell ging inzwischen aus dem Zimmer raus, und wir wollten uns gerade verabschieden, und der Syndikus sagte, wie leid es ihm täte, daß ich nicht mehr studieren könnte, ohne Vorbildung. Da kam plötzlich der Pedell wieder zum Zimmer rein und sagte: »Prinzessin Pilar hat die Erlaubnis an der Universität zu hören, vom Kurt Eisner.«*
*Ich weiß jetzt nicht, wer von uns dümmer dreingeschaut hat, der Syndikus, der Pedell oder ich. »Ja, wie haben's denn das gemacht?« fragte der Syndikus. »Ich hab angerufen«, sagte der Pedell, »der Kurt Eisner ist ein Genosse von mir, ich bin nämlich auch Unabhängiger Sozialist.«*
*»Na bitte«, hat der Syndikus gesagt, »jetzt können's studieren!«*
*Während der Monarchie hat ja keine Frau in die Malakademie dürfen, weil da drin lauter junge Leute waren und nackte Modelle. Das gehört sich nicht für eine höhere*

*Tochter und schon gar nicht für eine Königliche Hoheit. Jetzt, nach der Revolution, haben da auch Frauen studiert, das war ganz selbstverständlich. [...]*

## Straßenmusikanten

Alois Wagner aus der Isabellastraße erinnert sich:
*Zu unserer Zeit (um 1919) gab es viele Straßenmusikanten. Sie gingen in die Höfe der Häuser, um ihre Kunst darzubieten, darum nannte man sie auch Hofmusikanten. Sie traten meist solo auf, aber auch zu dritt oder zu viert. Es gab alle möglichen Darbietungen, gute und schlechte, Sänger, Drehorgel-, Gitarre- und Zitherspieler, Trompeten- und Geigenspieler. Die Hausbewohner hatten es gern und hörten vom Fenster oder vom Balkon aus den Musikanten zu, war es doch eine willkommene Abwechslung im grauen Alltag. Dabei vergaß manche Hausfrau das Kochen und erst eine übergelaufene Suppe ließ sie an den Herd zurückeilen. Man warf den Musikanten, in Papier eingewickelt, einige Pfennige hinunter. Ich kann mich an einen alten weißbärtigen Mann erinnern, der auf seiner Geige nur »Hänschen klein« oder »Fuchs, du hast die Gans gestohlen« spielte. Mehr konnte er nicht. Die Leute hatten Mitleid mit ihm und die Kinder klatschten Beifall.*

## Jugend in der Gabelsbergerstraße

Der 1915 geborene und 1992 gestorbene Münchenkenner Ludwig Hollweck war ein Kind der Maxvorstadt. Er schreibt über das Leben in den 20er Jahren:
**Es war kein vornehmes Viertel,** *in dem ich während des Ersten Weltkrieges aufwuchs; Krieg, Inflation und Arbeitslosigkeit haben den Ernst des Lebens überdeutlich spüren lassen; aber wir fühlten uns daheim in unserem München, wir liebten die Stadt, in die wir hineingeboren wurden. Die Gabelsbergerstraße war damals eine Straße der Arbeiter, der Handwerker, Inhaber bescheidener Läden und Geschäfte, Studenten, Künstler; sie war aber auch eine Grenze zum Künstlerviertel Schwabing. Trotz erheblicher sozialer Unterschiede, in der glanzlosen Straße kamen die Bewohner miteinander aus. Die Arbeiter verdienten ihr Brot in der Gabelsberger-Brauerei, die schon seit 1894 im Besitz der Löwenbrauerei war. Die Studenten der nahegelegenen Technischen Hochschule und der Kunstgewerbeschule fanden an den Häusern zu Semesterbeginn viele Schilder mit der Aufschrift »Zimmer zu vermieten«. In den kleinen Läden wirkten Bäcker, Metzger, Krämer, Friseure oder Tandler. In einem Kramerladen, neben der Gabelsberger-Brauerei, den meine Tante betrieb, kaufte vor dem Ersten Weltkrieg auch ein gewisser Adolf Hitler ein; der arbeitslose Maler, der in der nahen Schleißheimer Straße als Untermieter wohnte, war ein richtiger Hungerleider, ein Stück Speckwurst, eine Scheibe Leberkäs oder Preßsack und wenn er gut bei Kasse war, noch eine Senfgurke – damit war er zufrieden. Junge Maler und Schriftsteller fanden hier billige Wohnungen und Ateliers, Franz Stuck, Lovis Corinth, Ludwig Hohlwein, Hermann Schlittgen und ihre Schriftstellerkollegen Franz Blei, Alfred Walter Heymel, Karl Wolfskehl, Horst Wolfram Geißler haben sich hier wohlgefühlt. In München haben sich Bürger und Künstler noch nie gegenseitig gestört.*

*Wohnhaus Richard-Wagner-Straße 15, erbaut 1904 von August Zeh. Photo 1905*

*Von den berühmten »Goldenen Zwanziger Jahren« war in der Gabelsbergerstraße nichts zu verspüren. Wir Buben hatten Hunger, mit einem Ranken Brot aber waren wir auch zufrieden, und Wasser floß kostenlos aus der Leitung. Wir sahen aber auch die Tränen der Mutter, die nicht wußten, wie sie die hungrigen Mäuler zufriedenstellen sollten.*

**Die kleinen Abenteuer** *füllten das Bubenleben aus. Die Ochsenfuhrwerke der Brauereien beförderten die schweren Lagerfässer zu den Bierkellern in der Nymphenburger- oder Sandstraße. Und unter den gewaltigen Wägen saßen wir Buben und freuten uns, daß wir mit den Ochsen unumschränkte Vorfahrt hatten. Am frühen Morgen verließen die Bierfuhrwerke die Stallungen in der Gabelsbergerstraße und brachten ihre Fässer und Biertragl bis Gauting, Grünwald oder Daglfing. Mit dem Vater, einem Bierführer der Löwenbrauerei, durfte ich dann am Abend oft durch die ganze Gabelsbergerstraße fahren und sogar die Zügel halten, wenn die Pferde den Stall rochen und in einem munteren Trab fielen. Groß war damals auch der Spielplatz für einen Buben, er reichte vom Gelände der Landesturnanstalt am Maßmannbergl bis zu den Pinakotheken und zum Platz hinter der Glyptothek, wo mich schon damals ein kleiner, dafür um so dickerer Aufseher in die Schönheiten antiker Kunst einführte. Nicht vergessen kann ich die Stunden auf dem Oberwiesenfeld, dem heutigen Olympiagelände, besonders in den Ferien der Spielplatz der Münchner Buben. Hinter der Militärschwimmschule tummelten sich in der Würm die besten Kaulquappen und im Bumberhölzl sammelten wir die Hülsen der Platzpatronen der hier übenden Reichswehr. Hier waren wir daheim und hier war unsere Heimat, unser München. Als ordentlicher Bub war ich natürlich auch*
**ein fanatischer Sammler:** *Steine, Schneckenhäuser, Postkarten, Reklamemarken oder Briefmarken wurden erfreuliche Beute. Nach dem Einzug in die damalige Rupprecht-Oberrealschule, die ich anfänglich gar nicht schätzte, überfiel mich eine neue Sammlerwut – ich wurde Monacensia-Sammler und dies gleich lebenslang. Im Antiquariat von Herrn Kitzinger in der Schellingstraße wurde ich ein häufiger Gast. Leider war der Geldbeutel meistens leer! Ich war emsig bemüht, altes Eisen beim Altwaren-*

*händler Duschl zu verkaufen, der Erfolg war leider immer sehr bescheiden. Mehr Erfolg hatte ich mit Nachhilfestunden für Klassenkameraden. Dem Herrn K. konnte ich meine Probleme restlos anvertrauen, dafür bekam ich manche Ansichtskarte von München, manchen Sonderdruck zu minimalem Preis oder gar geschenkt. Was ich aber bei Herrn Kitzinger immer bekam, war eine Einführung in das Münchner Schrifttum. Er zeigte mir Bücher, von denen heute Antiquare nur noch träumen. [...]*

## Bert Brecht und Lion Feuchtwanger
### von Carl Zuckmayer

Der Dichter Carl Zuckmayer kam 1923 als Dramaturg an das Schauspielhaus, wanderte aber schon im Jahr darauf, wie auch Brecht und Feuchtwanger, nach Berlin ab. Er schreibt über Brecht:

*Wir hatten billige schwarze Zigarrenstummel im Mund und kamen in ein so lebhaftes Gespräch, daß wir plötzlich statt vor meiner vor seiner Wohnung standen. Die lag im Parterre, in einem Eckhaus am Ende der Ludwigstraße bei der Universität, die meine am Ende der Maximilianstraße, fast an der Isar. Wir gingen den Weg bis zu mir und dann noch einmal bis zu ihm hin und her. Es war eine schöne Nacht, sternenklar, Mitte Oktober, es roch nach fallendem Laub.*

*«Dieser Herbscht 1923«, sagte Brecht, »ist ein überaus wohlgelungener Herrbscht.« Das war seine Art, sich über die Natur auszulassen. Es dämmerte schon, und er sagte, eine Flasche Bier sei bei ihm zu Hause und ein Schnapsrest, vielleicht werde seine Frau uns einen Kaffee kochen, wir könnten noch etwas musizieren.*

*Sein Arbeitszimmer ging auf die Straße hinaus, wir glaubten sehr leise zu sein, aber nach einiger Zeit kam seine Frau im Morgenrock herein und mahnte uns zur Ruhe, das Kind schlafe noch. Sie war die Schwester des Schriftstellers Otto Zoff, nach der Trennung wurde sie die Frau des Schauspielers Theo Lingen.*

*Das Kind, eine Tochter, lag im Hinterzimmer noch in der Wiege, sie sah schon damals ihrem Vater unglaubhaft ähnlich. Wenn ich sie heut auf der Bühne sehe – sie ist die Schauspielerin Hanne Hiob –, erschrecke ich immer wieder, weil mir ist, der junge Brecht stehe da droben, als Frau verkleidet. [...]*

*Einmal nahm er mich und Erich Engel zu Lion Feuchtwanger mit, mit dem er damals begonnen hatte, im Auftrag der ›Kammerspiele‹ das ›Leben Eduards des Zweiten‹ von Christopher Marlowe zu bearbeiten. [...]*

*Ich erinnere mich an eine bestimmte Szene, von der Engel und Feuchtwanger meinten, hier müsse ein Monolog hinein. In fünf Minuten, während drei Leute rauchend und kaffetrinkend um ihm herum saßen, hatte er den geschrieben und las ihn vor: man erfuhr in zwanzig Verszeilen den Einblick in ein halbverwestes, lurchenhaftes, algenverstricktes Totenreich tief unter den Erdgewässern, in dem ein Mensch die Unentrinnbarkeit seines Schicksals voraussieht. Wir fanden das großartig und ganz im Sinne der dramatischen Gestalt, aber Brecht steckte das Blatt in die Tasche, sagte, das sei fürs Theater viel zu lyrisch, er werde das für ein Gedicht verwenden, und schrieb einen neuen Text. Nie habe ich eine solch wuchernde, aus allen Wurzeln aufschießende und zugleich kritisch beherrschte Produktivität erlebt.*

## Antidemokratische Kräfte am Königsplatz

Der Königsplatz diente stets als Schauplatz für Massenversammlungen. So fand hier am 26. September 1920 das erste Landesschießen der rechtsgerichteten Einwohnerwehren des Georg Escherich mit 60 000 Teilnehmern statt. Ministerpräsident Gustav von Kahr nannte dabei *«Die Stätte, an der wir stehen, Zeugnis einer langen, ruhmvollen bayerischen Geschichte [...]«* und eine Festschrift meint, das bayerische Volk hat hiermit *« vor der ganzen Welt kundgetan, daß es sich nicht von asiatischem Geist durchseuchen läßt und daß es der Weltanschauung des Bolschewismus einen Damm entgegenstellt«*.

Am Königsplatz wurde am 27. August 1922 aber auch der Katholikentag eröffnet. Erzbischof Michael Kardinal Faulhaber bezeichnete dabei die Weimarer Republik als durch Meineid und Hochverrat entstanden. Mit dem Satz *«Gottes Recht bricht Staatsrecht«* rief er zum Widerstand gegen den Staat [...] *« der die Theaterseuche und die Kinoseuche nicht fernhält von seinem Volk, der Gesetze gibt, die die Ehescheidung erleichtern, die die uneheliche Mutterschaft in Schutz nehmen«* [...] Als der Oberbürgermeister von Köln und spätere Bundeskanzler Konrad Adenauer bei der Schlußkundgebung drei Tage später widersprach, kam es fast zum Eklat. Er erklärte die Äußerungen des Bischofs aus *»Verhältnissen örtlicher Natur«* und *»einem Mangel an historischem Blick«*. Auch die Feststellung, daß sich die Monarchie überlebt habe wie ein natürliches Ereignis und *»wenn der Herbst komme und der Sturm in die Bäume fahre, dann fielen die Blätter«*, erzürnte den Oberhirten. Nur daß Adenauer ihn listig zwang, seinen Segen zu spenden, verhinderte dessen vorzeitigen Aufbruch. Durch eine Beschwerde der Reichsregierung beim Papst mäßigte sich Faulhaber künftig in seinen politischen Äußerungen.

## Ein Volksviertel
### von Edith Gräfin Salburg

*[...] Es zieht mich wieder in die dämmernden Nebengassen der Barerstraße, an den kleinen Geschäften vorbei, wo sich hungrige Kinder vor dem Brot stauten, das hinter Gittern lag wie eine Kostbarkeit. Hier ändert sich wenig, auch in den wildesten Zeiten, wenn nicht gerade einmal katastrophal-explosiv ein Zerstörungsmoment aufflammt. Es ist eine jahrhundertealte unwandelbare Tragik, daß der wirkliche Kern des Lebens im ganzen kaum berührt wird von den lodernden Zeitkämpfen. Davon erzählen unerschütterlich diese hohen, wie blinden Häuser mit den Hinterhöfen, die wieder geschachtelte Kleinwohnungen und Werkstätten umdrängen. Die alten Schäden an ihnen sind unausgebessert. Dumpfheit und Enge, Lebensunverstand, der sich herb den bessernden Möglichkeiten verschließt, für unerfüllbare Schemen Tatsachen hinopfert, sind immer noch da. Ich finde sie alle wieder, auch die gelblichen oder grau überhauchten Gesichter der Menschen, die um Pfennige hadern, die Kinder zugleich verprügelt und zügellos wild in ihren Straßenspielen; die Umwelt ihres Werdens Hof und Straße. Die Wohnung ist immer zu eng für sie. Warum bleiben sich diese Kinder so gleich? Sie tragen den Stempel eines Altgeborenwerdens in den Augen. Ihre*

*Mütter, diese Frauen, deren Jugend kurz dauert, gehen
auch die alten Wege in den urewigen, wandellosen Sorgen.
Alles hier ist vierten Ranges, vierter Güte, was man kaufen kann, aber alle so beredt, weit mehr als Landauer &
Co. mit ihren Prachtauslagen. Das billige Kino, das den
Klassenhaß nährt, schillert mit seinen roten Reklamen an
bröckelnder Wirtshausgassenmauer. Hier essen Männer
hastig irgend etwas. Sie haben keine Zeit. Schlampig ist
alles, mißfarben von einer Melancholie, der keiner ent-
rinnt.
[...] Das ist das Haus, wo ich gelebt, unverändert häßlich:
da der Hof, um den an halb offnen ungeputzten Fenstern
Wäsche flattert. Das Privatleben hinter ihnen wird überall
laut und sichtbar. Dann wieder rasseln diese Fenster plötzlich zu, im Zorn. Da sind auch noch die kleinen Läden wie
im Jahr neunzehn, die gleichen Gesichter. Irgendwo keift,
wie früher, die Hausfrau dieser Kaserne, das tat sie immer,
von hohem Balkon, eine »gstöllte Person«, aber »eine
Bischkurn, da legst di nieder!« Es trifft mich zweifelnd ihr
alter giftiger Mißtrauensblick, doch diesmal nur sehr kurz.
Auch jetzt eine, wie alle, denkt sie heute. Alle sind ihre
kleinen Mieter. Die verachtet sie. Ihr Mann, der baut! Sie
hat! So heißt es im Haus. Sie hat Geld und sie haut. Nicht
nur ihre Ableger; auch ihn – der – baut. Wie ist der Schnee
in diesem Hofe grau und fahles Gras, nicht lebend, nicht
gestorben, drängt sich doch dem Licht zu. Ein sehnsuchts-
voller Mensch hat hier auf das Fleckchen Erde Schnee-
glöckchen eingesetzt im Januar; sie haben ein bißchen
Sonne, sehr wenig. Jener Mensch hat gewiß noch weniger,
starrt heraus aus Dunkelheit auf diese kleine Pflanze, sieht
nur sie. Ich verweile mich hier lange, horche auf die
Geräusche, die Stimmen im Hause, blicke die Vorüberge-
henden an wie vertraute Gestalten. Eine Drehorgel spielt
nebenan, gleich wird sie hier hereinkommen. Nur langsam
finde ich wieder fort. Durch diese Gassen der Daseinssorge
wandre ich dann, wo in jenen Tagen das Lebensnotwen-
dige auf den Wagen der Verkäuferinnen für das Volk täglich unerschwinglicher ward. Ich sehe die unterernährten
Studenten, die da hausen, wie, frage nicht, die kleinen
Arbeitermädchen, die groben Händler und Händlerin-
nen, deren Augen schon schimpfen, ehe sie reden. Hier hat
zu jener Zeit einer gewohnt, den man heute im erlosche-
nen München als seinen einzigen neuen Pulsschlag emp-
findet, Adolf Hitler, der bis jetzt gefangen gesessen, der
Österreicher.*

## Rechts und Links

Die Soziologin und Historikerin Margret Boveri studierte
in den 20er Jahren an der Universität München und
wohnte in der Kaulbachstraße. Sie erinnert sich:
*Der Asam, [...] war in einem Freikorps gewesen oder bei
der Organisation Escherich, der machte mit Begeisterung
sein Hemd auf: da hatte er einen Schuß reingekriegt, da
war nur blaue Haut, kein Fleisch mehr, man hätte das
Herz klopfen spüren können. Das fand ich nicht angenehm, aber es war sein großer Stolz; er war ein Völkischer.
[...] Ich mochte aber den Asam als jungen Mann. Schon in
diesem Winter tanzte ich bei den Juryfreien, und da ver-
liebte sich einer in mich, der war ein Kommunist. Der Witz
war, in der Schellingstraße war ein Haus, da gingen
sowohl dieser Kommunist wie der Asam hin, wenn wir*

*Blick in die Gabelsbergerstraße nach Westen mit der Technischen Hoch-
schule, Postkarte um 1910*

*vorher in der Schelling-Klause gegessen hatten. Natürlich
ich immer entweder mit dem einen oder mit den anderen.
In einem Stock war der Völkische Beobachter, und im
anderen war die Kommunistische Partei. [...]
In München hieß »links« damals schon: für die Weimarer
Republik eintreten. 1925 war übrigens auch das Jahr des
Dolchstoßprozesses gegen Nikolaus Cossmann, den Her-
ausgeber der ›Süddeutschen Monatshefte‹; das habe ich
aber nur schattenhaft wahrgenommen. Dagegen fühlte ich
mich betroffen von den Vorgängen auf der Universität.
Ausgerechnet in diesem Jahr war Karl Voßler Rektor, der
Romanist. Er hat als erster Rektor nach 1919 den Mut
gehabt, für die Universitätsfeier die schwarz-rot-goldene
Fahne aufziehen zu lassen und zu verfügen, daß die paritä-
tischen Korporationen – so hießen, glaube ich, die, die
Juden aufnahmen – im Festzug mitmarschieren durften.
Das war ein ungeheurer Skandal; man redete lange davon.
Der Voßler wurde mit seinen Maßnahmen boykottiert. [...]*

## Der Metzgersohn aus der Schellingstraße

Um die Jahrhundertwende kamen viele Bauernkinder
vom Lande nach München, fanden Arbeit und gründeten
Familien. Auch die meisten Bewohner der Maxvorstadt
waren nicht hier geboren, sondern zugezogen. Franz
Joseph Strauß (senior) stammte aus Kemmathen bei
Feuchtwangen in Mittelfranken, Walburga Schießl, mit
der er 1906 in St. Ludwig getraut wurde, aus Unterwend-
ling bei Kelheim. Strauß hatte sich 1904 als Metzgermei-
ster in der Schellingstraße 49 selbständig gemacht. 1907
wurde dem Ehepaar, das von »starker katholischer Religi-
osität« geprägt war, eine Tochter geboren und am 6. September 1915 ein Stammhalter, der nach dem Vater genannt
wurde. Die Familie lebte *«im Hinterhof in einfachsten
Verhältnissen. Die Wohnung bestand aus einer Wohnküche, einem Schlafzimmer für die Eltern und den jüngeren Sproß, also mich, und einer Kammer für meine Schwester. Die Toilette lag außerhalb der Wohnung auf dem
Gang, dort gab es auch fließendes Wasser. Einen Garten
hatte das Haus nicht, im Hof war eine Schlosserei«* schrieb
Franz Joseph Strauß (junior) in seinen Erinnerungen.

Nur wenige Um- und Einbauten werden das an sich schon repräsentable Gebäude zu einer der Bewegung würdigen Reichsgeschäftsstelle machen

# Das neue Parteiheim der N.S.D.A.P.

Blick in das Vestibül
(Bild links unten:) Der künftige große Konferenzsaal mit Reliefs von Thorwaldsen

*Nazi-Propaganda schon vor der Machtergreifung: Im „Illustrierten Beobachter" 1930, Folge 23, wird die Einweihung des „Braunen Hauses" in der Briennerstraße gefeiert. Die „Generalmitgliederversammlung" der N.S.D.A.P. 1930 fand in der Tonhalle, dem Kaim-Saal, in der Türkenstraße statt.*

Auch von der Rückfront gesehen zeigt sich die neue Geschäftsstelle als ein repräsentables und geräumiges Gebäude.

Auf diesem Grund hinter der neuen Geschäftsstelle soll die neue Kongreßhalle der Partei erstehen.

Die Lage der neuen Geschäftsstelle: Mitten im Zentrum; Blick von der Geschäftsstelle nach Osten: links der Obelisk, rechts die Frauentürme.

Blick von der Geschäftsstelle nach Westen: Der architektonisch herrliche Königsplatz mit den Propyläen.

Die denkwürdige Generalmitgliederversammlung am 23. Mai 1930 in der Münchner Tonhalle, in der Adolf Hitler den Entschluß zum Erwerb eines eigenen Parteihauses verkündete und an die Mitarbeit aller Parteigenossen zu diesem Werk appellierte.

Gegenüber der florierenden Metzgerei, im Haus Nr. 50, richtete Heinrich Hoffmann ein Fotoatelier ein. Hier war später dann die Geschäftsstelle der NSDAP, an die heute noch eine Steinplastik über dem Tor erinnert. Direkt neben dem Straußschen Haus wurde später der Völkische Beobachter gedruckt. Vater Strauß, monarchistisch und Bayerisch-national gesinnt, ließ sich nicht von Heinrich Himmler zum Parteieintritt locken. Selbst der «Name Martin Luther durfte im Hause nicht fallen» und die Preißn wurden für noch schlimmer gehalten als die Franzosen.

Im Frühjahr 1922 kam der Bub in die katholische Volksschule an der Amalienstraße. Seine Klasse in der Amalienschule war im Jahr darauf, beim Hitler-Putsch, in Hitlergegner und -anhänger gespalten, die sich noch tagelang rauften. Der Lehrer nahm Franz einen selbstgefertigten Knüppel ab. Wegen seiner guten Leistungen schickten die Eltern den Knaben dann 1926 auf die Gisela-Realschule (heute Gisela-Gymnasium am Elisabethplatz). Professor Dr. Johannes Zellinger, bei dem Franz Ministrant war, erkannte die Latein-Begabung und veranlaßte einen Wechsel zum Maxgymnasium in Schwabing. Dort schloß Strauß seine Schullaufbahn mit dem besten Reifezeugnis des Jahres 1935 in Bayern ab. Der zum Maximilianeer berufene verzichtete auf das Stipendium und nahm an der Ludwig-Maximilians-Universität das Studium der Altphilologie, Geschichte und Germanistik auf. Erst auf die Vorhaltungen des Professors Zellinger, daß man den besten Abiturienten Bayerns nicht ohne Grund abweisen könne, war dies möglich. Voher war die Aufnahme von Strauß, wohl weil sein Vater »aktiver Mitarbeiter« bei der Bayerischen Volkspartei gewesen war, abgelehnt worden. 1939 wurde der Student als Soldat (vom Kanonier zum Heeresflak-Leutnant) eingezogen und stieg währenddessen bis zum Studienrat (1943) auf. Bereits am Beginn seines Studiums hatte er den Führerschein gemacht und begründete dies gegenüber seiner Schwester Maria mit den Worten «Meinst Du, ich will einmal für den Deppen zu Fuß durch ganz Europa marschieren». Die Familie war sich bereits seit der Machtergreifung im Klaren, daß Hitler zum Krieg führen würde. Strauß stieg auch bald vom Fahrrad aufs Motorrad um. Als Student verstand er es bereits durch Nebenbeschäftigungen (Nachhilfeunterricht, Autor) zeitweise mehr zu verdienen als seine Schwester «in einer gut bezahlten kaufmännischen Stellung«. Um sich weder der NSDAP noch der HJ, SA oder SS anschließen zu müssen, war Strauß dem NS KK (Nationalsozialistisches Kraftfahrerkorps) als »geringstem Übel« beigetreten. Spöttisch wurde diese Unterorganisation »Nur Säufer, keine Kämpfer« genannt, Sturmführer war ein Hafnermeister aus der Theresienstraße. Der Historiker und begabte Redner Strauß wurde »weltanschaulicher Referent« der Gruppe, um ideologischen Vorträgen zu entgehen.
Die ganze Familie Strauß überlebte den Krieg; das Haus in der Schellingstraße 49 fiel allerdings den Bomben zum Opfer. Es wurde stattdessen ein schlichter Bau im Stil der 50er Jahre errichtet, der ein internationales Wohnheim der Caritas beherbergt, in dem Mädchen, die in München eine Ausbildung beginnen, vorübergehend unterkommen können. In der Sommerferienzeit dient es auch als Hotel für Mädchen.

Strauß war 1946 dabei, als in Schwabing, in der Wohnung seines Freundes Josef Müller (Ochsensepp), die CSU gegründet wurde. Dann folgte der bekannte politische Aufstieg: Landrat, Bundesminister, CSU-Vorsitzender, Kanzlerkandidat, Ministerpräsident. Auch der große Leichenzug von Dr.h.c. Strauß, dem wohl weltweit bekanntesten Bayern, führte durch die Maxvorstadt, vorbei an Feldherrnhalle, Ludwigskirche, Universität und Siegestor.

## Kindheitserinnerungen um die Schwindstraße
### von Ludwig Beckenbauer

*Es war im Jahre 1924, da kam im »Roten Kreuz« ein Bub auf die Welt, dessen Geburt beim Standesamt Nymphenburger Straße registriert wurde. Seine ersten Gehversuche machte er auf dem Pflaster der Schwindstraße. [...]*
*Vom Bahnhof bis zum Siegestor und von der Ludwig- bis zur Schwere-Reiter-Straße lag es, das große Künstler-, Arbeiter- und Soldatenviertel. [...] Bohème in den vielen Ateliers, soziale und politische Spannungen in den großen Miethäusern unter oft jüdischer Verwaltung und dazu der harte Marschschritt der Reichswehr. [...]*
*Bierfuhrwerke brachten das dunkle Bier in Fässern zur Wirtschaft an der Ecke, das Stangeneis kam mit einem speziellen Eisfuhrwerk von Unsöld. Aufregung unter den Lausbuben gab es, wenn der Hausarzt mit dem »Laubfrosch« kam. Weit und breit das einzige Auto, sonst gehörte die Straße uns. [...]*
*Die Arbeitslosen jener Zeit »platschgelten« auf der Heßwiese, bis sie vom Bau der Zahlmeisterschule verdrängt wurden, woraus nach dem Krieg das Arbeitsministerium wurde. Ertönte erst der Ruf »der Zeppelin kommt« durch die Straßen, dann rannten alle Buben in Richtung Oberwiesenfeld um die Wette, um vielleicht noch ein Haltetau zu erwischen.*
*Die Hungrigen unter ihnen trafen sich gegen Abend vor den Kasernen des 19. und 61. Infanterieregiments, um mit dem Sprüchlein »bittschön an Kommiß, weil'en so gern iß, weil'n so gern mag, kumm i alle Tag« das fehlende Brot für zu Hause von den Soldaten zu erbetteln und es in Rupfensäcken heimzuschleppen. [...]*
*Zum Lernen gingen wir in die Schwind- oder Gabelsbergerschule und im Fasching lieferten sich die Schüler beider Häuser große Straßenschlachten in der Schleißheimer Straße. Der Turngarten Jahn und das Volksbad am Maßmannbergerl waren dabei das Niemandsland.*
*Gefirmt wurden wir in der Josephs- oder Bennokirche und waren sehr stolz darauf, daß es Kardinal Faulhaber persönlich tat. Genauso stolz waren wir, wenn wir auf dem Trittbrett des offenen Autos vom »Führer« von der Theresienstraße zur Schellingstraße mitfahren durften und dabei von Hitler gehalten wurden. [...]*
*Düster die bleibenden Kindheitserinnerungen an die Gespräche der Erwachsenen bei der Telegrammtafel vor dem Hause der Münchner Neuesten Nachrichten zum Röhm-Putsch. Unheilvoll die Änderung des Ortsbegriffes für Dachau und Ausdruck für die schlimmste Drohung jener Zeit. Väter von Schulfreunden verschwinden dort, sie kommen 1934 alle wieder, aber wir spüren als Kinder, daß sie anders geworden sind, vor allem schweigsam. [...]*

# Hitler und Hoffmann

Adolf Hitler war 1913 um dem Militärdienst in Österreich zu entkommen aus Wien nach München übergesiedelt und führte in der Maxvorstadt ein Bohemienleben. 1914 rückte er freiwillig ein, wurde hier ausgebildet und stieg in der Infanterie bis zum Gefreiten auf. Nach einer zwielichtigen Rolle während der Revolutionszeit wurde er in den Räumen der Universität zum Spitzel ausgebildet. Allerdings schloß er sich bereits 1919 einer antisemitischen Gruppe, der DAP, die er beobachten sollte, an und wurde deren Führer.

Der vierzigjährige Hitler begegnete 1929 der damals 17jährigen Eva Braun im Photogeschäft des Heinrich Hoffmann in der Schellingstraße 50. Die schöne Blondgelockte hatte den Namen des Herrn, dessen Lebensgefährtin und Ehefrau sie schließlich werden sollte, vorher noch nie gehört. Damals lebte der Führer mit seiner Nichte Geli in der Prinzregentenstraße. Als diese sich das Leben nahm, wurde Eva Braun die Favoritin. Als auch sie 1932 einen Selbstmordversuch macht, kümmert sich Hitler mehr um sie.

Leibphotograph Hoffmann gab dann seine Räume an die NSDAP ab, die hier ihre Zentrale einrichtete. Er verlegte sein Geschäft auf die andere Straßenseite, wo ihm später der »Völkische Beobachter« und nach 1945 »Neue Zeitung« und schließlich das Buchgewerbehaus mit seinen Produkten (»Bild«) folgten.

# Die Eröffnung des Braunen Hauses
## von Ernst Hanfstaengl

*Mit dem Hissen der Hakenkreuzfahne auf dem Dach des ehemaligen und jetzt zum »Braunen Haus« umgetauften Palais Barlow in der Brienner Straße feierte das neue Hauptquartier der NSDAP in München am Neujahrstag 1931 seine Premiere. Doch nicht nur die Repräsentanten der Parteiführung, auch die vielen zu zweiten, dritten oder vierten Garnitur zählenden Mitarbeiter des Parteiapparates ließen den Eindruck gewinnen, als habe sich die Parteiorganisation seit dem Auszug aus den abenteuerlich verwohnten Behausungen in der Thiersch- und Corneliusstraße in eine exakt funktionierende Instanzenmaschinerie verwandelt.*

*Es gab jetzt, zumindest auf dem Papier, ein fast lückenloses System von Arbeitsbereichen, angefangen von den Ressorts Innen- und Außenpolitik, Wirtschaft und Technik bis zu ausgesprochen parteitypischen Instanzen wie Rassenfragen, SA, Arbeitsdienst usw.- ein System, das jedoch nur so lange überzeugend wirkte, wie man nicht in Verlegenheit geriet, sein Funktionieren in der täglichen Praxis zu erproben. [...]*

*Der nördliche „Führerbau", errichtet 1937 nach Plänen von Paul Ludwig Troost. Ort der Unterzeichnung des „Münchner Abkommens" 1938. Die Großmächte Frankreich, Großbritannien und Italien sprachen dem Deutschen Reich das Sudetenland zu. Hier war nach dem Krieg, den die Gebäude unbeschadet überstanden, u.a. das Bayer. Hauptstaatsarchiv untergebracht. Heute: Staatliche Hochschule für Musik. Die Nazi-Bauten am Königsplatz sind durch unterirdische Gänge verbunden*

# Zentrum der Bewegung

## »Deutsche Kunst« und »Entartete Kunst«

Auf der Generalversammlung des Reichsverbandes bildender Künstler Deutschlands am 27. März 1933 sagte der bayerische Nazi-Kultusminister Hans Schemm :
*Wer als Künstler etwas anderes hervorbringt, als deutsche Kunstwerke, ist entweder rassisch oder charakterlich nicht einwandfrei. Wenn er deutsche Kunst ausübe, dann könne er dies nur durch den Spiegel der deutschen Seele. Der junge Staat, der heute in Deutschland marschiert, will, daß auch die Kunst und die Erziehung in seinem Sinne ausgeübt wird.*
Im »Völkischen Beobachter« vom 30. März 1933 ist nachzulesen:
*Wer in der Hauptstadt der Bewegung die Ausstellung »Entartete Kunst« besucht, der hat das entschleierte, aller Tarnung bare, ans helle Tageslicht gezogene Antlitz des Judentums und des Bolschewismus gesehen. Was in grauenvollen Zerrbildern, die alles Gemeine und Niedrige verherrlichen, hier zur Schau gestellt ist, bedeutet das Richtbild des liberalen Zeitalters.*

## Bücherverbrennung und »Säuberung« der Universität

Der Schriftsteller Eugen Gottlob Winkler notierte am 10. Mai 1933: *»Am selben Abend, wie ich hier ankam, war im Lichthof der Hochschule eine nationale Feier. Heute Abend ist schon wieder eine. Die Studenten wollen fremdrassige und »bolschewistische« Bücher auf einem Scheiterhaufen verbrennen. In der Universität sind Anschläge, die bekanntmachen, daß jeder Dozent, jeder Student, der nicht hinter der nationalen Revolution stehe, von der Hochschule zu entfernen sei. Es genügt also nicht, den Mund zu halten. Man wird mit Gewalt in diese rabiaten Reihen gezogen. Ich glaube kaum, daß noch einer in Deutschland eine staatliche Anstellung finden wird, der sich nicht organisieren läßt.*

## Mit Hitler unterwegs
*von Albert Speer*

### Architekt Troost
*Alle zwei bis drei Wochen fuhr Hitler nach München; immer öfter nahm er mich auf diese Reisen mit. Nach der Ankunft begab er sich meist direkt vom Bahnhof ins Atelier von Professor Troost. Schon unterwegs im Zug pflegte er sich lebhaft darüber zu äußern, was der »Professor« an Zeichnungen fertiggestellt haben werde: »Den Erdgeschoß-Grundriß vom ›Haus der Kunst‹ wird er wohl geändert haben. Es waren da einige Verbesserungen zu machen [...] Ob die Details zum Speisesaal schon entworfen sind? Und dann werden wir vielleicht die Skizzen für die Skulpturen von Wackerle zu sehen bekommen.«*
*Das Atelier lag in einem verwahrlosten Hinterhof der Theresienstraße, unweit der Technischen Hochschule. In einem kahlen Treppenhaus, das seit Jahren nicht gestrichen war, ging es zwei Treppen hoch; Troost, seines Standes bewußt, kam Hitler nie auf der Treppe entgegen, geleitete ihn auch nie die Treppe hinunter. Hitler begrüßte ihn im Vorraum: »Ich kann es gar nicht abwarten, Herr Professor! Zeigen Sie, was gibt es Neues.« Und schon waren wir, Hitler und ich, im Arbeitsraum, wo Troost ihm, selbstsicher und zurückhaltend wie immer, seine Pläne und Ideenskizzen zeigte. Es ging dem ersten Architekten Hitlers jedoch nicht besser als später mir: Hitler ließ sich seine Begeisterung selten anmerken. [...]*

### In der Osteria Bavaria
*Zur üblichen Zeit, um etwa halb drei, fuhr ich zur »Osteria Bavaria«, einem kleinen Künstlerrestaurant, das zu einem unerwarteten Ruf kam, als es Hitlers Stammlokal wurde. Hier hätte man sich eine Künstlerrunde um Lenbach oder Stuck, mit langen Haartrachten und gewaltigen Bärten, eher vorstellen können, als Hitler mit seiner korrekt gekleideten und uniformierten Umgebung. In der Osteria fühlte er sich wohl, als »verhinderter Künstler« gefiel ihm offensichtlich das von ihm einst angestrebte und nun endgültig zugleich verpaßte und überholte Milieu. Nicht selten mußte der begrenzte Kreis der Eingeladenen stundenlang auf Hitler warten: ein Adjutant, der Gauleiter von Bayern, Wagner, falls er seinen Rausch ausgeschlafen hatte, natürlich sein ständiger Begleiter und Hoffotograf Hofmann, der um diese Zeit manchmal schon leicht alkoholisiert war, sehr oft die sympathische Lady Mitford, mitunter, wenn auch nur selten, ein Maler oder ein Bildhauer. Dann noch Dr. Dietrich, der Reichspressechef und stets Martin Bormann, der überaus unscheinbar wirkende Sekretär von Rudolf Heß. Auf der Straße warteten einige hundert Menschen, denen unsere Gegenwart genügte, um zu wissen, daß »er« komme.*
*Lauter Jubel draußen: Hitler steuerte auf unsere Stammecke zu, die nach einer Seite mit einer halbhohen Wand abgeschirmt war; bei gutem Wetter saßen wir in dem kleinen Hof mit der Andeutung einer Laube. Der Wirt und die beiden Serviererinnen wurden jovial begrüßt: »Was gibt's heute Gutes? Ravioli? Wenn sie nur nicht so gut schmecken täten. Es ist zu verführerisch!« Hitler schnalzte mit den Fingern: »Es wäre ja alles schön bei Ihnen, Herr Deutelmoser, aber meine Linie! Sie vergessen, daß der Führer nicht essen kann, was er möchte.« Daraufhin studierte er lange die Speisekarte und wählte Ravioli.*

## Reichs-, Staats- und Parteibauten

In der Propagandaschrift »München baut auf« wurden 1938 die Erfolge des Regimes gefeiert; die meisten Neubauten liegen in der Maxvorstadt:
*Als erster hat der Führer selbst München ein neues Gesicht gegeben. Er schuf das Mahnmal an der Feldherrnhalle, das Haus der Deutschen Kunst; er ließ den Königsplatz neu gestalten, die Ehrentempel, den gewaltigen Führerbau und das Verwaltungsgebäude der Partei, die Reichszeugs-*

Der jährliche Aufmarsch zum „letzten Appell" auf dem Königsplatz. Im Hintergrund der Südliche Ehrentempel und Führerbau. Photo 1935

Hausschmuck in der Barerstraße zu „Führers Geburtstag". Photo 20. April 1940

meisterei und den Reichsautobahnhof erstehend. Er gab Auftrag zum Bau des Hauses des Deutschen Rechts [gegenüber der Universität], der deutschen Ärzteschaft [in der Briennerstraße], des Reichsnährstandes und zur Erneuerung der Häuserflucht an der Karlstraße, in der die Reichsleitung der NSDAP untergebracht ist. Auf seinen Wunsch entstand an Stelle des unschönen Platzes beim alten Glaspalast das Restaurationsgebäude, der Ausstellungspavillon und davor der herrliche Park mit dem Neptunbrunnen. Am Kleinhesseloher See wurde wie ein Schlößchen inmitten von Grün und Bäumen das neue Restaurant errichtet. Mit dem Umbau des Prinz-Karl-Palais erhielt die Prinzregentenstraße und die Umgebung des Hauses der Deutschen Kunst den wirkungsvollen Abschluß. [...]

## Der Anfang der Zerstörung Münchens

Anders sah Wilhelm Hausenstein die Nazibauten:
Die heute Heranwachsenden wissen schon nicht mehr, daß in der Mitte der westlichen Häuserzeile der Ludwigstraße eines der schönsten Gebäude auf Befehl der nationalsozialistischen »Erneuerer« abgetragen wurde, um dem Projekt eines Hauses für die Reichsbank Raum zu lassen. Das den älteren Münchnern als »Palais Karl Theodor« wohlvertraute Bauwerk, eine besonders noble Schöpfung des großartigen Leo von Klenze, der von 1784 bis 1864 gelebt hat, war von einer so klaren und ruhigen Schönheit, von einer so empfindlich ausgewogenen Feinheit der Verhältnisse, so köstlich in den Profilen, daß es hätte in Italien stehen können. Unter dem Vorgeben, das Palais sei im baugewerklichen Sinne nicht mehr lebensfähig, und unter dem lügnerischen Versprechen, man werde die Fassade genau wieder nachbilden, ließ man eine der kostbarsten Architekturen der Münchner Klassik zertrümmern. Nun sieht man in eine Bresche. Das neu angelegte Erdgeschoß beweist eine durchaus abweichende Planung. Im übrigen ist dies nicht die einzige Zerstörung, die wir an der Ludwigstraße von jenen Jahren her zu beklagen haben. In der Hitlerschen »Systemzeit« sind dort auch andere Gebäude monumen-

talen Rangs gefallen, deren Adel unersetzlich blieb; sie wurden vor dem Krieg zertrümmert. [...]

## Künstlerstammtisch im Schönfeld
### von Curt Hohoff

Nicht weit von der Stelle, wo hundert Jahre zuvor Josef Görres die Münchner Gesellschaft mit den Annehmlichkeiten des Weintrinkens bekannt gemacht hatte, stand das Pfälzer Weinhaus Zum Schönfeld in der Schönfeldstraße. Dort hing ein galeriemäßig nachgedunkeltes Bild mit Fischen, und den Tisch darunter nannten wir »Unter den Fischen«. [...] Unter diesem Bilde versammelte sich fast jeden Tag der Woche die gleiche Runde, der Stammtisch unter den Fischen im Schönfeld. Es war eine Adresse von starken Trinkern, Essern und Rauchern, von Künstlern, Journalisten, Ärzten, einem Buchhändler und einem Verleger, die das bürgerliche Element vertraten. Hie und da kamen ein Zeichenlehrer, ein Apotheker aus Haag, ein englischer Marineoberleutnant, der seine Ferien in Süddeutschland verbrachte, die Schauspielerin Magda Lena, die einzige Frau in dieser Runde, und zwei oder drei Studenten, die wechselten. Zwei Maler führten den Professorentitel, Hugo Troendle und Max Unold, ehrenhalber und ohne Geld, während Josef Achmann, der Regensburger, sich die Anrede »Herr Professor« verbat und auch nicht als Kunstmaler gelten wollte. Er war der Ehemann von Magda Lena. Der Maler Krommes hatte eine Sekte gegründet und das Buch Adam Abel geschrieben. Sein einziger Jünger war Paul Stangl, ein Kaufmannssohn; beide waren geniale Verrückte oder verrückte Genies. [...] Außer Krommes, Knöller, Schmitt-Sulzthal und dem Buchhändler Hans Severing gehörten der Verleger Carl Hanser und der Zahnarzt Dr. Zarnitz zum Hofstaat des im Schönfeld residierenden Dichters Georg Britting. [...]
Ich wohnte in der Amalienstraße 20 bei einem alten Fräulein Pickl. Von dort war es nicht weit zur Universität und Staatsbibliothek. Auch die Schönfeldstraße erreichte man in wenigen Minuten. Abends ging ich zur Maximilianstraße. Sie wirkte in der hellen Abendluft fast italienisch,

*Bombenschäden in der Glyptothek am Königsplatz. Photo 1945*

*zumal wenn sich der Widerschein der Sonne in den Flügelbauten des Maximilianeums fing und das Publikum in Scharen auf den Bürgersteigen auf- und abspazierte. Jeden Abend gegen sechs Uhr trafen wir uns in Severing & Güldners Buchhandlung an der Maximilianstraße. [...] Severing kokettierte mit der Orthodoxie und ließ seinen Widerwillen gegen die Nazis stets erkennen: Die katholischen Verbände haben Widerstand geleistet, aber gegen SA und Gestapo ist schwer zu kämpfen. Das Konkordat, sagte Britting, beweist, daß Hitler Instinkt hat. Er hat der Kirche gegeben, was sie seit zehn Jahren wünschte, das Konkordat.- Er lachte darüber. Nie habe ich einen Mann so ironisch lachen hören: Die Katholiken sind staatstreu und spielen sich damit auf. Das ist ein süßes Gefühl für einen Staatsmann. Er kann ruhig schlafen. Die Katholiken gehören zur schweigenden Mehrheit, die nichts tut.- Ich fühlte mich gekränkt. Britting aber fuhr fort: Denken Sie sich nichts dabei! Ich bin in Regensburg aufgewachsen. Weihrauch liegt auf den Plätzen, und überall sieht man Kirchentürme.- [...]*

### Der Röhmputsch

*München machte einen bürgerkriegsähnlichen Eindruck. Auf dem Dach des Hauptquartiers der SS am Karolinenplatz standen Maschinengewehre. Ein Wachtposten unter Gewehr spazierte vor dem Eingang auf und ab und sagte, wenn jemand stehenblieb: Weitergehen, weitergehen! Es fiel kein Schuß. Es genügte, das Gewehr zu zeigen. So erzeugt man Angst bei den Massen. Die Angst verneint den Spott. Die Leute wollen nicht glauben, daß Röhm wegen seines Treibens mit Männern sterben mußte. Röhm war der einzige Mensch, mit dem der Führer sich dutzte – und diesen Menschen brachte er um. Die Deutschen halten die Treue für ihre Nationaltugend und waren verwirrt über das Handeln ihrer Führung. Die Maschinengewehre zeigten, daß es schlimm zuging und Schlimmes verhindert werden sollte. Am Wittelsbacher Palais ging man am besten nicht vorbei. Die Doppelposten unter Gewehr konnten jederzeit – meinte man – die Hand nach einem ausstrecken. Kurz darauf hatte man eine neue Sprachregelung gefunden, sie sollte in Zukunft bei vielen schlimmen Fällen wiederholt werden: Der Führer hat das nicht gewußt! Der Führer hat das nicht gewußt, daß Ernst Röhm es mit Männern getrieben hat. Es gab keinen schlimmeren Vorwurf als die Homosexualität. [...]*

### Nazis und Bomben in der Schwindstraße

Gustav Appel, geboren am 15. 01. 1917, erinnert sich:
*Mein Vater, der auch Gustav hieß, war gelernter Buchdrucker und arbeitete in der Mayerschen Hofbuchdruckerei in der Luisenstraße. Er war in der Gewerkschaft, in der SPD und lange auch Vorsitzender des Arbeiter-Radfahrerbundes Solidarität sowie in der Verwaltung des Sportkartells engagiert. Er war später als Lagerhalter bei der Konsumgenossenschaft tätig und hat schließlich in der Heßstraße 71 ein Zigarettengeschäft aufgemacht. Das lief*

aber sehr schlecht und er mußte dann bald von seiner kleinen Rente leben. Wir wohnten bis 1931 in der Römerstraße in Schwabing, wo wir als »Rote« verrufen waren. Mein älterer Bruder war beim Reichsbanner Schwarz-Rot-Gold aktiv, der immer von der SA angegriffen wurde. Da mein Vater schon ahnte, daß Hitler bald an die Macht kommen würde, sagte er »ich glaub' wir ziehen besser um.« Er hoffte, daß wir in der Maxvorstadt sicherer wären und friedlich leben könnten. Es hat uns aber nicht viel geholfen: Gestapo und SA sind nach der Machtergreifung ständig gekommen, um uns einzuschüchtern. Bei Hausdurchsuchungen haben sie politische Literatur und Bilder der Arbeiterbewegung mitgenommen. Einmal haben sie den Vater sogar zum Verhör ins »Rote Palais« (Wittelsbacher Palais), das Hauptquartier der Gestapo geschleppt. Er hatte sich vor der Volksabstimmung 1938 (Anschluß Österreichs) geweigert, in seinem Laden ein Plakat aufzuhängen. Als sie ihm es dann auf die Scheibe geklebt haben, hat er einfach das Rollo runtergelassen, um es zu verdecken.

Wir waren 1931 in die Schwindstraße 18 (Ecke Schellingstraße) gezogen. Unsere Wohnung lag im 3. Stock und hatte 2 Zimmer, Küche, Bad und Toilette. Vorher hatte der Hausherr hier gewohnt, der aber gestorben war. Unsere Familie bestand, da die meisten Geschwister schon geheiratet hatten, aus meinen Eltern, einer auch schon erwachsenen Schwester, mit der ich ein Zimmer teilen mußte, und mir. Sehr schön an der Wohnung war der Balkon. Durch die Kastanien im Hof hatte man den Eindruck, im Grünen zu wohnen. Ich weiß auch noch genau wie hoch die Miete

*Löscharbeiten nach Luftangriff 1944 in der Schwindstraße*

war, weil ich sie bezahlen mußte. Mein Vater hatte wenig Geld und starb dann, so daß ich für die Wohnung aufkam, auch als ich Soldat war. Die Miete stieg von 1931, wo wir 45 RM zahlen mußten, bis 1944 auf 54 RM. Dann fiel das Haus 1944 einer Luftmine zum Opfer. Die Wohnung war einfach weg, selbst von meiner Nähmaschine war keine Spur mehr zu finden. Meine Mutter, die damals noch alleine hier wohnte, – ich war ja im Krieg – überlebte im Luftschutzkeller. Ich hab dann später am Stadtrand eine Wohnung gekriegt.

*Blick von der Technischen Hochschule zur Josephskirche 1946. Das Gebiet zwischen Theresienstraße (im Vordergrund), Adalbertstraße, Arcisstraße und Augustenstraße war durch Bomben völlig zerstört.*

65

# Zerstörung und Wandel

## Bombenkrieg

Fritz Grundner, der in der Schellingstraße 5 aufwuchs, erinnert sich:
*«[...] Das erste Kriegsjahr war von den Erfolgsmeldungen der deutschen Truppen geprägt. Das Volk in der Heimat bekam die ersten Lebensmittelkarten. Wir Schüler der fünften Klasse lernten, mit Gasmasken umzugehen, und machten Löschübungen. Vom Lehrer ausgesuchte Schüler mußten einmal im Monat Lebensmittelkarten in die Wohnungen austragen. Mein ›Gebiet‹ war die Adalbertstraße. So drei bis fünf Reichsmark brachte das Taschengeld ein. Die Verdunkelung war eingeführt, und es gab Kochrezepte für sparsame Kost. Die Waffen der Heimat waren Wasser und Sand. Der Speicher mußte total entrümpelt werden, und alle Holzteile wurden mit einer schwerentflammbaren weißen Farbe imprägniert. Sandtüten standen im Treppenhaus und vor dem Speicher. Die ersten Fliegeralarme versetzten uns in Ängste. Anfangs waren es noch Aufklärungsflugzeuge, und wir sahen zu, wie die Scheinwerfer den nächtlichen Himmel absuchten und die Flakartillerie schoß. Herunterfallende Granatsplitter und später Bombensplitter haben wir Buben gesammelt.*
*Bei einem der nächtlichen Luftangriffe 1944 wurde auch unser Haus von zwei Stabbrandbomben getroffen. Ich rannte in den Speicher und konnte gerade noch den Brandsatz mit Sand ersticken. Der Holzboden war schon angebrannt. Die zweite Brandbombe war ein Blindgänger. Anderntags brannte das Nachbarhaus Nr. 3 ab. Nur mit großer Anstrengung konnte unsere Hausgemeinschaft ein Übergreifen der Flammen verhindern. Das Haus Nr. 1 hatte einen Bombenvolltreffer abbekommen und war ein Schutthaufen. Die Hausbewohner überlebten, da sie sich durch die Mauerdurchbrüche flüchten konnten. Minuten später stürzte auch der Keller ein.*
*Auf den Bunker vom ›Völkischen Beobachter‹ (Schellingstr. 39–43) schlug eine schwere Sprengbombe ein. Der Luftdruck tötete alle Bunkerinsassen. Bergungstrupps holten die Toten heraus. Reihenweise lagen sie im Hof, und man deckte sie mit Papier zu.*

Der Schriftsteller Hans Brandenburg erlebte die Zerstörung der Ludwigstraße: *Das Tor zum Odeonsplatz, das sich schwarz vor uns abhob, führte in eine ungeheure Illumination. »Wenn nur die Fahnen noch hängen«, sagte der einzige Mann auf dem Platze, ein Mann aus dem Volke, mit wildem Ingrimm, »ihre roten Fetzen!« Sie hingen wie blutig vor der brennenden Feldherrnhalle und ringelten sich um die Masten wie lange träge purpurne Schlangen. Ja, diesmal hatte es gründlich getroffen, aber, wie es schien, nur das Schöne. Auch das Odeon brannte, daneben das Leuchtenbergpalais und in der Ferne die Staatsbibliothek. Feierlich schlugen die Flammen heraus und stiegen über das erzne Reiterstandbild Ludwigs in den nächtlichen Frühlingshimmel, majestätisch und ungehindert. Ja, es war ein Fest, auch dies, es war ein Fest noch im Untergang, ein Fest des Untergangs. München leuchtete.*

*Hilfsbahn in der Arnulfstraße vor dem Verkehrsministerium. Photo 1945*

Der Journalist Reginald Huber aus Schwabing war als Heranwachsender zum Ernteeinsatz in der Holledau. Am Tag nach den Bombenabwürfen am 22. September 1944 kam er nach München zurück:
*«An der Donnersbergerbrücke war Endstation. Diesmal hatte der Tagesangriff dem Bahnhof gegolten. Später erfuhr ich, daß 199 Menschen dabei umgekommen waren. Der Heimweg dieses Tages war der schwerste Weg meines Lebens, voller Ungewißheit, wie es den Angehörigen ergangen ist. Der Hauptbahnhof war ein Trümmerhaufen. Auf dem Weg nach Norden hatten die Bomber dann über der Augustenstraße abgeladen. Es stand so gut wie kein Haus mehr, das meiner Tante war ausgebrannt. Im noch rauchenden Eingang lagen nebeneinander fünf verkohlte Leichen. Sie waren auf Kindergröße zusammengeschrumpft. Auch um die Josephskirche lag alles in Schutt und Asche, darüber rauchig stinkende Luft. Das Haus in der Nordendstraße, in dem wir noch vor zehn Jahren wohnten, ein qualmender Trümmerhaufen; der Elisabethmarkt abgebrannt.«* Es war wie am *»Eingang zur Hölle«*, aber wie durch ein Wunder stand sein Haus in der Römerstraße noch, und die Familie lebte.

Hans Carossa kehrte 1944 besuchsweise in die alte Heimat zurück: *Mein Ziel war die Theresienstraße, wo ich im Café Stefanie einkehren wollte. Zuerst machte mir auf dem Weg ein Mangel an Abgehärtetsein zu schaffen. Schon die leeren Postamente, von denen die metallenen Standbilder herabgenommen waren, um in Geschütze verwandelt zu werden, boten ein trauriges Bild. Straßen und Plätze waren von Ziegelmehl wie von rotem Flugsand gestreift. Aus einem Gebäude hängt ein ganzes Stockwerk heraus, da fühlte man, wie jede Wohnung eine Welt mit eigener Unterwelt ist, und nicht nur der Anblick der Zerstörung fällt uns aufs Herz, wir glauben auch die Gedanken der entflohenen Bewohner zu spüren, die sich um sie sammeln. An der Ecke von Theresien- und Amalienstraße ließ mich die zum Teil erhaltene Fassade zunächst übersehen, daß das freundliche Lokal, dem die Münchner den Spitznamen*

*»Café Größenwahn« angehängt haben, nicht mehr bestand. Hinter der Mauerruine war aus Asche, Schlakken, Scherben und verkohlten Balken ein Haufe geschichtet, aus dem Eisenschienen ragten, erwärmten Kerzen gleich verbogen. In Brand und Einsturz des Hauses hatte sich ein kleiner Teil der Decke des Cafés erhalten; von diesem hing unbeschädigt ein Kronleuchter herab, dessen unterste Kristalle den Schutthügel berührten. Von den hohen Fenstern aber, den roten Plüschbänken, den Tischen, den Billards, den wandgroßen Spiegeln sah man nur noch Fetzen und Splitter. [...]*

## Radikaler Untergang

Wilhelm Hausenstein führte ein »Tagebuch im Kriege«. Er trug ein: *«Handwagen mit allerlei letztem Hausrat, von drei Frauen in Hosen geschoben. Zwölf Männer schleppen irgendwo eine Eisenschiene. An der Bennokirche (die auch hin ist) stehen zwei Gefangene mit dunkler Haut, schwarzen, gleichsam fiebrigen Augen, von etwas semitoidem Ansehen, in Mantel und gemeiner Pelzkappe, auf Schaufeln gestützt, und tuen nichts, starren unbewußt ins Leere: zwei Inder. Die Straßen fast leer, allenthalben. Überall zerschundene Bäume – besonders grausig (ich weiß nicht weshalb). Keine Schaufenster mehr, keine Läden. Auf Plakaten, die überall kleben, sind zwölf Gastwirtschaften als »in Betrieb« befindlich aufgezählt. Rote Plakate mit der Promulgation der Hinrichtung von Personen, die aus der Katastrophe durch Entwendung Nutzen gezogen haben. Den Grad der Vernichtung wird man erst nach dem Krieg realisieren können: sobald man mit dem Frieden konfrontiert sein wird.*
Am 12. August 1944 notierte er:
*[...] Die Stadt ist zum größeren Teil zerstört: in ihren Wohnhäusern, in ihrer monumentalen Gestalt. Der Eindruck ist grausig. Ich kann mir nicht denken, wie München je wieder zur Repräsentation dessen, was es gewesen ist, wiederhergestellt werden soll. Nicht als ob dies in sich unmöglich wäre. Aber die Herstellung wird nicht praktikabel sein, zumal im Zusammenhang mit dem Ruin der anderen Städte; sauf l'imprévu. Allein schon das Aufräumen, das Abtragen! Wird man wesentliche Ruinen stehen lassen und anderwärts, außerhalb Neues bauen? Wird man? Und wann? Werden Generationen zwischen, neben Trümmern leben? Der Untergang der Stadt ist im großen ganzen so radikal, daß ich mir eine Erneuerung nicht vorstellen kann, in technischer wie in wirtschaftlicher Hinsicht. Am krassesten demonstriert sich die Katastrophe an dem demolierten Siegestor und den abgestürzten Teilen. Einer der Bronzelöwen steht auf dem Kopf, unten am Boden, einen Monat noch nach den letzten Angriffen. Das und alles andere ist so schauderhaft, daß man es nicht realisieren kann, obwohl man es vor Augen hat. Man meint durch einen absurden Traum zu wandern. [...]*

## Studium im Krieg
### von Waltraud Netzer

### Die Nachbarschaft
*Meine ersten Lebensjahre verbrachte ich, 1925 geboren, in der Türkenstraße. Hier hatten die Eltern eine kleine mö-*

*Blick von der Barerstraße auf die Alte Pinakothek, vor der eine Schutthalde aufgetürmt ist. Photo 27. Juni 1947*

*lierte Wohnung gefunden. Obwohl es eng zuging und nicht einmal die eigenen Möbel aufgestellt werden konnten, erzählte mir meine Mutter, sie hätte dort sehr gern gelebt, weil alles, was man täglich brauchte, in der direkten Nachbarschaft vorhanden war. Die Milchfrau und der Bäcker waren im Haus, der Metzger nebenan; im Hof gab es einen Schuster und einen Schreiner. All das vermißte sie, als sie endlich in eine schöne große Neubauwohnung in der Schwabinger Unertlstraße umziehen konnte. Mein Vater hat als Architekt das Viertel zwischen Belgradstraße und Viktoriastraße mitgestaltet. Auch das Haus, in dem sich das »Rolandseck« befindet, gehört dazu. Meine Großeltern hatten eine Wohnung über der Gaststätte. Mein Erinnerungsvermögen beginnt erst in der Zeit als wir dort wohnten.*

*1943 zog ich wieder in die Maxvorstadt. Auch damals gab es in diesem Viertel – mitten im Krieg und auch schon von ersten Zerstörungen durch Bomben getroffen – alles, was städtisches Wohnen so lebenswert macht. Hier lebten alle Schichten nebeneinander, es gab die verschiedensten Handwerksbetriebe, Wirtshäuser mit Nebenzimmern für Vereine und Veranstaltungen sowie genügend Platz für spielende Kinder. Man kannte sich; zum täglichen Einkauf gehörte auch der kleine »Ratsch« mit dem Kaufmann oder der Nachbarin und – in der Kriegszeit besonders wichtig – man half sich gegenseitig! Das war ganz selbstverständlich. Um den täglichen Bedarf zu decken, mußte niemand das Viertel verlassen, das so praktisch zwischen Innenstadt und Schwabing liegt. Man ging nur in die Kaufingerstraße um einen »besonderen« Einkauf zu tätigen (für einen »Kaufhausbummel« war damals das Warenangebot viel zu knapp) oder hinaus nach Schwabing um sich zu »amüsieren«.*
*Natürlich waren auch damals schon die Universität und die Technische Hochschule bestimmend für die Entwicklung der Maxvorstadt; aber sie beschränkten sich auf kleineren Flächen. Studenten fanden Zimmer in Untermiete bei der angestammten Bevölkerung, die damit gerne das Familieneinkommen etwas aufbesserten. Es war eine gesunde Mischung von studentischem und bürgerlichem Leben.*

## Chemiestudium

*Ich kam als Studentin zurück in die Maxvorstadt. Eigentlich hätte ich gerne Kunstgeschichte und Theaterwissenschaft studiert – aber das war ja nicht kriegswichtig. Um nach Frühabitur, Arbeits- und Kriegshilfsdienst nicht als Wehrmachtshelferin weiterverpflichtet zu werden, besann ich mich darauf, daß auch Chemie in der Schule zu meinen Lieblingsfächern gehörte. Also bewarb ich mich hier um einen Studienplatz. Schließlich war ich froh am Chemieinstitut Prof.Dr. Hoppe, das der TH angeschlossen und in der Gabelsbergerstraße untergebracht war, angenommen zu werden. Der Professor ist mir als sehr alter und eigenwilliger Herr in Erinnerung, der sicher – auch wenn er mit uns nie darüber diskutiert hat –, dem Nazi-System kritisch gegenüber stand. Er setzte sich über manche Richtlinien hinweg. Er fragte bei der Auswahl seiner Studenten nicht nach der Rassenzugehörigkeit, wie es Vorschrift gewesen wäre. Jedenfalls gab es an unserem Institut und auch in meinem Semester, obwohl ihnen ein Studium längst verboten gewesen wäre, noch mehrere »halbjüdische« Kolleginnen und Kollegen, mit denen ich Freundschaft schloß. Bis zum Kriegsende lernten wir zwischen Bombenangriffen und versuchten zu überleben. Mit einem sogenannten Notexamen, das wir damals im Luisenbunker machten, konnte ich allerdings nie etwas anfangen.*

## Mittagstisch in der Königinstraße

*Der Teil der Maxvorstadt, der zwischen Ludwigstraße und Englischem Garten liegt, die alte Schönfeldvorstadt, war immer schon bevorzugte Wohngegend für finanziell besser ausgestattete Familien. Reiche Münchner Bürger und erfolgreiche Künstler bauten sich z. B. in der Kaulbachstraße und an der Königinstraße herrliche Villen oder Mietshäuser mit großzügigen Wohnungen. Leider sind diese heute meist in teuren Büroraum umgewandelt und stehen für Wohnzwecke nicht mehr zur Verfügung.*
*An ein Haus in der Königinstraße knüpfen sich für mich ganz besondere Erinnerungen. Leider mußte auch dieses Haus der Büroausweitung des ADAC weichen.*
*Im obersten Stock war das große Bildhaueratelier von Toni Stadler. Er und seine Werke haben mich damals sehr beeindruckt und ich war stolz, daß ich ihm für ein Kopfportrait Modell sitzen durfte. Leider weiß ich nicht wo die Plastik hingekommen ist. Die Werke von Toni Stadler finden sich in den Museen der Welt. In München können wir in der Staatsgalerie Moderne Kunst, in der Staatlichen Graphischen Sammlung und im Lenbachhaus Arbeiten von ihm sehen. Von ihm stammt das Heinrich-Heine-Denkmal im Finanzgarten beim Prinz-Carl-Palais, aufgestellt 1962, und die Nereiden (1967) als Karl-Amadeus-Hartmann-Gedächtnisbrunnen in den Grünanlagen des Maximiliansplatzes.*
*Im ersten Stock dieses Hauses betrieb die ehemalige Stummfilmschauspielerin Erna Morena eine kleine Pension. Freunde aus dem Institut Dr. Hoppe nahmen mich dort mit hin. Die Pension selbst wäre außer ihrer schönen Lage und der gut eingerichteten Zimmer nicht besonders erwähnenswert. Das faszinierende für mich war der Mittagstisch, an dem sich täglich sehr interessante Menschen trafen. Erna Morena war eine sehr schöne Frau, die es verstand auch Künstler, Wissenschaftler und Schriftsteller um sich zu versammeln. Für das leibliche Wohl sorgte ihre Tochter aus der Ehe mit dem Schriftsteller Rudolf Herzog,*

*der damals schon lange in der Schweiz lebte, Eva Herzog. Großartiges kann es wohl in dieser schlechten Zeit zum Essen nicht gegeben haben – ehrlich gesagt kann ich mich nicht mehr daran erinnern. Jedenfalls aber muß Eva Herzog sehr geschickt gewesen sein aus dem Wenigen, was unsere Lebensmittelmarken hergaben, dafür zu sorgen, daß wir satt wurden. Und wie ich später erfuhr, wurde auch immer mal jemand satt, der keine Marke hatte, weil er sich nicht anmelden konnte.*

*Wichtig waren die Gespräche. Ich selbst war blutjung und unerfahren. In meinem Elternhaus wurde nicht über Politik gesprochen. Meine Mutter mochte zwar die Nazis nicht, aber ihr zweiter Mann, mein Stiefvater, war als Geschäftsmann typischer Mitläufer. Durch die zweite Ehe meiner Mutter bin ich hauptsächlich in klösterlichen Internaten aufgewachsen. Auch die Schwestern haben nicht mit uns über Politik geredet. Im Arbeitsdienst wurde mir zwar schnell klar, daß dieses System ungerecht in die Freiheit der Menschen eingreift, aber ich konnte mit dieser Erkenntnis nichts anfangen.*
*1944 wurden auf einmal all unsere »halbjüdischen« Freundinnen und Freunde abgeholt. Warum – weshalb – wieso?, die hatten doch niemand etwas getan. Die jungen Männer wurden in die Salzbergwerke nach Thüringen verschleppt; die Mädchen wurden z.B. zum Straßenbahnwaschen eingesetzt. Da erwachte mein jugendlicher Gerechtigkeitssinn und auf einmal verstand ich den einen oder anderen Inhalt der Gespräche am Mittagstisch besser. Es war klar, wir mußten etwas tun. Wir haben versucht, unsere Freunde mit Essen und Kleidern zu versorgen. Wir haben, soweit das noch ging, Nachrichten zwischen ihnen und ihren Angehörigen oder Freunden transportiert. Wir haben auch versucht, andere auf diese Ungerechtigkeit hinzuweisen. Wir waren eine kleine Gruppe und haben sicher Dinge getan, die damals sehr gefährlich waren. Ich war mir dessen damals kaum bewußt. Möglicherweise sahen andere Freunde die Ereignisse schon sehr viel politischer als ich.*

*Als 1945 der Krieg zu Ende war und die Amerikaner kamen, war ich immer noch so naiv zu glauben, die bringen uns jetzt die Demokratie! Ich lernte aber dann bald, daß Demokratie nur dann lebt, wenn sich die Bürger an ihr beteiligen und durch eigenes Engagement selbst etwas für die Demokratie tun.*
*Als ich anfing mich politisch zu engagieren, erinnerte ich mich an der »alten« Prof. Hoppe (vielleicht war er ja gar nicht so alt und ich war so jung) und ich denke oft an Erna Morena, ihre Tochter Eva Herzog und an all die Anderen. Ich habe in meiner Maxvorstädter Zeit viel gelernt.*

## Trümmer und Wirtschaftswunder

*Die Maxvorstadt gab es 1945 weitgehend nicht mehr, sie war durch Bomben zerstört. Die Menschen mußten anderswo Unterschlupf suchen, Trümmerfrauen räumten auf und erste Mutige begannen mit dem Wiederaufbau. Langsam entstand das Viertel neu, mit Wohnungen, Läden und Höfen, mit Platz für Handwerk und Kleinbetriebe. Auch die Universitäten entstanden wieder und die Studentenzahlen wuchsen stetig. Der Platz im Viertel wurde knapp und je mehr sich die Unis in ehemalige Wohngebäude hineingefraßen, desto teuerer wurden Baugrund und Mieten.*

Unser aller Ansprüche sind mit dem sogenannten »Wirtschaftswunder« gewachsen. Studenten wohnen nicht mehr in Untermiete. Familienwohnungen im Innenstadtrandgebiet Maxvorstadt sind für weite Bevölkerungsschichten unbezahlbar. Die kleinen Handwerksbetriebe können nicht mehr mithalten.
Und damit hat sich das Viertel grundlegend verändert. Nicht von einem auf den anderen Tag. Langsam und schleichend sind aus kleinen Kurzwaren- und Kolonialwarenhändlern oder Gemüse-, Milch- und Spezereiladln schicke Boutiquen für In-Garderobe oder ähnliches entstanden, deren Betreiber oft schneller wechseln als die jeweilige Moderichtung. Jetzt muß man, um den täglichen Bedarf preisgünstig zu decken, weite Wege in Kauf nehmen oder mit dem Auto an den Stadtrand fahren.

Mich macht diese Entwicklung traurig. Und vielen älteren Einwohnern und Freunden der alten Maxvorstadt wird es ebenso gehen. Trotzdem bin ich überzeugt, daß die heutigen jüngeren Bewohner ebenso gern wie früher meine Mutter und später ich, in der Maxvorstadt leben. Es ist jetzt ihr Viertel, der heutigen Zeit angepaßt und die Lage zur Innenstadt, nach Schwabing und zum Englischen Garten ist so günstig, daß sie von Vielen beneidet werden.


## Der Wandel im Süden des Universitätsviertels
### von Margarete Niedermeier

### Wohn und Geschäftsviertel
Ein »Glasscherbenviertel« war sie eigentlich nicht, die Maxvorstadt, in der ich geboren wurde und aufgewachsen bin. Dazu waren die Häuser und die Bürger, die darin wohnten, zu gediegen. Hier war man nicht protzig reich, aber auch nicht bettelarm. Hier war der Mittelstand zu Hause. Sicher gab es in der Amalien-, Theresien-, Türken- und Schellingstraße auch Hinterhöfe und Rückgebäude, in denen die Wohnungen dunkel, eng und feucht waren. Als Schulmädchen wurden wir in den Kriegsjahren verpflichtet, die Lebensmittelmarken in die Haushalte auszutragen. Da mußte man sich nach den Vordergebäuden auch in den ersten und zweiten Hinterhäusern mit düsteren Treppenhäusern zurechtfinden. An den Wohnungstüren standen oft mehrere Namensschilder und man mußte jeweils 1x, 2x oder 3x läuten. Reichtum gab es hier nicht.
[...]
Die Polizeiwache, zuerst in der Amalien-, später in der Schellingstraße, gab den Anwohnern ein Gefühl der Sicherheit. Nachts hörte man die Schritte des Schutzmanns, der in den Straßen seine Runden drehte; ganz selten mußte er seine Trillerpfeife benutzen, um etwa einen Radler anzuhalten, der ohne Licht fuhr.
Es war eine ausgesprochene Wohngegend mit Gaststätten, Cafés, Kinos, Theatersälen und Kleinbühnen, mit kleineren Handwerks- und Fertigungsbetrieben. Bücher-, Schreib- und Schulbedarfsläden und Antiquariate versorgten die Schüler von zwei Volksschulen und auch die Studenten der Universität. Drei Kaufhäuser konnten hier existieren und vielen Angestellten Arbeit und Verdienst bieten. In jeder Straße gab es gleich mehrere Bäcker-, Metzger-, Lebensmittel-, Feinkost-, Konditor- und Milchläden, Fisch-, Geflügel- und Wildbrethandlungen, auch Textil-, Kurzwaren- und Modegeschäfte. Bei Haushalts-

waren- und Elektrofachhändlern konnte man seinen Bedarf decken. Dazu boten noch Händler auf Karren ihre Waren an. Trotzdem gab es keinen Konkurrenzkampf. Jeder hatte seine Kundschaft und sein Auskommen. In den Hinterhöfen waren Handwerksbetriebe: Schlosser, Glaser, Schuhmacher, Schreiner, Polsterer u.a. Im Schaufenster zur Straße saß der Schneider und stichelte an den Anzügen seiner Kunden. Eine Puppenklinik heilte ausgedrehte Puppenarme und -beine oder setzte neue Augen ein. In zwei kleinen Schnaps- und Likörfabriken konnte man sich mit Mehrprozentigem eindecken: Rum für den Tee oder einen Kräuterlikör für die Verdauung. Kleine Mengen, d.h. 1/4 oder 1/2 Liter, wurden offen in ein mitgebrachtes Flascherl oder Krügerl abgefüllt. Kohlen- und Holzhändler versorgten mit Handkarren die Haushalte mit Brennbarem. Man kannte seine Nachbarn und nahm teil an Ereignissen, ob sie heiter oder traurig waren. Wenn jemand erkrankte, kamen Nachbarinnen, um bei der Krankenpflege oder Nachtwache zu helfen. Es gab auch »ambulante« Ordensschwestern, die in die Haushalte zur Pflege kamen. Der Hausarzt kannte seine Patienten und machte gewissenhaft seine Hausbesuche. Man war gut aufgehoben in diesem Viertel, man war hier zu Hause.
Ich kann mich noch gut an das Aussehen der schönen Häuser erinnern. In meinen Kindertagen hatten sie kleine Vorgärten, die aber schon in den Jahren vor dem Krieg dem wachsenden Straßenverkehr geopfert wurden. Kleinere Wohnstraßen waren es, die Lotzbeck-, Glück-, Jäger- und Finkenstraße. Am 5. Januar 1945 wurden sie in Schutt und Asche gelegt.


### Vertreibung und Rückkehr in die Heimat
Der Wiederaufbau nach dem Krieg hat nur noch ein paar Wohnhäuser wiedererstehen lassen. Hauptsächlich wurden Bank- und Konzern-»Paläste« gebaut. Die Lotzbeckstraße gibt es überhaupt nicht mehr. Die Glückstraße hat nur noch zwei Häuser. Jäger- und Finkenstraße sind zum Teil in der »Schneise« untergegangen, die man für den Altstadtring »schlagen« mußte.
Heute ist dieses »Glück im Winkel« eine große Asphaltfläche für parkende Autos eines Großkonzerns. Ein paar neugepflanzte Ahornbäume versuchen ihr Bestes, um den Blechkarossen Schatten zu bieten. Am Rande des Parkplatzes blieben noch einige alte Bäume erhalten. Sie sind Überbleibsel aus dem Garten des Oldenbourg-Verlages, der sich einmal in der Lotzbeckstraße befunden hat. Auch aus dem Park des Wittelsbacher-Palais, der sich gegen die anliegenden Straßen mit einer hohen roten Ziegelmauer abgrenzte, stehen heute noch ein paar Bäume am Rande des Altstadtrings.
Ich schaue heute von meinen Wohnungsfenstern auf dieses Geviert und in der Erinnerung sehe ich die Ecken, Winkel und Durchgänge, von denen aus man früher von der Amalienstraße zum Wittelsbacherplatz gehen konnte: In einem Durchgang befand sich der »Lampelgarten«, ein gut besuchtes Lokal. Im Sommer saßen die Gäste hinter Efeuhecken und unter Sonnenschirmen beim Essen oder einem kühlen Bier. Schon die Hofbediensteten sollen sich hier, wenn sie freie Stunden hatten, gelabt haben. Kleine Läden waren in den Durchgängen und das Wittelsbacher-Lichtspielhaus, kurz »Willi« genannt. Es war ungefähr dreimal so groß wie ein Wohnzimmer und hatte Preise! Der 3. Platz, der billigste, kostete –,65 RM, der teuerste

Platz, die Loge, 1,05 RM. Alle schönen Leid- und Schluchz-filme, soweit sie »jugendfrei« waren, habe ich darin durch-litten.

Es ist schade, daß meine Generation all diese Stätten der Erinnerung verloren hat. Weggefegt von Minen und Bomben das Heim, das Viertel. Irgendeine Dienststelle gab uns darüber eine Bescheinigung, ein Stück Papier. »Ausgebombte« hießen wir. Ein Titel? Nein, ein Zustand, hart schmerzhaft, grausam, elend.

[...] Endlich, am 1.April 1946, konnte ich in München beim Präsidium der bayerischen Grenzpolizei als Verwaltungs-angestellte anfangen. Um als geborene Münchnerin nach diesem unfreiwilligen Aufenthalt auf dem Lande wieder in meine Heimatstadt zurückkehren zu dürfen, brauchte ich eine amtliche Zuzugsgenehmigung, die ich nur bekam, wenn ich eine Wohnmöglichkeit in der Stadt nachweisen konnte. Ich konnte in der Familie einer Schulfreundin unterschlüpfen, die aber auch nur ein notdürftig instand gesetztes Heim hatte.

Ein Matratzenlager am Boden, von Brandhitze und Löschwasser gerissene Zimmer- und Balkontüren, eine nur aus Brettern bestehende Zimmerdecke, ein notdürftig gedecktes Dach, durch das man nachts die Sterne blitzen sah, das aber auch den Regen durchließ, ein kleines Öfchen, in dessen Nähe sich jeder drängte – so wohnte man damals in der Türkenstraße.

Im Frühjahr 1948 bezogen meine Mutter und ich nach vorhergegangenem Eigenausbau wieder zwei Räume in der Amalienstraße. Nach einem Jahr machte ich für meine Schwester, die als Lehrerin nach München zurückversetzt worden war, Platz und zog mit meinem Mann, den ich im Sommer 1949 geheiratet hatte, in unser erstes »Heim« in der Kanalstraße, ein teilmöbliertes Zimmer mit 16 qm, das uns ein altes Fräulein in seiner Vier-Zimmer-Wohnung vermietete. Damals kam ich mir vor wie ausgewandert nach Amerika. Die Gegend war mir fremd und viele Bars und Nachtlokale, hauptsächlich von amerikanischen Soldaten besucht, verstärkten diesen Eindruck.

Als ich einmal niedergeschlagen den alten Zimmerboden schrubbte, kam mein Mann heim, sah meine Plagerei und meine Tränen und ging selbst zum Wohnungsamt. »Seit 7 Jahren läuft nun unser Antrag. Ja, hat denn da herin niemand ein Herz für zwei Münchner?«, hat er damals gesagt und das Glück gehabt, daß sich das Herz gefunden hat, unserem Antrag die Dringlichkeitsstufe 1 zu geben. Unter zehn Anwärtern hat uns unser Hausherr dann ausgewählt. Auch bei ihm hat das Münchner Herz richtig geschlagen. Nachdem wir noch den Nachweis einer Desinfektionsfirma brauchten, frei von Wanzen und sonstigem Ungeziefer zu sein, stand dem Einzug in die Glückstraße im August 1957 nichts mehr im Wege. Damit waren wir wieder in unserer alten Heimat, der Maxvorstadt.

### Verkehr und Lärm

Am Morgen bringen die U-Bahnen einen Strom Berufstätiger in das Viertel. Schon um 6.00 bis 7.00 Uhr früh sind die wenigen Parkplätze in den Straßen belegt und bleiben es bis weit nach Mitternacht. Verstellt mit Blechkarossen sind die Gehwege. Die Parküberwachung macht gute Kasse. Nichts ist mehr von den ruhigen Straßen übriggeblieben, in denen wir als Kinder gefahrlos mit dem Dreirad fuhren oder mit den Rollschuhen unsere Runden drehten. Es sind nur noch wenige Kinder, die heute hier aufwachsen.

Tiefgaragen wurden erst in den letzten Jahren angelegt und auch nur für Behörden und Banken. Wir Anlieger sind froh, einen Garagenplatz für hohe Miete, in fünfzehnminütigem Fußmarsch erreichbar, zu haben.

Es war eine schmerzhafte Umwandlung von dem, was die Maxvorstadt einmal war, zu dem, was sie heute ist; schmerzhaft vor allem für die Menschen, die hier wohnen. Es ist nicht nur die Wehmut, die zurückblickend auf das alte Viertel entsteht. Nein, es ist der Fortschritt, der in seinem Entstehen und Werden gesundheitsbelastend und nervlich bis an die Grenze des noch ertragbaren ist.

Der Baulärm beim Aufbau, um unser Haus herum, war nur der Anfang. Damals schreckten uns schon morgens um 4 Uhr die Sprengungen der meterdicken Grundmauern der Leuchtenberg-Palais-Ruine aus den Betten. Für die Tiefgarage des Finanzministeriums, das auf diesem Grund erstand, baggerte man ein Riesenloch.

Dann wurde in mehrwöchiger Arbeit eine Stahlhochbrücke von der Von-der-Tann-Straße zum Oskar-von-Miller-Ring gebaut, hauptsächlich nachts. Anschließend begann der Bau der Unterführung des Altstadtrings von der Gabelsberger- zur Prinzregentenstraße.

### Der U-Bahn-Bau

1965 startete der U-Bahn-Bau. Jahrelang bewegten sich die LKWs, die den Aushub abfuhren, Tag und Nacht im Abstand von 10 bis 15 Minuten durch unsere kleine Straße. Die Abtransporte waren deshalb so lärmend, weil der Straßenbelag überaus holprig und uneben war, denn vor dem U-Bahn-Bau wurde unsere Straße mehrmals zur Verlegung des Fernheizungs-und Abwasserkanals und auch zur Erweiterung dieser Einrichtungen aufgegraben und notdürftig geteert. Die Belästigung dauerte mehr als 7 Jahre. Wir waren glücklich, wenn uns mal Bekannte für ein Wochenende zu sich aufs Land eingeladen haben.

Die Straßen und Plätze sind neu gepflastert und geteert. Das moderne Verkehrsmittel bewegt sich nun schon Jahre unter der Erde. Von den Menschen, die es benützen, wird sich keiner Gedanken machen, welche Belastung der Bau für die Anwohner war. [...]

31 Jahre sind wir jetzt wieder in der Maxvorstadt und wohnen im gleichen Haus. Vor der Zerbombung war es mit schönen Fresken bemalt. Unser Hausbesitzer nannte es nach dem Wiederaufbau im Jahr 1957 »Glückseck«, und ließ eine entsprechende Inschrift am Haus anbringen.

### Das Glückseck mit Schallschutzfenstern

Um 1980 mußte man Schallschutzfenster einbauen, weil der Moloch Verkehr, der sich über den Altstadtring wälzt, die Dezibelgrenze sprengte. So spielt sich unser Leben hinter geschlossenen Fenstern ab, um das Läuten des Telefons, das Radio- oder Fernsehprogramm zu hören, einigermaßen eine Unterhaltung zu führen und nachts ein wenig Ruhe zu finden. Doch im Sommer erträgt man die geschlossenen Fenster nicht. Dann braust der Verkehr wie eine wilde Meeresbrandung um uns. Man sagt, man könne sich an vieles gewöhnen. Vielleicht gewöhnen wir uns auch an die durch den Lärm steigende Schwerhörigkeit.

Irgendwann baut die Firma Siemens ihren Parkplatz und grenzt damit den Lärm ab. Leider würde uns damit auch der weite Blick genommen werden, den wir auf einen Teil unserer Maxvorstadt, ja sogar darüber hinaus, von den Frauentürmen über die Türmchen des Justizpalastes zu

*den Spitzen der Türme der Paulskirche, die ganze Gabels-*
*bergerstraße entlang bis zur Dachauer Straße und bis zum*
*Fernsehturm haben. Trotz allem – es ist unser »Glück im*
*Winkel« mit einem kleinen Humusstreifen, auf dem im*
*Frühjahr ein Forsythienstrauch, ein paar Krokusse und*
*Maiglöckchen und im Sommer ein Rosenstock blühen, und*
*wo wir im Winter eine Futterstelle für ein paar Meisen,*
*Amseln, Spatzen und ein Türkentaubenpaar aufstellen.*
*Gott gebe es, daß niemand und nichts dieses Glück im*
*Hause »Glückeck« zerstört.*

## Rückkehr in die zerstörte Stadt
### von Christine Pelkofer

*Am 14.8.1943 wurden meine Mutter, mein drei Monate*
*alter Bruder, meine größere Schwester und ich von Amts*
*wegen aufs Land verschickt. Bis zu unserer Rückkehr nach*
*München im Spätsommer 1945 wohnte mein Vater alleine*
*in der Wohnung, die im 1. Stock eines Mehrfamilienhauses*
*in einer kleinen Straße unweit des Königsplatzes lag. [...]*
*Die großen Fenster waren mit Pappkarton vernagelt,*
*lediglich der schmale mittlere Flügel hatte Drahtglas.*
*Überall lagen Reste von Staub, Schutt und Glasscherben.*
*Der Gasofen in der Küche konnte nicht benützt werden,*
*meine Mutter mußte auf einem Zwei-Platten-Elektroko-*
*cher alles zubereiten. Aber es gab ja kaum etwas Eßbares*
*zu kaufen. Die meisten Geschäfte waren zerstört oder*
*beschädigt, und es dauerte eine Zeit, bis ein paar Läden*
*notdürftig instandgesetzt wurden. Jedenfalls war Schmal-*
*hans Küchenmeister. Zum Glück war mein Vater bald*
*motorisiert und fuhr jedes Wochenende zu einem Gärtner*
*nach Feldmoching; wenn er Glück hatte, brachte er Kar-*
*toffeln, Weißkraut oder Wirsing mit nach Hause, was dann*
*wieder ein paar Tage reichte.*
*Das Schuljahr 1945/46 verbrachte ich als »Drittkläßlerin«*
*in der Gabelsbergerschule. In dem großen Schulgebäude*
*waren ein paar Räume nicht sehr beschädigt und darin*
*wurde unterrichtet. Der Weg zur Schule war sehr (ziegel-)-*
*steinig und viele Glasscherben lagen herum, die Gehsteige*
*waren voll Schutt, der sich teilweise bis zur Hälfte des 1.*
*Stockes auftürmte, und die Straßen waren entsprechend*
*schmal. Aber es gab ja praktisch fast keinen Verkehr. Ein*
*paar Fahrräder, seltener Motorräder, noch seltener Autos*
*»belebten« die Straßen. Der Hausmüll wurde per Pferde-*
*karren wegtransportiert. Um die »Pferdeäpfel« rissen sich*
*die ersten Kleingärtner, die ihr Glück in den Hinterhöfen*
*zwischen den Ruinen versuchten, aber ohne »Roßbollen«*
*ging eben gar nichts.*
*»Unser Haus«, das früher drei Stockwerke hatte, konnte*
*nur mehr im 1. Stock »bewohnt« werden, es hatte auch*
*seine Treffer abgekriegt. Die Wohnungen im 3. Stock*
*hatten keine Plafonds mehr, und wenn mein Vater und*
*noch zwei Herren, die bis zum Schluß des Krieges die Stel-*
*lung hielten, nicht so fleißig den Schutt aus den Fenster-*
*höhlen des 3. Stockes auf die Straße geschaufelt hätten,*
*wären die Fußböden dort schon lange durchgebrochen.*

*Amerikaner ziehen durch die Dachauer Straße ein.*
*Photo 30. April 1945*

## Nachkriegszeit in der Schellingstraße
### von Walter Kolbenhoff

Der Journalist Walter Kolbenhoff aus Berlin, der mit dem
Dichter Alfred Andersch in Gefangenschaft in den USA
gewesen war, kam 1946 nach München, in der Hoffnung
hier Arbeit zu finden. Er schrieb Erinnerungen mit dem
Titel »Schellingstraße 48«:

### Die Neue Zeitung
*[...] Und dann las ich einen sauber mit Schreibmaschine*
*geschriebenen Zettel: »Alle Buchdrucker, Setzer, Stereoty-*
*peure, Buchbinder usw. melden sich bei Alfred Andersch,*
*Schellingstraße 39.« [...] In der Straße, durch die ich jetzt*
*ging, war die eine Seite der Fahrbahn für den spärlichen*
*Verkehr von den Trümmern befreit worden, auf der ande-*
*ren lagen Schienen auf dicken Holzbohlen und darauf*
*schob sich ächzend, lärmend eine lange Reihe von trüm-*
*merbeladenen Loren, die von einer kleinen, heftig schnau-*
*fenden Dampflokomotive gezogen wurde.*
*Endlich stand ich vor dem Haus Schellingstraße Nummer*
*39. Es trug ebenfalls Wunden des Krieges. [...] Hier*
*begrüßte mich Alfred Andersch: »Shorty, endlich!«[...]*
*»Was soll ich denn hier?« »Mensch!« sagte er, »kapierst du*
*denn nicht? Wir brauchen Leute: Antifaschisten, Demo-*
*kraten, Leute eben mit der richtigen Gesinnung. Finde du*
*mir die mal!« [...]*
*»Und was ist das hier?« »Du befindest dich in der Redak-*
*tion der Neuen Zeitung, einer amerikanischen Zeitung für*
*die deutsche Bevölkerung. Hier!« Er nahm das großfor-*
*matige Exemplar einer Zeitung. Dasselbe Format wie der*
*Völkische Beobachter.«Erst haben die Alliierten versucht,*
*die Zeitungsgebäude zu zerbomben, trafen aber daneben*
*und haben die Arcisstraße und die Straßenzüge dahinter*
*dem Erdboden gleichgemacht. Diese Gebäude hier haben*
*kaum was abbekommen. Die Rotationsmaschinen blieben*
*intakt. Jetzt haben die Amis alles, was sie brauchen, um*
*eine Zeitung zu machen.« [...] »Wir brauchen jeden, der*
*eine demokratische Gesinnung hat. Du kannst sofort*
*anfangen. Wir sind dabei, eine neue deutsche Republik*
*aufzubauen, und wir wollen nicht dieselben Fehler*
*machen, die sie damals in Weimar gemacht haben.[...] Du*
*fängst sofort an. Einen Augenblick, ich bringe dich zum*
*Feuilletonchef, zu Erich Kästner.[...]«*

## Hunger

*Von dem, was ihnen die Besatzungsmächte in jenen Jahren
als tägliche Speise verordneten, wären die Menschen ver-
hungert. Die lächerlichen Rationen auf Lebensmittelmarken, für einen ganzen Monat berechnet, reichten kaum
eine Woche. Es war anstrengend, am Leben zu bleiben.
Viele gingen aufs Land, sie nannten es hamstern, und
kauften den Bauern gegen über den Krieg hinweggerettete
Kostbarkeiten einen Sack Kartoffeln, ein Kilo Speck oder
ein Pfund Butter ab. Andere tauschten auf dem Schwarzen Markt ihre Habseligkeiten gegen Eßbares, Zigaretten
und Bekleidung. Trotzdem war die Not groß.
Da ich beim Ami arbeitete und dort eine tägliche Mahlzeit
erhielt, reichte es bei mir so gerade. Aber wenn wir die
Lebensmittelmarken erhielten, hätte ich am liebsten die
ganze Monatsration von zweiundsechzig Gramm Butter
auf eine Scheibe Brot geschmiert und alles auf einmal auf-
gegessen.
Vor allem meine Frau Isolde, die damals wie ein dürrer
Stecken aussah, hatte permanenten Hunger. Ich gab ihr
die Hälfte meiner kärglichen Lebensmittelmarken-Nah-
rung, was ihren Hunger auch nicht stillen konnte. Wir
kauften Lebensmittel auf dem Schwarzen Markt, aber sie
nahm nicht zu. Sie war eine der unzähligen Studentinnen,
die die Universitäten in jenen Jahren überbevölkerten,
hungernd und frierend die meisten. [...]
An die unbarmherzige Landschaft der Münchner Straßen
hätten sich die Menschen vielleicht gewöhnt, an den Hunger und an die ausgehöhlten Gesichter, der anderen wie
ihrer eigenen, gewöhnten sie sich nicht. Die Männer sahen
einander in die unrasierten Gesichter, wenn sie sich begeg-
neten und blickten dann wieder schnell weg, als hätten sie
sich bei einem Mordgedanken ertappt. Die Frauen blickten starr vor sich hin, in ihren Augen war nichts als die
quälende Angst, nicht überleben zu können. Nur die
wenigen Kinder, die hier und da zu sehen waren, lachten.
Ein Lachen, das oft jäh erstickte, das klang, als bäten sie
für etwas um Verzeihung, das sie nicht verstanden. [...]
Und das war der Geruch dieser Jahre: Ganz München,
oder das, was von ihm übrig geblieben war, stank nach
aufgewärmten Sauerkraut. Ging man von der Briennerstraße kommend auf der rechten Seite der Türkenstraße –
die linke war von Mauerresten, von Sand und Dreck ver-
schüttet, hier standen etwas weiter zurück auf dem löche-
rigen Gelände die Reste einer Kaserne – kam es einem wie
eine Wolke entgegen. Die meisten Gaststätten hatten nur
ein Stammgericht, wie es genannt wurde. Es bestand aus
aufgewärmten Sauerkraut, ein wenig fader Blutwurst und
ein paar blauen Kartoffeln. Für diese Mahlzeit brauchte
man keine Lebensmittelmarken abzugeben. Alles andere
war markenpflichtig: Marken für Fett, Marken für ein
winziges Stück Fleisch, Marken für das, was man Nähr-
mittel nannte.*

## Im Allotria

*Auch als wir in der Schellingstraße wohnten, ging ich manch-
mal zum Essen ins »Allotria« in der Türkenstraße, weil mir
die Kellnerin gefiel. [...] Nachmittags wurde [die Gaststu-
be] von der Stadtverwaltung Münchens als Wärmestube
für die ganz Elenden, die einsamen, überlebt habenden
Alten gemietet. Der Wirt bekam dafür im Winter ein paar
Kohlen mehr und im Sommer eine kleine Summe in
Reichsmark. An der Wand hingen Ludwig der Zweite und*

*Auf einem Trümmergrundstück in der Arcisstraße. Photo 1946*

*ein paar vergilbte Fotos von irgendwelchen Vereinen, die
hier ihr Stammlokal gehabt hatten. [...]
Zu dieser Zeit lernte ich im »Allotria« einen Mann kennen,
der einen abgewetzten deutschen Militärrock trug und mit
einer seltsam hohen und fast heiseren Stimme sprach. Er
sagte: »Nennen Sie mich einfach Paul«, und erzählte mir,
daß er vor dem Krieg einen Theaterverlag gehabt habe [...]
»Und wo war Ihr Verlag?« fragte ich. Er zeigte in irgendeine Richtung. »In einer der Nebenstraßen.«
Mit diesem Mann freundete ich mich langsam an. [...]
Er erzählte von seinen Freunden Erich Mühsam, Oscar
Maria Graf, Ringelnatz und Franz Wedekind. »Dieses
verdammte verzauberte Schwabing«, flüsterte er, »wird es
nicht mehr geben. Es ist aus, vorbei. Hitler und sein Krieg
haben nicht nur unser Land zerstört. Dieser zweite Krieg
– die ganze Nazizeit – waren unmenschlich. Sie haben die
Seelen zerstört. Es wird keine Poesie mehr geben. Nach
alledem, was geschehen ist, wird keiner mehr zu einem
Vers inspiriert werden. Die Musik ist verschwunden. Niemand wird nach Auschwitz mehr ein Bild malen können.«
[...] Im Frühherbst desselben Jahres, als dieser Mann, der
mir gesagt hatte, es würde keine Poesie mehr geben,
gestorben war, entstand die Gruppe 47, zu der ich von
Anfang an gehört habe. Sie ist – im wahrsten Sinne des
Wortes – das Werk von Hans Werner Richter. [...]*

## Am Bahnhof

*Am interessantesten fand ich die Gegend um den Bahnhof
herum. Mein Gott, war das ein Bahnhof! Die gläserne
Decke der riesigen Halle war weggefegt, durch das bizarre
Gebilde der stehengebliebenen Stahlträger konnte man
den Himmel sehen. Gerümpel lag in Bergen herum.
Ganze Züge standen da, ohne Lokomotive, die Waggons
ohne Dächer, von Fensterscheiben ganz zu schweigen.
Machmal fuhr ein Zug – bis unters Dach voll Menschen,
auch draußen hingen Menschentrauben. [...]
Im Bahnhof und in dem ganzen umliegenden Gebiet
wimmelte es von Gaunern, Geldwechslern, Betrügern
und Wegelagerern. Dazwischen Flüchtlinge, die Einsamen, Verlorenen, Verlassenen, die nicht wußten, wohin.
Jede Mauernische war ein Bordell, jeder türlose Hausein-
gang eine Markthalle für alles, was der Mensch brauchte.
Diese Ansammlung von Krüppeln, Huren, Strichjungen,
von Heimatlosen, Suchenden und Gehetzten war die
Masse, in der ich mich bewegte. [...]*

*Die Wohnung und Gäste*
*Der Neuen Zeitung schräg gegenüber, in der Schellingstra-
ße[48], stand eine nur bis zum zweiten Stock ausgebrannte
Ruine. Eines Tages kamen Arbeiter und räumten die her-
umliegenden Brocken weg, ein neues Dach wurde aufgesetzt und Fenster in die leeren Höhlen eingebaut. Niemand wußte vorerst, was die Amerikaner damit im Sinne
hatten. Es vergingen keine zwei Monate, der Chef, Hans
Wallenberg, ließ mich kommen und fragte, ob ich eine
Wohnung haben wolle. Sie wäre nicht besonders modern,
das Haus da drüben sei eben ein alter Kasten gewesen ohne
besonderen Komfort, kein Lift, kein Badezimmer, aber
sonst alles okay. Na? [...]*
*Wir hatten keinen Stuhl, wir hatten kein Bett, wir hatten
kaum einen Teller; wir hatten nichts. Aber wir hatten eine
Wohnung. Sie lag ganz oben, ihre Wände waren schräg,
und das Atemberaubendste war der Blick aus dem Fenster:
Wir konnten bei Föhn die Zugspitze sehen. Die Häuser auf
der anderen Straßenseite waren weg, die dahinter auch,
irgendwo waren stehengebliebene Kamine zu sehen, ein
paar Kirchtürme, ein Baumstrunk. Sonst war alles leer,
eine fürchterliche Wüste. Schellingstraße achtundvierzig.
Welche Poesie enthielten diese zwei Worte für mich. Wir
riefen sie uns gegenseitig zu, wenn wir allein waren. Zwei-
einhalb Zimmer mit Küche und Klo! Nur für uns allein.
[...]*
*Unsere Wohnung mußte zu dieser Zeit zwangsläufig zur
Herberge werden, gab es doch sonst keine Lokalitäten, in
denen man sich treffen konnte, oder gar ein literarisches
Café. Auch war die Gegend Schelling-, Türken- und
Barerstraße so urban wie in dieser Zeit kaum eine andere
Gegend Münchens. Und sie lag nicht weit vom Zentrum.
[...] Heiner Ledig-Rowohlt war der erste Besucher in der
neuen Wohnung, Schellingstraße achtundvierzig, gewesen, der zweite war der junge, schöne und vielverspre-
chende Poet Wofgang Bächler (»Schräg im Nichts«). Er
blieb länger.*
*Wir wußten gar nicht, wie viele Freunde wir auf einmal
hatten. Sie kamen von überall her, nicht nur aus Deutschland. Emigranten waren darunter, die in ihrer alten Heimat neuen Anschluß suchten. Die meisten aber kamen aus
Deutschland, aus allen Besatzungszonen. Sie hatten keine
feste Bleibe, es gab kaum Hotels, es gab keinen Platz, an
dem sie sich aufhalten konnten. Autoren waren darunter,
die wir durch den Ruf kennengelernt hatten, und Menschen, die wir erst durch unsere Wohnung kennenlernten.
Unsere Wohnung lag mitten in München, und sie gaben
sich gegenseitig die Adresse. Unter unseren Gästen, die bei
uns schliefen, aßen, ein Fest mit uns feierten oder einfach
nur ein Gespräch suchten, waren Horst Lange mit seiner
Frau Oda Schaefer, Luise Rinser, Guter Kroll, Fritz Kort-
ner mit seiner Frau Johanna Hofer, Jürgen von Hollander,
Hans Josef und Edith Mundt, Hans Georg und Susanne
Brenner, Wolf-Dietrich Schnurre, Erich Kästner, Walter
Kiaulehn, Joseph Rovan, Armin und Hildegard Eichholz,
Hermann Kesten, Inge Scholl, Walter Mehring, Franzjosef
Schneider, Walter Bauer, Bastian Müller, Walter Maria
Guggenheimer, Ulrik Schramm, Nikolaus Sombart, Milo
Dor, Ilse Schneyder-Lengyel, Wolfgang Weyrauch, Arnold
Bauer, Franziska Violet, Theo Pirker, Horst Mönnich, Pro-
fessor Carl Winnacker, Alfred Kantorowicz, Gustav René
Hocke, Nino Erné, Ernst Geitlinger, der Psychiater*

*Dr. Erich Tripp und seine Frau Eva, Richard Ott, Herbert
und Annelie Hohenemser, Rudolf Schlichter und natürlich
Günter Eich, Alfred Andersch sowie Hans Werner und
Toni Richter. Es sind nicht alle. Wenn ich daran denke, daß
zur Feier von Hans Werner Richters vierzigstem Geburtstag über achtzig Menschen in der Schellingstraße 48
waren, die fast alle irgendeine Rolle spielten in jenen Jahren und viele auch heute noch.*

*Begegnung in der Bar*
*Bevor wir hinauf in unsere Wohnung gingen, besuchten
wir öfter noch die »Schwarz-Gelb-Stube«, eine Bar, die
schräg gegenüber in der Schellingstraße lag. Aber was sage
ich, Bar! Es war die schäbigste Kneipe, die ich je in meinem
Leben betreten habe. Die wenigen Stufen, die hinauf
führten, waren bröckelig, in den schlecht verputzten Wänden drinnen war der Schwamm, eine trübe Dämmerung
herrschte, und die grün gestrichenen Tische und Stühle
stammten aus irgendeinem Biergarten. Bar! Hier traf sich
das »Gschwerl« von München, aber es waren auch interessante Leute darunter. Da drinnen konnte man alles
bekommen, wenn man etwas dafür zu bieten hatte. Dach-
pappe gegen Unterwäsche, Nägel gegen Schuhe, Schnaps
gegen Hosenknöpfe. Der Wirt und seine Frau, sie stammten aus dem Ruhrgebiet, vermittelten. »Brauchen Sie Butter, Leder, einen Hut?« [...]*
*Vor allem Martha war es, die Günter Eich in dieser Kneipe
faszinierte. Von weitem glich sie einer alternden
geschminkten, aufgetakelten Schauspielerin, wenn sie an
der Theke saß und ihre Sprüche mit heiserer Stimme und
großen Gesten herunterrasselte. Aber kaum einer gab sich
mit ihr ab. Günter Eich lauschte ihr, und manchmal mur-
melte er »Bert Brecht« – »Klabund« – »Walter Mehring«.
Wir begannen zu rätseln, wie sie zu diesen Zitaten gekommen war, aber wir wagten kein Gespräch mit ihr, wir
fürchteten einfach ihre unflätigen Suaden. Niemand belä-
stigte in dieser Kneipe einen anderen mit unnötigen Fragen, und wir wollten kein Ausnahme machen. Bis sie sich
eines Abends von selbst zu uns setzte, betrunken wie
immer, und uns ansprach. »Die Herren Schriftsteller sind
bestimmt zu fein, um mit so einem Menschen wie mir zu
sprechen, wie?«*
*»Im Gegenteil«, sagte Günter Eich höflich.*
*»Wenn Sie wüßten«, sagte sie, »wenn Sie wüßten ...«*
*Ich sah Günter Eich an, daß er ungeheuer verlegen war.
Ich wußte, daß er dachte: »Natürlich wissen wir. Aber
bitte gehen Sie, wir möchten Sie nicht noch mehr entblößt
sehen, bitte, ersparen Sie uns das.«*
*Sie spürte es auch, aber sie blieb trotzdem sitzen. Aus der
Nähe sah ihr Gesicht noch verwüsteter aus, als es schon war.
»Auf den Stufen der Akademie haben wir gesessen und
Koks geschnupft«, sagte sie. »Koks, verstehen Sie, Kokain.
Damals, gleich nach dem ersten Krieg. Ich war Modell.
Glauben Sie es nicht? Die Maler rissen sich um mich ...« Sie
lachte ordinär. »Wollen Sie mich jetzt mal nackt sehen? Sie
würden sich wegdrehen. Aber damals ... Alle habe ich
gekannt, Maler und Schriftsteller, Verrückte und Geniale.
Unsere Atelierfeste waren berühmt. Europa auf dem Stier.
Die Dadaisten. Der junge Johannes R. Becher. Die
Reventlow, diese Ziege. Frank Wedekind. Auf den Stufen
der Akademie haben wir gesessen und Koks geschnupft .«
[...]*

# Die Entwicklung seit 1945

## Das Universitätsviertel
***von Klaus Bäumler***

Der ehemalige Stadtbezirk 5 (Maxvorstadt-Universität) zwischen Englischem Garten im Osten und der Barerstraße im Westen, erstreckt sich beiderseits der klassischen Achse der Ludwigstraße vom Odeonsplatz bis zum Siegestor. »Das Viertel ist geprägt durch seinen hohen Anteil an zentralörtlichen bedeutsamen Gemeinbedarfsflächen und Flächen für Büros und Verwaltung. Die Universität, die Akademie der Bildenden Künste und die Staatsbibliothek geben dem Stadtbezirk den Rang eines kulturellen und wissenschaftlichen Zentrums«: so liest sich die Kurzbeschreibung des Stadtbezirks in der Fachsprache der Planungsexperten.

## Neuanfang 1945: Ein Trümmerfeld

Das Universitätsviertel wurde vom Bombenhagel des Zweiten Weltkriegs schwer getroffen. Von knapp 1000 Gebäuden waren bei Kriegsende über die Hälfte zerstört. Die von König Ludwig I. erbauten »Bildungs-Schlösser« (Staatsbibliothek, Ludwig-Maximilians-Universität, Georgianum, Max-Joseph-Stift) und die Ludwigskirche wiesen schwerste Schäden auf. Aber auch die Wohnungssituation war äußerst prekär: Mehr als zwei Drittel aller Wohnungen des Quartiers waren beschädigt oder zerstört. Immerhin wohnten hier 1946 noch 11 000 Menschen. Bei Kriegsausbruch (1939) waren es noch 22 000 gewesen. 1987 lebten bei einem Wohnungsbestand von etwa 6200 Wohnungen im Viertel auch nur knapp 11 000 Personen. Die Zahl der Studenten an der Ludwig-Maximilians-Universität war aber auf über 55 000 angestiegen; 1946 erst 10 500. 40 % aller Wohnungen bestehen aus Appartements und Zwei-Zimmer-Wohnungen. Etwa 2500 Wohnungen eignen sich daher nicht für Familien mit Kindern.

### *Aufbauphase des »Wirtschaftswunders«: Die 50er und 60er Jahre*

Die alten Wohngebiete um die eigentliche Altstadt waren als »natürliches Erweiterungsgebiet der City« vorgesehen. Banken, Versicherungen, Zentralverwaltungen anderer Großunternehmen und Behörden sollten die Vorteile der zentralen Lage nutzen. So räumten Bagger z.B. das gesamte Areal nördlich des Wittelsbacher Platzes bis zur Amalienstraße ab; die Stadt München überließ es anschließend der Weltfirma Siemens als Stammsitz. Alte Münchner »Kultur-Orte« (Odeon, Tonhalle) wurden »umgenutzt«.

Der erste Flächennutzungsplan der Stadt München, der 1965 den Wirtschaftsplan von 1958 ablöste, zog die Konsequenz und sicherte diese planerischen Vorstellungen ab. Im Klartext bedeutete das: 29 ha (= 27 %) des nur 107 ha großen Stadtbezirks wurden als Kerngebiet, etwa 20 ha (=18 %) als Sonderbaugebiet Wissenschaft, 15 ha (=14 %) als Gemeinbedarfsflächen ausgewiesen. Für die eigentliche Wohnnutzung (Allgemeines Wohngebiet, Mischgebiet) verblieben nur etwa 20 %.

»Plangemäß« verdrängten Bürobauten mit neuzeitlichen Fassaden alte Wohnhäuser. Wurden Wohnhäuser gebaut, entstanden überwiegend Appartements, die in unmittelbarer Nähe der Universität ihr Geld wert waren. Vielfach war es rentabler, große, noch gut erhaltene (»herrschaftliche«) Altbauwohnungen in Büros umzuwandeln (»Zweck-Entfremdung«).

Die Ludwig-Maximilians-Universität platzte aus allen Nähten. Sie sollte sich »plangemäß« über ihr Stammgebiet hinaus bis zur Theresienstraße ausdehnen. Der umstrittene Bebauungsplan Nr. 720, der über den Aufstellungsbeschluß nicht hinauskam, sollte letzte Festlegungen treffen. Wohnhäuser an der Schellingstraße und Amalienstraße wurden vom Freistaat Bayern mit »Voraus-Blick« in großer Zahl zum Abbruch aufgekauft und »freigemacht«. Zu beiden Seiten der Veterinärstraße bis zur Kaulbachstraße und Schackstraße sollten Wohnhäuser »abgeräumt« werden. Der Leopoldpark, im Grundstückstausch von der Stadt auf den Freistaat Bayern übergegangen, war mit Selbstverständlichkeit als Baugelände für die Universität ausgewiesen.

Wohnen in Altbauwohnungen mit hohen Decken, ohne Lift, mit veralteten sanitären Einrichtungen war damals nicht zeitgemäß. Viele, die es sich leisten konnten, folgten dem Trend zum Wohnen im Grünen und zogen ins Reihenhaus oder in die moderne Etagenwohnung am Stadtrand. Noch mehr aber wurden gegen ihren Willen aus ihrer angestammten Wohngegend verdrängt.

Die Kunsthistoriker hatten in den 50er und 60er Jahren noch keine hohe Meinung von den Wohnhäusern des 19. Jahrhunderts. Die Bauten des Historismus wurden wenig geschätzt. So ist in dieser Phase vieles von Bagger und Abbruchbirnen vernichtet worden, was den Bombenhagel überstanden hatte (»Zweite Zerstörung Münchens«). Ein großzügiges Verkehrskonzept unter dem Schlagwort »Autogerechte Stadt« verfehlte seine Wirkung nicht. Der Altstadtring (schon im »Meitinger-Plan« von 1947 konzeptiert) riß eine Schneise, der u.a. auch das Pfefferle-Haus an der Türkenstraße geopfert wurde. Ein erstes Warnzeichen für die Planer der autogerechten Stadt im Rathaus schon 1967: Die engagierte Diskussion um das umstrittene Projekt »Tunnel unter dem Prinz-Carl-Palais« führte 1967 zum schon legendären Bebauungsplan Nr. 280 und zur Gründung des Münchner Forums. Aber nicht genug: Die Gabelsbergerstraße sollte als Ost-West-Tangente zur Dachauer Straße auf durchgehend 40 m Breite ausgebaut, die Königinstraße in Höhe der Veterinärstraße durch einen großzügigen Tunnel mit der Ludwig-/Leopoldstraße verbunden werden.

### *Das bürgerschaftliche Ringen der 70er Jahre*

In dieser Situation war die Auseinandersetzung zwischen Bürgern und Rathaus programmiert. Zur offenen Konfrontation führte dann (neben hier nicht näher zu erläuternden Umständen) der riesige Bauboom, ausgelöst durch die Vorbereitungen für die Olympiade 1972. Ab 1970 stand die Maxvorstadt (ebenso wie das Lehel) im Mittelpunkt der städtebaulichen Diskussion. Der Konflikt zwischen Wohnen und anderen Nutzungen (Wissenschaft und Gewerbe) wurde hier mit aller Schärfe ausgetragen.

*«Eine Provokation: unsere Gemeinde im Abbruch«:* Ein Flugblatt unter diesem Titel in 10 000 Exemplaren im Herbst 1970 mit dem monatlichen Pfarrbrief verteilt, finanziert von der Pfarrgemeinde St. Ludwig (Stadtpfarrer Geistlicher Rat Anton Forsthuber, Kaplan Ralf Dantscher), verfaßt von Prof. Dr. Werner Suerbaum aus der Amalienstraße, öffnete vielen Bürgern die Augen, regte sie zum Nachdenken und zum Handeln an. Der für die damalige Zeit ungewöhnliche Appell aus dem Kreis der Kirche verfehlte seine Wirkung nicht. Im Schutz von St. Ludwig fanden sich engagierte Bürger in einer Bürgerinitiative der ersten Stunde zusammen: Die »Aktion Maxvorstadt«, bis heute noch aktiv, versuchte mit öffentlich wirksamen Mitteln aufzurütteln. Die »Maxvorstädter« befanden sich in einer fast aussichtslosen Situation. Nur »realitätsferne Idealisten oder Ideologen« könnten sich doch sträuben, die vorgegebenen Fakten, die Argumente des Sachzwangs, zur Kenntnis zu nehmen.

Die betroffenen Bürger meldeten sich, unterstützt von der Münchner Presse, zu Wort, forderten Transparenz und Partizipation. Besonders bemerkenswert: »Aktion Maxvorstadt« und Bezirksausschuß zogen am gleichen Strang. Eigenbrötelei und kurzsichtiges Konkurrenzdenken können sich Bürger, die sich nur in ihrer Freizeit für ihr Viertel engagieren können, auf der untersten kommunalen Ebene einfach nicht leisten. Das gilt auch heute noch!

Oberbürgermeister, Stadträte und Verwaltung sahen sich selbstbewußten Bürgern mit Expertenwissen gegenüber und versuchten dieses für sie ungewohnte Phänomen zu bewältigen. Einige »merk-würdige« Ereignisse dieser turbulenten Zeit:

8. Juli 1971: Mieter-Marsch mit Bagger zum Rathaus.

30. Oktober 1972: Erstmals seit 1967 findet für Maxvorstadt-Universität wieder eine Bürgerversammlung statt. Eine besondere Veranstaltung: Sie wurde von der Aktion Maxvorstadt mit einer Dienstaufsichtsbeschwerde gegen OB Vogel »ertrotzt«. Es war auch die erste Bürgerversammlung, die der im Juni 1972 neugewählte OB Georg Kronawitter einberufen und geleitet hat. Über 1000 Bürger füllten den Schwabinger Bräu. 13 Stadträte waren anwesend; Dauer von 20.00 Uhr bis 0.40 Uhr. Gegen 0.20 Uhr stimmen noch 150 Bürger ab.

Juni 1972: In der Türkenstraße veranstaltet die Aktion Maxvorstadt eines der ersten Münchner Straßenfeste.

21. Juli 1973: Auf Antrag von Ali Mitgutschauf der Bürgerversammlung des 5. Stadtbezirks vom 12. März 1973 findet der erste Münchner Flohmarkt statt.

Die Diskussionen über den Plan K, der von Karl Klühspies entworfen, den Verkehr auf den Achsen Theresienstraße, Gabelsbergerstraße und Briennerstraße wieder ins Gleichgewicht bringen sollte; die »Offene Planung« über die Nutzung des städtischen Grundstücks am Wittelsbacher Palais, das schließlich dann doch an die Bayerische Landesbank verkauft wurde, um den Kulturtempel am Gasteig zu finanzieren; das Ringen um den Leopoldpark, das sich bis 1979 hin erstreckte und wegen der Planungen für das »Katholische Hochschulzentrum« erst 1990 abge-

schlossen wurde; der Kampf gegen »Flächensanierung« und für »Objektsanierung« beispielhaft geführt gegen die »Amalienpassage«; das beständige Ringen gegen die Ausdehnung der »Alma Mater«: dies waren die wesentlichen Themen dieser Zeit.

Mandatsträger aller Ebenen erkannten die Signale. Unter dem Motto »Rettet die Städte jetzt«, setzte eine Gegenbewegung ein. Politisch-administrative Instrumente wurden geschaffen, um die stürmische Entwicklung einzudämmen: Die am 1. Januar 1972 in Kraft getretene Zweckentfremdungsverordnung, vom Freistaat Bayern erlassen, erweist sich immer noch als wirksame Handhabe zur Erhaltung von preisgünstigem Wohnraum, wenn auch ihre Anwendung in Einzelfällen nicht unproblematisch sein mag. Bemerkenswert ist, daß sich dieses Instrument gerade bei den Ausweitungsplänen der Universität »griffig« zeigte. Das vorbildliche Bayerische Denkmalschutzgesetz schuf 1973 in Verbindung mit den Denkmallisten die Rechtsgrundlage zur Erhaltung des »baulichen Erbes«, das den Bombenhagel und die Zweite Zerstörung überlebt hatte. Steuerliche Vergünstigungen sollten dem privaten Hausbesitzer behutsames Renovieren und Sanieren älterer Wohnhäuser ermöglichen. Der Bayerische Hochschulgesamtplan, der die Gründung von weiteren Landesuniversitäten und die Verlagerung der Technischen Universität vorsah, sollte den Expansionsdruck der Ludwig-Maximilians-Universität mildern. Die staatlichen Zuschüsse zum U-Bahn-Bau sollten zugleich überzogene Straßenplanungen rückgängig machen.

Auch die Stadt blieb nicht untätig. Ein »rotes Tuch« war für viele der im April 1974 beschlossene »Rosa-Zonen-Plan«, ein Versuch, die verhängnisvolle Kerngebietsausweisung im Flächennutzungsplan 1965 rückgängig zu machen. Ein Vorhaben, das erst 1983/85 durch die Aktualisierung des Flächennutzungsplans für die Innenstadtrandgebiete abgeschlossen werden konnte. Von der »Basis« gedrängt, wurden die planungsrechtlichen Instrumente des Bundesbaugesetzes (Veränderungssperren) und die Zweckentfremdungsverordnung (vielfach) konsequent eingesetzt. Die 1976 erlassene Baumschutzverordnung war zumindest ein Schritt, das Grün in der Stadt zu erhalten, wenngleich aus Angst vor Entschädigungsansprüchen die Bäume oft den kürzeren zogen.


Das rege Interesse am städtischen Fassadenwettbewerb und an den Initiativen der Stadt zur Hofbegrünung zeigt aber zugleich, daß auch erkannt wurde: Bürgersinn ist für die Lebendigkeit eines Viertels unentbehrlich. Denn noch so perfektionierte Instrumentarien gehen ins Leere, wenn ihr Sinn und Zweck von den Bürgern nicht mitgetragen wird. Hier durch mühsame Kleinarbeit Vorurteile abzubauen, sachlich zu informieren und um Verständnis zu werben, war und ist mit die wichtigste Aufgabe des Bezirksausschusses.

### Facettenreiche 80er Jahre

Zu Beginn der 80er Jahre war das Wohnen in einem gewachsenen Stadtquartier wieder attraktiv geworden. Die Werbetexter der Immobilienbranche, die Abschreibungsobjekte und Bauherrnmodelle zu vermarkten hatten, erkannten den neuen Trend frühzeitig und formulierten treffend: *»Stadtwohnungen sind wieder begehrt. Auch als Renditeobjekt mit enormen Zukunftschancen.*

*Vor allem, weil eine perfekte Infrastruktur Lebensqualität bedeutet. Weil weite Wege Kosten verursachen und Zeit beanspruchen. Zeit, die sonst Freizeit ist.«* Die hervorragende Erschließung durch mehrere U-Bahnen, die Nähe zu den Zentren der Kunst, Kultur und Wissenschaft und die (immer noch vorhandene) Originalität und Atmosphäre eines Viertels mit dem Ruf »Schwabinger Liberalität« machten die »Schwabing-Wohnung« in der Türkenstraße, Amalienstraße oder Georgenstraße zur Mangelware. So führten steuerliche Vorteile, geschaffen zur Erhaltung historischer Substanz und zur Wiederbelebung der Stadt, wiederum zur Verdrängung der »Alteingesessenen«. In Hinterhöfen wurden Werkstätten zu Luxuswohnungen (Quadratmeterpreis: 6500 DM).

Andererseits fanden die Bürger mit ihren Vorschlägen zur »Verbesserung des Wohnumfelds« im Rathaus vielfach Gehör: der Leopoldpark wurde in seinem westlichen Teil von Bebauung freigehalten, der historische Finanzgarten nicht bebaut sondern erweitert. Auf staatlichem Grund zwischen Staatsbibliothek und Staatsarchiv entstand zwischen Ludwig- und Kaulbachstraße eine neue Grünanlage (»Schönfeldpark«). Die Schulhöfe der Amalien- und Türkenschule wurden (zeitweise) in der schulfreien Zeit für die Allgemeinheit geöffnet, um das eklatante Freiflächendefizit abzubauen.

Auch die langjährigen Bemühungen um »Verkehrsberuhigung« im weitesten Sinn waren nicht ganz erfolglos. Immerhin sind die Radwege in der Ludwigstraße und der ebenerdige Fuß- und Radwegübergang südlich des Siegestors fertiggestellt, ebenso die Teil-Umgestaltung der südlichen Kaulbachstraße mit Aufpflasterungen.

Das Ringen um das klassizistische Wohnhaus Amalienstraße 38 (Eigentümer Freistaat Bayern) dauerte von 1972 an fast zwei Jahrzehnte (Gästehaus für Professoren). Die Künstlerresidenz des Malerfürsten Kaulbach wurde renoviert, der Garten wiederhergestellt.

## Die »Dritte Pinakothek«: ein Glücksfall

Die Entscheidung des Bayerischen Ministerrats vom 26. Juni 1990, auf dem Gelände der ehemaligen Türkenkaserne nicht Institute der Technischen Universität und der Ludwig-Maximilians-Universität zu errichten, sondern hier den Neubau für die Staatsgalerie Moderner Kunst (»Dritte Pinakothek«) zu verwirklichen, ist ein Glücksfall mit besonderen Dimensionen. Damit erfolgte eine Weichenstellung, die ins 21. Jahrhundert hineinweist, und die für die Maxvorstadt in mehrfacher Hinsicht von überragender Bedeutung ist:

### Ideale Ergänzung des »Museums-Viertels«
Noch im August 1982 – als der Zug bereits scheinbar unaufhaltsam in die andere Richtung abgefahren war – hob Willi Winkler in der Bayerischen Staatszeitung (Nr. 34/1982) die besonderen Qualitäten dieses Standorts für die Kunst hervor: *»[...] gehört die moderne Kunst in nächste Nähe zu den Pinakotheken. Sollte sich dieser Plan schließlich im nächsten Jahrtausend verwirklichen lassen, verfügte München über eine einzigartige Konstellation, die dem Kunstenthusiasten, und nicht nur ihm, wie sonst nirgends einen vollständigen Überblick über die Malerei der*

*letzten 500 Jahre gewährt [...] Nicht diese räumliche Aufeinanderbeziehung allein ist es aber, die einen Museumsbau an dieser Stelle und nur dort wünschen läßt, es ist auch die unmittelbare Nachbarschaft mit dem klassizistischen Königsplatz, mit Antikensammlung und Glyptothek. In einer sonst vollkommen modernisierten Stadt lebte dann in Grundzügen der Plan des kunstsinnigen Ludwig I. wieder auf, aus München eine mehr als nur museale Kunstmetropole zu gestalten. Neben der Ludwigstraße wäre hier zwischen Luisen- und Türkenstraße ein mit Bedacht fortgeschriebenes Gesamtkunstwerk zu bewundern, für das München weltweit beneidet würde – die entsprechende Gestaltung vorausgesetzt.«*

Die besondere Dichte dieses kulturellen Ensembles in der Maxvorstadt faßt der Begriff »Museumsstadt« eher als die planungsdeutsche Umschreibung »Kulturmeile«. Die Museen der bildenden Kunst (Glyptothek 1830, Alte Pinakothek 1836, Antikensammlung 1845, Neue Pinakothek 1853, Glaspalast 1854-1931, Städtische Galerie im Lenbachhaus 1924 mit Kunst-Bau 1994) werden nämlich ergänzt durch die unmittelbar benachbarten Staatlichen Naturwissenschaftlichen Sammlungen (Mineralogische Staatssammlung, Staatssammlungen für Paläontologie, Geologie und Anthropologie) und die geplanten Neubauten für Ägyptische Kunst und der Prähistorischen Staatssammlung.

### Ausweitungstendenzen der Universitäten gestoppt
Noch im Frühjahr 1990 erschien es unausweichlich: Die beiden Universitäten hatten diese letzte bedeutende Freifläche der Maxvorstadt fest in ihrem planerischen Griff und versuchten, fast schon erfolgreich, die Ergebnisse des Architektenwettbewerbs von 1987, der eine intensive Bebauung mit Instituten vorsah, durchzusetzen. Mit der politischen Entscheidung der Staatsregierung für die »Dritte Pinakothek« mußten nun die vor Jahrzehnten für die Universitäten erworbenen Erweiterungsflächen in Garching (TU) und Großhadern bzw. Martinsried (LMU) aktiviert werden. Mit der für die Verlagerungen notwendigen Infrastruktur (U-Bahnanschluß für Garching und Großhadern u.a.) sind die Begehrlichkeiten der Universitäten, sich in der Maxvorstadt auszuweiten, wohl auf Eis gelegt und auch der Umzug der Chemischen Institute, die schon vor Justus Liebig ihren Standort am Alten Botanischen Garten hatten, gesichert.

### Der Entwurf von Stephan Braunfels
Nachdem aus finanziellen Gründen der für 1994 vorgesehene Baubeginn des ersten Bauabschnitts aufgeschoben werden mußte, zeichnet sich – da u.a. aus Kreisen der Wirtschaft Spenden für den Bau der Dritten Pinakothek fließen – der lang ersehnte Baubeginn für 1995 ab. Das wesentliche Element der »Diagonale«, das den Entwurf von Stephan Braunfels funktionell, gestalterisch und vor allem städtebaulich prägt, erfordert aber auch städtebauliche Konsequenzen – über das eigentliche Baugrundstück hinaus. Das Museumsprojekt nimmt die derzeitige städtebaulich unbefriedigende Situation auf und basiert darauf, das Museumsviertel über den Altstadtring hinweg an die Innenstadt anzuknüpfen.

Das setzt schlüssig und zugleich zwingend voraus, daß die Verkehrsführung in diesem Bereich im Sinne von Stephan Braunfels optimal verändert wird. Ohne durchgreifende Veränderung des Straßenraums zwischen der Westaus-

fahrt des Altstadtring-Tunnels und der Gabelsbergerstraße, derzeit geprägt von den Dimensionen der »autogerechten« Stadt, bleibt das bestechende Element des (verdienten) ersten Preises nicht nachvollziehbar.
Daß es hierbei viele Widerstände zu überwinden gilt, ist
selbstverständlich. Aber auch diese »Stadt-Reparatur« ist
mit der Schwungkraft der Bedeutung der »Dritten Pinakothek« durch partnerschaftliche Kooperation von Freistaat Bayern und der Landeshauptstadt München erreichbar.
Die nahezu utopisch anmutende Umgestaltung des enge-
ren und weiterer Bereichs der Neuen Staatskanzlei mit dem
Ziel, Hofgarten, Finanzgarten und Englischen Garten zu
verknüpfen, ist ein ansporendes Beispiel einer derart vor-
bildlichen Zusammenarbeit von Staat und Stadt.

### Neuordnung des Durchgangsverkehrs

Die zentrale Eingangssituation, mit der sich das neue
Museum zur Altstadt hin öffnet, liegt an einem der neu-
ralgischen Punkte des Münchner Verkehrsgeschehens:
Altstadt-Ring, Türkenstraße, Gabelsbergerstraße. An
diesem Bereich werden eine »unendliche Planungsge-
schichte« und die »Dulder-Qualitäten« der Anwohner
der Theresien- und Türkenstraße deutlich, die seit 25 Jahren mit einer sog. provisorischen Verkehrslösung, die
ihnen den Zubringerverkehr für die Autobahnen in die
Straßen führt, leben müssen.
In den 60er Jahren plante der Stadtrat die auto-gerechte
Stadt. Die Gabelsbergerstraße sollte zur Großen Ost-
West-Tangente auf ca. 30-40 m aufgeweitet werden und so
die Verbindung zwischen Prinzregentenstraße und
Dachauer Straße herstellen. Eine stadtnahe Autobahnver-
bindung (BAB Salzburg bzw. Stuttgart) sollte zugleich
auch an den Altstadt-Ring angebunden werden.

### Planungsschub der Olympiade 1972

Diese Große Lösung ließ sich selbst mit dem Planungs-
schub der Oympiade nicht vollständig realisieren. Auch
regte sich damals bereits der Bürger-Widerstand (Gründung des Bürgerforums!).
Es konnte »nur« der Altstadt-Ring-Tunnel unter dem
Prinz-Karl-Palais gebaut werden. Diese leistungsfähige
Verbindung von Prinzregentenstraße und Gabelsbergerstraße war auch notwendige Voraussetzung für die Fuß-
gängerzone, denn nur eine radikale Verlagerung der tradi-
tionellen Ost-West-Hauptachse ermöglichte die »gute
Stube« im Herzen der Altstadt. Die Entlastung der City
führte zu einer Belastung der nördlich liegenden Wohnviertel.
Um die Kapazität des neugebauten Tunnels zu nutzen und
den aus der Achse Kaufingerstraße verdrängten Ost-
West-Verkehr zu bewältigen, mußte bis zum Ausbau der
Gabelsbergerstraße eine »provisorische« Verkehrführung
geschaffen werden: das »Einbahn-Straßenpaar Gabelsbergerstraße und Theresienstraße.« Unter dem Planungs-
druck der Olympiade wurde aufkeimender Bürgerprotest
mit dem Argument des »Provisioriums« erstickt. Ein
»Provisorium«, das bis heute noch existiert, mit allen
negativen Auswirkungen!

### »Wieder-Gutmachung« bereits 1971 beschlossen

Eine Entlastung in Verbindung mit der Briennerstraße sah
schon der von Karl Klühspies initiierte »Plan K« vor. Am
15. Dezember 1971 beschloß der Stadtrat die probeweise
Einführung nach der Olympiade. Dieser Stadtratsbe-
schluß wurde aber nicht vollzogen.
Durch den Stadtratsbeschluß vom 21. Mai 1980 faßten die
Bürger wieder Mut. Er sieht die Neuordnung der Ost-
West-Hauptverbindungen vor. Aus mehreren Vorschlä-
gen wurde die »Alternative 5« als optimal erachtet.
Bei der Neugestaltung des Königsplatzes wurde die neue
Verkehrsführung (Erhöhung der Verkehrsbelastung in der
Briennerstraße) berücksichtigt (Stadtratsbeschluß v.
16.09.1981).
Das Maßnahmekonzept zur Aufwertung der Innenstadt
(Stadtratsbeschlüsse vom 18.07.1989 und 8.05.1991)
beruht ebenfalls auf der Neuordnung des Ost-West-Ver-
kehrs.
Die Schwungkraft der »Dritten Pinakothek« in diesem
Sinne auch für die Bürger unmittelbar umzusetzen, die
gleichgerichteten Interessen von Museumsbesuchern und
der hier wohnenden Bürger durchzusetzen, ist Schwerpunkt kommunalpolitischer Arbeit.

### »Dritte Pinakothek« und »Soziale Infrastruktur«

Die Stadt München schloß im Sommer 1994 zügig das
Aufstellungsverfahren für den Bebauungsplan Nr. 1641, in
dem der preisgekrönte Entwurf von Stephan Braunfels
festgesetzt ist, ab. Damit ist von städtischer Seite auch die
Planungssicherheit für das entlang der Türkenstraße vorgesehene Kinderhaus, das voraussichtlich in städtischer
Regie auf dem staatlichen Grundstück errichtet wird,
gewährleistet.
Der auf Antrag des Bezirksausschusses hier seit 1990
abgehaltene Wochenmarkt wird dann sicher einen Aus-
weichstandort (auf den Parkflächen an der Südseite der
Theresienstraße) finden. Entsprechende Verhandlungen
zwischen dem Kommunalreferat und der LMU sind im
Bebauungsplanverfahren bereits angeregt worden.

### Künftige Nutzung des Portikus

Nur noch der Portikus an der Türkenstraße erinnert an
die alte Türkenkaserne; er ist als Baudenkmal zu erhalten!
Die künftige Nutzung der zweigeschoßigen Halle mit
klassizistischen Säulen ist noch offen. Derzeit verfolgt die
Staatsregierung Pläne, für den deutschen Widerstand im
Dritten Reich in München eine zentrale Gedenkstätte zu
errichten. Aufgrund des historischen Bezugs wäre dies
sicherlich ein hervorragender Standort.

## Heutige Probleme
### von Hans Dieter Kaplan

### Der Verdrängungsdruck

Innenstadtnähe, optimale Verkehrsanbindung, hervorragende Einkaufsmöglichkeiten, hoher Freizeitwert sind
die positiven Kennzeichen der Maxvorstadt. Aber die
Medaille hat auch ihre Kehrseite.
Der Verkehr strömt bei der Stadtstruktur Münchens aus
allen Richtungen ins Zentrum und so durch die Maxvorstadt; Vorteil: Mehrere Linien der U-Bahn und zwei
Tramtrassen sorgen für eine optimale Verkehrsverbin-
dung. Durch die Autos, die in die Innenstadt wollen, sind
aber die Anwohner einer extremen Belastung ausgesetzt.
Innenstadtnähe bedeutet eine dichte Bebauung mit einer

meist nur mangelhaften Ausstattung an Grünflächen. Dies verstärkt den urbanen Charakter, kann aber auch das Lebensgefühl negativ beeinflussen.

Citynähe führt auch dazu, daß die citytypischen Funktionen in die Stadtviertel drängen, und die Bevölkerung einem sehr hohen Verdrängungsdruck ausgesetzt ist. Über den Hauptbahnhof, die Dachauer Straße bis weit in die Augustenstraße schieben sich die Läden mit überörtlicher Bedeutung, begleitet von Gebäuden, die überwiegend für Büros genutzt werden. Der extreme Wertzuwachs für Grund und Boden in dieser zentralen Lage läßt nur eine Nutzung zu, die den teuren Mietpreisen entspricht. Kleingewerbe und Wohnen haben hier das Nachsehen. Die typische herkömmliche Struktur wird verdrängt: Diese bestand aus einem Wohngebäude an der Straße mit erdgeschoßiger Nutzung für die Versorgung der Menschen vor Ort mit dem Alltäglichen und einem Handwerksbetrieb im Rückgebäude. Dieses wurde – sofern es mehrgeschoßig war – in den oberen Stockwerken ebenfalls zum Wohnen genutzt.

Im Jahr der Volkszählung (1987) arbeiteten in der Maxvorstadt 81 424 Menschen; das war das 1,74fache der Wohnbevölkerung (46 828). Dieses Verhältnis dürfte sich in den letzten Jahren noch geringfügig »zugunsten« der Beschäftigten verändert haben.

Heute ist die Trennlinie zwischen »City« und durchmischter Stadtviertelstruktur schon etwa bis zur Gabelsbergerstraße in den Norden geschoben worden. Auch die heftigste Gegenwehr des örtlichen Bezirksausschusses konnte dies nicht verhindern. Der Versuch, bei allen Neubauten die Wohnnutzung für einen bestimmten Teil nicht nur zuzulassen, sondern zwingend festzusetzen, ist erst in jüngster Zeit auf die entsprechende Resonanz gestoßen. Die Zukunft wird zeigen, ob damit der allgemeine Trend aufgehalten werden kann. Vermutlich ist das derzeitige Überangebot bei Gewerbeflächen, das die Preise nach unten drückt, wirkungsvoller als alle anderen Bemühungen.

Die Verzahnung von City und Wohnviertel ist ein besonderer Reiz der Maxvorstadt. Der Übergang vom Süden her mit reiner Cityfunkiton bis in den Norden der Maxvorstadt, im Umfeld des Josephsplatzes, mit fast ausschließlicher Wohnnutzung schafft eine Abwechslung und Vielfalt in der kleinteiligen Stadtviertelstruktur.

Diese Nord-Süd-Mischung wird in der Ost-West-Achse von einem Band der Universitäten (LMU, TU, FH) und Kulturbauten durchzogen, das dem Viertel eine einzigartige Buntheit verleiht. So gibt es Ecken mit dichtester Wohnbebauung (z.B. Görres-/Schwind-/Hess-/Theresienstraße); daneben die Augustenstraße als Einkaufsmeile mit einer Vielzahl von Kneipen im Umfeld; weiter zum Teil klassische Hinterhofsituationen mit einem ganz besonderen Charakter. Die Amalienstraße und die Türkenstraße lassen dagegen die unmittelbare Nähe der Universität an jeder Ecke deutlich erkennen.

Jede dieser Facetten wird dann zum Problem, wenn sie beginnt, vorherrschend zu werden. Die Tatsache, daß in den Universitäten doppelt so viele Studenten eingeschrieben sind, wie Menschen in der Maxvorstadt wohnen, ist bis heute fast problemlos verkraftet worden – von einzelnen folgenlosen Luftgewehrübergriffen studentenwohnheimgeplagter Anwohner einmal abgesehen. Was allerdings zum Problem wurde, ist das auswuchernde Anwachsen des Platzbedarfs der Institute, die sich in vielen Wohngebäuden eingenistet haben. Die Entscheidung der TU, erhebliche Teile aus dem Inneren der Stadt hinauszuverlagern, die bei vielen Studenten verständlicherweise nicht auf Gegenliebe stieß, ist für das Viertel von größter Bedeutung. Die Fachhochschule mit ihren Ausbauplänen am nordwestlichen Stadtviertelrand wird dagegen eine zusätzliche Herausforderung werden. Das Umfeld wird dadurch in den nächsten Jahren Veränderungen erfahren.

### Wohnen

Schon heute hat der hohe Anteil von Studierenden Konsequenzen in der Bevölkerungsstruktur. Der überproportionale Anteil der Zwanzig- bis Dreißigjährigen sowie ein deutliches Übergewicht der Ein-Personen-Haushalte (ca. 65%) ist kennzeichnend für die Situation. Man muß davon ausgehen, daß dieser Trend weiter anhält.

Die Nachfrage nach eher kleinen Wohnungen und die Bereitschaft, größere Wohnungen auf »Single«-Haushalte aufzuteilen, korrespondieren mit dem Druck zu immer höheren Mieten pro Quadratmeter. Dies verstärkt die Entwicklung auf dem Wohnungsmarkt gegen familiengerechte und bezahlbare Wohnungen. Den hohen Anteil an Single-Haushalten, die in relativ kleinen Wohnungen leben, belegen auch die folgenden Zahlenwerte: Im Münchner Durchschnitt (31.12.1993) leben genau 2 Personen in einer Wohnung, wobei einer Person 1,75 Räume zur Verfügung stehen. In der Maxvorstadt dagegen sind es statistisch 1,71 Personen, die in einer Wohnung leben, wobei einer Person 1,72 Räume zur Verfügung stehen. (Ein Kontrastbeispiel: Trudering: 2,37 Personen pro Wohnung und 1,84 Räume pro Person.)

Wie in anderen Innenstadtrandbezirken mit hoher Attraktivität, ist das Grundbedürfnis, ein Dach über dem Kopf zu haben, in der Maxvorstadt nur mit erheblichem Aufwand zu befriedigen. Ein Blick auf den Wohnungsmarkt der Zeitungen zeigt deutlich, daß inzwischen sowohl die Eigentumswohnungen wie auch die Mietwohnungen hier mit zu den teuersten in München gehören. Der Stadtviertelname »Maxvorstadt« steht – was in diesem Zusammenhang sicherlich nicht zu bedauern ist – noch nicht für eine erstrangige Adresse, denn die hohen Preise werden hier entweder hinter dem Etikett »Schwabing« oder »Zentrum« versteckt; Grenze ist etwa die Theresienstraße.

Es ist aber eine Entwicklung, deren Anlaß positiv ist: Mit der Erschließung der Maxvorstadt durch die U-Bahn und mit der Verbannung des »Rotlicht-Milieus«, was (vermutlich nicht zufällig) zeitlich zusammengefallen ist, wurde eine Strukturveränderung eingeleitet. Ergebnis war eine Verbesserung der Wohnqualität, andererseits aber auch die »Aufwertung« des Viertels und die Preisexplosion bei Grundstücken und Wohnungen. Das erstere war gewollt, das letztere ist in unserem System die logische Konsequenz und durch die Stadt kaum zu beeinflussen.

Der hohe Altbaubestand – etwa ein Fünftel aller Wohnungen (5981) von 28 687 (Stand 1993) sind vor 1919 errichtet worden – ist für Spekulanten von großer Anziehungskraft, da hier die Möglichkeit, preiswert zu kaufen, und dann – nach oft oberflächlicher Renovierung – wieder teuer zu verkaufen, besteht.

*Begrünte Fassade in der Adalbertstraße, gegenüber dem Alten Nördlichen Friedhof, wo einige Häuser aus der Zeit der Jahrhundertwende den Krieg überstanden haben.*

Die Stadt München hat zwar mit allen ihr zur Verfügung stehenden Mitteln versucht, die Suppe der Spekulanten etwas zu versalzen, um die Mieterinnen und Mieter zu schützen. Ohne gesetzliche Veränderungen werden deren Interessen aber auf der Strecke bleiben. Mit dem Erlaß einer Erhaltungssatzung für einen Großteil der Maxvorstadt konnte zwar eine gewisse Entspannung erreicht werden, aber seit dem Urteil des Bundesgerichtshofes zum Thema »Umwandlung von Mietwohnungen in Eigentumswohnungen« ist der Vertreibungsdruck auf die eingesessenen Mieterinnen und Mieter wieder verstärkt worden. Innerhalb eines Jahres ist in der Maxvorstadt für über 900 Wohnungen die sogenannte Abgeschlossenheitsbescheinigung erteilt worden, die Voraussetzung für Umwandlung in Eigentumswohnungen.

Zum Verdrängungsprozeß trägt auch der Versuch bei, Wohnraum für gewerbliche Nutzung zweckzuentfremden. Hier sind immer noch höhere Mietpreise zu erzielen als auf dem Wohnungsmarkt. Die Bemühungen des Bezirksausschußes, die zuständigen Stellen der Stadt dazu zu bewegen, den beantragten Zweckentfremdungen nicht zuzustimmen, sind meist vergeblich. Die Stadt schöpft zwar den gesetzlichen Rahmen bis an die Grenzen des Zulässigen aus, aber sie muß die Gesetze, die Bund und Land machen, einhalten. Wer zeitgleich eine etwa entsprechende Ersatzwohnung irgendwo in München anbietet, hat ein Anrecht darauf, die Zweckentfremdung genehmigt zu bekommen. Oft ist es der Ausbau eines Dachbodens, der diesen Ersatzwohnraum schafft, und damit ist wieder eine Hoffnung dahin, daß mit dem Dachgeschoßausbau zusätzlicher Wohnraum auch im Innenstadtbereich, wo es nur mehr wenige Baulücken gibt, geschaffen wird.

Also bleibt die Grundproblematik: Der vorhandene Wohnraum kann nur mit Mühe verteidigt werden und zusätzlicher Wohnraum wird zwar geschaffen, er übersteigt die Zahl der verlorengehenden Wohnungen aber nur geringfügig.

Der Zuwachs an Wohnungen ist somit bescheiden, hat aber in den letzten Jahren zugenommen: von 1989 bis 1993 waren es immerhin 895 zusätzliche Einheiten, wobei hier besonders der Zuwachs 1993 (408 Wohnungen) durchschlägt. Vor allem normal verdienende Familien mit Kindern können sich die Wohnungen immer seltener leisten und müssen das Viertel und oft sogar die Stadt verlassen. Dieser Prozeß ist in vollem Gange und läßt sich auch mit Zahlen belegen. So werden zum Beispiel seit Jahren relativ konstant ca. 400 Geburten in der Maxvorstadt gezählt. Das heißt, die Jahrgänge müßten etwa 400 Kinder stark sein. Schaut man sich aber die Altersverteilung an, dann stellt man fest: Die Anzahl der Fünfjährigen ist auf 300 und die der Zehnjährigen gar auf etwas über 200 gesunken. Dies läßt nur den Schluß zu, daß Familien das Viertel verlassen, wenn die Kinder heranwachsen. Dafür kann man einige Gründe über die oben genannten Wohnungskosten hinaus anführen:

– Die Unterversorgung in einem großen Teil der Maxvorstadt mit Kinderbetreuungseinrichtungen (relativ gut versorgt sind der Osten und der Westen; in der Mitte ist der Mangel aber gravierend)
– Die starke Schadstoff- und Lärmbelastung, verursacht vor allem durch das hohe Verkehrsaufkommen mitten im Wohnbereich
– Die fehlenden Grünflächen dort, wo die Menschen wohnen.

Aber nicht nur die Familien neigen dazu, der Maxvorstadt den Rücken zu kehren. Die Zahl der Wegziehenden ist insgesamt auffällig hoch. Dies bedeutet aber nicht, daß die Bevölkerung in der Maxvorstadt abnimmt; durch den Bau zusätzlicher Wohnungen wächst sie sogar langsam aber stetig. Zudem hat der Trend, aus der Maxvorstadt wegzuziehen, in den letzten fünf Jahren nicht mehr zu-, sondern sogar leicht abgenommen; der Wechsel der Bevölkerung bleibt jedoch hoch. Im Jahr 1987 lag die Fluktuationsrate in der Maxvorstadt bei 20%, 1992 noch bei 18%. Innerhalb von etwa fünf Jahren ist die Bevölkerung statistisch so ganz ausgetauscht worden. Zum Vergleich: In ganz München ist die Wegzugsrate weniger als halb so groß. Zur Entdramatisierung dieser Zahlen muß nochmals an den hohen Anteil von Studentinnen und Studenten erinnert werden, die natürlich oft nur sehr kurz hier wohnen und somit die Statistik verzerren. Dennoch: Die Fluktuation ist beunruhigend hoch.

## Soziale Infrastruktur

Die Maxvorstadt gehört zu den unter sozialen Gesichtspunkten eher unauffälligen Stadtvierteln. Im Armutsbericht 1990 der Stadt München rangiert sie bzw. die damals noch drei Maxvorstädter Stadtbezirke meist im Mittelfeld der unterschiedlichen Merkmalsraster (wie z.B. Sozialhilfe-Empfängerdichte, Erwerbslosendichte), wobei der damalige Stadtbezirk 6 (Königsplatz-Marsfeld) meist etwas schlechter abschnitt als die damaligen Stadtbezirke 5 (Universität) und 7 (Josephsplatz). Deshalb ist die relativ bescheidene soziale Infrastruktur nicht ganz so problematisch, wie es zunächst scheinen mag; vor allem wenn man bedenkt, daß die Kirchengemeinden mit ihren sozialen Netzen auch einen Teil der Probleme auffangen.
Bei den offenen Alteneinrichtungen füllt die Arbeiterwohlfahrt mit der Altentagesstätte in der Arcisstraße eine wichtige Lücke. Auf Dauer wird die Maxvorstadt aber nicht ohne ein Alten- und Servicezentrum auskommen können, da eine solche Einrichtung für die örtliche Organisation der ambulanten Betreuung der alten Menschen unverzichtbar sein wird, auch wenn diese hier zahlenmäßig noch unterrepräsentiert sind.

Die Versorgung mit Kinderkrippen-, Kindergarten- und Hortplätzen ist für die Stadtviertel- bzw. Bevölkerungsstruktur von großer Bedeutung. Familien werden sich in der Maxvorstadt nur halten können, wenn sie die entsprechenden Hilfestellungen bekommen. Ein Stadtviertel ohne Kinder ist nicht gesund strukturiert.
Besonders schwierig ist die möglichst gleichmäßige Verteilung der Angebote. Die Einrichtungen, die derzeit im Planungsstadium sind, liegen fast alle im gleichen Gebiet (Bereich Barer-/Türkenstraße). Der größte Mangel ist aber im Bereich Augusten-/Görres-/Arcis-/Karlstraße festzustellen. Hier sind jedoch kaum bebaubare Grundstücke vorhanden, wo derartige Einrichtungen plaziert werden können.
Der relativ hohe Anteil von Ausländerinnen und Ausländern stellte in den letzten Jahren nie ein Problem dar; über Reibereien ist nichts bekannt. Ob das damit zusammenhängt, daß die sozialen Probleme in der Maxvorstadt nicht sehr ausgeprägt sind und/oder der Bildungsstandard überdurchschnittlich ist, kann niemand abschließend beurteilen; nehmen wir dieses friedliche Miteinander einfach positiv zur Kenntnis.

Allerdings sind auch in der Maxvorstadt die Verarmungstendenzen in München wahrnehmbar. Durch die Citynähe gehört die Maxvorstadt mit zu den bevorzugten Aufenthaltsbereichen von alleinstehenden Wohnungslosen. Es ist deswegen nur konsequent, daß hier Beispielgebendes bei der Betreuung und Unterbringung dieses Personenkreises geleistet wird. Als Beispiel sei besonders das Engagement der Abtei St. Bonifaz erwähnt.

## Verkehr und Umwelt

Die weitere Entwicklung des Durchgangverkehrs ist für die Wohnqualität der Maxvorstadt von herausragender Bedeutung. Der übermäßige Individualverkehr wird hier verringert werden müssen. Der notwendige Verkehr muß dorthin kanalisiert werden, wo relativ wenige Menschen wohnen. Blättert man in den Karten des Münchner Umwelt-Atlasses, in denen die verkehrsbedingten Schad-

*Mietshaus am Josephsplatz 2, errichtet 1903 von Andreas Reinhart.*

stoffkonzentrationen dargestellt sind, so kann man feststellen, daß die Maxvorstadt zu den am stärksten belasteten Bereichen Münchens zählt. Ein ähnliches Resultat bekommt man, wenn man sich die Lärmkarten anschaut. Nur wenn es gelingt, hier Abhilfe zu schaffen, wird sich die Lebensqualität im Viertel verbessern. Dabei geht es nicht darum, eine ländliche Idylle schaffen zu wollen. Man kann davon ausgehen, daß die Menschen zu dem stark ausgeprägten urbanen Charakter ihres Viertels stehen. Hier haben die Planungen leider zu lange in der Schublade gelegen. Heute fehlt der Stadt für alle groß angelegten Maßnahmen das Geld. Es bleibt so nur zu hoffen, daß – wenn schon der große Wurf nicht kommen sollte – langsam aber stetig an der Verringerung des Durchgangverkehrs mitten durch die Wohnbereiche gearbeitet wird. Allein auf die Vernunft der Autofahrenden zu setzen, wird wohl nicht ausreichen.

Die zum Teil sehr schlechte Grünausstattung wird auch in den nächsten Jahren für die Maxvorstadt eine Hypothek bleiben. In einem dicht bebauten Viertel können die Grün- und Freiflächen nicht beliebig vermehrt werden. Schon allein die Pflege des Baumbestandes ist nur mit großem Aufwand zu gewährleisten. Der Trend bei den Neubauten zu relativ großen, intensiv begrünten Innenhöfen trägt zwar zu einer Verbesserung der Situation bei, er kann aber das Defizit nur langsam ausgleichen.

Auf jede(n) Einwohner(in) kommen 1994 vier Quadratmeter Grünfläche. Im gesamtstädtischen Vergleich (20,9 qm pro Einw.) ist das ausgesprochen wenig. Dieser Mangel erscheint noch gravierender, wenn man weiß, daß gerade in den Wohnquartieren fast überhaupt keine Grünflächen vorhanden sind. Das meiste Grün umgibt öffentliche Bauten wie die Museen. Um so wichtiger sind die wenigen Oasen, der Alte Nördliche Friedhof mit dem Josephsplatz im Norden, das Maßmannbergl im Westen und die Eschenanlage am Maximiliansplatz im Süden des Viertels. Der an die Maxvorstadt angrenzende Englische Garten ist zumindest für die im östlichen Teil Wohnenden ein schöner Ausgleich.

Das fehlende Grün hat auch meßbare Folgen: Die Maxvorstadt gehört, vor allem im Süden, zu den heißesten Bereichen der Stadt; das hat zwar auch etwas mit dem südlich anschließenden Hauptbahnhof zu tun, aber hier sind wirklich die mit Thermometern meßbaren Grade gemeint. Wegen des hohen Versiegelungsgrades ist die Durchlüftung relativ schlecht, und so fehlt die nächtliche Abkühlung in den warmen Sommertagen.

Aber auch das subjektive Wohlbefinden leidet darunter, wenn es keinen Park um die Ecke gibt und wenn es nicht zum Normalfall gehört, daß die Straßen von Bäumen gesäumt sind. Nun hat sich gerade das letztere mit den Jahren etwas gebessert, aber auch hier bleibt noch viel zu tun.

Für die Lebensqualität in der Maxvorstadt wird von Bedeutung sein, daß die Veränderungen mit dem bereits vorhandenen Stadtviertelcharakter harmonieren:
Die Maxvorstadt, das Viertel
- mit den kurzen Wegen
- mit vielfältigen (auch internationalen) Einkaufsmöglichkeiten
- mit einem hohen Freizeitwert, auch für die, die noch spät am Abend gern ausgehen
- mit einem weltoffenen und toleranten Klima
- mit einer immer noch starken Durchmischung von »Wohnen« und »Arbeit«

*Inneres der Basilika St. Bonifaz um 1885. Nach Kriegszerstörungen wurde die Kirche verkürzt und vereinfacht wieder aufgebaut.*

# Die Kirchen

## St. Ludwig

Die Ludwigskirche war von Ludwig I. als geistliches Zentrum für seine Straße und seine Universität sowie als Pfarrkirche für die Maxvorstadt bestimmt. Anfangs gab es starke Widerstände gegen den Bau, besonders von Seiten der Stadt, die eine enorme Schuldenlast dafür zu tragen hatte. Ludwig setzte aber mit allen Mitteln die Planungen Friedrich von Gärtners durch. Es sollten byzantinische, romanische, gotische und romantische Elemente mit dem Klassizismus zu einem System verwoben werden. Dies gefiel nicht allen.
Wilhelm Hausenstein vermerkte am 27. März 1945 in sein Tagebuch: *»An großen Kirchen, die sich mit verhältnismäßig begrenztem Aufwand herstellen lassen würden, existieren noch Sankt Ludwig und Sankt Cajetan. Sankt Ludwig kann noch betreten werden. Ich suchte wieder die Bank auf, wo Renée-Marie zur Feier ihrer ersten Kommunion saß und kniete, und ich betete dort für sie. Dann sah ich das Fresko von Cornelius genauer an. Es ist klar, ist wohlgeordnet, groß gesinnt; mir scheint, ich habe es vierzig Jahre lang unterschätzt – oder hebt es sich nun auf ein Niveau, wie es Dingen eigentümlich wird, die den Wert der Seltenheit besitzen? Ich glaube, das riesige Altarfresko besteht auch ganz unabhängig davon, und mir hat wohl das Auge bisher halb dafür gefehlt. Eine gewisse Starre ist mir freilich auch nunmehr nicht entgangen; ebenso das Sekundäre, das Nachgeordnete der Farbe [...]«*

1828 hatte Gärtner mit den Planungen begonnen und der König stellte 100000 Gulden aus seiner Kabinettskasse zur Verfügung. Im Jahr darauf wurde am Namenstag des Hl. Ludwig der Grundstein gelegt. Die Zeiten waren nicht günstig, immer wieder mußten die Bauarbeiten aus finanziellen Gründen eingestellt werden. Peter Cornelius war beauftragt, das größte Fresko Deutschlands zu entwerfen. Über das Ergebnis der Arbeiten war Ludwig aber dann so enttäuscht, daß es zum Bruch mit dem Künstler kam und dieser nach Berlin abwanderte. Heute sieht man in dem Kunstwerk eine »umfassende und komplexe Darstellung der katholischen Theologie der Romantik«.

Die Figuren an der Fassade, die Christus und die vier Evangelisten darstellen, entwarf Ludwig von Schwanthaler und ließ sie seine Schüler ausführen.

Das Gotteshaus war als Universitätskirche stets ein wichtiges geistliches Zentrum, wo viele bedeutende Köpfe wie die Professoren Iganz von Döllinger (1799-1890) und Jakob Frohschammer (1821-1893) arbeiteten. Der Komponist Joseph Rheinberger, der von 1851 bis 1901 in München wirkte, war schon mit 13 Jahren zweiter Organist der Kirche. Bekanntester Prediger (1949-1963) war der Universitätsprofessor Romano Guardini (1885-1968). Er wirkte als Religionsphilosoph und Theologe. Da ihm von der Bischofskonferenz erlaubt war, zum Volk hin zu zelebrieren, wurde 1956 bei einer Renovierung die Altäre entsprechend umgestaltet.

*Die Basilika St. Boniafaz an der Karlstraße. Stich um 1840*

Neben der Seelsorge für die rund 8000 Gemeindemitglieder und die Universität widmet sich die Gemeinde zunehmend sozialkaritativen Aufgaben. Mutter-Kind-Gruppen, zwei Kindergärten, Kindergruppen, Jugendgruppen, ein Kreis »Junge Erwachsene in St. Ludwig« und Seniorengruppen dienen Seelsorge und Bewältigung alltäglicher Probleme. Der »Altenhilfe und Krankenpflegeverein St. Ludwig e. V.« leistet wie die Caritas diakonische Arbeit. Bedürftige werden unterstützt und Kinder in Indien gefördert. Der Öffentlichkeitsarbeit dient das Pfarrblatt »Die Posaune« (seit 1955) und die gut geführte »Katholische öffentliche Bücherei St. Ludwig« mit rund 10.000 Medien.

## St. Bonifaz

König Ludwig I. legte am 12. Oktober 1835, dem Tag seiner Silberhochzeit, den Grundstein zur Basilika St. Bonifatius, in der er, zusammen mit seiner Gattin Therese, beigesetzt ist. Die Weihe der 1848 fertiggestellten Kirche erfolgte erst am 24.11.1850. St. Bonifaz sollte einerseits Pfarrei für den Westen der Maxvorstadt sein, aber auch Klosterkirche. Der König gründete hier das erste Kloster seit der Säkularisation 1803. Er holte die Benediktiner wieder nach München und schenkte der Abtei das 1846 zu diesem Zweck von ihm erworbene Klostergut Andechs als Versorgungsbasis.
Die Gebäude wurden 1835/47 von dem protestantischen Architekten Georg Friedrich Ziebland (1800-1873) errichtet. Als Vorbilder der fünfschiffigen Basilika (76 mal 36 Meter) dienten San Apollinare in Classe bei Ravenna und St. Paul in Rom. Die südliche Bauweise war ein Grund, daß viele Ordensangehörige in dem bis zur Einführung einer Zentralheizung kalten Gemäuer bereits in jungen Jahren an Lungenleiden starben.
66 Marmorsäulen und reiche Ausstattung prägten das Kircheninnere, die Freskenmalerei stammte u.a. von Heinrich von Heß und Johann von Schraudolph. Zeitgenossen

waren beeindruckt; so notierte Carl Alexander Großherzog von Sachsen-Weimar-Eisenach am 6. September 1858 in sein Tagebuch:

*«Nach dem Dinner fuhr ich in die Basilika; sie ist eine wundervolle Nachbildung der Basiliken des Südens, namentlich Roms, wundervoll in Genauigkeit, Größe und Ausführung. Die Nacht zog ein in die weiten Hallen, undeutlich traten aus ihr die Gemälde hervor, doch die Proportionen, sich von allem Nebenwerk durch die Nacht entkleiden lassend, zeigten ihre volle Schönheit, und diese Schönheit lobte ihren Schöpfer.»*

Bereits im Ersten Weltkrieg erlitt die Kirche einen Verlust: Die Glocken wurden, da Metall, eingezogen, worüber eine Bild-Dokumentation im Kriegsarchiv erhalten ist. Die Zerstörung des Baues bewirkten dann Sprengbomben zwischen dem 9.3.1943 und dem 7.1.1945. Die Nordhälfte mit Unterkirche, Fresken und Glockenstuhl war vernichtet.

In den Jahren 1949/51 wurde dann die südliche Hälfte der Kirche durch Hans Döllgast renoviert. Ein modernes Gemeindezentrum ersetzte 1968/71 den Rest. Der neue Baukomplex wurde in Benediktiner-Tradition von modernen Künstlern vielfältig gestaltet, ebenso die Gruft, die als Grablege für die Mönche dient. Bemerkenswert sind die drei Bronzeportale aus der Schule von Georg Brenninger. Die Grabstelle der Stifterfamilie liegt in der Südostecke. Der erneuerte Marmorsarkophag von Ludwig I. ist normannischen Königsgräbern nachempfunden; daneben verschließt ein Bronzedeckel die Gruft seiner protestantischen Gattin Therese.

Das schlichte Klostergebäude mit seiner umfangreichen Bibliothek und dem Garten ist an die Rückseite des Kunstausstellungsgebäudes am Königsplatz angebaut.

Kloster und Kirche wurden, besonders unter den Äbten Hugo Lang (1951-67) und Odilo Lechner, zu einem bedeutenden geistigen und geistlichen Zentrum für München. Vorträge und Konzerte zeigen die Weltaufgeschlossenheit der Patres. Der soziale Schwerpunkt daneben ist die Arbeit mit Obdachlosen. So werden hier täglich durchschnittlich 100 Menschen mit warmem Essen, einem Bad und Kleidung versorgt. Auch die Jugendarbeit hat ein starkes Gewicht.

*Die Fassade der Basilika St. Bonifaz an der Karlstraße. Die klassizistische Villa rechts, erbaut 1818, wird von der Studentenseelsorge der Technischen Universität genutzt.*

*Blick durch die Adelheidstraße nach Süden auf die Josephskirche* ▶

*Die damals neu erbaute Kirche St. Benno. Photo 1896*

## St. Benno

Um 1880 war die Einwohnerzahl im Gebiet nördlich und westlich des Stiglmaierplatzes stark angestiegen; der Bau einer neuen Kirche für die vielen Katholiken war unausweichlich geworden. 1883 hatte der Inhaber der ehemals Kgl. Erzgießerei Ferdinand von Miller »aus Dankbarkeit gegen Gott zu seiner Ehre und Verherrlichung sowie zu Ehren der seligsten Himmelskönigin Maria« einen Bauplatz gestiftet. Er erfüllte damit ein Gelübde für die glückliche Aufstellung der Bavaria. Auf einen Architektenwettbewerb kamen Vorschläge, von denen der Entwurf des Professors an der Kunstgewerbeschule Leonhard Romeis (1854-1904) ausgewählt wurde. Man sammelte bis 1887 500 000 Mark und baute von 1888 bis 1895. Geweiht wurde das Gotteshaus dem Hl. Benno. Es wurde eine dreischiffige neuromanische Basilika süddeutscher Art geschaffen, monumental und herb. Die beiden Türme sind in die Fassade miteinbezogen. Die Ziegelsteinmauern sind mit Muschelkalk aus Marktbreit am Main verkleidet. Die Ausmaße sind 71,2 mal 23,5 m bei 22 m Höhe (Mittelschiff); die Türme 64 m hoch. Bei 400 Sitzplätzen ist Raum für 3000 Menschen. Unter dem erhöhten Chor wurde eine Krypta erbaut.

Den prächtig gestalteten Hochaltar in romanischer Form stiftete 1895 Prinzregent Luitpold. Auch Kanzel, Taufstein, Portale und Glasfenster sind von hoher künstlerischer Qualität. Die Mosaiken, Marmorarbeiten und Schnitzereien sind von namhaften Künstlern meisterhaft geformt.

Die Benno-Säule vor der Kirche wurde 1910 errichtet. Die Kirche diente zeitweise einer Gemeinde von bis zu 25 000 Gläubigen als Gotteshaus. 1944 und 1945 wurden durch Bomben Dachstuhl, Gewölbe, Orgel und Gestühl zerstört. Bis 1950 wurden Dach und Orgel wiederhergestellt, bis 1959 wieder sieben Glocken installiert. Nach Renovierungen strahlt die Kirche heute wieder in neuem alten Glanz.

Die Zahl der Gläubigen liegt bei rund 19 000; man hat die typischen Probleme einer Großstadtgemeinde. Die Pfarrei St. Benno versucht neue Wege zu gehen. Seit 1974 gibt es eine Pfarr-Synode mit Helfern und Multiplikatoren; man bemüht sich um Erwachsenenkatechese und Ökumene, Sozial- und Jugendarbeit. Im Zentrum »Bennopolis« sind Wohnheimplätze, karitative Einrichtungen und Gruppenräume vereint.

# St. Joseph

Die Bevölkerung der Maxvorstadt nahm gegen Ende des Jahrhunderts stark zu. Die vorhandenen Kirchen St. Ludwig und St. Bonifaz waren überlastet. Daher gründete man 1894 einen Kirchenbauverein St. Joseph. Zusammen mit dem Kapuzinerorden, der hier ein Kloster errichtete, wurde 1898 der Grundstein an der Grenze der damaligen Bebauung hinter dem nördlichen Friedhof gelegt.

Bereits am 15. Juni 1902 konnte die von Johannes Schurr im Stil der italienischen Spätrenaissance geplante Kirche, die immerhin die Ausmaße von 79 mal 31 bei 24 Metern Höhe hatte, geweiht werden. Die Tonnengewölbe der Wandpfeilerkirche wurden 1904/08 mit monumentalen Wandgemälden von Gebhard Fugel geschmückt. Die Fassaden wurden nach Vorbildern des Salzburger Domes reich verziert, besonders die nach Westen zum Josephsplatz, den das Gotteshaus prägt.

Den Elisabethaltar stiftete Kaiser Franz Joseph von Österreich, zu Ehren seiner Gattin Elisabeth (Sisi) von Bayern, die 1898 einem Attentat zum Opfer gefallen war. Erst 1913 wurde das Gotteshaus zur Pfarrei erhoben, die vom Kapuzinerkonvent St. Joseph betreut wurde. Das Gebäude wurde 1944 durch Bomben getroffen und brannte aus. Die Statuen der Hl. Elisabeth und des Hl. Antonius sowie der Marienaltar blieben erhalten. Der Gottesdienst mußte in einer hölzernen Notkirche abgehalten werden, bis der Aufbau in schlichter Form mit neuem Hochaltar und Wandbildern 1952 abgeschlossen war. Seit 1967 ist St. Joseph Sitz des Provinzialrates der Bayerischen Kapuziner. 1984, rechtzeitig zur Eröffnung der U-Bahn-Haltestelle, wurde dann die Kirche von Grund auf renoviert, und auch der Stuck mit Bemalung (»Bayrisch-Ocker«) erneuert.

Zur Gemeinde gehören rund 18 000 Katholiken; der Sprengel reicht auch nach Schwabing hinein. Während man im Kirchenführer 1960 noch die katholische Bekenntnisschule propagierte, ist man nun um ökumenische Zusammenarbeit bemüht. Die Ordensgrundsätze verpflichten zu sozialem Handeln. Man leistet Bildungs- und Altenarbeit; außerdem werden die polnischen Katholiken in München betreut.

*Die Kirche St. Joseph. Photo 1904*

## St. Markus
### *von Helmut Ruhwandl*

St. Markus wurde 1877 als zweite evangelische Kirche für die wachsende Gemeinde nach den Plänen von Rudolf Gottgetreu als neugotischer Backsteinbau errichtet. Erst im Jahre 1885 erhielt sie ihren heutigen Namen nach den beiden Löwen – Sinnbilder des Evangelisten Markus –, welche die Altarplatte tragen. 1938 schreibt Ernst Ortloph in der Zeitschrift »Kirche und Kunst« über Kirchenbauten im imitierten Stil: *«Für unser heutiges religiöses und künstlerisches Empfinden, das nach Echtheit des Ausdrucks, nach selbständiger Gestaltung des religiösen Sinnes des Baues, nach geistigem Gehalt verlangt, sind diese Bauwerke unbefriedigend, tot, oft geradezu peinlich. Kann man sie durch Umgestaltung verbessern und unseren heutigen Forderungen angleichen? Eine schwere Frage!»*

Um dem gewandelten Geschmack Rechnung zu tragen, gestaltete Stadtbaumeister German Bestelmeyer die Kirche in den Jahren 1936/37 neu. Seine besondere Aufmerksamkeit widmete er dabei dem Chorraum. Dieser wurde zunächst durch größere Fenster heller und dann von namhaften Münchener Künstlern ausgestattet. Der Altar wurde aus rotbraunem Ruhpoldinger Marmor gefertigt, poliert und gestockt, so daß die unterschiedliche Färbung zur Wirkung kam. Die Altarplatte ist von den zwei Löwenfiguren getragen. Zwischen den hohen Altarleuchtern steht ein Kruzifix von Andreas Rauch, das dem romanischen Stil nachempfunden ist, mit Maria und Johannes an der Seite. Ein gesticktes Festtagsantependium von Frau Professor Jaskolla zeigt das altchristliche Symbol des Paradiesgartens mit zwei Pfauen am springenden Brunnen, in leuchtenden Farben auf weißer Seide. Die Taufschale, die von einem knienden Engel getragen wird, ist von dem Bildhauer Hans Vogl aus Messing gegossen. Am bemerkenswertesten sind die farbigen Fenster im Chorraum von Hermann Kaspars. In den 48 Feldern sind Szenen aus dem Leben von Jesus Christus nach den Berichten des Markusevangeliums dargestellt.

Am 24. Oktober 1937 wurde die neugestaltete Kirche von Dekan Langenfaß geweiht. Wenige Jahre später im Zweiten Weltkrieg ist sie ein Opfer der Bomben. Nach mühsamem Wiederaufbau erfolgte im Advent 1948 die erneute Weihe. 1957 renovierte der Münchener Architekt Gustav Gsaenger, der auch die Matthäuskirche geschaffen hatte, die Kirche. Die rote Backsteinfassade wurde durch Ummantelung mit verputzten Wänden neu gestaltet. Dadurch wurden zusätzliche Räume gewonnen. Von den neugotischen Merkmalen blieb nichts mehr erhalten.

Derzeit wird in der St. Markuskirche an jedem Sonntag um 9.30 Uhr der Gottesdienst der Gemeinde gefeiert. Um 11.15 Uhr finden Gottesdienste in freier liturgischer Form für die Münchener Gesamtgemeinde statt, wobei im allgemeinen vorher ein Thema bekanntgegeben wird, mit dem sich der/die jeweilige Prediger/Predigerin auseinandersetzt. Auf eine reichhaltige musikalische Ausgestaltung wird dabei ebenfalls Wert gelegt.
Das gottesdienstliche Angebot der St. Markuskirche setzt sich heute aus drei Bereichen zusammen: Sie ist die Kirche des jeweiligen Münchener Dekans, ferner predigen während der Semester regelmäßig die Professoren der Theologischen Fakultät der Ludwig-Maximilians-Universität und sie ist ein Zentrum evangelischer Kirchenmusik. Karl Richter hatte 1951 die Stelle des Markus-Kantors übernommen und die Kirche mit der Musik von Johann Sebastian Bach weltberühmt gemacht. Zwei Orgeln standen ihm zur Verfügung: von Steinmeyer aus Oettingen und Ott aus Göttingen. Bis heute gibt der Münchener Bachchor in der Markuskirche regelmäßig seine Konzerte. Auch der Chor der Kirchengemeinde veranstaltet immer wieder Kantatengottesdienste. Daneben geben namhafte Chöre aus München und der ganzen Welt sowie Orchester, Vokal- und Instrumentalsolisten hier Konzerte.

## Diakoniewerk München-Maxvorstadt
### *von Uta Reimann*

Im Jahr 1867 wurde an der Arcisstraße 33/Ecke Heßstraße 22 von der evangelischen Gemeinde auf Anregung von Pfarrer Feez eine »Diakonissenanstalt der Inneren Mission« als »Wartstation für Privatkrankenpflege« gegründet. Die wichtigste Förderin der diakonischen Arbeit war die evangelische Witwe von Max II., Königin-Mutter Marie, die sich mit der hohen Summe von 5000 Gulden an der Finanzierung beteiligte.
Kirchenrat Feez hatte 1869 auch veranlaßt, daß Schwestern aus dem Mutterhaus Neuendettelsau bei Ansbach kamen. Die Diakonissen, wie die evangelischen Ordensschwestern heißen, bekamen von ihrem Rektor Wilhelm Löhe für ihre Arbeit vier Wünsche mit auf den Weg:
»1. Heilige Geduld ohne Ende, 2. die Kraft des weltüberwindenden Gebets, 3. ein fröhliches Geschick im Wirtschaften, 4. das Salz und die Würze lieblichen Gesprächs im täglichen Umgang« (1884).

*Blick auf die Markuskirche an der Gabelsbergerstraße von Osten. Gebäude in der Umgebung wurden von Bomben getroffen und ihre Reste abgeräumt. Photo 11. April 1949*

*Der Turm der Markuskirche. Im Vordergrund das 1844 von Franz Jakob Kreuter errichtete Palais Dürckheim an der Türkenstraße, heute im Besitz der Landesbank*

*Der »Kriegsgarten« der Diakonissenanstalt an der Heßstraße 86–94, im Hintergrund der Turm der Josephskirche. Photo 1917*

Bis 1990 leiteten Diakonissenoberschwestern zusammen mit dem jeweiligen Vorstand, der laut Satzung ein evangelischer Pfarrer Münchens sein muß, die wechselhaften Geschicke dieser Einrichtung. Viele Mitschwestern und Verbandsschwestern, Haushaltsschülerinnen und Reinigungspersonal, Küchenschwestern und Damen der Verwaltung sorgten für das Wohl der Patienten, der Pensionärinnen (heute Selbstzahler), Pfründnerinnen (heute Sozialhilfeempfänger) und der Studenten, sie bildeten eine christliche Hausgemeinschaft, die bis in die 60er Jahre keinen 8-Stunden-Tag kannte. Man lebte wie in einer großen Familie zusammen.

Genügten 1869 noch fünf Schwestern, die wenigen Pfleglinge zu betreuen, so hatte man im Jahr darauf bereits ein Personal von 27 Personen. In den Kriegen mußte auch Lazarettdienst geleistet werden. Bald waren es zu wenig Räume, man mußte bauen und ein Pensionat entstand. 1895 war ein Krankenhaus mit Operationssaal fertiggestellt, dann folgte der Betsaal und einige Jahre später die Einrichtung einer Dampfwäscherei, die auch der Ausbildung der Hauswirtschaftsschülerinnen diente. Mit Hilfe der Spenden von rund 300 »Wohltätern« konnte die Bausubstanz durch die Jahre der »Weimarer Republik« und des »Dritten Reiches« erhalten und renoviert werden. Im

Juli 1944 wurde allerdings Altersheim und Küchenbau, 1945 die geburtshilfliche Abteilung und der Verwaltungsbau durch Bomben total zerstört.

Bald nach dem Ende des Krieges entstanden dann wieder ein Studentenheim, das Altersheim und ein Schwesternheim; das Krankenhaus wurde saniert. Auf dem engen Gelände wurde immer weiter umgebaut und angebaut, bis beim 125jährigen Jubiläum im Jahre 1992 das Diakoniewerk eine Klinik mit 111 Betten, ein Seniorenwohnheim (1975), ein Seniorenpflegeheim, eine Berufsfachschule für Krankenpflegehilfe und eine großzügig angelegt Physikalische Therapie (1984) umfaßte. Im Komplex ist auch der Gemeindesaal der Markusgemeinde untergebracht.

In der »Diakonissenanstalt« haben im Lauf der Jahrzehnte viele echte Münchner Kindl das Licht der Welt erblickt.

Heute hat das »Diakoniewerk München-Maxvorstadt«, wie die Einrichtung seit 1992 heißt, 200 MitarbeiterInnen; es wohnen dort 160 SeniorInnen. Die 30 Belegärzte und die vielen Patienten, Besucher und Gäste, der Besuchsdienst der Markusgemeinde und des Christophorus-Hospizvereines – sie alle bilden in kirchlicher Gebundenheit oder kritischem Beobachten eine Insel der Menschlichkeit im Häusermeer der Maxvorstadt.

# Der Alte Nördliche Friedhof

Seit der Gründung der Stadt wurden die Toten bei den Kirchen innerhalb des Mauerrings beigesetzt, was aber später verboten wurde. Von nun an war der (Alte) Südliche Friedhof, der süd-östlich des Sendlinger-Tor-Platzes liegt, die letzte Ruhestätte der Münchner. Trotz Erweiterungsarbeiten wurde aber auch dieser mit seinen 20 807 Grabstätten wegen des großen Bevölkerungsanstiegs um 1860 zu klein.

Man mußte nach einem geeigneten Gelände für einen neuen Gottesacker Ausschau halten und wurde am damals noch unbebauten Rand der Maxvorstadt fündig. In der Zeitung (Münchner Neueste Nachrichten 10.3.1863) wurde davor gewarnt, welch negative Einflüsse die Anlage eines Leichenackers für das Viertel haben würde: «[...] entwerten Haus- und Wiesengründe, veröden die Häuser, hemmen die Baulust und entvölkern den Stadtteil, was alles nur die empfindlichsten und unüberwindlichsten Nachteile für das bereits dort entfaltete bürgerliche Geschäftsleben herbeiführen wird.[...] Allgemein gilt ein Leichenacker und gewiß mit vollem Recht, und wenn bei seiner Anlage auch alle Mittel der Verschönerungskunst sowohl in monumentaler als landschaftlicher Hinsicht verschwendet werden, als ebenso abschreckender und gesundheitsschädlicher Ort. Es ist uns daher in dieser Hinsicht ganz unbegreiflich, wie man sich entschließen kann, einen solchen in solcher Nähe von den schönsten und lebhaftesten Straßen unserer Stadt zu postieren, so daß er schon im Verlauf eines Dezenniums sich inmitten des schönsten Stadtteils befinden wird.«Man befürchtete eine Verunreinigung des Grundwassers und damit die Verseuchung der Brunnen. Stattdessen forderte man, auf dem Areal zwischen Teng-, Adalbert-, Arcis- und Zieblandstraße einen neuen Bahnhof für die Bahnlinie nach Ingolstadt zu errichten.

Trotz dieser Einwendungen und dem Widerstand der Anwohner schuf Stadtbaurat Arnold Zenetti, der auch den Schlachthof erbaut hat, von 1866 bis 1869 die Anlage. Die Bauten im neuromanischen Stil mit roten Ziegeln waren von einer hohen Mauer eingefaßt, die durch sieben Tore durchschritten werden konnte.

Am 5.Oktober 1868 wurde der Friedhof von weltlichen und geistlichen Würdenträgern eröffnet und am gleichen Tag mit der Beisetzung eines Stadtpfarrers von St.Ludwig in Betrieb genommen. Es war der Friedhof für die Maxvorstadt mit ihren katholischen Pfarreien St. Bonifaz und St. Ludwig, später auch der Gebiete von St. Benno und St. Joseph sowie der Protestanten mit ihrer Kirche St. Markus; außerdem wurden auch die Angehörigen der katholischen Pfarrei St. Anna im Lehel hier bestattet.

Dafür standen 7272 Gräber in 16 Abteilungen und 30 Grüfte in den Arkaden im Westen zur Verfügung. Im Zuge des geplanten monumentalen Ausbaues der Hauptstadt der Bewegung sollte 1935 auch der Friedhof weichen. Die Luisenstraße war mit der Isabellastraße nach der Planung durch eine Allee zu verbinden. Man verbot 1939 jegliche weitere Beerdigungen, von denen bis dahin rund 62 000 hier vonstatten gegangen waren. Die Bomben des Zweiten Weltkrieges machten auch vor den Friedhofsmauern nicht

Die Aussegnungshalle am Westende des Alten Nördlichen Friedhofs, erbaut 1869 von Arnold Zenetti. Nach der Zerstörung wurde hier an der Tengstraße ein Spielplatz angelegt. Photo 14. April 1914

Halt. Die Gebäude im Westen wurden vernichten, viele Gräber zerstört.

Nach dem Krieg wurden weitere Monumente beseitigt, andere aber restauriert. Besonderer Dank gebührt hier Elfi Zuber vom Institut Bavaricum, die in den 70er Jahren energisch auf die Bedeutung dieser Denkmäler aufmerksam machte. In ihrem Buch »Der Alte Nördliche Friedhof. Ein Kapitel Münchner Kulturgeschichte« hat sie auch einzelne Grabmäler und die hier begrabenen Toten gewürdigt. Es sind nur noch rund 800 Gräber von bedeutenden oder zumindest wohlhabenden Persönlichkeiten, meist Männern, erhalten. Andere, besonders die von Ärmeren, wurden bald wieder eingeebnet. Künstler, Wissenschaftler, Industrielle und Offiziere überwiegen.

### Berühmte Tote

Die wichtigsten Namen seien hier erwähnt; in Klammer stehen Todesjahr und Sektion, Grabreihe, Grab.

*Wilhelm Bauer* (†1875) Kaiserlich-russischer Submarine-Ingenieur, Techniker, Erfinder des U-Bootes (2-1-10)

*Karl Max v. Bauernfeind* (†1894) Geodät, erster Direktor der Technischen Universität (M-re-150/152)

*Louis Braun* (†1916) Prof., Schlachten- und Uniformenmaler (3-1-20)

*Hugo Bürgel* (†1903) Landschaftsmaler (14-5-44)

*August Buchner* (†1886) Kunst- und Handelsgärtner in der Theresienstraße und Briennerstraße (M-re-162/163)

*Friedrich Dahn* (†1889) Schauspieler, Vater von Felix Dahn (14-11-22-23)

*Wilhelm v. Diez* (†1907) Prof., Maler, Lehrer v. Slevogt und Stuck (15-1-33)

*Anton Doll* (†1887) Vedutenmaler (10-8-43)

*Josef Maillinger* (†1884) Kunstsammler (10-8-35)

*Johann Nepomuk v. Fäustle* (†1887) liberaler Justizminister (M-li-8/9)

*Jakob Frohschammer* (†1893) Altkatholischer Theologe und Philosoph (7-5-22/24)

*August Gemming* (†1893) Altmünchner Original (5-10-9)
*Heinrich Gerber* (†1912) Direktor der Cramer-Klettschen Fabrik, Konstrukteur der ehemaligen Halle des Münchner Hauptbahnhofs (M-re-148)
*Grabmal für das Georgianum* (6-12-29/32)
*Lucile Grahn-Young* (†1907) Tänzerin (Arkaden 5)
*Wilhelm Ritter* v. Gümbel (†1898) Dr. der Geologie, Kartograph (M-li-127)
*Theodor Horschelt* (†1871) Pferdemaler (2-12-5)
*Eduard Kurzbauer* (†1879) Genremaler (2-4-1)
*Künstlergrab* Erinnerungsmal für 14 Münchner Künstler (M-li-52-57)
*Heinrich Lang* (†1891) Schlachtenmaler (16-1-19)
*Hermann Ritter v. Lingg* (†1905) Dr. med., Schriftsteller, Namensgeber der »Krokodile« (M-li-99)
*Ludwig List* (†1903) Wirt im Lokal Malkasten (12-13-11)
*Pfarrherren von St. Ludwig* (A-13)
*v. Maffei*, Familiengrab, Kaufmannsfamilie, Begründer der Lokomotivfabrik (A-2)
*Gottfried v.Neureuther* (†1887) Prof., Oberbaudirektor, Architekt z.B. der Kunstakademie (M-li-10/11)
*Rudolf Oldenbourg* (†1903) Verleger (M-re-49/51)
*Friedrich Pecht* (†1903) Maler (Maximilianeum) und Kunstschriftsteller (11-13-21)
*Wilhelm Heinrich v.Riehl* (†1897) Prof., Volkskundler, Kulturhistoriker und Schriftsteller, erster Direktor des Bayerischen Nationalmuseums (12-1-33)

*Benignus v. Safferling* (†1899) General, Kriegsminister (M-li-16)
*Ludwig Schrott* (†1917) Jurist, Stadtrat, Schulreferent, Pädagoge (8-1-11)
*Gustav v. Schlör* (†1883) Staatsminister, Rechtsanwalt (M-li-128/129)
*Albert Schmidt* (†1913) Prof., Architekt, errichtete u.a. Synagoge, Lukaskirche, Löwenbräukeller und Deutsche Bank (M-re-82/84)
*Franz-Xaver Schönwerth* (†1886) Ministerialrat, Brauchtumsforscher (1-12-5/6)
*Karl v. Sprunner-Mertz* (†1892) Historiker, Geograph, General (8-13-31)
*Ludwig Steub* (†1888) Rechtsanwalt, Reiseschriftsteller (M-li-5)
*Ludwig Samson Arthur Freiherr von und zu der Tann-Rathsamhausen* (†1881) General, Führer des 1. Armeekorps 1870/71 (Arkade 3)
*Carl Thieme* (†1924) Generaldirektor der Münchner Rückversicherung (A-6)
*Carl Friedrich Wilhelm Trautschold* (†1877) Maler, Portraitist (14-4-43)
*Michael v. Wagmüller* (†1881) Bildhauer (9-15-4/5)
*Anderl Welsch* (†1906) Volkssänger, Wirt von Künstlerlokalen, des Appollotheaters und des Malkastens (1-7-31)
*Julius Kaspar Clemens Ritter v. Zumbusch* (†1908) Bildhauer (15-1-21)

◀ *Im Alten Nördlichen Friedhof*

*Die Marsfeldkaserne. Kolorierte Postkarte um 1910*

# Das Militär

Die Maxvorstadt war, was uns heute nicht mehr bewußt ist, bis 1919 ein Kasernenviertel. Soldatenunterkünfte, Militärwerkstätten und Exerzierplätze bedeckten weite Flächen; Uniformierte gehörten zum Straßenbild. Häufig zogen die »Leiber« mit klingendem Spiel durch die Straßen. In seiner umfangreichen Dissertation »München als Garnison im 19. Jahrhundert« hat Christian Lankes auch seine Forschungen hierüber lesbar dargestellt.

## Baracken in der Arcisstraße

Während der Napoleonischen Kriege errichtete die Stadt München in der heutigen Theresienstraße Wohn- und Stallbaracken; umliegende Wiesen wurden als Auslauf und Weide gepachtet. 1816 wurden die Gebäude erweitert, um für 300 Soldaten und 777 Pferde Platz zu geben. Sie standen an der heutigen Arcisstraße, zwischen Theresien- und Heßstraße. Die Anwohner klagten über die durch die Ulanen und ihre Pferde entstehenden Belästigungen und Beschädigungen. 1832 wurden auch Beschwerden, besonders durch den Nachbarn Baron v. Kerstorf, laut, daß wegen der Verunstaltungen durch die Baracken (z.B. das Aborthäuschen) hier weit weniger Mieten verlangt werden könnten, als in anderen Bereichen der Maxvorstadt. Als 1837 die Cholera ausbrach, wurden im »Fuhrwesensgebäude« von der Stadt Kranke interniert.
1839 richtete man an der Arcisstraße auch noch eine Fabrik ein, in der Zündhütchen für die neuen Gewehre hergestellt wurden. Über die davon ausgehende Explosions- und Brandgefahr für die benachbarte Pinakothek beschwerte sich die Direktion der Kgl. Zentralgemäldegalerie vergeblich. Von 1844 bis 1858 wurden hier außerdem Infanteriegeschosse hergestellt. Als schließlich auch die Neue Pinakothek stand, schrieb Ludwig I. einen Brief, in dem er dringend bat, die *»häßlichen und feuergefährlichen ›Baracken‹, welche auf jeden in diese Gegend kommenden, namentlich vielen Fremden, in Anbetracht so vieler in deren Nähe befindlicher Prachtgebäude einen*

*üblen Eindruck hervorbringen muß, zum Danke auch aller in der Nähe wohnender Hausbesitzer«* zu entfernen. Da hier aber der gesamte Bedarf der bayerischen Armee an Zündmitteln hergestellt wurde, meinte König Max II. *»aus Schönheitsrücksichten allein wäre die Entfernung des Laboratoriums und die Führung eines Neubaus in dieser (finanziell) knappen Zeit kaum gerechtfertigt«.* Wegen der Besitzansprüche der Stadt München auf das Gebäude und auf Grund einer militärischen Umrüstung wurden 1858 die Baracken aber doch versteigert und abgebrochen. Heute stehen hier Bauten der Technischen Universität.

## Die Türkenkaserne

Am 23. August 1809 fand eine Sitzung von Planern und Militärs statt, um die Gestaltung des späteren Königsplatzes zu besprechen. König Max I. wünschte, ihn mit Militärgebäuden zu umrahmen. Auf der einen Seite sollten Garnisonskirche, Kadettenkorpsgebäude und ein Invalidenhaus für 1000 Veteranen erbaut werden, auf der anderen eine Infanteriekaserne. Da das Gelände aber in privater und städtischer Hand war, sowie ein für notwendig gehaltener Kanal nicht vorhanden war, verzichtete man 1813 auf eine militärische Nutzung dieses Platzes. Stattdessen kaufte man 1823 für 34000 Gulden eine »zunächst der Hutterschwaige« gelegene Wiese und begann auf dem Areal zwischen der heutigen Türken-, Gabelsberger-, Barer- und Theresienstraße zu bauen. Innerhalb von vier Monaten wurde nun ein umfangreiches Gebäude errichtet. Ende 1824 zog ein Teil des »1. Linien-Infanterie-Regiments König« ein und im Jahr darauf das ganze.
Ursprünglich war ein Ausmaß der Kaserne von der Türken- bis zur Wilhelminenstraße (=Barerstraße) vorgesehen. König Ludwig I. stoppte jedoch den Bau, damit er der Alten Pinakothek aus Sicherheits- und Schönheitsgründen nicht zu nahe kam. Um die Kaserne neu zu gestalten, beauftragte der König Leo von Klenze, Pläne anzufertigen, und ein Flügel wurde wieder abgerissen. Als der gesamte Komplex 1826 von Infanterie-Regimentern im noch feuchten Zustand bezogen wurde, hatten die Kosten für die Anlage 529 761 Gulden betragen. Der Bau bot unter beengten Verhältnissen Platz für fast 3000 Menschen. In den Jahren 1872/73 wurden die ursprünglich vorgesehene Seitenflügel doch noch gebaut und 1886 an der Westseite des Hofes ein Exerzierhaus. In dem umfangreichen Komplex konnten dann das »Infanterie-Leib-Regiment« (genannt »Die Leiber«) und die Infanterie-Regimenter 1 (»König«) und 2 (»Kronprinz«) untergebracht werden. In der Revolution vom 7. November 1918 schlossen sich auch die Rekruten, die hier stationiert waren, kampflos dem Zug von Kurt Eisner an. 1920 wurde die Kaserne aus den Händen der Reichswehr von der Landespolizei übernommen und im Dritten Reich dann wieder für militärische Zwecke genutzt.
Nach teilweisen Zerstörungen im Krieg dienten die Gebäude seit 1945 zu Wohn- und Gewerbezwecken. Auch der »Jazzkeller« war hier untergebracht.

*Blick durch die Gabelsbergerstraße nach Osten, auf die Markuskirche. Im Vordergrund kreuzt die Barerstraße. Links der 1873 erbaute Seitentrakt der Türkenkaserne. Photo um 1905*

Schließlich wurden sie bis auf die Eingangshalle abgerissen. Eine Tafel verkündet: *«Dem ruhmreichen Kgl. Bayerische Infanterie Leib-Regiment 1814-1919»*.

Auf dem nördlichen Teil sind mathematische und naturwissenschaftliche Institute der Universität untergebracht; der Parkplatz dient am Samstag für den Bauernmarkt. Der südliche Teil, nach dem hier seit den 70er Jahren gastierenden Zirkus *»Roncalliplatz«* genannt, steht als Park- und Festplatz zur Verfügung. Hier soll das Architekturmuseum der TU und die Dritte Pinakothek für Werke zeitgenössischer Kunst entstehen.

## Die Salzstadelkaserne

Die Revolution von 1848, obwohl unblutig verlaufen, machte den von Natur aus unkriegerischen König Max II., der durch sie zur Regentschaft gekommen war, vorsichtig. Für die vielen deswegen in der Hauptstadt zusammengezogenen Truppen mußten Unterkünfte bereitgestellt werden. Zur Unterbringung von 800 Mann diente 1849 auch ein Getreidestadel an der Salzstraße (Arnulfstraße nordwestlich vom Bahnhof). Dieser Speicher war um 1780 gebaut worden, um Salz und Getreide zu lagern. Nach dem hier stationierten 6. Jäger-Bataillon wurde das Gebäude 1851 als *»Jägerkaserne«* bezeichnet. Die provisorischen sanitären Anlagen waren hauptsächlich den benachbarten Wirten mit ihren Biergärten seit 1880 ein geschäftsschädigendes Ärgernis. Die Kaserne sei *»bau-, feuer- und gesundheitspolizeiwidrig«* und würde den Fremdenverkehr beeinträchtigen. Die Hausbesitzer an der Salzstraße schlugen 1882 vor, die Soldaten in leerstehenden *»sogenannten Miethkasernen«* unterzubringen.

Erst 1890 wurde das Gebäude dann freigegeben und abgebrochen. Auf einen Teil des Geländes wurde die Salzstraße, seit diesem Jahr nach einem bayerischen Prinzen Arnulfstraße genannt, erweitert. Dies war wegen der 1893 erfolgten Anlage des Starnberger Bahnhofes erforderlich.

## Marsfeld

Das kurfürstliche Militär nutzte den Bereich nordwestlich der Altstadt zwischen Neuhauser Tor und Galgen als Übungsgebiet. Im 18. Jahrhundert wurde dann die Neuhauser Heide der bevorzugte Exerzierplatz für die Münchner Garnison. Das Areal reichte von ehemaligen Galgenberg an der Landsberger Straße bis zur heutigen Landshuter Allee, begrenzt durch Landsberger Straße und Nymphenburger Straße. Da hier die Weidegebiete des Dorfes Neuhausen lagen, kam es wegen Flurschäden immer wieder zu Auseinandersetzungen. 1804 wurde ein Grenzgraben um das nun erstmals so genannte *»Marsfeld«* gezogen. An das nach dem römischen Kriegsgott Mars, entsprechend dem Vorbild in Paris, benannte Marsfeld erinnern noch die Marsstraße und der Marsplatz.

Da der alte Richtplatz den großen Andrang an Schaulustigen nicht gefahrlos aufnehmen konnte, wurde von 1821 bis zur letzten öffentlichen Hinrichtung im Jahr 1861 der stadtnahe Teil des Marsfeldes beim Augustinerkeller als Galgenberg verwendet.

Das Marsfeld wurde 1835 trotz des Protestes der Neuhauser Bauern, die den Grund nie an das Militär veräußert hatten, diesen als Weidegrund endgültig genommen. Der Stadt München wurde 1842 ein Wegerecht eingeräumt, dafür mußte sie den Rand des Exerzierplatzes mit Bäumen

*Parade vor der Marsfeldkaserne. Photo um 1905*

bepflanzen. Zu Friedenszeiten war das Gelände durch Infanterie, Kürassiere sowie Sanitäter stark genutzt, und diente auch für Paraden. Allerdings wurden immer mehr Klagen wegen der Unebenheit des Platzes laut, so daß man auf das Oberwiesenfeld auswich. Das Kriegsministerium plante dann, auf dem Gelände Militäreinrichtungen zu bauen und den Rest als Baugelände zu veräußern. Am Rande des Marsfeldes, in der Maillingerstraße, wuchs der Komponist Carl Orff auf, dessen Werk durch die Klänge der Militärmusik in seiner Jugend stark geprägt wurde. Auch die Nazis mit ihrer SA nutzten Teile des Marsfeldes vor 1933 für ihre Aufmärsche. Heute ist das Areal weitgehend von öffentlichen Bauten bedeckt.

## Die Marsfeldkaserne

Seit 1858 plante man auf dem Exerzierplatz Marsfeld eine Kaserne zu errichten, doch zwei Jahre später legte man die Pläne auf Eis. Die Schwefelsäurefabrik Buchner an der Landsbergerstraße, die erst über ein Jahrzehnt später wegen der Schäden, die sie verursachte, geschlossen werden mußte, verbreitete zu üblen Geruch.
Entlang der späteren Deroystraße entstand dann ab 1888 ein Kasernenareal, das die veraltete Salzstadelkaserne mit ihrem hohen Krankenstand ersetzen sollte. Es wurden hier dann aber Eisenbau-Bataillons und Infanterie einquartiert. Die Gebäude wurden bis 1898 ständig erweitert, um weitere Truppenteile aufzunehmen.
Am 7. November 1918 war dies die erste Kaserne, deren Belegschaft die Anhänger Kurt Eisners bei ihrem Revolutionszug begleitete. Im Oktober 1919 übergab die Reichswehr die Gebäude an die Polizeiwehr München, die spätere Bayerische Landespolizei. Seit 1923 residieren hier verschiedene Behörden: u.a. Finanzamt, Landes-Hauptfürsorgestelle und Oberpostdirektion.
Gegen Ende des Zweiten Weltkrieges wurden die Gebäude teilweise wieder militärisch genützt und 1945 weitgehend durch Bomben zerstört. Finanzämter und Landeskriminalamt prägen heute das Areal, nur Straßennamen und eine Gedenktafel erinnern an die militärische Vergangenheit. Auf dieser (vor Arnulfstraße 92) ist zu lesen: «*Von dieser Kaserne aus zogen das Kgl. Bay. 1. Infanterie-Regiment »König« im August 1914 ins Feld. 89 Offiziere und 2403 Unteroffiziere und Mannschaften fielen im Dienst für das Vaterland.*«

## Die Kriegsschulen

1885 hatte König Ludwig II. genehmigt, daß das Kadettenkorps seine Gelände nordwestlich vom Karlsplatz als Bauplatz für den Justizpalast zur Verfügung stellte. Mit dem Erlös sollte teilweise ein Neubau für die Kadettenschule am Nordrand des Marsfeldes finanziert werden. Das Gebäude für das Kadettenkorps (Schule mit Internat) war dort 1890 fertiggestellt, ein moderner Neorenaissance-Palast aus rötlichgelben Backsteinen mit einer Länge von 223 Metern entlang der Blutenburgstraße. Die 1894 im gleichen Stil errichtete Kriegsschule hatte eine Fassadenlänge von 142 Metern. Daneben waren 1890 bereits die »Inspektion der Militärausbildungsanstalten«, die »Artillerie- und Ingenieurschule« sowie die »Kriegsa-

kademien« bezogen worden. Das Gebäude (Pappenheim- und Blutenburgstraße), auf dem noch immer, wenn man genau hinschaut, »Kriegsschule« zu lesen ist, diente mit seinem großen Hörsaal für den »Hitler-Prozeß 1924«.
Nach dem Zweiten Weltkrieg war hier ein Rotkreuz-Krankenhaus untergebracht. Heute dient das Gelände der Telekom.

## Das Oberwiesenfeld

Ursprünglich erstreckte sich das obere Wiesenfeld vom Maßmannbergl (Ecke Dachauer/Maßmannstraße) nach Nordwesten. 1794 wurde das Gelände zwischen der Dachauer Straße und Milbertshofen zum »Artillerie-Experimentierplatz« bestimmt. Östlich der Dachauer Straße entstanden zahlreiche Depotgebäude, so daß sich der Schießbetrieb, besonders seit 1861, immer weiter nach Norden verlagerte. Der zur Maxvorstadt gehörende Teil des Geländes wurde bis um 1900 mit Militär-, Staats- und Privatbauten bedeckt.
1822 wurde auf dem Schießplatz, etwa im Kreuzungsbereich der heutigen Loth- und Schellingstraße, ein Salpeterdepot erbaut und das Artillerie-Laboratorium eingerichtet.

## Der große Knall

Der in der Theresienstraße wohnende Sprachforscher Johann Andreas Schmeller notierte für Samstag, den 16. May 1835 nachmittags 3 1/2 Uhr in sein Tagebuch:
»*Hier zittert und schwankt das Haus unter furchtbarem Krach.*
***Sonntag 17. May 1835***
*So friedlich und arglos war ich unter Emmas Oginsky-Menuet beschäftigt, als einige tausend Schritte von mir ein sich selbst und dem Leben feind Gewordener aufhören sollte zu seyn, und dieses Aufhören in einem Nu, obschon ein unbedeutend Eins, hundert Tausenden verkündete.*
*Es war, als ob die Wände einstürzen wollten, und der Gedanke an ein Erdbeben war kaum begonnen, als ein mit nichts vergleichbarer Knall wenigstens deshalb beruhigte. Im Zimmer gegen Norden war das Thürfenster bis zum Ofen geschleudert, die Glasscherben der Fenster in der Speisekammer waren in die Milchnäpfe und diese selbst zum Theil auf den Boden geblasen. In der Richtung des Kugelfangs sah man eine Säule schwarzen Qualmes, die nicht zu steigen sondern gegen die Stadt her zu fallen schien.*
*Sobald Mutter, die in dem für diesen Sommer für 12 Fl. [= Gulden] gemietheten Gärtchen beim Haus No. 10 der Amalienstraße gewesen, in ihrer Angst nach Hause gekommen, gieng ich – es war ein regnichter Tag – den Ort der Explosion zu sehen. Tausende rannten denselben Weg. Die Trottoirs an den Häusern fort und fort mit Scherben der zerbrochenen Fenster besäet. Draußen war nichts zu sehen, als Zuschauer und der leere Platz, worauf der Pulverturm gestanden, dessen Backsteine und Balken mit Kanonenkugeln, Kartätschen, etc. und Fetzen menschlicher Leichen weit hin, jedoch in gewissen Streifen, zerstreut waren. Einer der Art ging dem Leprosenthurm von Schwabing zu. Und, seltsam, ein Luftdruckstrahl deckte einen Theil des Daches der Frauenkirche ab. Man nennt*

*einen Artilleristen Namens Stanislaus Schmitt (Schulleh-
rersohn von Apfeltrang bey Obergünzburg früher Theologen) als Vollbringer dieser furchtbaren That. Der Bericht-
erstatter in der Allgemeinen Zeitung vom 19t. (Thiersch?)
gibt den Brief, der, hierauf bezüglich, in Schmitt's Tornister
gefunden seyn soll. Ein Exponent der Zeit von tiefer
Bedeutung!*

Im angesprochenen Brief des Selbstmörders werden als
Motive für die Wahnsinnstat »unwürdige Behandlung von
seiten der Unteroffiziere« und Existenzsorgen als Soldat
genannt. Außerdem wollte er »*den betroffenen Behörden
einen Wink geben, Sorge zu tragen, daß Leute, die durch
ihre Bildung Anspruch auf eine bessere Behandlung hätten, nicht behandelt werden, wie das mir unbillig zu Theil
wurde, sonst könnte ein noch größeres und nicht nur in
materieller Hinsicht allein bedauernswürdiges Unglück
entstehen.*«

Die Tat war sorgfältig geplant und die 15 000 kg Pulver im
»Artillerie-Laboratorium« leisteten ganze Arbeit. Die
Herrschenden zogen aber nur die Lehre daraus: das Pul-
vermagazin weit weg zu verlagern; man fand einen Standort zwischen Milbertshofen und Feldmoching.

## Das Kriegsministerium

Am Ende des 18. Jahrhunderts ließ sich der »Hof-Stuck-
und Glockengießer« Nikolaus Regnault am Schönfeld

nieder, wo er auch Kanonen herstellte. Daneben wurde
1794, an der Schwabinger Landstraße, um die Präzision
der gegossenen Rohre zu verbessern, ein kurfürstliches
»Bohrhaus« errichtet. Bereits 1806 trug man, nach Zerstörungen durch die Franzosen, das Gebäude ab und
errichtete an seiner Stelle ein »Armee-Monturmagazin«.
Zur Erweiterung wurde auch vom Hofkonditor Möhl das
angrenzende Gelände erworben. In die Anlagen, die in
den Ausmaßen heute noch erhalten sind, zog in den nächsten Jahren auch ein großer Teil der Militärverwaltung ein.
1823 wurde der Komplex von Klenze umgebaut, und der
Westflügel dem Stil der Ludwigstraße angepaßt. Hier residierte der Bayerische Kriegsminister bis 1918 und es diente
auch danach als Kommandozentrale. Beim Putsch 1923
war das Kriegsministerium ein Zwischenziel des Mar-
sches von Hitler und seinen Anhängern, der aber an der
Feldherrnhalle gestoppt wurde.

Heute sind in der Ludwigstraße 14 Teile des Hauptstaatsarchivs und das Institut für Bayerische Geschichte untergebracht. Schönfeldstraße 5 ist Sitz des Bayerischen
Hauptstaatsarchivs, Schönfeldstraße 3 des Staatsarchivs
München (für Oberbayern).

Auf dem Gelände gegenüber dem Prinz-Carl-Palais (Von-
der-Tann-Straße/Königinstraße), wo heute das Amerikanische Generalkonsulat steht, war von 1869 bis 1895 in
einem angekauften Privathaus das Generalkommandoge-
bäude des Bayerischen Heeres untergebracht; 1898 entstanden hier dann Büros für das Innenministerium.

*Das ehemalige Kriegsministerium in der Schönfeldstraße von Südosten. Im Gebäude links, dessen Front an der Ludwigstraße (14) liegt, sind heute Abteilun-
gen des Hauptstaatsarchives, der Bayerische Landesverein für Familienkunde und das Institut für Bayerische Geschichte der Universität untergebracht.
Der Mittelteil beherbergt das Staatsarchiv München.*

# Universitäten

## Die Ludwig-Maximilians-Universität

1472 wurde in Ingolstadt von Herzog Ludwig dem Reichen von Bayern-Landshut als Ersatz für die verlorene Residenzstadtfunktion eine Universität gegründet. Kurfürst Maximilian IV. Joseph (König Max I.) begründete sie 1802 neu, nachdem er sie 1800 nach Landshut verlagert hatte. Dort studierte auch der Kronprinz einige Jahre. Als König Ludwig I. holte er die Alma Mater dann 1926 als seine katholische Landesuniversität nach München. Er kümmerte sich höchstpersönlich um die Berufung der Professoren und um die Errichtung des Gebäudes. Dieses entstand 1840, gestaltet durch Friedrich von Gärtner beim unteren Ende der Ludwigstraße. Die Schmückung seiner Straße war dem König wichtiger als die Angst vor einem möglichen Unruheherd, über den er dann letztlich stürzte. Liberale Reformen und Selbstverwaltungsrechte wurden durch restaurative, reaktionäre Strömungen überlagert.

Die dreiflüglige Front des Hauptgebäudes der Universität hat 27 Achsen, die durch flache Lisenen nach Motiven der Frührenaissance in drei gleiche Abschnitte gegliedert sind. Der ursprünglichen Anlage um den heutigen Geschwister-Scholl-Platz wurden entsprechende Gebäude des Georgianums und des Max-Joseph-Stifts am heutigen Prof.-Huber-Platz gegenübergestellt.

Der Erweiterungsbau an der Amalienstraße wurde 1909 von German Bestelmeyer errichtet. Das im Krieg schwer beschädigte Gebäude wurde bis 1956 wiederhergestellt. In den Jahren 1945/46 mußten Studierende, die nicht Kriegsdienst geleistet hatten, am Wiederaufbau mitarbeiten, um zum Studium zugelassen zu werden. Das »Haus des deutschen Rechts«, südöstlich vom Siegestor an der Ludwigstraße, wurde 1940 durch Oswald E. Bieber errichtet und beherbert heute die staatswirtschaftliche Fakultät. Die Juristen sitzen im ehemaligen Max-Joseph-Stift, das vorher als Internat für Mädchen aus besseren Kreisen diente.

Das Hauptgebäude der Universität war und ist ein wichtiger Schauplatz deutscher Kultur und Geschichte. Hier lehrten u.a. die Theologen und Philosophen Franz Xaver Baader, Ignaz Döllinger, Joseph Görres, Friedrich Wilhelm Joseph von Schelling und Karl Rahner, die Gesellschaftswissenschaftler Jakob Philipp Fallmerayer, Wilhelm Heinrich Riehl, Max Weber, Karl Alexander von Müller, Heinrich Wölfflin und Karl Bosl, die Sprachwissenschaftler Johann Andreas Schmeller, Karl Vossler, Herman Paul, Carl Kraus und Friedrich von der Leyen, die Naturwissenschaftler Franz Paula Schrank, Karl Friedrich Martius, Justus von Liebig und Max Pettenkofer.

Nobelpreise erhielten die Physiker Wilhelm Röntgen, Wilhelm Wien und Werner Heisenberg sowie die Chemiker Adolf von Baeyer, Richard Willstätter, Heinrich Wieland, Adolf Butenandt, Feoder Lynen und Walther Nernst. Bei den Studenten beliebte Außenseiter waren die Musikwissenschaftler Kurt Huber und der »Theaterprofessor« Artur Kutscher. An der LMU waren u.a. immatrikuliert die Schriftsteller Hans Carossa, Felix Dahn, Ludwig Ganghofer, Hans Theodor Gumppenberg, Hugo Hartung, Ernst Hoferichter, Sebastian Kneipp, Oskar Panizza und Ernst Toller sowie die Politiker Julius Fröbel, Peter Gauweiler, Hildegard Hamm-Brücher, Theodor Heuss, Franz Josef Strauß und Christian Ude.

Die Universität war in der Zeit der Weimarer Republik ein Hort nationaler Strömungen. Professoren und besonders Studenten neigten überwegend dem Nationalsozialismus zu. Bemerkenswert ist der Widerstand der Weißen Rose, in dem sich Studierende wie die Geschwister Scholl und Willi Graf mit Lehrenden wie Prof. Dr. Kurt Huber gegen das Nazi-Regime vereinigten.

Die Alma Mater Monacensis hat ihre mehrheitlich konservative Haltung auch über die Zeit von Studentenrevolten hinweg stets beibehalten. Die »Freiheit der Forschung und Lehre« wurde durch das Bayerische Hochschulgesetz vor einer »Demokratisierung« bewahrt. Doch kann man von einer Massenuniversität sprechen: Die Anzahl ihrer Studenten stieg von rund 11000 im Jahr 1955 innerhalb von fünf Jahren auf 19000. 1970 waren es dann 24000 und bis 1994 hatte sich die Zahl der Studierenden, trotz Numerus clausus und leicht rückläufiger Tendenz, auf rund 62000

*Lichthof im Hauptgebäude der Universität, nach dem Krieg notdürftig gesichert. Photo Juni 1948*

vermehrt. Die größte Universität Deutschlands mit dem vielfältigsten Angebot prägt wesentlich das Gesicht der Maxvorstadt, von der ein Teil nach ihr benannt war.

## Die Technische Universität München

Noch um 1840 war Bayern ausschließlich landwirtschaftlich geprägt. Die Hauptantriebsfeder für die Industrialisierung war die Eisenbahn. 1833 war, um technische Intelligenz im Lande ausbilden zu können, in der Damenstiftstraße die »Münchner Polytechnische Schule« mit Laboratorien, Werkstätten und der »Bibliothek des Polytechnischen Vereins« eingerichtet worden.
1864 wurde beschlossen, auf dem Gebiet zwischen Arcis-, Theresien-, Luisen- und Gabelsbergerstraße einen Neubau von Gottfried Neureuther zu errichten. Bei der Eröffnung der Polytechnischen Hochschule 1868 war der bekannte Vermessungstechniker Karl Maximilian von Bauernfeind (1818-94) der Gründungsdirektor. Es gab fünf Abteilungen: die allgemeine, die mechanisch-technische, die chemisch-technische, Hochbau und Ingenieurbau; 1872 kam die Landwirtschaft dazu. Bekannte Professoren waren neben Bauernfeind und Neureuther u.a. der Maschinenbauer Carl von Linde (künstliches Eis), der Architekt Friedrich von Thiersch und der Physiker Oskar von Miller. Man konnte Staatsexamen ablegen; nur zwölf Mal wurde bis 1900 an Musterschüler wie Rudolf Diesel (1879) ein »Diplom« als Auszeichnung verliehen. 1900 erhielt die Hochschule das Promotionsrecht. Von der Jahrhundertwende an traten Unternehmen wie MAN oder Linde-Eis als Sponsoren auf.
Seit Beginn des Jahrhunderts weitete sich auch die Forschung immer mehr aus. Bis 1916 wurden weitere Institutsgebäude errichtet, auch der von Friedrich von Thiersch entworfene Turm, das Wahrzeichen der Hochschule. In der 20er Jahren entstanden dann die Flügelbauten an der Arcisstraße von German Bestelmeyer und etwa 30 neue Laboratorien. Erfolge konnten nicht ausbleiben, so erhielt Professor Hans Fischer 1930 den Nobelpreis für Chemie.
Das Korporationswesen mit den schlagenden Verbindungen war bis 1914 vorherrschend. Man bemühte sich, Ausländer von der Hochschule zu verdrängen. War die Studentenschaft, die sich z.B. in der Künstler- und Studentenkneipe »Der bunte Vogel« (Barerstraße 53) traf und 1904 einen Allgemeinen Verband der Studierenden gründete, zwischen 1919 und 1926 vorwiegend demokratisch gesinnt, setzten sich dann schon vor der Machtergreifung mit der Gründung des NS-Studentenbundes die rechten Kräfte durch.
In der NS-Zeit mußte dann seit Oktober 1933 jede Vorlesung stehend mit dem »deutschen Gruß« »Heil Hitler« begonnen und beendet werden. Demokraten und Juden wurden vertrieben, es wurde »Deutsche Physik« gelehrt. Zu würdigen ist die Arbeit des Architekten Prof. Alwin Seifert, der sich als »Reichslandschaftswart« bemühte, Naturschutz beim Autobahnbau zu berücksichtigen. In den Vordergrund trat aber militärisch nützliche Forschung. 1937 wurde der Flugzeugkonstrukteur Willy Messerschmitt, der 1930 hier sein Diplom gemacht hatte, Honorarprofessor. Der national eingestellte Nobelpreisträger Prof. Hans Fischer, der für die Machthaber ein Giftgaslaboratorium errichtet hatte, tötete sich nach dem Zusammenbruch des NS-Systems 1945 selbst.

*Wohn- und Geschäftshaus Theresienstraße 78a, erbaut von Karl Stöhr. Photo 1905. Heute stehen an dieser Stelle Neubauten der Technischen Universität*

Am Ende stand 1944 die weitgehende Zerstörung der Gebäude. Erst 1946 konnte der Lehrbetrieb notdürftig wieder aufgenommen werden. Das Hauptgebäude der Technischen Hochschule, das Neureuther errichtet hatte, war fast völlig zerstört und wurde abgerissen. Beim Aufbau mußten Studierwillige, die nicht am Krieg teilgenommen hatten, erst mehrere Wochen Schutt räumen.
Die meisten Professoren wurden wegen ihrer politischen Vergangenheit entlassen, aber nur vorübergehend. Die Wiedereinstellung von durch die NS-Herrschaft Vertriebenen wurde behindert.
Die Hochschule, seit 1970 »Technische Universität«, weitete ihr Stammgelände erheblich aus und errichtete auch außerhalb Anlagen wie in Weihenstephan (Landwirtschaft) und Garching (Atomphysik). Mit rund 400 Professoren, 2500 wissenschaftlichen und 5000 anderen Mitarbeitern sowie 20 500 Studierenden ist die TU heute eine der größten und bedeutendsten Einrichtungen dieser Art. Bekanntester Wissenschaftler ist der Festkörperphysiker Rudolf Mösbauer, der 1961 für die Entdeckung des »Mösbauer-Effektes« den Nobelpreis erhielt und 1964 als Professor an die TU zurückkam.

## Fachhochschule München

1926 wurde die »Höhere Technische Lehranstalt« am Rande der Maxvorstadt in der Lothstr. 34 eröffnet; das

*Der Turm der Technischen Universität an der Gabelsbergerstraße*

Gebäude hatte Stadtbaurat Otto Meitinger geplant. 1939 erfolgte die Umbenennung in »Ingenieurschule der Hauptstadt der Bewegung« und 1946 in »Oskar-von-Miller-Polytechnikum«. 1994 hat die inzwischen erheblich erweiterte »Staatliche Fachhochschule München«, deren Fachbereiche u.a. in der Dachauer-, Erzgießerei- und Karlstraße verstreut liegen, 16500 Studenten.

## Studentenheime

In der Maxvorstadt entstanden und sind noch heute die meisten Studentenverbindungen Münchens.

Ein schwieriges Problem war die Unterbringung der Studenten. Da die Privatquartiere nicht ausreichten, war die Schaffung von Heimen ein wichtiges Anliegen. So wurde das Luisenbad (Luisenstr. 67) 1928 durch German Bestelmeyer im Stil eines Renaissanceschlosses zum größten Studentenhaus Deutschlands umgebaut. Aus der Schwimmhalle wurde eine Mensa; Club-, Lese- und Musikzimmer luden zum Verweilen ein. Die Räume sollten auf einen männlich einfachen, aber doch gemütlich traulichen, eben den süddeutschen Gefühlston abgestimmt sein.« Angegliedert waren Wohnräume, vor allem für Studenten aus dem Ausland. Das Gebäude wurde, wie seine ganze Umgebung, im Krieg zerstört, die Reste entfernt. Heute stehen hier Wohnblocks der 50er Jahre.

Aber es gibt noch und wieder viele Studentenheime verschiedenster Art in der Maxvorstadt. Genannt seien hier die katholischen Heime in der Kaulbachstraße, die evangelischen in der Arcisstraße und die von anderen gemeinnützigen Trägern am Maßmannbergl und am Steinickeweg.

## Studenten

Nach 1945 war man durchwegs unpolitisch, dies änderte sich erst Mitte der 60er Jahre. Die Münchner Universität wurde mit Berlin und Frankfurt zu einem Zentrum der APO (Außerparlamentarische Opposition).

Die zahlreichen Demonstrationen, Sit-ins und Straßenschlachten fanden naturgemäß im Gebiet um die Schellingstraße statt; große Protestkundgebungen gab es auf dem Königsplatz. Der Höhepunkt gewalttätiger Auseinandersetzungen war 1968 nach dem Attentat auf den Studentenführer Rudi Dutschke in Berlin durch einen Leser der Bildzeitung. Bei Demonstrationen vor dem Buchgewerbehaus in der Schellingstraße starben zwei Junge Männer unter ungeklärten Umständen.

Seit den 70er Jahren demonstrieren die Studierenden höchstens noch für Ihre Interessen.

*Haupttrakt des Polytechnikums (Technische Universität) an der Arcisstraße (gegenüber der alten Pinakothek) mit Denkmal für Georg Ohm. Der Bau von Gottfried Neureuther (1868) wurde nach Kriegszerstörungen 1950 durch einen von Robert Vorhoelzer ersetzt. Postkarte um 1900.*

# Schulen

## Maxvorstadtschule

Die »Seidlsche Schule« vor dem Neuhauser Tor wurde 1770 erstmals erwähnt. Die Anstalt in der Schützenstraße 7 wurde 1819 Maxvorstadtschule genannt. Das Gebäude diente von 1829 bis zum Abbruch wegen der Anlage des Bahnhofs 1847 als Kinderbewahranstalt.

## Schulen an der Luisenstraße 29

Kurz nach 1800 mußte vor dem Karlstor eine Schule eingerichtet werden, in der 93 Kinder in 2 bis 3 »Kursen« unterrichtet wurden. Nach verschiedenen angemieteten Räumlichkeiten bezog sie 1829 ein eigens dafür errichtetes zweckmäßiges Schulgebäude (an der Stelle, wo heute das Luisengymnasium steht). 1835 hatte die spätere St. Bonifaziuspfarrschule bereits 397 Schüler und 388 Schülerinnen in je 5 Klassen. Um der Überfüllung (1856 zählte man z.B. 590 Knaben und 503 Mädchen) abzuhelfen, wurde 1865 für 73 000 Gulden an der Luisenstraße 29 ein weiteres Haus errichtet. Von 1872 bis 1882 wurde diese Schule als Simultanschule geführt. 1902/03 wurden in 9 Knaben- und 11 Mädchenklassen (509 + 469) 978 Kinder unterrichtet.

Für die höhere Töchterschule war daneben 1877 ein weiteres Schulhaus errichtet worden. Als diese 1882 vorübergehend in die Briennerstraße zog, wurde in den freigewordenen Räumen eine protestantische Schule eingerichtet, die 1902/03 in 10 Knaben und 9 Mädchenklassen (564 +486) 1032 Kinder beherbergte.

## Schule in der Amalienstraße 76

Bereits 1812 wurden für eine Schule der Schönfeldvorstadt am Wittelsbacher Platz 2 in einem 1810 erbauten und 1880 abgebrochenen Haus Räume angemietet; 1817 wurde dann für diesen Zweck ein Haus in der Schönfeldstraße gekauft. Schließlich wurde das Haus Von-der-Tann-Straße 2 (heute Bayerische Handelsbank) 1829 von Ulrich Himbsel als Schule für die Schönfeldvorstadt errichtet. 1854 baute dieser auch die Eisenbahnstrecke nach Starnberg – teilweise auf eigene Kosten – und begründete die Dampfschiffahrt auf dem Starnberger See. Bekannt war, neben vielen anderen Bauten, das charakteristische Himbselhaus am damaligen Karlsplatz.

In dem »musterhaften Schulhaus« wurden 1834 bereits 341 Schüler und 159 Schülerinnen von fünf Lehrern, fünf Lehrerinnen und zwei Arbeitslehrerinnen unterrichtet, was auf eine durchschnittliche Klassenstärke von 50 Kindern schließen läßt. Die Schule wurde nach der Pfarrei, zu der sie gehörte, dann St. Ludwigschule genannt.

Das Gebäude brannte im Krieg aus und wurde 1951 wieder errichtet.

Die Schule war, da das Gebäude zu klein geworden war, 1887 in das neuerbaute geräumige Schulhaus in der Ama-

lienstraße 76, entworfen vom städtischen Bauamtmann Friedrich Loewel, umgesiedelt. Dort wurden im Schuljahr 1902/03 im 15 Knaben- und 15 Mädchenklassen (611 + 653) Kinder unterrichtet. Prominentester Schüler dieser katholischen Bekenntnisschule war Franz-Josef Strauß.

Heute ist in dem Gebäude die Sprachenschule der Stadt München untergebracht.

## Gabelsbergerschule

Um der anwachsenden Kinderschar gerecht zu werden, mußte 1870 nach einem Plan von Degen im Bereich der Pfarrei St. Bonifaz ein weiteres Schulhaus errichtet werden, man wählte dazu den Platz in der Gabelsbergerstraße 76; 1881 mußten Rückgebäude in der benachbarten Schleißheimerstraße mit mehreren weiteren Schulräumen aufgestellt werden und 1897 folgte ein Anbau im Hof nach einem Entwurf von Carl Hocheder d. Ä.. 1902/03 zählte die Schule im 15 Knaben- und 15 Mädchenklassen (769 + 845) 1614 Kinder. Die Gebäude wurden im Zweiten Weltkrieg schwer getroffen; aber schon 1946 fand hier wieder Unterricht statt, bis der Rest der Bauten dem Gesundheitshaus weichen mußten.

## Türkenschule

Die Schule an der Türkenstraße 68 wurde 1874 von Arnold Zenetti und August Voit erbaut und als Simultanschule eingerichtet, d.h. Katholiken und Protestanten wurden hier in einem Gebäude unterrichtet – eine Besonderheit der Stadt München. Das Ministerium ließ aber keine Simultanschulen als Zwangsschulen zu. Da auch keine solchen aus Bekenntnisschulen entstehen durften, konnten nur neu eingerichtete Schulen gemischt-konfessionell werden. Im Schuljahr 1902/03 wurden in 12 Knaben- und 14 Mädchenklassen (577+651) 1228 Kinder unterrichtet.

*Die Türkenschule mit der historischen Bedürfnisanstalt*

*Die Volksschule am Marsplatz im Jahr ihrer Erbauung. Photo 1890*

*Die Hauptfassade der Schwindschule an der Schellingstraße zwischen
Schwind- und Zentnerstraße, erbaut 1891. Photo um 1900*

## Schule am Marsplatz

Als das Marsfeld mit Mietswohnungen bebaut wurde,
entstand 1890 nach Entwürfen von Friedrich Loewel am
Marsplatz 1 (vorher Einserplatz), inmitten militärischer
Gebäude, ein großes Schulhaus, in dem 1902/03 in 13
Knaben- und 16 Mädchenklassen (783+813) 1596 Kinder
unterrichtet wurden. Das Gebäude wurde im Zweiten
Weltkrieg durch Bomben zerstört.

## Schwindschule
*(zwischen Schwind-, Schelling- und Zentnerstraße*

Als letzte der »alten« Schulen der Maxvorstadt baute der
Architekt Carl Hocheder 1891 die an der Schwindstraße 19.
1902/03 wurden in 14 Knaben- und 15 Mädchenklassen
(794+825) 1619 Kinder unterrichtet.
Das Gebäude diente später u.a. auch als »Suppenanstalt«.
An der Schellingstraße 145 mußte wegen der Schulraum-
not 1903 zusätzlich eine Baracke für Unterrichtszwecke
errichtet werden, die erst 1931 abgerissen wurde.
Die Schwindschule fiel den Bomben zum Opfer und
wurde durch einen Neubau im Stil der 50er Jahre ersetzt.

Heute sind in der Maxvorstadt wegen ihrer Zentralen
Lage, konzentriert um Hauptbahnhof (Luisenstraße) und
Hackerbrücke (Marsplatz) auch mehrere Berufsschulen
untergebracht.

# Luisengymnasium
## von *Georg Simet*

Mit einem Beschluß des Magistrats der Stadt im Jahr 1818, in einer reformfreudigen Zeit, begann der Weg der ersten »Höheren Töchterschule« in Altbayern. Initiator war der Magistratsrat Simon Spitzweg, Vater von Carl Spitzweg, dem Maler kleinbürgerlicher Idyllen: *«Unstreitig kleiden Kenntnisse die Frau ebensogut als den Mann, ebenso wird es jeder Bürgerin namhaft zustatten kommen, ihren Kindern die erste Lehrerin werden zu können, wozu es dem Mann, der an die Geschäfte des Broterwerbs gebunden ist, vielfältig an Muße gebricht.»*
Obwohl ihm und seinen Anhängern von konservativen und klerikalen Kreisen heftiger Widerstand entgegenschlug, setzte er sein Projekt durch. 1822 konnte der Lehrbetrieb im Orgelsaal am Kreuz für 80 Schülerinnen aufgenommen werden. Als Schulmotto galt, *«bildungsfähige Töchter vom Mittelstande und guter Erziehung, die mit 11 oder 12 Jahren den dritten Kurs der Elementarschule rühmlich vollendet haben, und die ihre Umstände nicht zum frühzeitigen Dienen bestimmen,»* auszubilden. Der erste Lehrplan, den die Schule selbst aufstellen durfte, umfaßte Deutsch, Arithmetik mit Schwerpunkt Gewerbe und Haushalt, Einkauf auf dem Viktualienmarkt und Führung eines Haushalts. Daneben wurde noch Französich, Geschichte und Geographie Bayerns, Schreibkunst, Gesang und Hausarbeit unterrichtet. Da die Anmeldungen von Schülerinnen stets größer waren als die Kapazität der Schule, siebte die Schulleitung – übrigens bis heute, von einer Ausnahme abgesehen, von Männern gestellt – nach einem durchaus modern klingenden Prinzip aus: *«Es mögen dann die allzu gebrechlichen Püppchen unter den schützenden Fittich der sorgsamen Mutter oder in ein allgefälliges Privatinstitut abwandern. Die Schule geht ihren ersten Gang.»*
Da die Zahl der Schülerinnen trotzdem immer mehr anwuchs, die Stadt jedoch kein angemessenes Schulgebäude errichten wollte – in der Zwischenzeit hatten die Traditionalisten wieder das Sagen –, mußte die Schule insgesamt sechsmal umziehen. Seit 1882 ist sie in der Luisenstraße, nach der sie später auch benannt wurde.
1871 kam ein Schulleiter aus Baden, dem liberalsten Land in Deutschland, brachte einen Schwung neuer Ideen mit und reformierte im Einklang mit staatlichen und städtischen Behörden die Schule 1875 von Grund auf: aus der dreistufigen wurde eine sechsstufige Oberschule, der Lehrplan wurde dem der »männlichen« Gymnasien angeglichen, und damit waren die Luisianerinnen zumindest auf dem Papier gleichberechtigt; nur studieren durften sie in Bayern noch nicht. Dazu mußten sie ins »deutsche« oder »europäische« Ausland.
1901 errichtete Theodor Fischer ein neues, großes Gebäude, das Elemente, die von Mittelalter und Renaissance inspiriert waren, mit dem Jugendstil verband.
Im Ersten Weltkrieg diente diese Schule, wie die meisten, teilweise als Lazarett. Während der Zeit der Münchner Räterepublik vom Februar bis Mai 1919 ruhte der Schulbetrieb weitgehend. Ab 1933 wurde auch das »Luisen« arisiert und nazifiziert. Ein ehemaliger Lehrer erzählte, daß es damals zwei Lehrerzimmer gab: eines für überzeugte und karrieresüchtige Kollegen/Innen, die mit »Heil Hitler« ins offizielle Lehrerzimmer polterten, und das inoffi-

*Aula der Luisenschule, errichtet von Theodor Fischer in einer Mischung von Jugenstilelementen und mittelalterlichen Formen.*

zielle, der Vorbereitungsraum der Mathematiker, wo man mit »Guten Morgen« und »Grüß Gott« eintrat. Deutsche Schrift und deutsche Physik, vorwiegend Kriegsgeschichte und Sport rückten jetzt in den Mittelpunkt; daneben blieben Hauswirtschaft, Kochen, Handarbeit und Kindererziehung – die als typisch »weiblich« geltenden Fächer – erhalten und wurden verstärkt unterrichtet.
Der Schulbetrieb erlosch in einer Bombennacht des Jahres 1944. Fast zwei Drittel der Bausubstanz waren zerstört. Zwischen 1945 und 1950 wurde das Gebäude notdürftig wiederaufgebaut und erst mit der Renovierung 1991 abgeschlossen, zeigt sich das Hauptgebäude wieder so, wie es Theodor Fischer konzipiert hatte.
In den letzten Jahrzehnten hat sich auch das Innenleben der Schule stark verändert. In den 70er Jahren, als sich das Konzept der Koedukation allgemein durchzusetzen begann, wurde auch das »Luisen« für Jungen geöffnet. Mit Beginn der Kollegstufe setzte eine neue Tradition ein, die bis heute dazu geführt hat, daß in fast jedem Schülerjahrgang Leistungskurse in den Fächern Musik und Kunst zustandekommen, die mit Konzerten, Opern und Ausstellungen das Schulleben enorm bereichern. Ein Chor, bestehend aus ehemaligen Schülerinnen und Schülern, dürfte eine Ausnahme in München sein.
In diese Zeit des Umbruchs in den 70er Jahren wurde das Motto der »angstfreien Schule« geprägt, dem sich bis heute die Kollegen und Kolleginnen verpflichtet fühlen, was einen sehr menschlichen und zwanglosen Umgang von Schülern und Lehrern zur Folge hat. Das zweite pädagogische Prinzip: »Schule ist nicht die Summe der gehaltenen Unterrichtsstunden« wird bis heute insofern praktiziert, daß über den Unterricht hinaus eine Fülle von Aktivitäten bis hin zu Schülerstreiks (wegen fehlender Lehrer), Menschenketten (gegen Ausländerfeindlichkeit) und Fahrten nach Wackersdorf zum Schulleben gehören. Eine ganz normale Schule? Zumindest insofern nicht, daß jede Klasse einmal jährlich eine Woche im schuleigenen Landheim am Starnberger See verbringen darf, das eine ehemalige »Luisianerin« in Form einer Stiftung dem Luisengymnasium »vererbt« hat.
Ein Gebäude mit der wohl schönsten Aula in München, eine aufgeschlossene Lehrer- und Schülerschaft, ein Landheim und Aktivitäten unterschiedlichster Art, schafft wohl das, was als der »Luisengeist« beschworen wird.

# Kgl. Maxgymnasium

Münchens Tradition als Schulstadt reicht bis ins Mittelalter zurück. Das Jesuitengymnasium (später Wilhelmsgymnasium), das mit seiner humanistischen Ausbildung besonders Theologen und Juristen hervorbringen sollte, wurde 1559 gegründet. Wegen Überfüllung mußte 1824 die Anstalt geteilt werden und das Ludwigsgymnasium entstand. Da die Bevölkerung und das Bildungsinteresse weiter stark anwuchsen, wurde von König Max II. am 12. Mai 1849 als drittes das Max(imilians)gymnasium gegründet, das den Unterricht in der Herzog-Maxburgstraße aufnahm. 1869 erhielt die Schule Räume im Damenstiftgebäude (Ludwigstraße), dessen Hof wurde zum Turnplatz. Bekannteste Schüler in dieser Zeit waren der spätere Nobelpreisträger Max Planck (1867/74), Sohn eines Jura-Professors aus der Briennerstraße 33, und Kronprinz Rupprecht (1882/6). Die Rektoren waren stets herausragende Altphilologen: 1886 hatte man 651 Schüler; 1912, beim Umzug in das neue Gebäude an der Morawitzkystraße in Schwabing, waren es nur noch 497.

# Kgl. Realgymnasium

*»Bei dem raschen Aufschwunge, welchen sowohl das Gewerbe als auch die Industrie und Technik nahmen«,* mußten entsprechende Bildungseinrichtungen geschaffen werden. Am 4. Mai 1864 beschloß man daher ein Realgymnasium einzurichten, um »junge Leute für die Polytechnische Schule (Technische Universität) zu befähigen«. Ein »Absolutorium« an dieser Schule sollte aber nicht nur zum Studium von »Bauwesen, Maschinentechnik, chemische Technik und Handel und Verkehr« berechtigen, sondern generell zum Übertritt an die Universität.

Am 1. Oktober 1864 wurde der Unterricht im städtischen Schulgebäude an der Luisenstraße aufgenommen, bereits 1867 konnte dann ein »Neubau« in der Elisenstraße 1 bezogen werden. Der Mietvertrag für dieses umgebaute Wohnhaus mit sechs Räumen, *«höchst ungeeigneten Lokalitäten, welche der Würde und Zwecke einer öffentlichen Lehranstalt nicht entfernt entsprechen«,* lief 1871 ab. Die Schule zog nun in den südlichen Teil des Damenstiftgebäudes (Ludwigstraße 23) ein. Man war auch auf praktische Ausbildung und die Erweiterung des Lehrangebotes bedacht. 1878 wurde ein eigener »Botanischer Garten« unmittelbar neben der Anstalt erworben. *«Bei der Auswahl der Gewächse wurden besonders die gewöhnlichen Getreide- und Gemüsearten nebst den wichtigeren Pflanzen aus der Umgebung Münchens berücksichtigt.«* Die Schülerzahl schwankte zwischen 200 und 75, die Klassenstärke war bis zu 61 Schülern; man litt unter Platzmangel. *«Der Aufenthalt in den langen, schmalen Schulzimmern, namentlich in den gegen die Ludwigstraße zu gelegenen,*



◀ *Die Fassade der Luisenschule, heute Städtisches Gymnasium, errichtet als Höhere Töchterschule 1901 von Theodor Fischer*

*wurde eine Qual für Lehrer und Schüler. Der Straßenlärm, verursacht durch den gewaltigen Verkehr, der gerade in der Ludwigstraße sich bemerkbar macht, ging Lehrern und Schülern auf die Nerven, machte es außerdem unmöglich, während des Unterrichts die Fenster zu öffnen und frische Luft zuzuführen. Außerdem mußte vom Gaslicht in zahlreichen Räumen ein sehr ausgiebiger Gebrauch gemacht werden.«*

Besonders Söhne von Kaufleuten, Technikern und aufstrebenden Handwerkern besuchten die Anstalt. Einer dieser Schüler war der Sohn des Erzgießers Ferdinand Miller und Großneffe von Johann Baptist Stiglmaier, Oskar Miller (1855-1938). Er war ein eher mäßiger Schüler und wechselte deshalb vom Maximiliansgymnasium auf das Realgymnasium, wo er besser vorankam. Nach dem Absolutorium wurde er Techniker und organisierte 1882 die erste Elektrizitäts-Fernübertragung in Deutschland für eine Elektizitätsaussstellung im Glaspalast. Auf ihn geht auch die Gründung des »Deutschen Museums für Meisterwerke der Naturwissenschaft und Technik« zurück. Er wurde einer der bekanntesten Männer in München, ja in ganz Deutschland.

Durch die um 1900 auf weit über 200 gestiegene Schülerzahl mußte man im Jahr 1907 Klassen in die Kgl. Baugewerbeschule (Gabelsbergerstraße 23) auslagern. Nachdem die Kreislehrerinnenbildungsanstalt aus dem Nordflügel des Damenstiftsgebäudes ausgezogen war, konnte das ganze Realgymnasium dort vereinigt werden. Der Hofraum mußte allerdings mit dem Maxgymnasium geteilt werden, wobei *«Störungen des guten Einvernehmens zwischen den Schülern sehr selten vorkamen.«*

Beim Einzug in das, wieder in Verbindung mit dem Maxgymnasium errichtete, neue Gebäude an der Siegfriedstraße in Schwabing 1912, hatte man schon über 900 Schüler. Die Schule wurde 1918 in »Altes Realgymnasium« und 1966 in »Oskar-von-Miller-Gymnasium« umbenannt.

# Wittelsbacher Gymnasium

Am 17.9.1906 erfolgte am Marsplatz 1 der erste Spatenstich für das Schulgebäude, dem am 26.6.1907 der Name Wittelsbacher Gymnasium verliehen wurde. 1910 zählte man 490 Schüler. Im Januar 1920 wurden ihm die 6 Klassen des benachbarten Kadettenkorps als »Reale Gymnasialklassen« angegliedert.

In die Literatur ging die Schule durch die Novelle ihres Schülers Alfred Andersch »Der Vater eines Mörders« ein. Der Dichter aus Neuhausen beschreibt in dieser, auch ausgezeichnet verfilmten, Geschichte die gnadenlose Behandlung, die die Schüler durch Lehrer erfuhren. Besonders wird Direktor Himmler charakterisiert, der Vater des Reichsführer-SS Heinrich Himmler. Rechtsanwalt und Ex-Stadtrat Otto Gritschneder, auch Schüler der Anstalt, lieferte mit seinem Beitrag »Anderschens Märchen« eine Berichtigung aus seiner Sicht.

Heute bietet das staatliche Gymnasium einen humanistischen Zweig mit Griechisch und einen neusprachlichen. Das Engagement und die Aufgeschlossenheit der Lehrerinnen und Lehrer schaffen ein gutes Klima für Schülerinnen und Schüler. Dazu trägt auch das musikalische Angebot mit Chor und Orchester bei.

# Stadtbezirke und Bezirksausschüsse

## Einteilung

Nach einer Verordnung von 1818 mußten größere Städte in Bayern in Bezirke und Distrikte eingeteilt werden. In München hielt man sich an die Grenzen der Steuergemeinden. Die Maximiliansvorstadt war im Süden von der Achse der heutigen Landsberger Straße/ Bayerstraße begrenzt, dann von Maximilians- und Odeonsplatz. Die Grenze nach Westen bildete der Rand des Marsfeldes (mit der heutigen Maillingerstraße), dann Nymphenburger- und Lothstraße bis zur Dachauer Straße; dort stadteinwärts bis auf Höhe der heutigen Winzererstraße und diese entlang nach Norden bis auf Höhe der Hohenzollernstraße. Deren Verlauf bildete etwa die Nordgrenze gegen Schwabing. Vom Nikolaikircherl nach Süden war die noch geschwungene Schwabinger Landstraße (etwa Ludwig- und Leopoldstraße) die Grenze nach Westen zur Schönfeldvorstadt. Diese schloß noch den heutigen Nikolaiplatz sowie den Englischen Garten samt Kleinhesseloher See mit ein und hatte als südliche Begrenzung etwa die Linie der heutigen Von-der-Tann- und Prinzregentenstraße.

Im ersten Jahrgang des »Münchner Jahrbuch. Kalender für Bureau, Comptoir und Haus 1888« (München 1887) findet sich neben vielen anderen statistischen Angaben auch die Einteilung der Stadtbezirke und Distrikte. Die heutige Maxvorstadt umschließt dabei im wesentlichen die damaligen Stadtbezirke V bis VIII sowie XIII, in dem Schönfeldvorstadt, Englischer Garten und Lehel zusammengeschlossen waren. Zu beachten ist dabei allerdings, daß die Nordgrenze der Bezirke V, VI und XIII erst 1909 (nach der Eingemeindung Schwabings 1890) auf die Höhe der Georgenstraße und Veterinärstraße gelegt wurde. Diese Stadtbezirke, die heute die Maxvorstadt bilden, wurden also z.B. um Hermannstraße (Hohenzollernstraße), Leopoldstraße oder Türkengraben (Kurfürstenstraße) verkleinert.

## Statistik 1887

Der V. Stadtbezirk hat 21 261 Einwohner bei 4530 Familien und 629 Anwesen. Er umfaßt folgende Straßen (in der Klammer die Nummer des Distriktes):
*Adalbertstraße, exclusive Nr. 94, 1-15, 2-36 (18), 17-53, 38-76 (19), Akademiestraße (18), Amalienstraße 1, 92-95 (14), 3-14, 80-91 (15), 15-30, 69-79 (16), 31-68 (17), Blüthenstraße (6), Briennerstraße 1-8c, 50-56 (3), Finkenstraße (12), Fürstenstraße (13), Gabelsbergerstraße 1-9, 82-86 (4), Georgenstraße (23), Glückstraße (14), Hermannstraße [später: Hohenzollernstraße] 1,2 (22), Jägerstraße (12), Kletzenstraße (14), Ludwigstraße 9-24 (1), 1-8, 25-31 (2), Nordendstraße (20), Rambergstraße (21), Schellingstraße 1-27, 2-28 (10), 29-53, 30-52 (11), Schönfeldstraße 1a (13), Theresienstraße 46-72 (7), 21-35, 26-44 (8), 1-19, 2-24 (9), Türkengraben 1-23, 55-61 (21), 24-54 (22), Türkenstraße 2-34, 3-17 (4), 19-49, 36-66 (5), 68-98, 51-95 (6), Von-der-Tannstraße 29-30 (13), Wittelsbacherplatz (3).*

*Propyläen mit dem Königsplatz als Parkplatz. Photo 1978*

Der VI. Stadtbezirk hat 27 306 Einwohner bei 6336 Familien und 808 Anwesen. Er umfaßt folgende Straßen (in der Klammer die Nummer des Distriktes):
*Adalbertstraße 92,94 (19), Arcisstraße 1-7, 31-34 (7), 8-30 (19), Arcostraße (3), Augustenstraße 1-23, 2-30 (9), 53-83, 62-84 (12), 25-51, 32-60 (15), 85-113, 86-116 (16), Bahnhofplatz 5-7 (1), Barerstraße 1-13, 2-20 (4), 15-25, 22-40 (10), 27-67, 42-86 (22), Briennerstraße 9-16, 44-49 (10), 17-43 (11), Elisenstraße (2), Enhuberstraße (21), Gabelsbergerstraße 10-30, 72-81 (13), 31-47, 55-71 (14), Heßstraße 1-29, 18-50 (18), 2-16 (23), 31-59, 54-84 (24), Karlstraße 1, 2-8 (4), 3-21, 10-26 (6), 23-29, 28-34 (7), 31-47, 36-50 (8), 52-54 (9), Karolinenplatz (10), Königsplatz (10), Louisenstraße 1-14 (8), 16-30, 43a-49 (17), 33-42f (18), Luitpoldstraße (2), Max-Josephstraße (5), Ottostraße 1-3b, 11-15 (4), 4-10 (5), Prielmayerstraße (1), Rottmannstraße 1-22. (15), Schellingstraße 100, 113 (18), 55-75, 56-68 (23), 106-116, 115-125 (24), Schnorrstraße (22), Schraudolfstraße (23), Schützenstraße (1), Schwindstraße (24), Sophienstraße (3), Steinheilstraße (17), Theresienstraße 63-95, 126-160 (20), 37-61, 74-124 (21), Trauerstraße [heute:Anfang der Tengstraße] (19), Zieblandstraße (22).*

Der VII. Stadtbezirk hat 9232 Einwohner bei 2325 Familien und 289 Anwesen. Er umfaßt folgende Straßen (in der Klammer die Nummer des Distriktes):
*Dachauerstraße 61-85, 64-88 (7), 87-155, 90-96 (8), Erzgießereistraße 1-14, 40-47 (3), 18-38 (4), Gabelsbergerstraße 48-54 (2), Kreittmayrstraße (4), Linprunnstraße 64-78 (3), 1-18, 89-102 (5), 19-41, 84-88 (6), Loristraße südl. der Linprunnstr. (3), nördl. der Linprunnstr. (8), Lothstraße südl. der Linprunnstr. (3), 24-60 (8), Rauchstraße [später:Lazarettstraße] (8), Rottmannstraße 23-26 (1), Sandstraße 1-6, 15-40 (7), Schleißheimerstraße 1-13, 2-20 (1), 17-123, 32-106 (2), Thorwaldsenstraße (3), Wiesenfeldplatz [später: Maßmannplatz, heute Maßmannstraße/Ecke Dachauer Straße] (8).*

Der VIII. Stadtbezirk hat 13 723 Einwohner bei 2977 Familien und 356 Anwesen. Er umfaßt folgende Straßen (in der Klammer die Nummer des Distriktes):
*Bahnhofplatz 4 (11), Blutenburgstraße (12), Dachauerstraße 1-27, 2-30 (4), 29-51, 32-58 (5), Hasenstraße [heute: Seidlstr.] (8), Herbststraße (11), Hirtenstraße (10), Hopfenstraße (9), Karlstraße 49-93, 56-88 (6), 95-109, 90-124 (7), Lämmerstraße (10), Maillingerstraße 1, 14 (11), Marsfeldstraße (12), Marsstraße 13-27 (9), 1-12, 28-42 (8), Nymphenburgerstraße 1-19, 66-73 (1), 20-27, 51-65 (2), 28-49 (3), Pfefferstraße (11), Salzstraße (11), Sandstraße 7-14a (7), Spatenstraße (9), Stiegelmayerplatz (1), Weinbierlhof (9).*

Der XIII. Stadtbezirk hat 11 478 Einwohner bei 2860 Familien und 561 Anwesen.
Die zur Schönfeldvorstadt gehörigen Distrikte 9-18 umfassen folgende Straßen (in der Klammer die Nummer des Distriktes):
*Englischer Garten (13), Galleriestraße (9), Gartenstraße nun Kaulbachstraße, Giselastraße (16), Grube, an der (17) [= heute Nikolaiplatz und Maria-Josepha-Straße in Schwabing], Hahnenstraße (11), Herzog-Rudolfstraße (9), Kaulbachstraße 1-41, 2-34a (12), 45-83, 36-88 (14), Königinstraße 1-41, 2-12b (13), 43-97, 14, 14a, 16 (15), Leopoldstraße [heute: Ohmstraße] (16), Schönfeldstraße 1 u.2-20 (11), Schwabingerlandstraße (16), Veterinärstraße (14), Von d. Tannstraße 1-28 (10), Winterstraße (18), Wolfstraße [heute: Leopoldstraße] (9).*

## Zusammenlegung

1909 wurde auch der V. Stadtbezirk (später Maxvorstadt-Universität) um die Schönfeldvorstadt bis zum Englischen Garten erweitert, der alte VII. (heutiges St. Benno-Viertel) und VIII. (nördliches Bahnhofsviertel) zum VIII. (später Maxvorstadt-Marsfeld) um das Marsfeld erweitert und vereinigt sowie der alte VI. in den VI. (später Maxvorstadt-Königsplatz) und VII. (später Maxvorstadt-Josefsplatz) aufgeteilt. Am 1.1.1983 wurden dann noch der VI. und VIII. zum VI. Stadtbezirk (Maxvorstadt Königsplatz-Marsfeld) zusammengeschlossen.
Am 1.9.1992 wurden die drei Stadtbezirke 5, 6 und 7 zum Stadtbezirk 3 (Maxvorstadt) vereinigt; ab März 1996 werden die Grenzen begradigt.

## Bezirksausschüsse
*von Klaus Bäumler*

1947 wurden die Münchner Bezirksausschüsse eingerichtet. Sie werden nach dem jeweiligen Ergebnis der Stadtratswahl im Stadtbezirk von den Parteien besetzt. Als Mittler zwischen den Bürgern im Stadtviertel und dem »Rathaus« sind sie das Ergebnis der »Demokratie-Diskussion« nach dem Zweiten Weltkrieg, als es darum ging, bürgerschaftliches Engagement in der anonymen Großstadt von unten her zu wecken und die Bürger in unmittelbaren Angelegenheiten ihres Wohnquartiers »mitreden« zu lassen. Den Münchner Bezirksausschüssen sind heute in Angelegenheiten, die den Stadtbezirk betreffen, förmliche Anhörungsrechte, Unterrichtungs- und Vorberatungsrechte eingeräumt. Dem sog. Antragsrecht, durch das unmittelbar Probleme und Lösungsvorschläge ins »Rathaus« und in die Stadtverwaltung »eingespeist« werden, kommt in der Praxis größte Bedeutung zu.
Das wachsende Interesse der Bürger am überschaubaren Wohnbereich, an der Nachbarschaft in der Großstadt und an der Historie des eigenen Lebensraumes hebt die Stellung der Bezirksausschüsse als »eigenständige lokale Organe«. Auch wenn den Bezirksausschüssen in München – aus vordergründigen tagespolitischen Erwägungen des Landesgesetzgebers – derzeit keine Entscheidungsbefugnisse übertragen werden können, haben sie über ein halbes Jahrhundert hinweg durch harte, beständige ehrenamtliche Sacharbeit in der Münchner Kommunalpolitik eine feste Position gegenüber Stadtrat und Verwaltung errungen. Entscheidungsbefugnisse für die Münchner Bezirksausschüsse würden die Mitglieder des Stadtrats von vielen »kleinen Dingen« entlasten und Zeit und Kraft der 80 gewählten Stadträte für die großen Probleme Münchens freimachen. Zugleich würde die bürgerliche Selbstverantwortung im Quartier belebt, der Zusammenhalt in der Nachbarschaft und die Anteilnahme an den Belangen der Gesamtstadt gefördert. Denn Engagement entwickelt sich aus persönlicher Betroffenheit heraus im überschaubaren Wohn- und Lebensbereich und weitet sich dann über die Grenzen des Stadtbezirkes hinweg.

# Vereine und Initiativen

## Katakombe
### *von Klaus-Ulrich Högg*

München und Künstler – das ist für viele Schwabing. Und so bezeichnet sich auch die Katakombe als »Schwabinger Brettl«. Doch war sie nie in Schwabing zuhause. Sie ist geboren am Stachus, aufgewachsen in der Maxvorstadt, wo sie 1990 das Schwabenalter unter der rührigen Leitung von Werner und Nanette Bald erreichte. Wer am ersten Donnerstag im Monat eine »Sitzung« im traditionsreichen Rhaetenhaus an der Luisenstraße besucht, sieht sich in ein buntes Völkchen von Literaten, Malern, Musikern, Rezitatoren aufgenommen, in ein Stimmengewirr versetzt, das neugierig werden läßt. Temperamentvoll begrüßt Nanette die erwartungsvollen Gäste. Launische Zwischenbemerkungen ihrer besseren Hälfte Werner würzen bereits den Beginn. Doch dann das Programm: eine bunte Mischung aus Literatur, Gesang und Instrumentalmusik, Ernstem und Heiterem, abgestimmt auf die Jahreszeit, rollt über die improvisierte Bühne.

Zum vierzigsten Geburtstag ließ Werner Bald die Geschichte der Katakombe Revue passieren. 1950 gründete Karl Theodor Langen mit Gleichgesinnten im Keller der Mathäserruine am Stachus eine Gruppe, die sich die Wiederbelebung und Pflege des alten Schwabinger Künstlertums zur Aufgabe machte. Mit dabei waren der legendäre Peter Paul Althaus, Eugen Roth, Werner Finck und der inzwischen fast vergessene Ernst Klotz, gelegentlich auch der Bundespräsident Theodor Heuss. Von den vielen Besuchern zeugt ein dickes Gästebuch. Es wurden eigene Lyrik, Prosa, Musik vorgetragen, besprochen, kritisiert – und gefeiert. Wie primitiv die äußeren Umstände waren, illustriert Werner Bald mit den sanitären Verhältnissen: Eine durchgerostete Regenrinne diente den männlichen Besuchern als Toilette! Das aber tat der Stimmung und dem Schaffensdrang keinen Abbruch. Dem Domizil entsprechend nannten – und nennen sich noch – die Mitglieder der Katakombe »Asseln«, nach den urtümlichen Panzertierchen, die in dunklen, feuchten Kellerräumen leben. Nach vielen Zwischenstationen, immer am Rande Schwabings, genannt sei nur die Max-Emanuel-Brauerei, landeten die Asseln schließlich im Rhaetenhaus und führen dort mit Schwung und liebevoller Raunzerei die Tradition weiter. Kurt Niklasch rezitiert unvergleichlich bekannte und fast vergessene Schwabinger Dichter, der Mundpoet Franz Ringseis liest Eigenes, der Dichter-Pfarrer Oskar Loy war oft ›daboy‹ – wie ihn Werner Bald immer ankündigte. Aber auch die Oberasseln Werner und Nanette leisten mit Eigenem ihren Beitrag. Gretl Falkensteiner, eines der letzten Altmünchner Originale, begeistert mit ihren Couplets zur Gitarre, etwa der eigenen Fassung von Schillers »Bürgschaft«. Jutta Makowski, Monika Pauderer und Elisabeth Obalski-Hüfner seien stellvertretend für viele genannt. Mancher heute Prominente des Münchner Kulturlebens wagte seine ersten Schritte auf der Kleinkunstbühne in der Katakombe, zum Beispiel Fritz Fenzl. Ein musikalischer Höhepunkt ist immer die Fraunhofer Saitenmusik. Einmal im Jahr wird die »Literatenkerze« der Katakombe an bekannte und noch unbekannte Autoren verliehen. Und schließlich gibt es bei Nanette immer eine Überraschung, ein »Improvisation«. Eine Ausstellung von Gemälden, Photographien, Skulpturen begleitet jede Katakombensitzung. Für ihr Wirken erhielt die Katakombe 1975 den Schwabinger Kunstpreis und 1985 die Medaille »München leuchtet«.

## Bürgerkreis Maxvorstadt e. V.

Der Bürgerkreis Maxvorstadt wurde 1980 von Klaus Bäumler und seinen Freunden aus dem damaligen Stadtbezirk 5 (Maxvorstadt-Universität) gegründet. Er ist überparteilich und hat als Vereinszweck: »Wahrung und Förderung bürgerschaftlicher Belange in der Maxvorstadt; Förderung des aktiven nachbarschaftlichen Zusammenlebens; Erhaltung und Förderung des kulturellen Lebens, einschließlich des Denkmalschutzes und der Erhaltung und Schaffung von Grünflächen. Der Verein wird ein Stadtteilarchiv einrichten und nach Möglichkeit stadtteilbezogene Veröffentlichungen im Rahmen der Satzungszwecke herausgeben. «

1987 wurde im damaligen Stadtbezirk 7 (Maxvorstadt-Josephsplatz) von Barbara Marc mit ähnlicher Zielsetzung der Bürgerverein Maxvorstadt e. V. gegründet. 1992 wurde dieser unter dem Vorsitz von Dr. Reinhard Bauer (Tel. 3542870) mit dem Bürgerkreis vereinigt. Hier werden Führungen, Vorträge, Lesungen (oft im Antiquariat Husslein), Besichtigungen und Ausstellungen (meist in der Stadtbibliothek Maxvorstadt) veranstaltet und Publikationen über das Viertel herausgegeben und unterstützt. Eine Dokumentation ist in Arbeit. Ein Schwerpunkt war dabei in den letzten Jahren, Geschichte und Gegenwart der Maxvorstadt anschaulich zu machen.

## Aktion Maxvorstadt – eine erfolgreiche Bürgerinitiative *von Rainer Musselmann*

Im Winter 1970/71 fand sich eine kleine Gruppe von Bürgerinnen und Bürgern zusammen, um ein Forum gegen Mietervertreibung, Luxussanierung und Zweckentfremdung von Wohnraum im Universitätsviertel zu schaffen. Aus dem losen Zusammenschluß ist die am längsten arbeitende Bürgerinitiative Münchens hervorgegangen. Ihr Charakter hat sich über all die Jahre nicht verändert, auch wenn Namen wechselten oder Mitglieder in andere Stadtviertel zogen. Mitarbeiten kann jeder; es wird kein Beitrag erhoben, es gibt keine Satzung und schon gar nicht eine gemeinsame Meinung. Das Engagement ist freiwillig und oft tritt es hinter die Notwendigkeiten in Familie oder Beruf wieder zurück. Es sind engagierte Menschen, Künstler, Handwerker, Studenten, Professoren und Rentner, die sich nicht passiv mit den Veränderungen ihrer Umwelt zufrieden geben, sondern aktiv im Rahmen ihrer Möglichkeiten Einfluß nehmen wollen.

So stand am Anfang 1971 eine Druckschrift, verfaßt von Prof. Dr. Suerbaum, in der insbesondere die Ausweisung der Maxvorstadt als Kerngebiet im Flächennutzungsplan scharf attackiert wurde. Dies hätte den Umbau der Maxvorstadt in ein Universitäts-, Büro- und Bankenviertel und die Vertreibung der angestammten Wohnbevölkerung bedeutet. 1971 unterstützten 12 000 Bürgerinnen und Bürger durch Unterschriften den Kampf gegen den Tod der Maxvorstadt. In einer Ausstellung im Pfarrsaal von St. Ludwig nannte die Aktion Maxvorstadt die Fakten: Innerhalb von neun Jahren waren 20 Prozent der Bewohner des Universitätsviertels verzogen, 86 Prozent davon unfreiwillig. Mehrere Aktionen in den Folgejahren richteten sich gegen Luxussanierung im Viertel, gegen Umwandlungsspekulation und gegen Leerstehen von Wohnraum.

Im Mai 1979 feierte die Aktion Maxvorstadt die Erhaltung des Leopoldparkes, die nach langem Kampf unter reger Anteilnahme der Bürger gegen die Bebauungspläne der Universität durchgesetzt wurde. Den Sieg trübte die Bebauung eines großen Teils des Parkes durch das Erzbischöfliche Ordinariat im Jahre 1981. Einen Erfolg konnte die Aktion Maxvorstadt auch 1991 verbuchen. Wollte der Freistaat Bayern noch 1990 auf dem Gelände der ehemaligen Türkenkaserne Universitätsbauten und eine große Tiefgarage mit 700 Stellplätzen errichten, so verkündete der Kultusminister nach Bürgerprotesten die Planung von Museumsbauten und die Ausschreibung eines neuen Ideenwettbewerbes.

Gegen den Protest der Bürger, des Bezirksausschusses und der Denkmalschützer wurden 1993 die Forstwissenschaftlichen Institute Schellingstraße 10-12 und Amalienstraße abgerissen. Seitdem klafft hier hinter einem großen Bauzaun eine begrünte Baulücke als Mahnmal für die Macht der Institutionen. Sinnigerweise sollen hier statt der architekturgeschichtlich wertvollen Bauten neue Gebäude für die Historischen Institute der Universität entstehen.

Breiten Raum nahmen Aktionen gegen die zunehmende Verkehrsbelastung ein. Der Vollzug der autogerechten Stadt trieb mitten durch das Stadtviertel die Schneise des Oskar-von-Miller-Rings. Die Sünden der damaligen Verkehrsplanung wurden in den Bürgerversammlungen bis heute immer wieder aufgezeigt, doch während in anderen Vierteln die Klagen der Bewohner berücksichtigt wurden, drängelt sich der Verkehr weiter durch die Wohnstraßen der Maxvorstadt in Richtung Osten und Westen.

1979 wurde die erste Straße verkehrsberuhigt. Die lange geforderte Sperrung der Türkenstraße war jedoch nur im Rahmen einer Stadtteilwoche vorübergehend möglich. Auch die seit Jahren von Politikern versprochene Parklizenzierung im Universitätsviertel ist noch nicht erreicht.

Das Engagement der Aktion Maxvorstadt fand Unterstützung in der Pfarrei St. Ludwig, wo auch in den Anfangsjahren die regelmäßigen Treffen stattfanden. Später kam man im Stadtteilbüro des Bezirksausschusses zusammen. Die Aktivitäten der Aktion wurden in zwei Büchern dokumentiert; erinnert sei hier an das Wirken der inzwischen verstorbenen großen Damen von Graevenitz und Ingeborg Richartz. Überhaupt ist bezeichnend, daß sich hier nicht nur die jüngere und die mittlere sondern auch die ältere Generation besonders engagiert.

*Das ehemalige Landesversorgungsamt in der Heßstraße 89 wurde 1957 von Wassili und Hans Luckhardt im Stil des »Neuen Bauens« errichtet. Nach einer Nutzung als Asylbewerberheim, besonders für Tamilen, wurde das bemerkenswerte Bauwerk, trotz Protesten der Fachwelt, 1989 dem Erdboden gleichgemacht. Später soll auf dem Gelände die Staatliche Fachhochschule erweitert werden. Photo 1989*

# Straßennamen

## Orte und Gegebenheiten

Die Maxvorstadt ist fast gänzlich nach Plan entstanden, erst im 19. Jahrhundert und dann wieder nach 1945. Ebenso gezielt wurden die meisten Straßennamen ausgesucht; nur wenige sind durch den natürlichen Gebrauch entstanden. Dazu zählen die fünf Verkehrsverbindungen, die bereits vor 1795 in diesem Gebiet bestanden:

Die *Schwabinger Landstraße*, die wichtigste Nord-Süd-Verbindung, über der man von München, vorbei an Schwabing, in Richtung Ingolstadt (Nürnberg) und Freising (Landshut-Regensburg) Verbindung hatte. Sie verlief in leichten Windungen auf der oberen Hangkante über dem Isartal leicht östlich der heutigen Ludwig- und Leopoldstraße.

Die *Schleißheimer Straße* zog sich unterhalb der nächsten Geländestufe von der Dachauer Straße nach Norden. Die Straße folgte ursprünglich dem Zug der heutigen Lerchenauer Straße weiter nordwestlich nach Feldmoching und Schleißheim, dann auch zur Georgenschwaige (=Milbertshofen). Sie wurde seit dem 14. Jahrhundert *Rennweg* (=Reitweg) genannt. Nach der Anlage des Schloßes Schleißheim im 17. Jahrhundert wurde sie nördlich vom Nymphenburg-Biedersteiner Kanal (beim heutigen Petuelring) schnurgerade nach Norden weitergezogen. Auf diese Zeit dürfte auch der Name zurückgehen.

Die *Dachauer Straße* hieß im Mittelalter in Stadtnähe noch *Mosserstraße* (Moosacher Straße). Sie zog einst als Feldweg nach Nordwesten. Der gerade Ausbau kam mit der Anlage der Maxvorstadt.

Wichtiger war auch die *Nymphenburger Straße*, benannt nach dem Schloß, das 1664 erbaut wurde und sich zur Sommerresidenz der Wittelsbacher entwickelte. Die Straße nach Neuhausen war einst die wichtigste Verbindung nach Westen, auch nach Dachau und Augsburg. Der *Fürstenweg* begann ursprünglich bei der Residenz. Das Teilstück bis zum späteren Stiglmaierplatz wurde 1812 in Königstraße und 1826 dann in Briennerstraße umbenannt.

Im Jahr 1704 ließ Kurfürst Max Emanuel, um sein Kanalsystem im Münchner Norden mit der Residenz zu verbinden, einen »neu befestigten Canal« anlegen. Dieser wurde bald *Türkengraben* genannt, in Erinnerung daran, daß der Kurfürst von seinen Türkenkriegen Gefangene mitgebracht und bei seinen ersten Bauten eingesetzt hatte. 1704 waren diese Türken aber nicht mehr in Bayern. Der Kanal erwies sich bald wegen Wassermangels als nicht schiffbar und wurde 1811 zugeschüttet. Quer über seinen Oberlauf wurde eine Straße gebaut, die 1812 *Türkenstraße* genannt wurde. Der untere Teil wurde als Straße genutzt, die man erst als *Türkengraben* bezeichnete und 1896 im Andenken an Max Emanuel *Kurfürstenstraße* nannte.

Vor dem Ausbau des südlichen Teiles der Fürstenstraße zwischen Rheinberger- und Theresienstraße und vor dem Weiterbau der Ludwigstraße hieß auch die Schwabinger Landstraße in ihrem bebauten Teil Fürstenstraße. Die *Fürstenstraße* (vor 1820) verläuft in ihrem südlichen Teil auf dem alten Kanalbett. Die Bevölkerung sah die Fürsten auf dieser Straße und dem Fürstenweg (Briennerstraße – Nymphenburger Straße) von der Residenz zu ihren Schlössern Biederstein und Nymphenburg fahren.

Der Name *Schönfeldstraße* kommt von einem Flurnamen, der auf ein schönes (ertragreiches) Feld hinweist. In manchen Publikationen ist nachzulesen, schon 1338 sei das *Schönvelt* bezeugt. Helmut Stahleder hat aber jüngst gezeigt, daß dieser Beleg aus dem Jahr 1339 sich zweifelsfrei auf das Kloster Oberschönfeld bei Augsburg bezieht. Bis um 1810 wurde für die Anwesen in der Schönfeld-Vorstadt einfach »*Schönfeld*« als Adresse angegeben. Diese Bezeichnung taucht erstmals am 27.4.1797 auf, als Kurfürst Karl Theodor die Erlaubnis erteilt, daß *»dieser neuen Anlage eine eigene Benennung gegeben und [...] hin für das Schönfeld benannt [...] werden dürfe.«*

In der Schönfeldvorstadt waren die Straßen ursprünglich nach natürlichen Gegebenheiten bezeichnet. Von der Schönfeldstraße zweigte die [Obere]*Gartenstraße* (später *Kaulbachstraße*) und die *Wiesenstraße* (seit 1808 bis zur Veterinärstraße: *Königinstraße*); dazu die nach dem Wirtshaus zum Goldenen Hahn benannte *Hahnenstraße*. Die *Frühlingsstraße* (um 1810, Von-der-Tann-Straße) führte ursprünglich entlang einem Bach durch und zu Gärten und sollte wohl den Naturgenuß andeuten.

Die *Veterinärstraße* ging zur 1785 eingerichteten Vieharzenay-Schule, dann Veterinärmedizinisches, heute Tierärztliches Institut der Universität, und erhielt auch um 1810 ihren Namen.

Die *Galeriestraße*, die die Grenze der Maxvorstadt zum Hofgarten und damit zur Altstadt bildet, heißt schon um 1790 *Galleriestraße*, nach der Kgl. Gemäldegalerie, die von 1783 bis zur Eröffnung der Alten Pinakothek 1836 hier in den Hofgartenarkaden Unterkunft fand.

Nördlich des heutigen Hauptbahnhofes hatte die Stadt München Salzstädel errichtet, nach denen dann die *Salzstraße* hieß. Die *Pfefferstraße* (1877) lag später, wohl nur aus Paritätsgründen, dabei. Die *Hirtenstraße* und *Lämmerstraße* erinnern seit etwa 1820 an Ställe, die hier von Metzgern betrieben wurden, die *Hopfenstraße* weist darauf hin, daß der für das Bier benötigte Hopfen einst vor den Toren der Stadt angebaut wurde.

Die Bezeichnung *Sandstraße* taucht 1811 auf und rührt von den Sandgruben her, die damals hier ausgebeutet wurden. Auf deren Gelände wurden dann Brauereien und die Erzgießerei errichtet. Die *Blütenstraße* (1877) läuft schräg zu der schachbrettartigen Anlage der Maxvorstadt. Sie geht auf den früheren Feldweg durch Gärten und Wiesen mit Blüten zurück, später entstand hier die Gaststätte Zur Blüte.

Die *Nordendstraße* (1876), vorher *Feldweg*, angelegt parallel zum Türkengraben, sollte zeigen, daß an ihrem Anfang das nördliche Ende der Stadt erreicht war. Die ehemalige Gaststätte Nordendhalle in der Schellingstraße zeigt, daß man das Viertel Nordend nannte.

Nach Gebäuden wurden benannt: *Odeonsplatz* (1827), *Erzgießereistraße* (um 1840), *Akademiestraße* (1876), *Spatenstraße* (1877), *Josephsplatz*, *Josephstraße* (1898), *Rundfunkplatz* (1929) und *Zirkus-Krone-Straße* (1967).

*Wolfsgasse* bzw. *Wolfstraße* hieß von 1812 bis 1937 nach dem Kgl. Salinenrat Joseph Ludwig von Wolf, der an der Frühlingstraße hier mehrere Häuser besaß, ein schmaler Durchgang zwischen Von-der-Tann- und Galeriestraße. Er wurde beim Bau des Zentralministeriums beseitigt. Im *Türken-Gässchen* hatte im Eckhaus zum heutigen Oskar-von-Miller-Ring um 1820 der Mehlhändler Bartholomäus Fink sein Anwesen, um 1880 *Finkenstraße*. In der benachbarten, auch durch die Anlage des Altstadtringes beeinträchtigten kleinen *Jägerstraße* (seit vor 1820) stand das Haus des Jägerkochs Franz Amberger, in das Jäger nach der Jagd in der Auwäldern einkehrten. In der nächsten Nebenstraße, der *Glückstraße*, gibt es nur noch ein Haus. Der Name besteht seit 1810 und geht wohl auf einen Bewohner zurück.

Die *Georgenstraße* wurde 1856 erbaut und erhielt ihren Namen davon, daß man durch sie vom Siegestor in Richtung Georgenschwaige (= Milbertshofen) gelangen konnte.

Der *Weinbierlhof*, der ehemals beim Löwenbräu lag, wurde um 1820 nach dem Schuhmacher Joseph Weinbierl geheißen, der hier drei Häuser besaß. Das *Prillmaier Gäßchen*, 1886 *Prielmayerstraße*, geht auf Franz Xaver Freiherr von Prielmayer (1766-1724) zurück, der Kgl. Appellationgerichtsrat war und ein Schlößchen im Süden des heutigen Justizpalastes besaß. Ähnlich wurde 1862 die *Arcostraße* danach benannt, daß sie durch das Gelände des hier bis 1860 stehenden Palais des Grafen von Arco gebaut wurde.


## Die Wittelsbacher

Die Sitte, Straßen nach Herrschern und bedeutenden Persönlichkeiten zu benennen wird 1790 mit dem *Karlsplatz* (Stachus) von Kurfürst Karl Theodor begonnen. Sie führte schließlich dazu, daß München weltweit die Stadt mit den meisten Angehörigen von Herrschergeschlechtern in Straßennamen wurde; die Mehrzahl ist in der Maxvorstadt. Von den 108 Straßen und Plätzen, die heute in der Maxvorstadt liegen, sind 22 (21%) nach Wittelsbachern benannt, 54 (50%) nach anderen Personen und 32 (29%) nach Orten, Gebäuden und sonstigen Gegebenheiten.

Bereits 1806, als Bayern Königreich durch Napoleons Gnaden geworden war, wurde dieser Umstand durch die Benennung der *Königinstraße* der *Königstraße* (später *Briennerstraße)* und des *Königsplatzes* 1808 gewürdigt. Dem König Max I. Joseph wurde zudem 1809 der *Maximiliansplatz* gewidmet, seiner zweiten Frau Caroline Friederike Wilhelmine von Baden (1776-1841) gleichzeitig der *Karolinenplatz* (1808 Königsplatz). Die *Wilhelminenstraße* (1826 *Barerstraße*) erinnerte an seine erste Frau Auguste Wilhelmine Maria von Hessen-Darmstadt. Die Königskinder aus erster Ehe wurden alle mit Straßennamen bedacht. Kronprinz Ludwig war ursprünglich die *Kronprinzenstraße* gewidmet, der Teil der *Briennerstraße* (ab 1826) zwischen Königsplatz und Stiglmaierplatz. Seine Geschwister erhielten: die *Augustenstraße*, (1812) nach Auguste (1788-1851), verheiratet mit Eugène Beauharnais Herzog von Leuchtenberg, dem Stiefsohn Napoleons I.; die *Karlstraße* (1808) nach Karl Theodor (1795-1875), Befehlshaber des Bayerischen Heeres 1866 und

Wohltäter. Nach ihm wurde bereits 1802 Karlsfeld bei Dachau benannt. Er ließ sich 1825 das später so genannte Prinz-Carl-Palais erweitern.

Auch die Töchter aus zweiter Ehe finden wir hier: 1808 *Elisenstraße* (Elisabeth Ludovika, genannt Elise, 1801-73; verheiratet mit König Friedrich Wilhelm von Preußen und Mutter von Kaiser Wilhelm I.). 1812 *Amalienstraße* (Amalie Auguste, 1801-1877; verheiratet mit König Johann von Sachsen). 1810 *Sophienstraße* (Sophie Friederike, 1805-1872; verheiratet mit Erzherzog Franz Karl von Österreich und Mutter von Kaiser Franz Joseph I.). Nur die Tochter Maria Anna ist heute ohne Nachhall. Möglicherweise kommt der frühere Name *Mariengasse* für die Ottostraße von ihr. 1812 *Luisenstraße*, früher Louisenstraße (Ludovika Wilhelmina, genannt Louise, 1808-1888; verheiratet mit Herzog Max von Bayern, Mutter von Elisabeth (Sisi), der Frau von Kaiser Franz Joseph I. von Österreich). Die *Theresienstraße* wurde 1812 nach der 1810 mit dem Kronprinzen Ludwig verheirateten Therese Charlotte Luise von Sachsen-Hildburghausen (1792-1854) benannt. Nach Ludwig I. (1786-1868) wurde 1808 ein Teil der späteren Arcisstraße (*Ludwigstraße*) und der Briennerstraße (*Kronprinzenstraße*) geheißen. Mit der Benennung der von ihm gestalteten *Ludwigstraße* ließ er sich 1822 ehren. Nach ihm war auch bereits 1802 der damals als Moorkolonie angelegte Ort Ludwigsfeld benannt worden.

Seine Dynastie ließ Ludwig 1827 mit dem repräsentativen *Wittelsbacherplatz* auszeichnen. Dann folgten die Söhne Ludwigs: Maximilian (1811-64), der Erstgeborene, erhielt als Kronprinz die *Maxstraße* (1859 *Max-Joseph-Straße*) und als König Max II. 1857 die *Maximilianstraße*. Der zweitgeborene Otto (1815-67) war 1832-62 König von Griechenland und wurde 1830 mit der *Ottostraße* gewürdigt. Luitpold (1821-1912), der spätere Prinzregent, erhielt die kleine *Luitpoldstraße* und 1890 die *Prinzregentenstraße*. Adalbert (1828-75), der vierte Sohn, war 1838 mit der Umbenennung der «Letzten Straße« in *Adalbertstraße* geehrt worden , durch deren Namengebung sein Vater am 28.6.1827 ursprünglich den Wunsch zum Ausdruck bringen wollte, daß keine weitere Parallelstraße nördlich mehr entstehen möge.

Auch Luitpolds Söhne finden wir in den Straßennamen der Maxvorstadt: Die *Prinz-Ludwig-Straße* wurde 1897 nach dem späteren König Ludwig III. (1845-1921) benannt, der im gegenüberliegenden Wittelsbacher Palais residierte; die *Leopoldstraße* 1889 nach Prinz Leopold (1846-1930). Er war Generalfeldmarschall und hatte hier sein Palais Leopold. Er war verheiratet mit Gisela von Österreich, einer Tochter von Sisi, nach der 1876 die *Giselastraße* benannt wurde. Bereits 1876 war die spätere *Ohmstraße*, gegenüber vom Palais, Leopoldstraße geheißen worden; die *Arnulfstraße*, vorher *Salzstraße* mit Salzstadelkaserne, 1890. Prinz Arnulf (1852-1907) zeichnete sich ebenso als Militär aus; nach ihm war auch die Türkenkaserne *Prinz-Arnulf-Kaserne* benannt. Die Straße führte vom Hauptbahnhof zum Militärgelände Marsfeld.

Nach Maria Isabella (1863-1924), einer Tochter von Prinz Adalbert, die 1883 in das Haus Savoyen eingeheiratet hatte, und Herzogin von Genua war, wurde 1891 die *Isabellastraße* benannt, 1898 nach Adelheid Henriette Maria von Savoyen (1636-76), die mit Kurfürst Ferdinand Maria von Bayern vermählt war, die *Adelheidstraße*.

*Das Denkmal für Kurfürst Maximilian I. am Wittelsbacherplatz. Im Hintergrund das Prinz Ludwig Ferdinand-Palais, der Sitz von Siemens.*

## Militär

Die wenigen Erfolge der ruhmreichen Armee des jungen Königreiches wurden in den Namen wichtiger Straßen gefeiert. So wurden am 2. März 1826 auf Befehl des Königs Ludwig I. die *Arcisstraße* nach Arcis-sur-Aube bei Nancy, die *Barerstraße* nach Bar-sur-Aube in der Champagne und die *Briennerstraße* nach Brienne-le-Chateau benannt. Dies waren Orte, wo 1814 mit bayerischer Beteiligung Gefechte gegen Napoleon I. siegreich geführt wurden. Ein erfolgreicher Feldherr des 70er Krieges wurde 1872 mit der Umbennung der *Frühlingsstraße* in *Von-der-Tann-Straße* gefeiert: Ludwig Freiherr von und zu der Tann-Rathsamhausen (1815-81) aus der Briennerstraße. Als Infanteriegeneral war er am Sieg bei Sedan beteiligt.
Um 1820, als das Marsfeld der Exerzierplatz wurde, nannte man den dorthin führenden Weg *Marsstraße*. Der *Marsplatz* kam dann 1890 mit der Anlage der Kasernen. Militärangehörige wurden dann auch bei der Straßenerschließung im Marsfeld gewürdigt: Die *Maillingerstraße* wurde bereits 1886 nach dem Infanteriegeneral und Kriegsminister Joseph Ritter von Maillinger (1820-1901)

benannt, dann wurden die beiden Bronzestatuen in der Feldherrnhalle geehrt; *Tillystraße* (1890) nach Johann Tserklaes Graf von Tilly (1559-1632), dem Heerführer der katholischen Liga im Dreißigjährigen Krieg (Schlacht am Weißen Berg, Zerstörung Magdeburgs). *Wredestraße* (1890), nach Karl Philipp Fürst von Wrede (1767-1638), Feldmarschall der Bayerischen Truppen für (Rußlandfeldzug) und gegen Napoleon I. (Leipzig, Bar-sur-Aube). Er war auch Vertreter Bayerns beim Wiener Kongreß (1815) und Berater von Ludwig I. Die *Deroystraße* wurde 1890 nach Bernhard Erasmus Graf von Deroy (1743-1812) einem General, der 1809 die Tiroler niederkämpfte und im Rußlandfeldzug fiel, benannt. Die *Pranckhstraße* heißt seit 1890 nach Siegmund Freiherr von Pranckh (1821-88), der als General 1866 nicht erfolgreich war, aber als bayerischer Kriegsminister (1866-75) Reformen durchsetzte. *Pappenheimstraße* (1890) nach Gottfried Heinrich Graf von Pappenheim (1594-1632), kaiserlicher Feldmarschall an der Seite Tillys in Dreißigjährigen Krieg.
Dem bayerischen Landsknechtführer Kaspar Winzerer (1475-1542) wurde 1891 die *Winzererstraße* gewidmet, die das Oberwiesenfeld mit seinen Militäranlagen nach Osten begrenzt. Er war durch die Gesellschaft Winzerer-Fähndl mit ihren Armbrust-Schützen in München populär geworden.
Die *Lotzbeckstraße* wurde 1937 durch den Neubau der Reichsbankhauptstelle, später Landeszentralbank, Ludwigstraße 28, beseitigt. Diese kleine Verbindung war 1908 nach dem Generalstabsarzt Dr. Karl von Lotzbeck (1832-1907) benannt worden. Sein Verdienst war es, nach 1871 das Veterinärwesen des Bayerischen Heeres reformiert zu haben.

## Stiglmaier & Miller

Dem ersten bürgerlichen, dem die Ehre zuteil wurde, daß ein Platz in der Maxvorstadt mit seinem Namen geschmückt wurde, war Johann Baptist Stiglmaier (1791-1844). König Ludwig I. schätzte den Sohn eines armen Schmiedemeisters aus Fürstenfeldbruck , der sein Erzgießer, Bildhauer und Medailleur wurde, sehr. Der kreisförmige Platz war 1808 *Kronprinzplatz*, 1812 *Ludwigsplatz* und 1829 *Luitpoldplatz* benannt worden. Stiglmaier war nach kurzer Krankheit am 2.3.1844 im Alter von 52 Jahren gestorben und auf seinen Wunsch am Friedhof beim Winthirkirchlein in Neuhausen begraben worden. Im Jahr darauf verfügte Ludwig, den Platz nahe der 1824 errichteten Kgl. Erzgießerei *Stiglmaierplatz* zu benennen.
Der auf der anderen Seite der Erzgießerei gelegene *Ferdinand-Miller-Platz* wurde 1887 nach dem Neffen und Nachfolger Stiglmaiers benannt. Bekannt wurde er durch den Guß der Bavaria. Von Miller (1813–1887) erwarb 1878 das Gelände der Erzgießerei und stiftete ein Grundstück für den Bau von St. Benno. Zum Dank ernannte ihn die Stadt zum Ehrenbürger und widmete ihm den Platz. Seinem Sohn Oskar von Miller (1855-1934), der u.a. 1903 das »Deutsche Museum« gründete und 1924 das Walchenseekraftwerk schuf, wurde 1955 mit dem *Oskar-von-Miller-Ring* (zwischen der Schule, die er besuchte, und dem Glaspalast, zu dem er 1882 die erste Elektro-Fern-Übertragung organisiert hatte) geehrt.

*Im Bereich der Steinheil- und Enhuberstraße haben nur wenige Häuser den Krieg unbeschadet überdauert. Das Haus Enhuberstraße 9 (rechts) ist samt seiner Innenausstattung weitgehend erhalten.*

GALERIE MARGELIK
GM GALERIE
Einhuberstraße
Steinheilstr.
Einbahnstraße

# Gelehrte und Erfinder

Die erste Gelehrten-Persönlichkeit, außerhalb der Herrscherfamilie, die gezielt mit der Ehre bedacht wurde, mit einem Straßennamen gewürdigt zu werden, war der Philosoph Friedrich Wilhelm von Schelling (1775-1854) im Jahr 1857 mit der *Schellingstraße*. Der ursprüngliche Name war 1808 *Jagdstraße*, der dann 1812 in *Löwenstraße* nach dem Bayerischen Wappentier geändert wurde. Die Umbenennung 1857 erfolgte auf ausdrücklichen Wunsch von König Max II., der mit dem Wissenschaftler befreundet war. Dieser lebte von 1808 bis 1820 und von 1827 bis 1841 als Universitätsprofessor sowie Vorsitzender der Bayerischen Akademie der Wissenschaften in München, dann ließ er sich nach Berlin rufen. Das Ansehen des Philosophen war so groß, daß man noch Jahrzehnte nach seinem Tod Bedenken dagegen hatte, daß der Name Schelling auch in einem Wirtshausnamen Verwendung fand.

Hohen Ruhm erreichte auch Franz Xaver Gabelsberger (1769-1849), zu dessen Ehren die an der Türkenkaserne vorbeiführende *Kasernstraße* 1862 auf Wunsch von Max II. in *Gabelsbergerstraße* umbenannt wurde. Vorher hatte sie bereits in Teilstücken von 1808 bis 1812 *Ritterstraße, Theresienstraße* und *Apollostraße* sowie von 1812 bis 1826 *Ludwigstraße* geheißen. Gabelsberger hatte als Sekretär im Innenministerium »die Gabelsberger«-Schnellschrift entwickelt, die bis 1924 im Gebrauch war. Er starb, international für seine Forschungen auf dem Gebiet der Stenographie anerkannt, im Haus Gabelsbergerstraße 10.

Die *Linprunstraße* wurde 1875 nach dem Mitbegründer der Bayerischen Akademie der Wissenschaften Johann Georg Dominikus von Linprun (1714-87) benannt. Einer seiner Mitstreiter war Johann Georg von *Lori* (1723-86) nach dem die Parallelstraße heißt. Er war Juraprofessor und auch Universalgelehrter. Wegen Meinungsverschiedenheiten mit Kurfürst Karl Theodor wurde er aber 1779 nach Neuburg a.d. Donau verbannt.

1877 wurde auch die zur TU führende *Steinheilstraße* nach dem Maxvorstädter Physikprofessor Karl-August von Steinheil (1801-70) benannt. Bekannt waren besonders sein Telegraphenapparat und seine optischen Geräte, die er konstruierte und herstellte.

Johann Joseph von Görres (1776-1848) wurde 1827 als Geschichtsprofessor von Ludwig I. nach München berufen, wo er sich in der Schönfeldstraße niederließ. Er wurde Anführer eines kämpferischen politischen Katholizismus und war stark publizistisch tätig. Sein Andenken wird u.a. von der Görres-Gesellschaft gepflegt. Die *Görresstraße* wurde 1883 nach ihm benannt.

Georg Friedrich von Zentner (1752-1853) war als Minister tätig und war an der Ausarbeitung der bayerischen Verfassung 1818 beteiligt (*Zentnerstraße* 1891). Jurist war auch der Namenspatron der *Kreittmayrstraße* (1894). Wiguläus Frhr. v. Kreittmayr (1706-90) war Ratskanzler und schuf die bis ins 19. Jahrhundert hinein gültigen bayerischen Gesetzbücher.

Die 1894 benannte *Maßmannstraße* führt am *Maßmannbergl* vorbei, das heute eine städtische Grünfläche ist. Um 1840 lag hier ein Sportplatz und darüber die von Ludwig I. geförderte Kgl. Turnanstalt. Der 1829 statt Heinrich Heine an die Universität berufene Professor für deutsche Sprache und Literatur Hans Ferdinand Maßmann (1797-1874) war Schüler von Turnvater Jahn. Die Ideale der jungen deutschen nationalen Sportbewegung (frisch, fromm, fröhlich, frei,) propagierte er auch in München.

Der *Amiraplatz* beim Luitpoldblock wurde 1931 dem Erforscher germanischer Rechte Karl von Amira (1848-1930) benannt, der 1892 als Professor für Rechtsgeschichte an der Universität berufen worden war.

# Künstler

Die Maxvorstadt war das Kunstviertel, es lag daher nahe, besonders geschätzte Künstler, die hier wirkten und lebten und deren Werke hier zu sehen waren, zu ehren.

Als erster wurde 1867 mit der *Schraudolphstraße* Johann von Schraudolph (1808-1879), also noch zu Lebzeiten, ausgezeichnet. Er war von Ludwig I. besonders geschätzt und schuf Fresken für die Hofkirche und die Basilika St. Bonifaz; daneben war er Professor an der Akademie.

1877 wurden dann mit der *Enhuberstraße* der Genremaler Karl von Enhuber (1811-67), der *Schnorrstraße* der Zeichner Julius Schnorr von Carolsfeld (1794-1872), der *Schwindstraße* der Maler Moritz von Schwind (1804-1871) und der *Rambergstraße* der Historienmaler und Illustrator Arthur Georg Freiherr von Ramberg (1819-1875) ausgezeichnet. Schwind, dessen Haus in der Briennerstraße (heute Richard-Wagner-Straße, hinter dem Lenbachhaus) lag und der 1847 Professor an der Akademie wurde, schuf romantischen Bilder (Schackgalerie). Seine Fresken zieren u.a. die Residenz, Schloß Hohenschwangau und die Wartburg. Ramberg war seit 1860 Professor an der Kunstakademie gewesen, auf die »seine« Straße mündet.

Nach der Familie Heß , die auch teilweise in der Maxvorstadt wohnte und malte, wurde 1870 die *Heßstraße* hinter der Neuen Pinakothek benannt. Stammvater Carl Ernst Christoph Heß (1755-1828) war Zeichner und seit 1806 Akademieprofessor. Seine bekannten Söhne waren: Peter von Heß (1792 -1871), Genre- und Schlachtenmaler; von ihm stammen u.a. die an den südwestlichen Hofgartenarkaden erhaltenen Fresken. Heinrich von Heß (1798-1863), Professor an der Akademie und 1849 Direktor der Kunstsammlungen; Landschaftsbilder, Fresken und Glasmalereien sind von ihm erhalten. Karl von Heß (1801-74), Landschaftsmaler.

Die *Rottmannstraße* entstand 1872 und erhielt den Namen nach dem Maler Karl Rottmann (1797-1850). Er schuf u.a. Bilder von italienischen und griechischen Landschaften, die im Residenzmuseum (aus den Hofgartenarkaden) bzw. in der Neuen Pinakothek zu sehen sind.

Wilhelm von Kaulbach (1805-74), der Hofmaler von Ludwig I. und 1839 Direktor der Akademie, besaß bereits ein Haus in der *Oberen Gartenstraße* (heute *Kaulbachstraße* 16 u. 18). Nach ihm wurde 1883 die Straße benannt. Sein Sohn Wilhelm August ließ sich dann schräg gegenüber (Nr.15) die Kaulbachvilla errichten. (s. Abb. S. 117)

1883 entstand die *Zieblandstraße*. Der Baumeister Georg Friedrich Ziebland (1800-73) hatte ein Haus in der Briennerstraße. Nach von König Ludwig I. veranlaßten Studienreisen in Italien schuf er in dessen Auftrag Kirche mit Kloster St. Bonifaz und das damit zusammengebaute Kunstausstellungsgebäude am Königsplatz. Später war er auch an der Mariahilfkirche in der Au und in Hohenschwangau tätig.

*In dieser Villa in der Briennerstraße, gegenüber der Einmündung der heutigen Richard-Wagner-Straße, lebte 1864/65 Wagner. Umgestaltung im neubarokken Stil von Lorenz Gedon für die Erweiterung der Galerie des Grafen von Schack. Photo um 1905*

1887 wurde die *Lothstraße* nach dem Maler Johann Ulrich Loth (um 1600-62), der u. a. Altarbilder für die Frauenkirche, St. Peter und Hl. Geist geschaffen hatte, benannt. Die *Thorwaldsenstraße* wurde im gleichen Jahr dem dänischen Bildhauer Bertel Thorwaldsen (1770-1844) gewidmet. Er war ein Künstlerfreund Ludwigs I. aus Rom. Dieser schätzte seine klassizistische Kunst sehr hoch und ließ von ihm u. a. das Standbild von Kurfürst Maximilian I. auf dem Wittelsbacherplatz und Plastiken für die Glyptothek anfertigen.

Die *Neureutherstraße* wurde, auch 1887, der Familie Neureuther gewidmet. Gottfried von Neureuther (1811-87) war Maler, wurde aber als Architekt bekannt und brachte es bis zum städtischen Oberbaurat. Von ihm stammen Bahnhöfe in Franken, aber auch das Hauptgebäude der heutigen TU und die Kunstakademie. Sein Bruder Eugen Napoleon Neureuther (1806-82) war ein vielseitiger und geschätzter Künstler. Er war an den Fresken in der Glyptothek beteiligt, leitete die Kgl. Porzellanmanufaktur in Nymphenburg und lehrte an der Kunstgewerbeschule in der Luisenstraße.

Die 1889 benannte *Adamstraße* liegt auf altem Neuhauser Grund. Der Stammvater der dort ansässigen Künstlerfamilie Adam war Albrecht (1786-1862), der als Tier- und Schlachtenmaler 1807 nach München kam. Als Hofmaler des Herzogs von Leuchtenberg dokumentierte er u. a. den Rußlandfeldzug Napoleons 1812.

Sein Bruder Heinrich (1798-1862) schuf Altmünchner Bilder.

Der 1898 durch die *Hiltenspergerstraße* geehrte Johann Georg Hiltensperger (1806-90) schuf im Auftrag der Könige historische und religiöse Gemälde z.B. für Residenz, Hofgartenarkaden, Alte Pinakothek und Maximilianeum sowie Reliefs an den Propyläen.

## Graf von Schack und die Schackgalerie

Die kleine *Schackstraße* nordöstlich der Universität (einst Schönfeldvorstadt, heute Schwabing) erinnert seit 1897 an einen bemerkenswerten Bewohner der Maxvorstadt. Adolf Friedrich Graf von Schack (1815-94), Freund von Geibel und Heyse, war eigentlich Jurist und Diplomat, kam 1855 nach München und wirkte hier als Schriftsteller, Übersetzer, Kunstsammler und Mäzen. Ein Hauptanliegen war ihm, dem Kenner orientalischer und europäischer Sprachen, die Kulturen des Abend- und Morgenlandes zu verknüpfen. Für seine private Gemäldegalerie, der seine zweite Leidenschaft galt, sammelte er Werke zeitgenössischer Maler wie Böcklin, Feuerbach, Genelli, Lenbach, Marées, Schwind und Spitzweg. 1856 hatte er das Pallavicinische Haus in der Briennerstraße »ein artiges Gebäude mit großen Spiegelscheiben, eben jenseits der Propyläen« (Geibel 1856) erworben, das er noch um Ausstellungsräume mit

*Das „Seidl-Schlößchen" in der Seidlstraße*

wende bekanntesten Architekten in München Gabriel von Seidl (1848-1913) benannt. In München schuf er neben vielen Privathäusern z.B. St.Anna im Lehel, Karlstor-Rondell, Künstlerhaus, Nationalmuseum und Deutsches Museum. In der Maxvorstadt stammen von ihm u.a. Kaulbachvilla (1886), Lenbachhaus (1891) sowie sein eigenes Büro- und Wohnhaus (Seidlstraße 18). Das Wohnhaus wurde von Bomben zerstört. Das einst in dessen Hof gelegene erhaltene Bürohaus weist Plastiken und malerische Reliefs auf, es wird »Seidl-Schlößchen« genannt. Seidl orientierte sich bei seinen Bauten an Renaissance und Barock.

Er war verwandt mit der Brauereifamilie Sedlmayr, die ihm verschiedene Aufträge verschaffte, wie den ersten modernen Bierkeller, den im Krieg zerstörten Arzberger-keller (Nymphenburger Straße). Sein Bruder Emanuel von Seidl baute 1906 für einen Zweig dieser Verwandt-schaft die »Seidlvilla« am Nikolaiplatz in Schwabing.

## Komponisten

Im Jahr 1898, als der Haß auf den Komponisten Richard Wagner (1813-1883), welcher ihn aus der Stadt vertrieben hatte, der Verehrung für den Meister gewichen war, wid-mete man ihm die neu angelegte *Richard-Wagner-Straße*. Sie mündet etwa gegenüber der Stelle, an der die ihm von Ludwig II. geschenkte Gartenvilla (Nr. 22) stand, in die Briennerstraße. Sinnig ist auch die Umbenennung des durch die Ludwigstraße abgetrennten Teiles der Schön-feldstraße in *Rheinbergerstraße* (1906). Der in Vaduz gebürtige Joseph Gabriel von Rheinberger (1839-1901) wurde bereits 1860 Lehrer an der Kgl. Musikschule in München und 1877 Hofkapellmeister für Kirchenmusik. Bedeutend ist sein umfangreiches und vielseitiges Schaf-fen als Komponist. Er wohnte in der Fürstenstraße Nr. 6 und hatte es damit nicht weit zu seinen Wirkungsstätten im Odeon, in St. Ludwig und anderen Kirchen.

## Bürgermeister und Stifter

Die Landeshauptstadt München ehrte nach der Einge-meindung Schwabings 1890 mehrere ihrer Bürgermeister in den Namen neuer Straßen. Die am Alten Nördlichen Friedhof beginnende *Tengstraße* wurde 1894 so nach Josef von Teng (1786-1837) benannt, der von 1833 bis 1836 erst 2. und dann bis 1837 1. Bürgermeister war. Weiter war man auch immer bemüht, Förderer Stifter und Wohltäter zu würdigen. Die *Gaiglstraße* wurde 1890 nach Sebastian Gaigl (1799-1871) benannt, der eine Pfandleihanstalt in der Au besaß und 328 000 Goldmark für das städtische Waisenhaus stiftete. Die kleine *Schwarzmannstraße* soll an das Privatierehepaar Anton und Frieda Schwarzmann erinnern, das Geld für wohltätige Zwecke spendete.

## Der Dichterfreund Papa Steinicke

Der kurze *Steinickeweg* zwischen Heß- und Theresien-straße entstand erst 1955, um neuerbaute Studenten-wohnheime in einem großen Hof zu erschließen. Die ganze Umgebung war im Krieg total zerstört worden. Die

Oberlichtern erweitern ließ. 1869 kaufte er noch zwei Nachbargebäude hinzu und ließ sie von Lorenz Gedon im »nationalen Stil« bis 1874 umbauen. In seinen Lebenserin-nerungen beschreibt Schack seine Absicht, mit seiner Sammlung »vor allem bis dahin verkannte und in dürfti-gen Verhältnissen lebende Maler hohen Ranges zu fördern und damit auch der Kunst selbst zu dienen.« Er lebte für sich sonst sparsam, um junge Künstler fördern zu kön-nen.

Graf Schack vererbte seine Galerie an Kaiser Wilhelm II., wohl um sich an Bayern für erlittene Kränkungen zu rächen. Wilhelm aber ließ die Sammlung in München und errichtete 1909 in der Prinzregentenstr. 9 mit der Preußi-schen Botschaft ein neues Gebäude für sie. Heute ist die Schack-Galerie, nun im Besitz des Bayerischen Staates, hier zu bewundern. Von den alten Gebäuden in der Brien-nerstraße steht nichts mehr.

## Der Architekt Gabriel von Seidl

Die *Seidlstraße*, vor 1910 *Hasenstraße* nach den einst dort laufenden Tieren, wurde nach dem um die Jahrhundert-

*Die Gartenseite der Kaulbachvilla (Kaulbachstraße), heute Sitz des Historischen Kollegs*

Stadt München hat sich hier einen würdigen Namenspatron ausgesucht. Georg Karl Steinicke (1877-1939) kam aus Berlin und gründete erst mit Fritz Lehmkuhl 1903 eine Buchhandlung in Schwabing. 1914 kaufte er das Haus Adalbertstraße 15, das dann vorne einen Buchladen und hinten einen Saal mit Bühne beherbergte. In diesem kleinen Saal sind seit der Eröffnung mit Lena Christ am 16. Dezember 1914 viele illustre Gestalten aufgetreten wie z.B. Erich Mühsam, Thomas Mann, Johannes R. Becher, Hanns Johst, Klabund, Max Halbe, Theodor Däubler, Hans Carossa, Ringelnatz, Heinrich Mann, Hans Pfitzner, Karl Voßler, Helmut Käutner, Karl Valentin und Liesl Karlstadt. Steinicke war auch verlegerisch tätig und förderte nach Kräften das Schwabinger Künstlerleben. Konzerte, Theateraufführungen, Kabarettvorführungen und Lesungen wurden abgehalten; legendär wurden die Faschingsfeste bei Papa Steinicke, an denen z.B. auch Richarda Huch gerne teilnahm. Bert Brecht war dabei und berichtet:«[...] *Wir sind bei Steinicke gewesen, auch Cas war da, Otto und auch Feuchtwangers. Mit der Frau hab ich getanzt, aber dann bin ich weggelaufen, und mit Marianne habe ich Wange an Wange getanzt. Wir haben uns bald, voll Bergamotteschnaps, in ein Auto gelegt und sind heimgeflitzt. [...] Ich konnte kein Auge zumachen, Mar sagte, ich hätte mit Frau F. sinnlich getanzt und die Frauen seien alle so wenig. Einmal wurde ihr schlecht, einmal weinte sie, weil sie kein Kind bekommt, und da sah sie*

*herrlich aus, viel sei ihr verziehen! Auf dem Ball trug sie ein Pagenkostüm und war die schönste Frau dort und behandelte Männer wundervoll, ganz rein und königlich und still und lustig und unnahbar und doch nicht stolz. Sie war die einzige, die auf den Ball gehen konnte, denn sie paßte nicht hin. Er war einzig für sie veranstaltet, aber sie machte sich nichts draus.[...]»*

Steinicke saß bis zur Machtergreifung als liberaler Demokrat im Stadtrat. Er war auch darüber hinaus engagiert, so gründete er mit Freunden den Bayerischen Volksbildungsverband. Im Jahr 1932 war wegen der schlechten Wirtschaftslage Ausverkauf, die Buchhandlung wurde in ein Klubheim umgebaut. 1933 wurde hier von Rudolf Schmitt-Sulzthal der Tukan-Kreis ins Leben gerufen. 1939 starb Steinicke durch einen Unfall, Frau und Tochter führten das Heim noch bis 1941, verkauften aber dann das Haus bevor es durch Bomben zerstört wurde. Heute erinnert nur noch eine Gedenktafel am hier stehenden Neubau an die einstige Bedeutung.

## Nazizeit und Widerstand

In der Nazizeit blieb die Maxvorstadt vor Straßenumbenennungen weitgehend verschont, sieht man davon ab, daß der *Königsplatz* nun *Königlicher Platz* genannt wurde. Die Namen hier widersprachen nicht den Richtli-

nien des Systems – Juden z.B. oder Linke waren hier nicht
gewürdigt. Der Stadtrat hatte zwar in seiner ersten Sitzung
bei der Machtergreifung am 5. April 1933 Hitler zum
Ehrenbürger gekürt und die *Briennerstraße* nach ihm
benannt. Dieser verzichtete auf den Vollzug des Beschlus-
ses, wohl weil er wußte, daß damit ein Nerv der konservativen Münchner getroffen worden wäre. 1934, nach dem
Tod von Hitlers Lieblingsarchitekten Paul Ludwig Troost
(1878-1934), der in der Maxvorstadt gewohnt und gearbeitet hatte, wurde die *Galeriestraße* in *Trooststraße* umbenannt. Dessen Frau blieb mit Hitler verbunden und wurde
»eine Art Kunstrichterin in München« (Albert Speer).
Die NSDAP hatte in der Maxvorstadt ihr Zentrum – aber
auch Widerstand gegen ihre Zwangsherrschaft wurde hier
geleistet. Es wohnte Hermann Frieb, der den Widerstand
der SPD organisierte, in der Schellingstraße, Pater Rup-
pert Mayer lebte in der Kaulbachstraße, Hans Scholl in
der Georgenstraße 15. Diesen Umständen versuchte man
nach 1946, nach der Beendigung des Systems durch die
Amerikaner, Rechnung zu tragen: Der *«Platz der Opfer
des Nationalsozialismus«* wurde an der Briennerstraße
geschaffen. Diese war Verbindung zwischen den »Haupt-
wallfahrtstätten« des Dritten Reiches mit Feldherrnhalle
und Haus der Deutschen Kunst auf der einen und Braunem Haus und Königlichem Platz auf der anderen Seite
gewesen. Des Widerstandes der Weißen Rose und der
unrühmlichen Rolle der Universität wurde durch die
Benennung der vorher unbenannten Halbplätze vor Universität und Georgianum in *Geschwister-Scholl-Platz* und
*Professor-Huber-Platz* gedacht. Prof. Dr. Kurt Huber
(1893-1943), der seit 1926 an der Universität Philosophie
lehrte, war auch als Volksliedforscher tätig. Seit 1942
arbeitete er für die »Weiße Rose«, was zu seiner Verhaf-
tung und Hinrichtung führte. Die Geschwister Hans
(1919-1943) und Sophie (1921-1943) Scholl aus Ulm stu-
dierten in München. Sie schlossen sich 1942 mit Willi Graf
(1918-1943) zur Widerstandsgruppe »Weiße Rose« zusammen. Sie schrieben in der Amalienstraße Aufrufe gegen
die Nazi-Herrschaft an Hauswände und verteilten in der
Universität gegen das Terrorsystem gerichtete Flugblätter.
Bei einer Aktion im Lichthof der Universität rief der
Pedell die Polizei. Die Gruppe wurde verhaftet, die meisten ihrer Mitglieder vom Volksgerichtshof unter Roland
Freisler im Justizpalast zu Tode verurteilt und in Stadel-
heim mit dem Fallbeil zu Tode gebracht.

## Bischöfe

Zur *Hans-Meiser-Straße* wurde 1957 der vordere Teil der
Arcisstraße, an dem die Evangelische Lutherische Lan-
deskirche ihre Zentrale hat, umbenannt. *Hans Meiser*
(1881-1956) war Pfarrer und von 1933-1956 erster Landes-
bischof der Evangelisch-Lutherischen Kirche in Bayern.
Nach anfänglicher Sympathie für das NS-System wurde
er auf seiten der Bekennenden Kirche dessen Gegner. 1949
wurde er auch erster Vorsitzender der Evangelisch-
Lutherischen Kirchen Deutschlands.
Die *Kardinal-Döpfner-Straße* am Rande der Altstadt
wurde 1977 nach Julius Kardinal Döpfner (1913-76), der
1961 Erzbischof von München und Freising sowie Vorsitzender der Deutschen Bischofskonferenz war,
benannt.

## Bahn und Post

Die Eisenbahn, die alte Ostbahn mit Hauptbahnhof und
Starnberger Zweigbahnhof begrenzt die Maxvorstadt
nach Süden. Am Beginn des Jahrhunderts hatten sich auch
Eisenbahndirektion und Verkehrsministerium in dieser
Umgebung angesiedelt. Diesem Umstand wurde durch
zwei Straßennamen Rechnung getragen: Die *Denisstraße*
entstand 1914 hinter dem damaligen Verkehrsministerium.
Paul Camille von Denis (1795-1872) leitete als Eisenbahn-
ingenieur u.a. 1835 den Bau der ersten deutschen Strecke
(Nürnberg – Fürth) und der Verbindung München –
Augsburg (1840). Bis 1867 war er erster Direktor der Ostbahn in Bayern.
Die *Helmholtzstraße* (1960) erinnert an den Lokomotiv-
ingenieur Richard von Helmholtz (1852-1934). Er arbeitete in der einst nördlich der Maxvorstadt in Neuhausen
gelegenen Lokomotivfabrik Krauss. Berühmt wurde er
durch seine Erfindungen, u.a. zur Verbesserung der Kur-
ventechnik und zum Lokomotivenbau (Krauss-Helm-
holtz-Drehgestell).
Auch die Post hat mit der Oberpostdirektion, dem Tele-
komgebäude, dem ehemaligen Paketpostamt und der
Hopfenpost wichtige Anlagen nördlich der Bahnlinie in
der Maxvorstadt. 1967 wurde dies durch die *Georg-Schät-
zel-Straße* gewürdigt. Georg Schätzel (1874-1934) trat
1899 in den Dienst der Kgl. Bayerischen Post und brachte
es 1927 (bis 1932) zum Reichspostminister. Er setzte die
Motorisierung der Reichspost durch und unter seiner
Ägide wurden fortschrittliche Postbauten wie von Robert
Vorhoelzer geschaffen, z.B. das funktional durchdachte
ehemalige Paketpostamt.
Nur die Finanzämter, die in der Karlstraße und Deroystraße angesiedelt sind, haben noch nicht zu Straßennamen geführt.

## Ruederer und Daimler

Da in der Maxvorstadt seit Jahrzehnten keine neuen Straßen mehr gebaut werden, es handelt sich ja bereits um
eines der am dichtesten versiegelten Gebiete der Stadt,
gibt es auch keine neuen Straßennamen. Nur bei Um- bzw.
Teilbenennungen wurden Münchner Persönlichkeiten
geehrt: Mit einem kleinen Verbindungsstück zwischen
Dachauer- und Sandstraße, der *Josef-Ruederer-Straße*
(1962): Josef Ruederer (1861-1915) ein Münchner Schriftsteller, der satirische und scharfzüngige Dramen, Erzählungen und Romane verfaßte. In seiner köstlichen Satire
»Der Bürger« nahm er beispielsweise den »Kunstverein«
aufs Korn und den Besitzbürger, der sein Mietshaus im
»nüchternen Viertel der Schelling-Theresien-Amalien-
straße, das die Stillosigkeit der siebziger Jahre entstehen
ließ«, hatte. Ruederer stellte sich »die schonungslose
Bloßstellung unseren ewigen Holdriogaudi« zur Aufgabe.
Er war u.a. Mitglied der kritischen Künstlervereinigung
»Nebenregierung«, die 1893/96 in der Maxvorstadt tagte.
Einem Anliegerweg ohne Autoverkehr wurde 1973 der
Name *Daimlerstraße* zugesprochen. Gottlieb Daimler
(1834-1900) war als Erfinder ein Pionier des Automobil-
baus. Er baute seit 1882 Fahrzeuge mit von ihm entwickelten Verbrennungsmotoren und gründete 1890 die Daim-
ler-Motoren-Gesellschaft (heute Daimler-Benz-AG).

# Häuser und Höfe

## Das älteste Haus der Maxvorstadt – eine gefährdete Idylle? *von Rainer Musselmann*

Das einstöckige Anwesen Ecke Kaulbachstraße 41/Veterinärstraße 10 ist das älteste erhaltene Gebäude der alten Schönfeldvorstadt. Hinter der abblätternden Außenfassade eröffnet sich dem Besucher eine der letzten Idyllen der Maxvorstadt. (Abb. S. 145)

Um 1800 entstand hier eine Weingeist-, Spiritus- und Essigfabrik. Im Plan des Englischen Gartens von 1806 und im amtlichen Lageplan der Stadt München von 1807 findet sich das Gebäude. Trotz mehrerer Umbauten und der Einrichtung von Läden blieb die alte Bausubstanz bis heute erhalten: Ein einstöckiges ländliches Anwesen mit malerischem, begrüntem Innenhof.

Wo heute im Haus Kaulbachstraße 41 ein italienischer Imbiß ist, war früher ein Kramerladen. 1887 fand der Journalist und Schriftsteller Otto Julius Bierbaum Unterkunft im ersten Stock.

Er erinnerte sich: *»Ich wollte, ich hätte noch einmal die Träume wie damals, wo ein literarischer Habenichts ein armselig Studentenstübchen, keine feudale sturmfreie Bude, an der Ecke Kaulbach- und Veterinärstraße bewohnte, über einem käse-, hering- und petroleumduftenden Kramerladen.«*

1902 wurde ein Zuschneideraum im Anbau des Anwesens Kaulbachstr. 41 für den neuen Besitzer Georg Schultes, königlich bayerischer Hofschuhmachermeister eingerichtet; der Betrieb wurde von der Familie fortgeführt, der auch das Haus gehörte. Die älteste Bewohnerin erinnert sich noch an Kunden aus Amerika, die den Handwerker wegen seiner Reitstiefel schätzten.

Frau Käufl lebt seit nunmehr 70 Jahren im Anwesen. Als Nichte des Inhabers wurde sie 1924 Verkäuferin in der Kolonialwarenhandlung, die für ihre Wurstwaren in der ganzen Umgebung bekannt war. Später fand sie im ersten Stock des Hauses eine dauerhafte Bleibe.

Veterinärstraße 10 gehörte dem Kolleg des Benediktinerklosters Scheyern. 1960 gelangte der Freistaat Bayern in den Besitz des gesamten Anwesens, der hier die Universität erweitern wollte. Doch den Abrißplänen kam der Denkmalschutz zuvor. Zuletzt 1989 schreckten Veräußerungsabsichten Bewohner und den Bezirksausschuß auf. Seit damals die Verkaufs- und Abbruchpläne am gemeinsamen Widerstand scheiterten, werden neue Nutzungspläne geschmiedet. Doch trotz überfälliger Sanierungsarbeiten soll die Idylle erhalten bleiben.

## Schellingstraße 5

Die Geschichte seines Elternhauses Schellingstraße 5 hat Fritz Grundner 1986 geschildert. Die seit 1808 bestehende Jagdstraße wurde 1812 in Löwenstraße umbenannt und 1857 in Schellingstraße. 1856 wurde hier auf den Wiesen, dem einstigen »königlichen Anger«, das Haus Nr. 5 errichtet, das 1858 den Tischler Johann Sauermann als Eigentümer aufwies. Die Mieter waren bürgerlich: zwei Privatiers, eine Kleidermacherin und ein Polizei-Kommissär. 1895 ließ die damalige Hausbesitzerin Oberstenwitwe Mathilde Weiß das Haus durch einen großen Anbau an der Rückseite sowie Stall, Heulager, Sattelkammer und Hausmeisterwohnung erweitern.

Der berühmteste Mieter war der Künstler Franz Stuck, Professor an der nahen Akademie. Er wohnte hier mit seiner Frau Mary und der kleinen Tochter von 1896 bis 1898, als er in seine Villa in der Prinzregentenstraße umzog.

1899 erwarb der Kaufmann Peregrinus Grundner das Anwesen für 142000 Mark. Davon finanzierte er 132 000 Mark über drei Hypotheken mit 1/2% Zinsen und 1% Tilgung. Bei seinem Tod 1940 erhielten das Haus Sohn und Tochter in Erbengemeinschaft.

Im Zweiten Weltkrieg wurde die Schellingstraße schwer getroffen, das Haus Nr. 3 brannte ab. Nr. 5 wurde nur mittelschwer beschädigt, zwei Brandbomben konnten rechtzeitig gelöscht werden. 1956 wurde das Haus renoviert, der Balkon zur Straßenseite hin entfernt und das Dach neu eingedeckt.

Die Erbengemeinschaft verkaufte das Anwesen 1960 für 240 000 DM an den Freistaat Bayern. Nun begann ein zäher Kampf der Entmietung, der bis 1967 dauerte. Die Abbruchpläne wurden von der Stadt verhindert. Es zogen 1967 Universitätsinstitute ein; ab 1977 ließ man die Wohnungen dann leer stehen bis 1981 Hausbesetzer kamen und die Polizei es räumte. Offizielle Begründung dafür, daß das Haus leer stand, war »Einsturzgefahr«. Das Universitätsbauamt hatte tragende Wände herausnehmen lassen, wie der Bezirksausschuß feststellen mußte. Heute sind in den Räumlichkeiten Institute des Germanistischen Instituts der Universität untergebracht.

*Die Erzgießereistraße. Photo 1915*

## Erzgießereistraße 44

Das St.-Benno-Viertel mit seiner engen Bebauung und den billigen Mieten war hauptsächlich ein Wohnquartier für Arbeiter. Sehen wir im Stadtadreßbuch von 1928 nach, wer z.B. im Haus Erzgießereistraße 44 (damals 29) wohnte, stellen wir fest:

Im Erdgeschoß war eine Lebensmittelhandlung (Maria Schmid), daneben wohnten ein Maschinenschlosser und ein Schreiner; weiter eine Maurerswitwe, in der Mansarde eine Rentnerin, ein Lagerarbeiter, ein Bräugehilfe; im zweiten Stock zwei Brauer. Im ersten Stock wohnte die Hausherrin mit ihren Kindern aus erster Ehe (der Mann war Kontorist bei der Löwenbrauerei und verstarb 1919). In zweiter Ehe heiratete sie den Posthelfer Josef Gailer. Das Haus wurde um die Jahrhundertwende neu errichtet und ist seit der Zeit des Ersten Weltkrieges im Besitz der Familie Koller.

Am 7.1.1945 fiel es, wie ein großer Teil des Viertels, den Bomben zum Opfer und brannte aus, die Bewohner überlebten im Keller. Der älteste Sohn Peter (Jahrgang 1939) erinnert sich noch gut an die Zerstörung des Hauses, die er miterleben mußte. Die Hausbesitzerfamilie mit zwei kleinen Kindern mußte vorübergehend im Keller des Nachbarhauses hausen. Dann zog sie nach Neuhausen, bis das Haus 1949/50 wieder stand. Man renovierte es damals kostengünstig und materialsparend, so daß man noch keine Bäder einrichtete und die Toiletten außerhalb der Wohnung waren. Außer der Familie Koller, die in den 1. Stock zurückkehrte, zog nur eine der Parteien, die hier auch schon vor dem Krieg gewohnt hatte, wieder im Haus ein. Im Erdgeschoß wurde ein Metzgerladen eingerichtet. Die sozial gebundenen Mieten waren weiter niedrig.

Im Viertel konnten sich die wenigsten ein Auto leisten, das heutige Parkplatzproblem bestand damals nicht. Die Söhne der Familie Koller besuchten die Volksschule an der Gabelsbergerstraße. Die Vergnügungsmöglichkeiten in dieser Zeit waren spärlich: Spiele in den Ruinengrundstücken, Fußball auf den Wiesen und selten, weil man kaum Geld hatte, ein Besuch im Augusta-Kino in der Augustenstraße oder im Atrium beim Rotkreuzplatz.

Es hat sich seitdem viel geändert im Viertel und im Haus: Der jetzige Hausbesitzer Walter Koller hat mit viel Liebe den engen Hof begrünt und das Haus modernisiert.

Die Sozialstruktur des Viertels hat sich gewandelt, aus vielen Wohnungen wurden Eigentumswohnungen und die Mieten …

*Mietshäuser aus der Zeit um 1890, Heßstraße 59–63*

◄ **links oben** *Haus Erzgießereistraße 44, erbaut 1892. Photo um 1910*   **rechts oben** *Nach Brandbombe. Photo 1945*
**links unten** *Wieder aufgebaut. Photo 1959*   **rechts unten** *Photo 1984*

## Vorne und Hinten – die Wohnsituation

Früher wohnten die Hausbesitzer, die Herrschaften, die besseren Leute, die »Gwappelten«, in der Beletage, im Ersten Stock der Mietshäuser auf der Straßenseite. Hier hatte man hohe Räume, oft mit Stuck verziert. Bei Paraden, Umzügen, oder auch nur so konnte man sich am Fenster sehen lassen und hinausschauen. Weiter oben wohnten dann auch einfachere Leute, und unterm Dach hatten oft Künstler ihre kleinen Ateliers.

Bis zur Jahrhundertwende verschwanden in der Maxvorstadt die Gärten hinter den Häusern. Auf und neben Ställe, Remisen und Waschhäuser wurden Mietsblöcke gesetzt. Der Boden war so kostbar geworden, daß man ihn möglichst dicht nutzte. So entstanden z.B. in der Heß-, Schelling-, Theresien-, oder Türkenstraße teilweise zweite und dritte Häuserzeilen hinter den Straßenfronten. In den Rückgebäuden waren unten meist Gewerbebetriebe wie Schlossereien, Schreinereien, Polstereien oder Druckereien einquartiert. Darüber wohnten dann, in oft schlichteren Wohnungen mit niedrigeren Räumen, Arbeiter. Pro Familie mit bis zu 12 Kindern waren hier eine Wohnküche und ein oder zwei Schlafräume die Regel. Vielfach mußte noch untervermietet werden, um überleben zu können.

Arme Familien waren um 1900 ständig auf der Suche nach einer neuen, günstigeren Wohnung. Die frisch erbauten feuchten Häuser wurden billig vermietet, aber diese Wohnverhältnisse machten krank. Wegen Kälte und Unterernährung hatten viele, besonders Frauen und Kinder, Lungenleiden. Die Kindersterblichkeit in den ärmeren Schichten lag bis zum ersten Lebensjahr nahe 50%.

Wenn eine Wohnung dann trocken war, wurde die Miete schlagartig erhöht, Arme zogen aus und »bessere Leute« ein.

In der Zeit des Ersten Weltkrieges und danach stieg die Wohnungsnot. Erst in den 30er Jahren trat eine leichte Entspannung ein. Folge des Bombenkrieges war dann nach 1945 wieder ein extremer Wohnungsmangel mit Zwangsbewirtschaftung und Überbelegung bei teilweise festgeschriebenen Mietpreisen.

*Die folgenden drei Seiten zeigen Photobilder aus der Ausstellung »Poesie der Höfe« von Alois Schmitz*

**rechts oben** *Typischer Gewerbehof mit Laden aus der Zeit um 1900 in der Schwindstraße* ▸

**links unten** *Das halbe Haus mit dem hochgezogenen Giebel ist eines der wenigen Gebäude, die in der Augustenstraße (Nr. 105) den Krieg überstanden.* ▸

**rechts unten** *Der Hof des Türkenhofes (Türkenstraße 78) vor der Renovierung. (Photo 1992)* ▸

◀ *Heßstraße Nr. 84–76. Photo um 1955*

*Reihe von Rückgebäuden und Höfen (Heßstraße 86–94)*

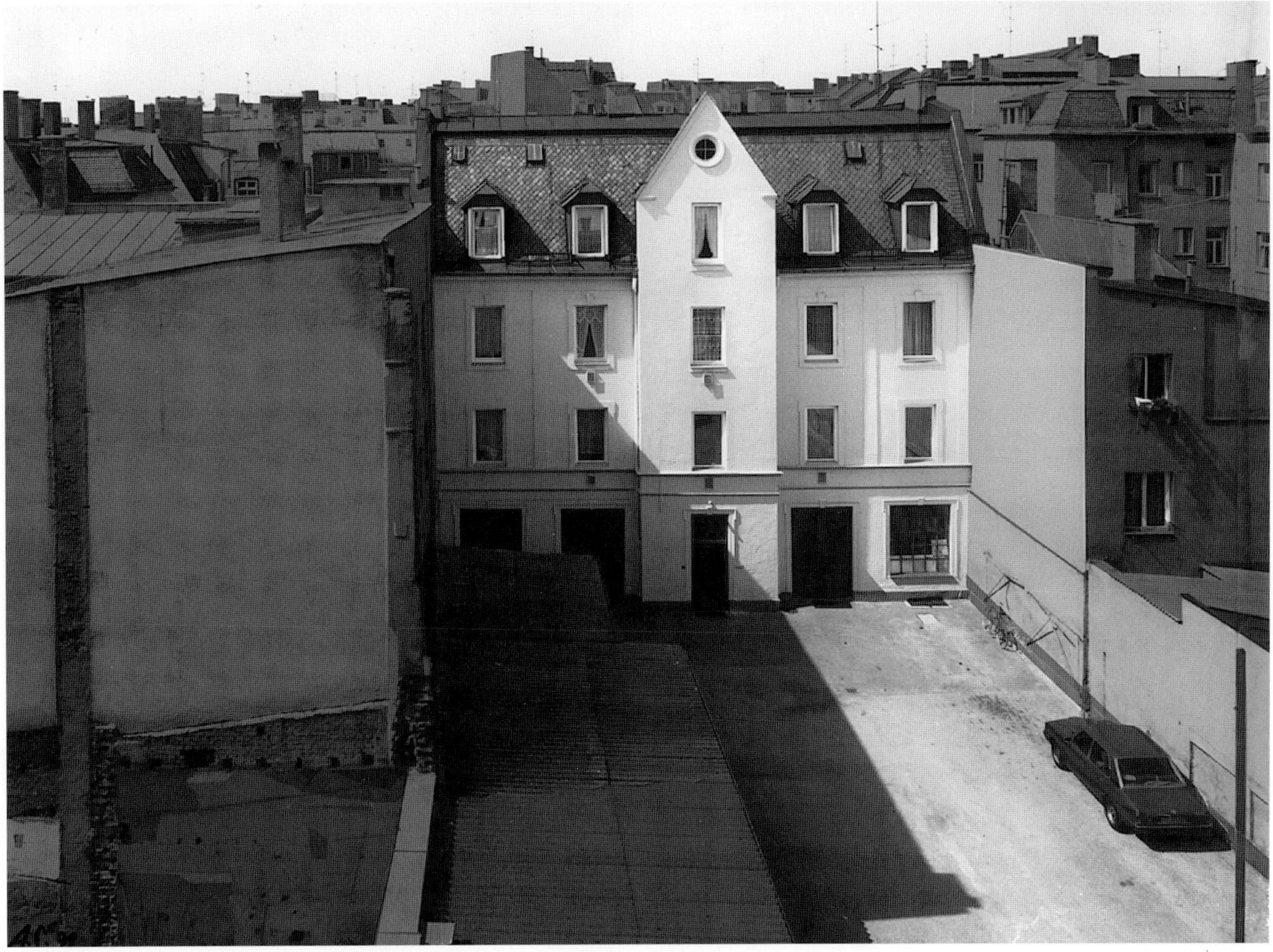

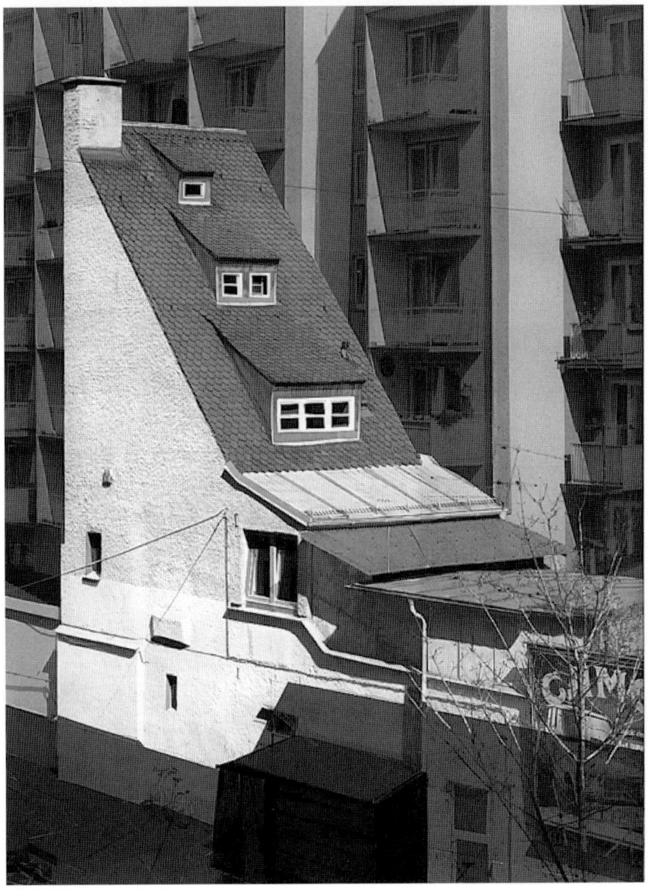

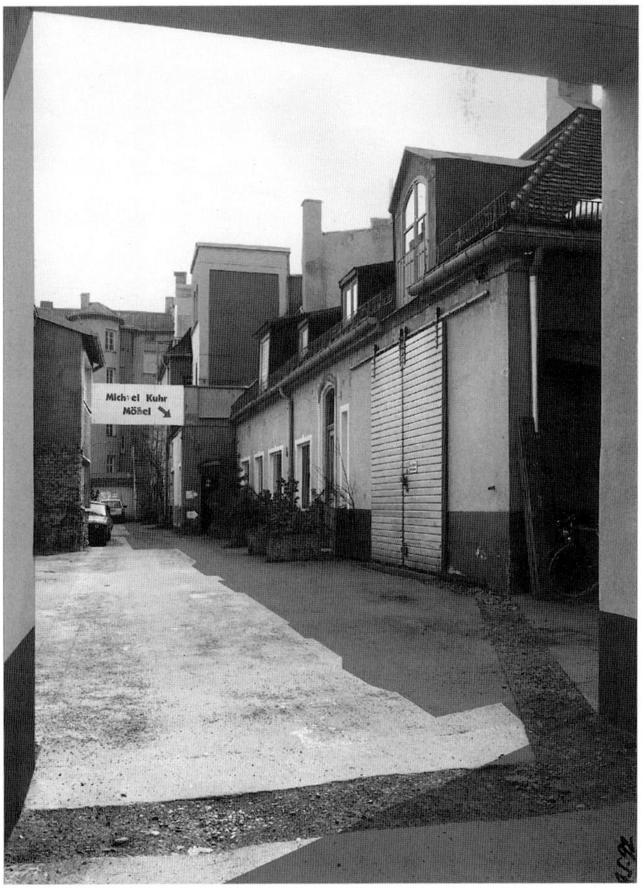
Mich el Kuhr
Möbel

# Die Poesie der Höfe

Schöne Fassaden unterliegen dem Denkmalschutz, ihre Erhaltung wird auch steuerlich gefördert. Die Höfe und Rückgebäude dahinter schützt nur Einsicht von Besitzern und Bewohnern. Der Reichtum und die Vielfalt dessen, was man nicht von der Straße aus sieht, woran man normalerweise achtlos vorbeigeht, wenn man nicht in die Höfe schaut, ist beachtlich.

In den 70er Jahren wurde die Forschung propagiert »öffnet die Höfe!« und es entstand der Verein »Grüner Garten Maxvorstadt«, der auch die Begrünung und Verschönerung von Höfen zum Ziel hatte. Die Stadt München fördert aus ökologischen Gründen naturnahe Anlagen. Trotzdem herrscht in vielen Bereichen die asphaltierte Öde der Parkplätze vor.

In den letzten Jahrzehnten ändert sich die Situation in der Maxvorstadt schleichend aber radikal. Durch die hohen Einnahmen, die Miet-, aber besonders Eigentumswohnungen bringen, verlieren viele Hinterhöfe ihr altes Gesicht. Das Gewerbe ist nicht mehr genügend lukrativ, Wohnbaracken sind unzweckmäßig. So wird saniert oder abgeräumt die einstige Idylle weicht neuen Wohnformen. Zwischen Gabelsberger-, Theresien-, Augusten- und Schleißheimerstraße sind in den Höfen schon »Trabantenstädte im Grünen« entstanden – weitere Anlagen werden folgen. Heute sind die schönsten Wohnanlagen der Maxvorstadt in den Hinterhöfen. Dort ist es, geschützt durch hohe Häuser, ruhiger als meist am Stadtrand.

*rechts oben* *Dächer von Rückgebäuden (Theresienstraße 158)*  ▶

*links unten* *Sitzgruppe im Garten Kaulbachstraße 6*  ▶

*rechts unten* *Die um 1990 entstandene Wohnanlage Theresienstraße 136. Photo 1992*  ▶

*Begrünter Hof Schellingstraße 44*

*Hof einer neuen Wohnanlage in der Görresstraße*

## Heßstraße 82

Die Heßstraße beginnt an der Barerstraße hinter der Neuen Pinakothek und zieht sich nach Westen zum Oberwiesenfeld. Sie war und ist hauptsächlich von schlichten Mietshäusern gesäumt. Grundstücksspekulation und Bauboom nahmen seit 1871 stark zu. Bereits 1863 klagte Edward Wilberforce: *«Spekulanten haben schlechte Gebäude hochgezogen und unmoralisch hohe Gewinne gemacht.»*
In der Maxvorstadt schossen die Häuser wie Pilze aus dem Boden. Der Einsturz eines Hauses in der Heßstraße 66, bei dem am 12. Juli 1877 vier Mörtelweiber und ein Maurer zu Tode kamen, wurde von der Presse wie folgt kommentiert: *« Die leichtsinnige Bauführung, die jüngst zu der entsetzlichen Katastrophe an der Heßstraße führte, macht sich an mehreren Punkten der Stadt bemerklich. So müssen neuerdings an Neubauten an der Isarstraße die umfassendsten Maßnahmen getroffen werden, um den Zusammensturz zu hindern.[...] Wie, frägt man sich hier allgemein, daß in einer Stadt wie München ein Bau vom Keller bis zum Giebel vor Aller nur nicht der Aufsichtsbehörde Augen, aus dem allerschlechtesten Material auf die allergewissenloseste Weise zusammengepfuscht werden kann?»* Man baute nun sorgfältiger und Hauseinstürze wurden seltener.

In dem Gedicht »Meine große Heimat« schreibt der in der Maxvorstadt aufgewachsene Poet und spätere DDR-Kultusminister Johannes R. Becher, wohl der bekannteste Sohn der Heßstraße: *In München bin ich geboren. Dort hat eine Mutter mich zur Welt gebracht.*
*Die »Schweren Reiter« sind gerade die Heßstraße hinunter nach Oberwiesenfeld gezogen.*
*Es war mitten im Mai. Die Leute haben die Fenster aufgemacht,*
*denn ein Wind, der nach Schnee roch, kam aus den Bergen an die Häuser herangeflogen.*
*[...]*
*Die enge Welt: das war das rote Backsteinhaus in der Heßstraße. Auf allen meinen Wegen stand eine Tafel: »VERBOTEN!«*
*Wie aus einem Totenhaus schaute ich aus dem Fenster in die Freiheit hinaus.*
*Ich war noch ein Kind, aber ich seufzte schon: Ach, wär ich nur bei den Toten! [...]*

Die alte Bausubstanz ist allerdings durch die Bomben des Zweiten Weltkrieges weitgehend ausgelöscht. Nur zwischen Schwind- und Winzererstraße sind zahlreiche Häuser der Jahrhundertwende erhalten. So ist besonders sehenswert die zusammenhängende Front der Häuser Heßstraße 59-71. aus ser Zeit um 1890 (Abb. S. 121).

Auf der gegenüberliegenden Straßenseite (gerade Nummern) sind die meisten Häuser mit ihren Hinterhöfen weitgehend unversehrt geblieben (Abb. S. 129 u. 122).
Als Beispiel für Zerstörung und Aufbau sei das Haus Nr. 82 herausgegriffen. Es wurde 1890 errichtet und kurz darauf durch ein Rückgebäude erweitert. In den 20er Jahren gehörte es dem Techniker Joseph Buchauer, der auch im Erdgeschoß ein Installationsgeschäft betrieb. Es wohnten 1927 im Vordergebäude ein Installationsgeschäftsteilhaber

und eine Kanzleiassistentin (0), eine Bankdienerswitwe, ein Kaufmann und eine Maurermeisterswitwe (1), eine Bahnmeisterswitwe, ein Studienrat und ein Schlafwagenschaffner (2), ein Kaufmann und eine Postassistentenswitwe (3) sowie ein Amtsgerichtsobersekretär und ein Schriftsetzer (4).
Im Rückgebäude waren gemeldet: eine Schmiedswitwe (0), ein Straßenbahn-Angestellter und ein Architekt (1), ein Oberpostschaffner a.D. und eine Sesselflechterswitwe (2), ein Mechaniker, ein Milchgeschäftsinhaber und eine Maschinistenwitwe (3).
Die Bauweise des Hauses war schlicht, aber gediegen; das Treppenhaus hatte durch eine Glaskuppel Tageslicht. Es gab keine Bäder und eine Toilette je Stockwerk lag im Treppenhaus.
Das Vorderhaus fiel bis auf das Kellergewölbe den Bomben zum Opfer. Es wurde 1952 in leichtem südlichen Stil von dem Architekten Werner Wirsing neu errichtet. Die Fassade mit den 75 cm tiefen Balkonnischen, die großzügige Blumenhaltung erlauben und einen gewissen Abstand zur Straße schaffen, paßt zu den reich gegliederten benachbarten Altbauten.
Die Vorkriegsbewohner kehrten allerdings nicht zurück. Das Rückgebäude blieb über Jahrzehnte unverändert.
Das gesamte Anwesen wurde 1980 im Eigentumswohnungen aufgeteilt. Ab 1985 wurden dann die Stockwerke im Rückgebäude einzeln saniert. Die von außen zugänglichen Toiletten sind, bis aufs Erdgeschoß, verschwunden; ebenso mußten die Fenster im Treppenhaus zugemauert werden. Die offenen Waschbecken in den unteren Stockwerken erinnern noch an die einstigen sanitären Verhältnisse.
Andere Häuser in der Straße sind, auch im Innern, noch unversehrt erhalten. Aber die Bewohner haben gewechselt – es überwiegen Akademiker und Studenten. Es ist auch hier kein billiges Wohnen mehr, wie 1980, als der Quadratmeterpreis (kalt) für die Altmieter teilweise noch bei 2.- DM lag.


## Bäder

Öffentliche Badeanstalten waren in einer Zeit als die wenigsten Wohnungen über Bäder verfügten, ja kaum Waschmöglichkeiten boten, dringend erforderlich. Eine Badeanstalt wurde bereits 1855 in der Barerstraße 11 eröffnet; sie erhielt durch den Besuch der Königin Marie den Namen *Marienbad*. Als nächstes wurde das *Bavariabad* (Türkenstraße 70) 1880 erbaut und 1887 erweitert. Es gehörte Graf Dall'Armi und wurde später *Türkenbad* genannt. Das *Zentralbad* in der Lämmerstraße wurde 1886 eingerichtet, das *Städtische Brausebad* (Schleißheimer Straße 33) 1892 und 1901 erweitert. Sie fielen den Bomben des Zweiten Weltkrieges zum Opfer.
Das *Luisenbad* (Luisenstraße 67), ein Hallenschwimmbad, wurde 1886 eröffnet. Bereits 30 Jahre später konnte man sich einen solchen Luxus nicht mehr leisten und 1926 wurde hier ein Studentenwohnheim eingerichtet. Ersatz kam erst 1941 mit dem nahegelegenen *Nordbad*. Da die meisten Wohnungen heute mit Bädern ausgestattet sind, sind Tröpferlbäder nicht mehr gefragt.

*Das Mietshaus Heßstr. 80 (rechts) im Stil der nordischen Renaissance, Rohbackstein mit reichen Putzgliederungen, wurde um 1885 erbaut. Haus Nr. 82 wurde durch Bomben bis auf die Grundmauern zerstört, der jetzige Bau wurde 1952 von Werner Wirsing errichtet.*

*Das Wohn- und Geschäftshaus Schellingstraße 26 (neben dem Hof der Türkenschule) mit reichgestalteter Jugenstilfassade, errichtet 1900 von Martin Dülfer*

# Wichtige Bauwerke

Die Maxvorstadt ist eine »geplante« Stadt. Viele bekannte und berühmte Architekten errichteten hier Wohnhäuser, Villen, Museen und Verwaltungsgsbäude. Hier soll an Hand einer kleinen Auswahl an Gebäuden die bauliche Entwicklung der Maxvorstadt veranschaulicht werden. In Klammern sind jeweils die Architekten/Baumeister genannt.

**1806:** Prinz-Carl-Palais, Königinstraße 1 (Carl von Fischer), für den Religionslehrer von König Max I., Abbé Salabert, erbaut, erwarb es 1825 der Bruder von Ludwig I., Prinz Karl und ließ es, entlang der heutigen Von-der-Tann-Straße, durch Jean Baptist Métivier erweitern. 1875 bis 1919 Sitz der k.u.k. österreichisch-ungarischen Gesandtschaft, 1924 bis 1937 Amtssitz des bayerischen Ministerpräsidenten. 1937 Umbau durch Fritz Gablonsky nach Hitlers Geschmack. Nach Bombenschäden Renovierung und vorübergehender Ausstellungsort für Antikensammlungen und Glyptothek. Ab 1968 wieder Sitz des Ministerpräsidenten und Gästehaus der Staatsregierung.

**1812:** Palais Törring-Seefeld, Karolinenplatz 4 (Carl von Fischer), Neubau nach Kriegszerstörungen in der urprünglichen Form durch C. Kergl, zugehörig zwei freistehende Nebengebäude an der Brienner- und Barerstraße, klassizistisch, heute Staatliche Lotterieverwaltung.

**1818:** Ludwigstraße 1 (Leo von Klenze), ehem. Wohnhaus, klassizistisch, jetzt Teil des Finanzministeriums

**1820:** Arco-Palais, Wittelsbacher Platz 1 (Leo von Klenze), Klassizistische Fassade mit palladianischen Motiven blieb bei Kriegszerstörungen erhalten, heute Geschäfthaus

**1821:** Leuchtenberg-Palais, Odeonsplatz 4, Leo von Klenzes erster Bau im Neurenaissancestil, im Krieg bis auf die Grundmauern zerstört, heute Bayerisches Staatsministerium der Finanzen

**1824:** Briennerstraße 12 (Leo von Klenze), ehem. Palais Eichthal, bedeutender italienisierender Bau

**1824:** Almeida-Palais, Briennerstraße 14 (Jean Baptist Métivier), ehem. Palais Baiersdorf, klassizistische Fassade im Mittelteil mit Pilaster und Giebel, Kriegszerstörungen, heute Direktionsgebäude der Aachener und Münchener Versicherung

**1825:** Alfons- oder Prinz-Ludwig-Ferdinand-Palais, Wittelsbacher Platz 2 (Leo von Klenze), als Wohnhaus erbaut, später erweitert. Heute Sitz der Geschäftsleitung der Fa. Siemens

**1826:** Bazargebäude, Odeonsplatz 6-18 (Leo von Klenze), Langgestreckter Geschäftsbau, in dem auch das legendäre Café Annast untergebracht war, das noch heute in stark verkleinerter Form hier existiert. Weitere »Bewohner«: Banken, Nobelfrisör, Museum der erotischen Kunst usw.

**1827:** Amalienstraße 38 (Maurermeister Xaver Mayr/ Zimmermeister Stitzinger), ehem. Palais Karl Theodor Graf von Holnstein, klassizistische Front in der Art der Klenze-Nachfolger gegliedert und proportioniert

**1828:** Odeon, Odeonsplatz 3 (Leo von Klenze), Ursprünglich als Musikhochschule und Konzertsaal errichtet, im Zweiten Weltkrieg stark zerstört, Wiederaufbau bis 1954 durch Josef Wiedemann, heute: Bayerisches Staatsministerium des Inneren, ehemaliger Konzertsaal als Innenhof erhalten

**1830:** Kriegsministerium, Ludwigstraße 14/ Schönfeldstraße 3 (Leo von Klenze), heute: Teile des Hauptstaatsarchivs, Institut für bayerische Geschichte

**1836:** Alte Pinakothek (Leo von Klenze), italienische Renaissance, 1947 nach Kriegszerstörungen von Hans Döllgast wiedererstellt bzw. in schlichter Form ergänzt

**1837:** Landesblindenanstalt, Ludwigstraße 25 (Friedrich von Gärtner), nach Kriegszerstörungen bis 1969 neu aufgebaut, Seminare für Romanische Philologie, Theatergeschichte und Volkskunde der Universität München

**1843:** Bayerische Staatsbibliothek, Ludwigstraße 16 (Friedrich von Gärtner), Großbau mit 25 Achsen, monumentalem Treppenhaus. Nach Kriegszerstörungen wieder aufgebaut, Neubau im Osten durch die Architektengemeinschaft Sep Ruf, Hans Döllgast, Helmut Kirsten und Georg Werner

**1843:** Damenstiftgebäude, Ludwigstraße 23 (Friedrich von Gärtner), nach barockem Schloßbauschema, erster öffentlicher Sozialbau in Bayern, 1870-1912 Maxgymnasium, seit 1953 wiederhergestellt, Verwaltungsgerichtshof

**1844:** Palais Dürckheim, Türkenstraße 4 (Franz Jakob Kreuter), später Preußische Gesandtschaft. Freistehender kubischer Bau in italienisierender Neurenaissance, Fassade in verschiedenfarbenem Backstein mit Sandsteingliederungen und Reliefs. Heute im Besitz der Bayerischen Landesbank

**1847:** Amalienstraße 10 (Friedrich Bürklein), Mietshaus, früher Maximilianstil

**1853:** Amalienstraße 11a (Jordan Mauer), Mietshaus, Maximilianstil

**1853:** Schellingstraße 19 (Max Kuppelmayr), Mietshaus, spätbiedermeierlich

**1853:** Amalienstraße 15 (Mathias Berger), Mietshaus, klassizistisch, mit Kolossallisenen am Mittelresalit, beim Wiederaufbau 1949 z.T. verändert, Freistehendes Rückgebäude, zweigeschossig, mit Mezzanin und Erker

**1876:** Barerstraße 37 (Kilian Stützel), Mietshaus, Neurenaissance, reich gegliedert

**1880:** Schleißheimer Straße 25, Mietshaus, reich gegliederte Neurenaissancefassade französischen Charakters, prächtig stuckierte Durchfahrt mit Karyatiden, Treppe. Fur den Bauunternehmer Joseph Brandl wohl nach eigenem Plan errichtet. Am Rückgebäude reiche Bauplastik

**1887:** Adalbertstraße 76 (Johann Widmann), Mietshaus, nordische Renaissance, Rohbacksteinbau mit Putzgliederung und Flacherker, malerische Gruppe mit den gleichartigen Häusern Nr. 70, 72, 78 und 80

**1889:** Kaulbachvilla, Kaulbachstraße 15 (Gabriel von Seidl) Wohnhaus und Atelier des Malers Friedrich Kaulbach nach dem Vorbild italienischer Villen. 1931 Verkauf an Studentenverbindung »Korps Bavaria«, die das Atelier zu einem Festsaal und das Dach zu einem Kameradschaftsheim umbaute. 1937 Kauf durch das Land Bayern als Dienstwohnung für den NS-Gauleiter und Staatsminister Adolf Wagner, Umbau des Ateliers zu einem Arbeits-, Empfangs- und Bibliotheksraum. 1944 Beschädigungen durch Brandbomben. 1945 bis 1984 Sitz des amerikanischen Rundfunksenders AFN, heute Sitz des Historischen Kollegs

**1890:** Kriegsakademie, Pappenheimstraße 14 (Gustav von Schacky), reichgegliederter Neurenaissance-Risalitbau, nach 1949 Krankenhaus, heute Fernmeldeamt

**1890:** Osteria Italiana Lombardi, Schellingstraße 62 (Johann Lihm), ehem. Osteria Bavaria, Mietshaus Neurenaissance mit Eckerker, in der Osteria Wandbilder

**1897:** Lenbach-Villa, Luisenstraße 33 (Gabriel von Seidl), Wohnhaus und Atelier des Malers Franz von Lenbach, im Stil italienischer Renaissancevillen erbaut, Erweiterung durch Nordflügel (Hans Grässel) 1927, heute: Städt. Galerie

**1898:** Schelling-Salon, Schellingstraße 54 (Johann und Lorenz Grübel), neubarock, reich stuckiert, mit Eckturm

**1899:** Adalbertstraße 12 (G. Seemüller), Mietshaus, deutsche Renaissance mit reich verziertem Erker

**1899:** Adalbertstraße 51 (Johann Widmann), Mietshaus mit Doppelerkerfassade, Neurenaissance

**1900:** Kaulbachstraße 26a/b, Künstlerwohnhaus mit Ateliertrakt (Georg von Hauberisser), Form des reduzierten Historismus. Hier arbeiteten u.a. der Maler Franz Defregger, der Bildhauer Hans Defregger und der Maler Oskar Pixis

**1900:** Kaulbachstraße 22/22a/24 (Martin Dülfer), zusammenhängende Gruppe von drei Mietshäusern, Jugendstil mit Stuckdekor

*Der Festsaal-Trakt des Löwenbräukellers am Stiglmaierplatz, erbaut 1894 von Friedrich v. Thiersch*

**1901:** Industrie- und Handelskammer, Max-Joseph-Straße 2 (Friedrich Thiersch), früher »Haus für Handel und Gewerbe« und Neue Börse

**1903:** Adalbertstraße 106 (Paul Liebergesell/Feodor Lehmann), ehem. Krippen-Anstalt, Jugendstil

**1903:** Josephsplatz 2 (Andreas Reinhart), Mietshaus, neubarock, mit Erker, Madonnenrelief am Zwerchgiebel und reichem Stuckdekor

**1904:** Haus Pronath, Jugendstil, Augustenstraße 54 (Gebrüder Rank), reich gegliedert

**1905:** Kunsthandlung Böhler, Briennerstraße 25 (Gabriel von Seidl), Neurenaissancestil

**1907:** Gaststätte Regensburger Hof, Augustenstraße 53 (Heilmann und Littmann), deutsche Renaissance mit Eckerker

**1911:** Adalbertstraße 96 (Max Neumann), Mietshaus, klassizistischer Jugendstil, mit halbrundem Erkervorbau

**1913:** Nymphenburger Straße 19 (Heilmann und Littmann), Mietshaus, neuklassizistischer Jugendstil

**1914:** Kaulbachstraße 13 ( Gebrüder Rank), Villa im Stil eines französischen Rokoko-Palais, für Graf E. von Seyssel d'Aix, heute: Institut Francais

**1914:** Königinstraße 11a (Heilmann und Littmann), palaisartiger Bau, im Kern klassizistisch

**1923:** Briennerstraße 16 (Max Littmann), palastartiger neoklassizistischer Bau

**1924:** Oberpostdirektion, Arnulfstraße 60 (Robert Vorhoelzer/Georg Werner), Verwaltungsbau, durch siebengeschossige Ecktürme gegliedert, Frühwerk der neuen Sachlichkeit, nach dem Krieg wurden die Zeltdächer durch Flachdächer ersetzt

**1926:** Paketzustellamt, Arnulfstraße 62 (Robert Vorhoelzer), Rundbau mit 8 tragenden Stützen, nach dem Krieg wiederaufgebaut, Beispiel für Funktionalismus der 20er Jahre.« *Das Gebäude ist rein das Gehäuse der Betriebsvorgänge und der dort erstmals entwickelten maschinellen Anlage – Betrieb, Maschine und Haus sind zu einer Einheit verschmolzen.«*

**1929:** Bayerischer Rundfunk, Rundfunkplatz 1 (Richard Riemerschmid), Erweiterungsbau 1965 (Josef Wiedemann/Otto Roth), Verwaltungsgebäude 1976 (Helmut von Werz/Erhard Bachmann/Michel Marx)

**1931:** Städtisches Leihamt, Augustenstraße 20/22 (Fritz Beblo/Hermann Leitenstorfer), Neue Sachlichkeit, Rohbacksteinbau, nach Auflösung des Leihamtes 1992: Stadtsparkasse u.a.

**1937:** Arcisstraße 12 (Paul Ludwig Troost), als »Führergebäude« für Adolf Hitler errichtet, heute: Staatliche Hochschule für Musik

**1938:** Ärztehaus München, Briennerstraße 23 (Roderich Fick), glatter, wohlproportionierter Baukörper mit klassizistischen Elementen, heute: Kassenärztliche Vereinigung

**1939** Zentralministerium, Ludwigstraße 2. Nach Abriß klassizistischer Häuser erbaut von Fritz Gablonsky. Sitz des Gauleiters. Nach Kriegszerstörungen sorgfältig restauriert. Seit 1959 Landwirtschaftsministerium.

**1948:** Wohnheimsiedlung Maßmannplatz (Werner Wirsing, damals noch Architekturstudent), in drei Baustufen entstandenes Studenten- und Lehrlingswohnhein, das Anfang der 90er Jahre vom Architekten der ersten Baustufe umfassend renoviert wurde.

**1955:** Amerikahaus, Karolinenplatz 3, Neubau an Stelle des ehem. Lotzbeck-Palais

*Das „Siemenshaus" am Oskar-von-Miller-Ring. Photo 1958. In der Zeitschrift „Schönere Heimat. Erbe und Gegenwart" 1958 des bayerischen Landesvereins für Heimatpflege steht unter der Rubrik „Gewinn der Heimat" zu lesen: „Das stille Viertel zwischen dem Wittelsbacherplatz und dem Garten des Wittelsbacher Palais ist im Krieg zerstört worden. [...] Dem dort neu entstehenden Geschäftsviertel gibt das Siemenshaus einen glücklichen städtebaulichen Akzent, der keinen älteren Bestand beeinträchtigt." Als „Verlust der Heimat" wurde dagegen der Bau des Generalkonsulats der Vereinigten Staaten von Nordamerika an der Ecke Königinstr./Von-der-Tann-Straße empfunden, das „wie mit einem Axthieb eine bestehende städtebauliche Situation zerschlägt."*
*Zum Siegestor wurde festgestellt, daß es sich in der renovierten Gestalt um ein Provisorium handelt, bei dem der Stadtrat versprochen hatte, den ursprünglichen Zustand wieder herzustellen.*

**1952:** Wohnblock Theresienstraße 48/Ecke Türkenstraße (Sep Ruf), klassischer Bau der Nachkriegszeit in »neuer Sachlichkeit«
**1956:** Verwaltungsgebäude der Firma Siemens, Oskar-von-Miller-Ring 18 (E. von der Lippe und Hans Maurer)
**1956:** Bayerische Landesbausparkasse, Karolinenplatz 1 (Josef Wiedemann), U-förmiger Baukörper, der sich der Form des Platzes anpaßt, Palaischarakter
**1962:** Circus-Krone-Bau, Marsstraße 43 (Ludwig Galitz), Zirkus-Rundbau mit 16m hoher Kuppel und 3000 Plätzen
**1964:** Bayerische Gemeindebank, Briennerstraße 20 (Fred Angerer), an Stelle des ehem. Wittelsbacher Palais, moderner Bau mit zurückgesetztem Dachgeschoß

**1976:** Karlshof, Augusten-/Karlstraße (Georg A. Roemich/Hans Joachim Ott/Albert Zehentner), dem über Eck zwei Straßen verbindenden Grundstück wurde mit Mitteln der Bühnenmalerei eine heitere Atmosphäre verliehen
**1977:** Amalienpassage (Jürgen von Gagern), Bebauung des Grundstücks zwischen Amalien- und Türkenstraße mit Wohnungen, Läden und Restaurants. Abgetreppte Bebauung, gestalteter Boden, Brunnen, Bepflanzung, gestaffelt gegliederte Gebäude
**1981:** Neue Pinakothek, Barerstraße 29 (Alexander von Branca) im »postmodernen« Stil
**1990:** Wohnblock mit Künstlerateliers, Zentnerstraße 18 (Jürgen Adam), unterschiedlich große Maisonette-Wohnungen mit optimaler Nutzung von Licht. Arbeitsräume für Künstler

*Das Wohn- und Geschäftshaus Theresienstraße 48, errichtet von Sep Ruf*

*Wohn- und Ateliergebäude Zentnerstraße 12*

*Die Neue Pinakothek (Architekt Alexander v. Branca)*

# Kunstviertel

## Museen

### Alte Pinakothek, Barerstr. 27, Tel. 2 38 05-2 16

Die Alte Pinakothek beherbergt europäische Malerei des 14. bis 18. Jahrhunderts und gehört mit ihren Werken zu den bedeutendsten Gemäldesammlungen der Welt.
König Ludwig I. gab dem Baumeister Leo von Klenze den Auftrag für den größten Galeriebau seiner Zeit; die Eröffnung fand 1826 statt. Der Direktor der Sammlung hatte es verstanden, die Pinakothek bei Kriegsbeginn 1939 wegen »Renovierungsarbeiten« zu schließen und die Gemälde in Sicherheit zu bringen; so wurden unschätzbare Kunstschätze vor der Zerstörung bewahrt. Das Gebäude wurde im Krieg stark zerstört und im Wiederaufbau von Hans Döllgast behutsam rekonstruiert. Die bedeutende Sammlung umfaßt biblische und weltliche Historienbilder, z.B. Albrecht Altdorfers »Alexanderschlacht«. Werke Albrecht Dürers, z.B. die »Vier Apostel« hängen neben altdeutschen, flämischen, holländischen und französischen Meistern. Besonders bedeutend ist die Sammlung der Gemälde von Rubens. Die italienische Abteilung zeigt u.a. Werke von Raffael, Tizian und Botticelli. Während der 1994 begonnenen Renovierung ist die Sammlung nur teilweise in der Neuen Pinakothek zu sehen.

### Neue Pinakothek, Barerstr. 29, Tel. 2 83 05-1 95

Gegenüber der Alten Pinakothek befindet sich der 1981 eröffnete, vom Architekten Alexander von Branca entworfene Bau der Neuen Pinakothek im postmodernen Stil. Die Sammlung besteht aus Bildern und Plastiken des 18. und 19. Jahrhunderts. Während der Renovierung der Alten Pinakothek werden hier auch wichtige Werke aus deren Beständen gezeigt.

### Städtische Galerie im Lenbachhaus, Luisenstraße 33, Tel. 52 10 41

In der Villa des »Malerfürsten« Franz von Lenbach sind die Münchner Maler, insbesondere die Maler des »Blauen Reiter«, aber auch zeitgenössische Kunst zu sehen. Die historischen Wohn-und Arbeitsräume Lenbachs geben einen Eindruck von der ehemaligen Pracht der Innenausstattung.

### Glyptothek, Königsplatz 3, Tel. 28 61 00

Der klassizistische Bau, den Ludwig I. zwischen 1816 und 1830 von Leo von Klenze errichten ließ, enthält eine der bedeutendsten Sammlungen griechischer und römischer Skulpturen.

**Staatliche Antikensammlung,** Königsplatz 1, Tel. 59 83 59

Das 1838–48 von Georg Friedrich Ziebland nach Plänen von Klenze errichtete Gebäude war zeitweise Ausstellungsplatz der Sezession, wurde dann Staatsgalerie der modernen Kunst und beherbergt heute die Staatliche Antikensammlung.

**Paläonthologisches Museum,** Richard-Wagner-Str. 10, Tel. 5 29 33 61

Besonders beeindruckend ist die Größe der hier ausgestellten Exponate: das Skelett des Urelefanten aus dem Mühldorfer Tertiär oder eines Riesenflugsauriers mit einer Flügelspannweite von 7 Metern.

**Mineralogische Staatssammlung,** Theresienstr. 41, Tel. 23 94 43 12

König Max I. brachte den Grundstock dieser Sammlung aus seiner Heimat, der Pfalz, mit nach München. Sie wurde durch Exponate aus Südamerika und Rußland vergrößert und wuchs zu einer der wertvollsten Sammlungen Europas.

*Herkules im Museum für Abgüsse klassischer Bildwerke*

**Museum für Abgüsse klassischer Bildwerke,** Meiserstr. 10, Tel. 55 91-5 60

Im Lichthof und auf der Galerie des sog. »Führerbaus« stehen dicht gedrängt Abgüsse berühmter klassischer Skulpturen, derer Originale in Museen auf der ganzen Welt verstreut sind.

**Staatliche Graphische Sammlung,** Meiserstr. 10, Tel. 5 59 14 90

Hier kann man in einem Studiensaal ausgewählte graphische Werke betrachten.

**Staatliche Naturwissenschaftliche Sammlungen**

**Anthropologische Staatssammlung**

Karolinerplatz 2a, Tel. 59 52 51

**Geologische Staatssammlung**

Luisenstr. 37, Tel. 5 20 32 11

◀ *Standbild vor der Kunstakademie*

# Ein Kunst-Spaziergang
*von Klaus von Gaffron*

Ein Gebiet, das seine Begrenzung an der Akademie der Bildenden Künste, dem Bahnhof, dem Englischen Garten und dem Königsplatz hat, ist für Kunst, Kunstschaffen und Kunstpräsenz prädestiniert.

Beginnen wir mit unserem Spaziergang bei der Akademie der Bildenden Künste. Hier kann man in der Jahresausstellung erfahren, wie die jungen Künstler auf Zeitgeist und Tradition reagieren. Diese Exhibition ist der festliche Abschluß des Sommersemesters, geprägt von vielen Aktivitäten. Es ist eine Woche der offenen Tür, auch mit der Absicht, den Bürger auf Kunst und Künstler neugierig zu machen. Das ganze Haus ist eine einzige Ausstellung. Neben dieser Großveranstaltung werden im Wechsel der Organisatoren (es sind Professoren der Akademie) ca. 8 – 10 Ausstellungen in der Akademiegalerie gezeigt. Diese Galerie befindet sich im Untergrund. Hier hat der Fahrgast an der U-Bahnhaltestelle Universität die Möglichkeit, ohne große Umwege mit Kunst in Kontakt zu kommen.

In der Ludwigstraße, kurz vor dem Odeonsplatz, ist die Galerie des Vereins für Originalradierung. Hier werden ausschließlich Ausstellungen gezeigt, die sich mit drucktechnischen Ergebnissen auseinandersetzen, Siebdruck, Radierungen, Lithographien usw. Es ist seit einiger Zeit ein sehr offenes Ausstellungsprogramm entstanden und die Galerie wird damit auch den neuesten Tendenzen und Medien gerecht.

Gegenüber in der Galeriestraße 4 hat der Münchner Kunstverein sein Domizil. Dieser Verein erlebte sehr bewegte Zeiten und ist jetzt in der Hand von Helmut Drachsler, der sein Ausstellungsprogramm nicht nur als Bildershow präsentiert, sondern den Besucher konfrontiert und intensiv über Hintergründe und Zusammenhänge in der Kunst unserer Zeit informiert.

Der Weg sollte nun über den Odeonsplatz zur Finkenstraße führen. Hier hat die Deutsche Gesellschaft für Christliche Kunst ihre Galerie. Sie ist ein wichtiger Treffpunkt, wo die Haltung der Künstler zu den Themen Kirche und Glaube mit der Stellung des Menschen in der Gesellschaft zur Diskusssion herausfordert. Mit dem gleichen Thema befassen sich auch Ausstellungen in der Abtei St. Bonifaz in der Karlstraße 24.

Auf dem Weg zum Königsplatz kreuzen wir den Karolinenplatz und kommen am Amerikahaus vorbei, in dem der Vielfalt künstlerischer Darstellungsmöglichkeiten ein Forum geboten wird: Literaturvorträge, Theateraufführungen, Ausstellungen und musikalische Darbietungen.

Der Königsplatz erfuhr mit dem Kunstbau, einem Ausstellungsraum im Untergrund, eine Bereicherung. Er ist eine architektonische Glanzleistung, gehört zur Städtischen Galerie im Lenbachhaus und ist ein Forum für internationale Kunst. Er wurde mit Dan Flavin, einem konzeptionellen Künstler, der mit Neonlicht arbeitet, eröffnet. Der Ausstellungsraum ist an den U-Bahn-Eingängen der Haltestelle Königsplatz von außen einsehbar und lockt so auch den zögernden Neugierigen zu einem Besuch.

In der Städtischen Galerie im Lenbachhaus spannt sich der Bogen der ausgestellten Kunstwerke von Jan Polak, einem Maler der Spätgotik, über Franz von Lenbach bis zur zeitgenössischen Kunst, z.B. der Rauminstallation »Zeige deine Wunde« von Joseph Beuys.

Also ein äußerst reichhaltiges Spektrum an Kunstaktivitäten, das hier von Kunstinstitutionen angeboten wird. Die Galerienszene ist leider nicht so dicht, da Galerien durch ihre kommerzielle Ausrichtung standortabhängig sind und dadurch die Verschiebungen in den einzelnen Stadtvierteln mitmachen. Seit den 90er Jahren zeichnet sich eine Umzugstendenz von der Maxvorstadt zum Gärtnerplatzviertel ab. Die Galerie Wittenbrink, ehemals in der Ohmstraße, befindet sich nun seit zwei Jahren in der Jahnstraße, und auch die experimentell arbeitende Galerie Kampl verläßt nun die Räume am Oskar-von-Miller-Ring und bereichert das Galerieangebot im Gärtnerplatzviertel. Helmut Draxer verläßt München ganz und geht mit seinem für die Münchner Kunstszene so wichtigen K-Raum nach Paris; München ist somit um ein kulturelles Reibungsfeld ärmer. Doch gibt es in der Maxvorstadt noch einige bemerkenswerte Galerien. Caduta Sassi in der Blütenstraße 23 ist eine winzige Galerie, die fast nur aus Schaufensterfläche zu bestehen scheint. Auf der verbleibenden kleinen Ausstellungsfläche schaffen es die Künstler aber doch, ökologische sowie soziale Auseinandersetzungen eindringlich zu thematisieren und zu vermitteln. In der Blütenstraße liegt auch die Galerie Klaus Lea. Hier finden wir vor allem die neuen Expressionisten von München, so werden Bilder der Künstlergruppe »Kollektiv Herzogstraße« ausgestellt. Klaus Lea geht den Weg des Experimentes und gibt gerne Studenten der Kunstakademie die erste Ausstellungsmöglichkeit. Hier stehen Künstler, nicht Opportunisten, im Vordergrund. Die Architekturgalerie e.V. in der Türkenstraße 30 bietet Wechselausstellungen und Vorträge zur modernen Architektur und Stadtplanung. Durch ihr vielseitiges Programm, vor allem im Bereich der aktuellen Tendenzen der Architektur, ist sie weit über Münchens Stadtgrenzen bekannt und geschätzt. Die Galerie Alvensleben in der Arcisstraße 58 stellt vor allem Künstler der ehemaligen DDR vor. Dieser Schwerpunkt besteht seit 1979 und durch die konsequente Präsenz sind Namen wie Walter Libuda, Max Uhlig und Michael Morgner auch hier keine Unbekannten mehr. In der Galerie Bernd Klüser in der Georgenstraße 15 wird internationale Kunst der Gegenwart geboten. Die Galerie arbeitete bereits seit 1970 aktiv mit Joseph Beuys; in den Programmen sind Namen wie Christian Boltanski, Enzo Cucchi, Rebecca Horn u.a. keine Überraschung. Weniger bekannt, aber sehr aktiv, ist die Galerie Arte Galerie N in der Luisenstraße 68. Das vielschichtige Ausstellungsprogramm ist nicht festgelegt auf bestimmte Trends; hier wird regionalen Künstlern das notwendige Forum geboten. Die Landesbank leistet sich an der Ecke Briennerstraße/Ottostraße eine Galerie, in der Künstlern aus dem ganzen bayerischen Raum in großzügigen Räumlichkeiten die Möglichkeit zur Ausstellung geboten wird. Hier werden zwar nicht die neuesten Kunsttrends oder das Publikum schockierende Experimente gezeigt, aber sehr qualitätsvolle Arbeiten. Noch zu erwähnen sind die progressiv ausgerichtete Galerie Daniel Fusbau in der Georgenstraße 70, die Galerie Arnoldi-Livie in der Galeriestraße 2b mit Handzeichnungen und Gemälden Alter und Neuer Meister des 17. bis frühen 20. Jahrhunderts und die Galerie Bartsch & Chariau in der Galeriestraße 2. Hier findet man angewandte Zeichnungen aus dem Bereich Karikatur, Wissenschaft, Architektur und Mode. In der Galerie Spektrum in der Türkenstraße 37, Rgb., wird ausschließlich Schmuck gezeigt, aber nicht im herkömmlichen Sinn: Werke von Künstlern, die in Schmuck ihr eigenes Medium sehen und sich über das Handwerk hinausbewegen. In der Arnulfstraße 3 war bis Ende 1993 die Galerie Mosel & Tschechow, die nach Giesing ging. Die Nachfolge trat die »interimsgalerie 2« an, die vom Berufsverband Bildender Künstler als freier Kulturträger betrieben wird und für die Förderung von regionalen Künstlern, aber auch für experimentelle, nicht kommerziell ausgerichtete Ausstellungsprojekte verantwortlich ist. Diese Galerie wird Mitte 1995 in ihre angestammten Räumen in der Maximilianssstraße 49 zurückkehren. Es bleibt zu hoffen, daß dieser Ort im Starnberger Bahnhof weiterhin kulturell genutzt bleibt. Aber es gibt nicht nur Wegzüge, sondern auch Bestrebungen, die Kunstszene der Maxvorstadt zu beleben. So wurde 1994 in der Türkenstraße 78, in den Rückgebäuden der Gastwirtschaft Türkenhof, der »Kunsthof« eröffnet, ein Ort der kreativen Begegnung im Bereich der bildenden aber auch der darstellenden Kunst. Dies wurde durch die Sponsorleistung der Augustiner-Brauerei ermöglicht, die zur Kunstpräsentation geeignete Räume renovierte und für das Projekt zur Verfügung stellte. Dieses wird von der Akademie der Bildenden Künste, dem Berufsverband Bildender Künstler München und Oberbayern und dem Kulturreferat der Landeshauptstadt München getragen. Die Gaststätte Türkenhof war schon immer ein Treffpunkt für Künstler, denn die Akademie der Bildenden Künste liegt um die Ecke.

## Die Akademie der Bildenden Künste

1808 wurde die Akademie von Max I. zum Zweck der »Erhaltung und Fortpflanzung der Künste« gegründet, als »Lehr- und Bildungs-Anstalt« aber auch »Kunst-Verbindung oder Gesellschaft«. Gefordert war die Ausbildung von »tüchtigen, ausübenden Künstlern, welche fähig sind, was sie gedacht, mit Richtigkeit, Wahrheit und Schönheit darzustellen«. Die praktische Verwendbarkeit stand im Vordergrund und man teilte in vier Hauptschulen »Mahlerei (mit Unterabteilungen Historien- und Landschaftsmalerei), Bildhauer-, Bau- und Kupferstecherkunst«. Dazu kam anatomischer Unterricht im Winter und Arbeit »nach dem Nackten« an Sommertagen. Wegen deren Wichtigkeit war die »Schule der Baukunst« am größten und sollte auch »Arbeiter und Handwerker« miteinbeziehen. Wichtig war auch noch in dieser klassizistischen Zeit die Geschichte der Mythologie. Räumlich war die Akademie in der Herzog-Max-Burg untergebracht. Ludwig I. strebte ursprünglich einen repräsentativen Neubau im Rahmen seiner Stadterweiterungspläne an. Der Entwurf von Gärtner wurde aber von Klenze verworfen, dem es gelang den König zu überzeugen, daß »ein Akademieneubau im Augenblick untunlich sei«. Klenze hielt die Akademie 1835 »für eine erbärmliche Schule, obwohl geschickte Lehrer an ihr sind.« Die Mythologie sei dem Direktor Peter von Cornelius wichtiger als tüchtiger Unterricht. Friedrich von Gärtner war von 1841 bis 1847 dessen Nachfolger. Wegen Raummangels mußten in den folgenden Jahrzehnten Ateliers in der Stadt, u.a. im

Glaspalast eingerichtet werden. Schließlich bewilligte 1873 der Bayer. Landtags auf Antrag von Ferdinand von Miller, 800 000 Gulden für einen Akademieneubau. Aus Finanzierungsgründen wäre das Vorhaben wohl gescheitert, wenn nicht 1874 bewilligt worden wäre, zwei Millionen Gulden aus dem französischen Kriegsentschädigungsfond hier einzusetzen. Die nun einsetzende Standortdiskussion schloß u.a. Luisen-, Schwanthaler-, Liebigstraße und den Englischen Garten mit ein. Ein Gelände an der Heßstraße wurde wegen Nähe zum Nördlichen Friedhof abgelehnt. Der heutige Platz schließlich wurde von den Akademiedirektoren wegen der Entfernung zur Stadt bekämpft, aber vom Ministerium befürwortet, da man im nahen Schwabing billig wohnen könne. 1875 wurde der Grund erworben und der Akademieprofessor Gottfried von Neureuther mit dem Bau am Siegestor betraut. Im gleichen Jahr wurde noch mit dem Bau begonnen, der sich dann wegen Kostenüberschreitungen und Geldmangels bis 1885 hinzog. Die Renaissancefassade war sorgfältig durchdacht und sollte ursprünglich mit einer Fülle von Plastiken und Reliefs mit Darstellungen bedeutender Künstler geschmückt werden. In Form und Ausmaßen glich das Bauwerk einem Königsschloß. Im Zweiten Weltkrieg wurde der Bau schwer beschädigt und brannte 1944 aus. Beim Wiederaufbau wurde die Fassade vereinfacht, das Treppenhaus unterteilt, die Seitenportale geschlossen und die einstigen Kuppeldächer abgeflacht.

Unter der Gedenktafel für die Gefallenen der Weltkriege wurde bei der Revolte 1968 eine zweite mit Worten des ehemaligen Akademie-Nachbarn Bert Brecht angebracht. *«Das große Karthago führte drei Kriege / Es war mächtig noch nach dem ersten, / noch bewohnbar nach dem zweiten. / Es war nicht mehr auffindbar nach dem dritten.«*

Friedrich Pecht lobte das Bauwerk in der Zeitschrift »Kunst für alle« 1887: *»[Die Akademie] ward daher recht eigentlich zum Münchner Siegesdenkmal [...] Auch hier erfreut vor allem die edle Wärme und eine vornehme Heiterkeit, die aber allen Übermut und alle Frivolität, die die Barock- und Zopfbauten charakterisiert, vollkommen ausschließen. [...]«*

Eine Statue der Pallas Athene, der Göttin der Kunst, krönte den Bau und über den Auffahrtsrampen thronen bronzene Reiterstandbilder von Castor und Pollux.

Die Professoren, die hier lebten, und die bedeutenden Künstler, die die Akademie hervorbrachte, sind hier nicht aufzuzählen. Es seien nur, neben den bereits aufgeführten, einige weitere Namen genannt, wie die der Direktoren Wilhelm von Kaulbach (1849-74), Karl von Piloty (1874-86), Friedrich Wilhelm von Kaulbach (1886-91) und Ludwig von Löfftz (1891-99). Weiter wirkten hier u.a. Moritz von Schwind, Julius Diez und Franz von Stuck. Die Akademie öffnete sich zwar für Sezession und den Jugendstil, blieb aber in der Zeit der Weimarer Republik weitgehend anti-modern. Die Berufung des »Expressionisten« Karl Caspar blieb ein Einzelfall. Als Nachfolger von Stuck kam 1928 der Karikaturist Olaf Gulbransson. Schüler der Akademie waren u.a. Wassily Kandinsky, Hans Purrmann und Max Slevogt.

Die Akademie hat bis heute wegen des Andrangs der Studentinnen und Studenten ein strenges Ausleseverfahren. Sie bildet weiter Kunsterzieherinnen und Künstler aus, ohne in die Schlagzeilen zu geraten.

*Aus einem Baum entsteht im Garten der Kunstakademie eine Skulptur*

## Ateliers

Seit ihrem Entstehen ist die Maxvorstadt ein Künstlerviertel gewesen. Die meisten Architekten, Bildhauer und Maler der Kunststadt München wohnten und arbeiteten hier. Bezeichnenderweise führt der »Illustrierte Katalog der VII. Internationalen Kunstausstellung im Königlichen Glaspalaste. München 1897« bei rund 750 ausstellenden Künstlern 300 aus der Maxvorstadt auf. Unter ihnen finden wir bekannte Namen wie die Architekten Wilhelm Bertsch (Arcisstr. 35), Martin Dülfer (Schönfeldstr. 4), August Endell (Türkenstr. 52), Leonhard Romeis (Luisenstr. 25), Albert Schmidt (Marsstr. 14), Emanuel Seidl, Gabriel Seidl (Marsstr. 28), Friedrich von Thiersch (Georgenstr. 16); die Bildhauer Wilhelm Ritter von Rümann (Schackstr. 2), Ignatius Taschner (Briennerstr. 32), Georg Wrba (Zieblandstr. 14); die Maler Maximilian Dasio (Odeonsplatz 4), Julius Diez (Arcisstr. 16/Rg.), Ludwig Ritter von Löfftz (Türkenstr. 103), Theodor Pixis (Theresienstr. 39), Karl Raupp (Gabelsbergerstr. 78), Leo Samberger (Kaulbachstr. 33), Anton Seitz (Karlstr. 3), Franz Stuck (Schellingstr. 5), Friedrich Karl Ritter von Uhde (Theresienstr. 148).

Bei einer Photodokumentation über Ateliers in München um 1890 liegen von 250 dargestellten Künstlerwerkstätten etwa die Hälfte in der Maxvorstadt. Schwerpunkte sind dabei die Akademie sowie Atelierhäuser in der Kaulbachstraße 33 und 68, Gabelsbergerstraße 73, Theresienstraße 34, 71a, 136 und 148. Viele Künstler hatten eigene Häuser. Die berühmte Kunstschule des slowenischen Expressionisten Anton Ažbe lag in der Georgenstraße.

Die meisten Ateliers fielen den Bomben zum Opfer. Wilhelm Hausenstein ging durch die Theresienstraße und vermerkte für den 19. Januar 1945 in sein Tagebuch: »*Ich kam an den Häusern vorbei, hinter denen sich vordem viele Ateliers bargen; darunter das von Weisgerber, in dem ich um 1910 so oft gesessen und geschaut habe, ganz in den Umgang mit Malern eingesponnen. Ich habe nicht den Mut, jedenfalls nicht Antrieb aufgebracht, nachzusehen, ob die Ateliers etwa noch erhalten sind.*

## Künstler heute

Natürlich leben auch heute in der Maxvorstadt noch viele Künstler. Genannt seien hier nur der in der Schraudolphstraße geborene und in der Türkenstraße wohnende Zeichner und Kinderbuchautor Ali Mitgutsch, der sich auch aktiv am Leben im Viertel beteiligt, der Maler und Akademielehrer Joachim Jung aus der Heßstraße sowie die Photographin und Journalistin Hella Schlumberger, die über ihre Türkenstraße arbeitet. In der Amalienstraße wuchs neben dem Schauspieler und Kabarettisten Gerhard Polt der Autor und Regisseur Hanns Christian Müller, der mit seiner Frau Gisela Schneeberger hier auch noch wohnt, auf.

Aufmerksamkeit in der Öffentlichkeit gewann die Akademie besonders 1969, als sie von einer Kulturrevolution erfaßt wurde. Aktionen und Parolen beherrschten das Haus; Politiker wurden in Wandbildern verunglimpft. Schließlich wurden in einem Großeinsatz der Polizei das besetzte Gebäude geräumt und die Akademie kurzzeitig geschlossen. Dies bewirkte eine Solidarisierung von Professoren und Studenten gegen das Ministerium. Der Präsident Paolo Nestler trat aus Protest zurück und konstatierte die Unruhe an der Akademie als ernste Symptome einer Krise der Hochschule. Im Landtag sprach man von einer »Herrschaft des Gesindels« und »Anarchie«.

*Das Atelier des „Malerfürsten" Franz von Lenbach im dafür erbauten Südtrakt seiner Villa an der Luisenstraße. Photo um 1900*

# Theater, Zirkus und Kinos

## Münchner Kammerspiele

Am 16. November 1906 eröffnete nach Umbauarbeiten des »Universum-Theaters« in der Augustenstraße 89 unter der Direktion von Karl Friedau eine kleine Privatbühne, das »Lustspielhaus«. Die »Münchner Neuesten Nachrichten« berichteten: *«Das Lustspielhaus, das gestern seine erste öffentliche Vorstellung gab, reiht sich, was äußere Ausstattung angelangt, den bestehenden Münchner Privattheatern würdig an. Es ist, das Prinzregenten- und Intime Theater mit eingerechnet, das achte Theater, das die Großstadt erhält. Das alte »Universum« diente Varieté-Vorstellungen, die aber nicht all zu lange währten. Es folgte dann die Restauration Augustenhalle mit nicht viel glücklicherem Erfolg, bis nach mehrfachen Wandlungen die öffentliche Speisehalle die vorherigen Unternehmungen in diesem Hause ablöst. Nun zieht abermals die Kunst in diese Räume. Der Unternehmer, Hofrat Koepke,[...], hat die Absicht, hier ein feines Lustspielhaus zu schaffen, wobei ihm von den Behörden insofern Schwierigkeiten bereitet wurden, als er die Konzession, ausschließlich ein Theater zu betreiben, nicht erhielt.«*

Das »Lustspielhaus« wurde im November 1910 wegen baulichen Veränderungen geschlossen. 1911 übernahm Eugen Robert die Leitung des Hauses. Er gab ihm den Namen »Zum großen Wurstel«, der aber bald wieder aufgegeben wurde. Man suchte lange nach einem geeigneten Namen für das Theater. Am 11. Oktober 1912 endlich wurde die Spielzeit unter dem Namen »Münchner Kammerspiele« eröffnet.

1913 übernahm Erich Ziegel die Direktion, 1914 wurde Otto Falckenberg Oberspielleiter und Chefdramaturg, 1917 Direktor. Marieluise Fleißner erzählt: *«Meine erste Bekanntschaft mit den Münchner Kammerspielen machte ich noch in der Augustenstraße, als ich Theatergeschichte studierte. Dort durfte ich mir auf den Namen von Lion Feuchtwanger Freikarten holen und habe die »Trommeln der Nacht« und »Vatermord« noch ganz frisch gesehen. [...] Den nachhaltigsten Eindruck machte es mir doch, als ich mit Erlaubnis von Brecht in der Augustenstraße einer Generalprobe beiwohnen durfte. Brecht hatte zusammen mit Feuchtwanger nach Marlowe, dem Vorläufer Shakespeares, ein Stück geschrieben [...]«*

Die Kammerspiele wurden die künstlerisch bedeutsamste Bühne im deutschen Sprachraum. Im Nachtprogramm trat u.a. Karl Valentin auf. 1926 zogen sie in das vom Jugendstilarchitekten Richard Riemerschmid erbaute Schauspielhaus in der Maximilianstraße um.

**MÜST,** Münchner Studententheater, Arcisstr. 17, Tel. 28 47 99

**Theater für Kinder,** Dachauer Str. 46, Tel. 59 54 54

**Theater im Karlshof,** Augustenstr. 4, Tel. 59 66 11

**Volkstheater,** Briennerstraße 50, Tel. 5 23 55-0

Im November 1983 wurde das Münchner Volkstheater nach Umbau des »Theaters in der Brienner Straße« in den heutigen Räumen eröffnet. 1988 übernahm Ruth Drexel die Intendanz. Der Repertoirespielplan weist pro Spielzeit sechs bis sieben Neuinszenierungen auf. Hier werden nicht Volkskomödien à la Komödienstadl aufgeführt, der Schwerpunkt liegt auf Autoren des kritischen europäischen »Volkstheaters«. Neben den Klassikern wie Shakespeare, Goethe, Büchner, Raimund, Nestroy, Schönherr, Schnitzler, Brecht, OCasey oder Horváth stehen mit Achternbusch, Kroetz, Wolfgang Bauer, Lina Wertmüller, Felix Mitterer, Thomas Strittmatter oder Markus Köbeli die Autoren der Gegenwart auf dem Programm.

**Cirkus Krone,** Marsstraße 43, Tel. 55 81 66

Europas größtes Zirkusunternehmen, hat seinen Stammsitz im »Kronebau« an der Marsstraße. Der Prachtbau mit riesiger Fassade, großem Foyer und mehr als 4000 Sitzplätzen wurde von Carl Krone am 10. Mai 1919 eingeweiht und bald feierte der Zirkus große Erfolge. Ab 1931 wurde der Bau in den Sommermonaten auch für politische Kundgebungen verwendet. Nachdem Carl Krone Mitglied der NSDAP wurde, fand hier Hitler ein geeignetes Forum für seine Veranstaltungen. Im Bombenhagel wurde 1944 das Zirkusgebäude fast vollständig zerstört, aber schon Weihnachten 1945 konnte im neuen, vergleichsweise bescheidenen Bau die Premiere stattfinden. Nach der Entnazifizierung übernahm Frieda Sembach-Krone das florierende Unternehmen. Heute warten jährlich bis zu 400 000 Münchner auf die Winterspielzeit, in der im Kronebau ein spannendes Programm mit sensationellen Artistik- und Tiernummern geboten wird. Bekannt wurde der Cirkus Krone auch durch Fernsehaufzeichnungen wie »Stars in der Manege«. In den Sommermonaten, in denen der Zirkus auf Tournee ist, werden die Räumlichkeiten auch für andere Veranstaltungen, wie Konzerte, zur Verfügung gestellt.

**Panorama**

Panoramen, die Vorläufer des Kinos, waren im letzten Jahrhundert eine beliebte Attraktion. Hier vermittelten überdimensionale Rundgemälde einen panoramaähnlichen dreidimensionalen Eindruck.

In der Theresienstraße 78 wurde Anfang der 80er Jahre des letzten Jahrhunderts ein Panorama für überdimensionierte Rundgemälde eingerichtet. Es wurde vom Architekturbüro Seestern-Pauly auf einem nur 40 mal 47 Meter großem Grundstück erbaut. Zu sehen waren hier u.a. die Panoramen »Schlacht zu Weißenburg«, »Kairo«, »Belagerung von Paris«, »Straßenkämpfe von Bazeilles«. Aber schon nach 20 Jahren war der »Panoramaboom« vorbei, der technische Fortschritt in Form der Kinematographie hatte diese Einrichtungen überholt.

**Arri,** Türkenstr. 91, Tel. 38 19 04 50

Auf dem Gelände an der Türkenstraße befanden sich seit den 20er Jahren neben den Werkstätten der jungen Filmpioniere Arnold und Richter auch Zachs Lichtspiele »Capitol«. Daraus entwickelte sich nach dem Zweiten Weltkrieg das »Neue Arri«, ein besonders bei Studenten beliebtes Kino. 1985 grundlegend modernisiert und mit modernstem Komfort und Technik ausgestattet, finden hier noch heute Premieren und Diskussionen mit Regisseuren und Schauspielern statt.

**Filmtheater Gabriel,** Dachauer Str. 16, Tel. 59 45 74

Der Schausteller Carl Gabriel war Pionier der Lichtspieltheater in München. Er eröffnete 1907 in der Dachauerstr. 16 mit dem »Theater Lebender Bilder« das 3. Kino Münchens, das sich reger Beliebtheit erfreute. Das Haus heißt noch heute »Gabriel«; in den letzten Jahren kamen hier allerdings ausschließlich Sex-Filme zur Vorführung. Doch schließlich besann sich das »Gabriel« seiner Tradition und zeigt heute in zwei Sälen auf 230 Plätzen wieder »normales« Kino.

**Cinema,** Nymphenburger Str.31, Tel. 55 52 55

Das Cinema wurde 1954, als die Kinobranche noch boomte, spektakulär eröffnet. Als der heutige Betreiber, Dieter Buchwald, das Kino 1975 übernahm, hatte es bei täglich 2 Vorstellungen und 530 Sitzplätzen nur 25 Besucher am Tag. Die Bestuhlung war marode; öfter brachen Sitze während der Vorstellung laut krachend entzwei. Doch nun wurden innovative Kinoideen realisiert. Es entstand ein Programm- und Jugendkino mit günstigen Preisen und Ermäßigungen für Schüler und Studenten. Beliebt wurden die Kinonächte mit Double- und Trible-Features. Heute sind aktuelle Filme, insbesondere in englischsprachiger Originalfassung, das Markenzeichen des Cinema. Mittlerweile wurde das Kino auch für 1,5 Mio. Mark umgebaut und auf den neuesten Stand von Technik und Komfort gebracht.

**Isabella,** Neureutherstr. 29, Tel. 2 71 88 44

**Neues Rottmann,** Rottmannstr. 15, Tel. 52 16 83

**Türkendolch,** Türkenstr. 74, Tel. 2 71 88 44

Filmkunsttheater, die besonders auch Originalfassungen ausländischer Filme zeigen.

# Musikviertel

Einige Musiker lebten in der Maxvorstadt und viele wirkten hier. Erwähnt seien nur Richard Wagner und Karl Richter, die an anderer Stelle ausführlicher zu Wort kommen bzw. gewürdigt werden. Bedeutend war auch Joseph Gabriel von Rheinberger, der in der Fürstenstraße wohnte und in der Ludwigskirche Orgel spielte.

## Konzertsäle

Die wichtigsten Musiksäle Münchens waren einst in der Maxvorstadt. Nationaltheater und Herkulessaal liegen jenseits der Grenze zur Altstadt; der große Konzertsaal Münchens von 1828 bis zu seiner Zerstörung 1944 war das Odeon. Die Komponistentochter Helene Raff erinnert sich: *Im November [1884] gab Bülow mit der Meininger Hofkapelle im Münchner Odeon unter frenetischem Jubel der Hörer Gastkonzerte. Er dirigierte Beethoven, dann Werke von Brahms, Rheinberger, meinem Vater – das Publikum tobte und schrie: »Wiederkommen, wiederkommen!« In der ganz wundervollen Schlußmatinee kam die Bläsersuite eines jungen Münchners zur Aufführung: des 20jährigen Richard Strauß, Sohn des ausgezeichneten Hornisten Strauß vom Münchner Hoforchester. Als »Wunderkind« konnte man*

*ihn häufig benennen hören, aber Bülow meinte: »Nichts Kind! Als Künstler ist der schon ein Mann.«* [...]

## Kaim-Saal und Münchner Philharmoniker

Ein weiterer bedeutender Ort der Musik war der Kaim-Saal (Türkenstraße 5/Ecke Prinz-Ludwig-Straße). Das Gebäude war 1896 vom Jugendstilarchitekten Martin Dülfer errichtet worden. Franz Kaim, der Bauherr, ein Klavierfabrikant aus Kirchheim an der Teck, hatte 1893 das Kaim-Orchester gegründet, das auf Kaim-Instrumenten spielte. Da das Odeon nicht häufig genug zur Verfügung stand, entschloß er sich zum Bau des Kaim-Saales, der später »Tonhalle« genannt wurde. Nach Bauzeit von nur einem halben Jahr konnte der Konzertsaal mit einer Aufführung von Händels Messias, an der 120 Musiker und 600 Sängerinnen mitwirkten, eröffnet werden. Zu günstigen Preisen (20-50 Pf) wurden Volks-Symphonie-Konzerte geboten. Allerdings konnten nur Spenden und städtische Zuschüsse das Unternehmen finanziell über Wasser halten. Hier dirigierten in jungen Jahren Hans Pfitzner und Richard Strauß. Anton Bruckner und Max Reger feierten mit ihrer Musik Triumphe. Das Orchester

*Der Kaim-Saal (Tonhalle) in der Türkenstraße 5/Ecke Prinz-Ludwig-Straße. Erbaut 1896 von Martin Dülfer.*

nannte sich 1924 »Münchner Philharmoniker« und 1938 »Orchester der Hauptstadt der Bewegung«; heute spielen die Nachfolger im Konzertsaal an Gasteig.

Das Gebäude, in dem auch Faschingsfeste und Kundgebungen stattfanden, wurde 1944 durch Bomben getroffen und dann abgerissen.

Der Kaimsaal war auch Ort wichtiger Begegnungen und Auftritte:

Katia Mann beschreibt, wie ihr späterer Gatte Thomas auf sie aufmerksam wurde: *[... Kaim] hatte ein Orchester gegründet, einen Konzertsaal gebaut, den Kaimsaal, sich dabei verbaut und war dem Bankrott nahe. Daher wurden die Kunstfreunde Münchens sehr angehalten, Abonnements zu nehmen: sie sollten dieses zweite Münchner Konzertsaal-Unternehmen unterstützen. Auch mein Vater war auf diese Konzerte abonniert. Er hatte gleich fünf Abonnements genommen, und in diese Konzerte ging ich immer mit meinen vier Brüdern. Weingartner war dort Dirigent. Mein Mann, der sehr musikalisch und immer musikliebend war und auch diese Konzerte regelmäßig besuchte, sah mich dort mit den Brüdern, beobachtete von oben die Familie, vor allem aber das Mädchen und fand Wohlgefallen an ihm. So kannte er mich vom Sehen schon eine ganze Weile, aber ich kannte ihn nicht. Ich hatte damals die »Buddenbrooks« gelesen. [...]*

Die amerikanische Tänzerin Isadora Duncan (1887-1927) begeisterte 1902 mit ihren Auftritten die Münchner. Sie war von der »Heiligkeit ihrer Mission«, den altgriechischen Chortanz wieder zu beleben, überzeugt und wertete ihr »Debut im Münchener Künstlerhaus« in ihren Erinnerungen als »das bedeutendste künstlerische Ereignis und die größte Sensation Münchens seit vielen Jahren.« Bei den Ausführungen wird deutlich, daß das Kulturleben in dieser Zeit auch noch mit dem Studentenleben integriert war: *[...] Meine folgenden Vorstellungen fanden im Kaimsaal statt, der Erfolg war ungeheuer, besonders die Studenten gebärdeten sich wie verrückt: Nacht für Nacht spannten sie die Pferde meines Wagens aus, sangen dabei ihre Studentenlieder und marschierten mit Fackeln neben meiner Victoria einher. Oft standen ganze Gruppen stundenlang vor meinem Hotelfenster und hörten mit ihrem Ständchen nicht auf, bevor ich ihnen nicht Blumen oder Taschentücher zuwarf, um die sie sich dann balgten, um sie auf ihre Kappen zu stecken.*

*Eines Abends schleppten sie mich in ihre Kneipe, wo ich von einem Tisch auf den anderen gehoben wurde. Die ganze Nacht hindurch sangen sie ihre schönen Studentenlieder, wobei öfters ein Refrain wiederkehrte: »Isadora, Isadora, ach, wie schön das Leben ist!« Die Ereignisse dieser Nacht fanden auch im »Simplicissimus« Erwähnung und einige philisterhafte Bürger der Stadt nahmen daran Anstoß. In Wirklichkeit war die Unterhaltung völlig harmlos verlaufen, trotz der Tatsache, daß die Studenten sogar mein Kleid und meinen Schal zu Bändern zerrissen und auf ihre Kappen gesteckt hatten, als sie mich im Morgengrauen nach Hause brachten. [...]*

Heute finden noch in der Musikhochschule und in den Räumen des Bayerischen Rundfunks wichtige Konzerte statt.

# Carl Orffs Jugend am Marsfeld

Carl Orff, weltweit einer der bekanntesten Komponisten des 20. Jahrhunderts, ist in einem Haus geboren und aufgewachsen, dessen Nachfolgebau heute in der Maxvorstadt (direkt an der Grenze nach Neuhausen) liegt. In seinen Erinnerungen beschrieb Orff sein Wohnumfeld, das auch seine Musik geprägt hat:

*«Seit ihrer Verheiratung wohnten meine Eltern in der Maillingerstraße, in dem längst eingemeindeten Stadtteil Neuhausen. Die Wohnung lag gegenüber der Marsfeld-Kaserne, der Kaserne meines Vaters von Beginn seiner Laufbahn als Secondleutnant bis zu seinem Abschied als Oberstleutnant nach dem Ersten Weltkrieg. Ecke Maillinger- und Rupprechtstraße stand das Haus Maillingerstraße 16, in dem ich zur Welt gekommen bin. Mein Geburtshaus war ein großes, dreistöckiges Haus, das nicht lang vor der Jahrhundertwende erbaut wurde. Fast die ganze, den Kasernen gegenüberliegende Straßenseite bestand aus solchen Häusern, die vielfach Offizierswohnungen enthielten. Gepflegte Vorgärten und schattige Wirtsgärten gaben der Straße ein freundliches Aussehen. So war auch vor unserem Haus ein Vorgarten, die Kastanienbäume reichten bis zu unserer Wohnung im zweiten Stock. Hinter dem Haus gab es einen großen, etwas verwilderten Garten mit viel Flieder, Liguster und Holler, mit alten Obstbäumen, großen Faulbäumen, Birken und Eschen, mit einer Laube mit wildem Wein, einer Spielwiese und einem Blumenbeet, das meiner Sorge anvertraut war; es war mein Kinderparadies.*

*Schräg gegenüber von unserem Haus war das Probelokal der Regimentsmusik, die fast täglich vormittags üben mußte. Diese Klänge waren mir so vertraut wie der alltägliche Zapfenstreich, den der Trompeter um neuen Uhr abends im Kasernenhof blies. Die Musik aus den Vorgärten der Wirtschaften, die in unserer Straße lagen, brachte mich an den Sommerabenden in den Schlaf und ging mir nach bis in den Traum: Volks- und Soldatenlieder, Ziehharmonika, Zither- und Blechmusik. [...]»*

*Blick von der Türkenstraße durch die Schellingstraße auf St. Ludwig. Postkarte um 1900*

# Bücherviertel

Die Maxvorstadt beherbergt zahlreiche Verlage, hier seien
nur zwei historisch besonders wichtige aufgeführt: Der
1858 in der Glückstraße gegründete Oldenbourg-Verlag
und der im selben Jahr entstandene Bruckmann-Verlag in
der Nymphenburger Straße. Auch um die Jahrhundertwende entstanden aber noch neue Verlage:

## Die Insel

Die Zeitschrift »Insel«, aus der der Insel-Verlag hervorging, wurde im Frühjahr 1899 in der Prinz-Ludwig-Straße
5 gegründet. Dort hatte Alfred Walter Heymel in der Pension Beckenbauer eine Etage gemietet. Hier wurden auch
die ersten Hefte der Zeitschrift redigiert sowie Autoren
und Künstler empfangen; das Bohèmeleben wurde bald
zum Tagesgespräch. Heinrich Vogeler aus Worpswede
vermerkt bei einem Besuch *Die Räume waren von
Rudolf Alexander Schröder mit auserlesenen Geschmack
eingerichtet. An der Wand bemerkte ich ein Aquarell
Manets [...] und Zeichnungen von Gaugin.* Otto Julius
Bierbaum und Schröder erledigten die Redaktionsge-
schäfte, Julius Meier-Graefe und Franz Blei waren die
Berater für Kunst bzw. Literatur.
Im Sommer zog Heymel über die Grenze nach Schwabing,
in das mondäne Haus Leopoldstraße 4 am Siegestor. Dort
wurde die legendäre Insel-Wohnung im Auftrag des Millio-
närs Heymel von seinem Vetter Schröder und dem Jugend-
stilkünstler Vogeler exquisit eingerichtet, für eine für
damalige Verhältnisse ungeheure Summe von 115000 Mark.
Mitarbeiter der Zeitschrift, die enormes Aufsehen erregte,
waren u.a. Hugo von Hofmannsthal, Frank Wedekind,
Rainer Maria Rilke, Arno Holz und Max Dauthendey.

## Der Piper-Verlag

Einer der bekanntesten Verlage Deutschlands, R. Piper &
Co., sitzt in einer Villa in florentinischem Stil in der Georgenstraße in der Maxvorstadt. Gegründet wurde er von
Reinhard Piper (1879-1953) und Georg Müller in dessen
Privatwohnung in der Königinstraße. Piper erinnert sich:
*»Bald kam der große Tag, an dem Müller und ich das
Prunkportal des neubarocken Justizpalastes am Karlsplatz
durchschritten und die fast opernhaft prächtige Treppe
emporstiegen, um den Verlag als Offene Handelsgesell-
schaft ins Handelsregister eintragen zu lassen. Dies
geschah am 19. Mai 1904, und so ist dieser Tag zum eigent-
lichen und amtlichen Geburtstag des Verlages geworden.
Ich war noch keine fünfundzwanzig Jahre alt.*
*Die große Nummer des Programms war der »Dafnis« von
Arno Holz [...]*
*Nach einiger Zeit hieß es, der Verlag zieht um. Selbstver-
ständlich mußte ich mit umziehn. Herr Schäfer, der alte
Gehilfe, fragte mich lächelnd: »Wissen Sie auch, Herr
Piper, weshalb wir umziehen müssen?« Der Hausherr
hatte an Müllers Verhältnis [Freundin] Anstoß genommen
und gekündigt.*

*Das renovierte Neurenaissance-Haus Türkenstraße 30, in dem die Archi-
tektur-Galerie und Architekturbuchhandlung untergebracht ist.*

*In den neuen Verlagsräumen am Josephplatz 7, im nördli-
chen Schwabing[!], bekam ich zum erstenmal ein eignes
Arbeitszimmer. Es lag nach dem Hof, und statt der Blech-
musik des Englischen Gartens tönten nun von den nahen
Kasernen die Trommelübungen und die Trompetensignale
herüber.« [...]*
Reinhard Piper wurde hier ein Förderer von Literatur und
Kunst. So gab er den Almanach »Der blaue Reiter« für die
dann gleichnamige Künstlergruppe sowie Werke von
Ernst Barlach, Max Beckmann und Olaf Gulbransson
heraus. Er verlegte z.B. auch Arno Holz, Dostojewski,
Christian Morgenstern, Georg Queri und Karl Jaspers.
Das Atelier des Hauptrepräsentanten der Gruppe »Der blaue
Reiter«, Franz Marc (1880–1916), lag im Rückgebäude des
Hauses Schellingstraße 33. Er arbeitete hier ab 1908, aber
seine Verkäufe waren, wie Reinhard Piper bemerkt, »so
gering, daß auch der kleinste dem Künstler auffallen mußte«.

*Das vor der Zerstörung im Krieg reich geschmückte Treppenhaus der Kgl. Bibliothek. Die Treppe war ursprünglich dem König Ludwig I. und seinen Gästen zur Benutzung vorbehalten.*

## Bayerische Staatsbibliothek
### von Marion Sedelmayer

*Seit Jahren gehe ich morgens diesen Weg: U-Bahnhof Universität, hinten aus dem Zug aussteigen, die Treppe hinauf, manchmal zu Fuß, manchmal die Rolltreppe benutzend, am Kiosk mit den frischen Croissants vorbei, links abbiegen und die nächste Treppe hinauf, bei Regen, Schnee und Sonnenschein, den Blick auf die Feldherrnhalle und die Theatinerkirche. Im Winter ist es um sieben noch dunkel, im Sommer liegt der gelbe Barockbau im zarten, italienisch anmutenden Morgenlicht vor mir. Ich sitze an meinem Schreibtisch und lasse meinen Blick aus dem Fenster schweifen: der Rechnungshof, das Staatsarchiv, die große Wiese für alle Hunde der Maxvorstadt. [...] Ich sitze im Anbau aus Stahl und Glas, den Sep Ruf in den sechziger Jahren an den Gärtnerbau aus dem letzten Jahrhundert geklebt hat. Der Neubau steht wie der Altbau unter Denkmalschutz, aber wer schützt eigentlich die Mitarbeiter? Die Klimaanlage habe noch nie funktioniert, erzählen altgediente Kollegen. Im Sommer hat es an meinem Schreibtisch um elf Uhr oft schon dreißig Grad. Selbst bei geschlossenen Fenstern herrscht ständig Durchzug. Die futuristische Ganzglaskonstruktion macht die Bildschirmarbeit wegen des allseitigen Lichteinfalls zur Plagerei. Oh, Großraumbüro, wie lieb' ich dich!*

*»Ich war noch nie hier, wie funktioniert das alles hier, und wo sind eigentlich die Bücher?« »Die Bayerische Staatsbibliothek ist eine Magazinbibliothek. Das bedeutet, daß Sie nicht einfach an's Bücherregal gehen und dort ihre Lektüre auswählen können. Sie benutzen stattdessen unsere Kataloge, die entweder alphabetisch nach Autoren und Titeln oder nach Themen geordnet sind, suchen sich die von Ihnen gewünschten Bücher aus und bestellen diese dann mit einem Leihschein.« »Ach, ist das aber umständlich, kriege ich das Buch dann gleich?« »Jedes Buch wird für Sie persönlich aus unseren Magazinen geholt. Wir haben über sechs Millionen Bücher, das macht die Sache so kompliziert. Es dauert normalerweise ein bis zwei Arbeitstage.«*

*Wie gerne würde ich manchmal ungeduldige Benutzer ins Herz der Bibliothek führen, in die Magazine, dann würden sie sicherlich nachsichtiger werden angesichts der Büchermassen, der schlechten Arbeitsbedingungen in den staubigen, fensterlosen Depots und des altersschwachen Buchförderbandes.*

*Die Bayerische Staatsbibliothek gehört zu den bedeutendsten Bibliotheken der Welt. Als Münchner Hofbibliothek 1558 gegründet, blickt sie auf eine lange, wechselhafte Geschichte zurück. Generationen von Bibliothekaren, Schreibern und Offizianten haben sich bemüht, der unaufhörlichen Bücherflut Herr zu werden. Sie haben versucht, die Bücher so zu ordnen, daß man jedes Buch bei Bedarf auch wieder findet. In den Tagebüchern von Johann Andreas Schmeller lese ich mit Wonne, wie er sich über den Bibliotheksneubau an der Ludwigstraße in der vierziger Jahren des letzten Jahrhunderts echauffiert. Er sei nun an repräsentativen Zielen ausgerichtet, erschwere dem Bibliothekar unnütz die Arbeit, und zu kalt sei er auch. Wie fühle ich mich dem großen Germanisten verbunden, wenn er über die Bibliotheksreisenden des letzten Jahrhunderts lästert. Sie stahlen ihm die Zeit, die er lieber den Wissenschaftsgiganten seiner Zeit gewidmet hätte.*

*Ohne Computer geht heutzutage gar nichts mehr. Als 1982 die altehrwürdige Bayerische Staatsbibliothek begann, ihre Kataloge mittels Datenverarbeitung zu produzieren, war es für viele Benutzer, aber auch für viele Mitarbeiter fast wie eine Kulturrevolution: keine Karteikästen mehr, stattdessen Microfiche-Lesegeräte! [...]*

*»Meine« Bibliothek hat bei vielen Benutzern ein schlechtes Image: altmodisch, unfreundlich, bürokratisch und natürlich viel zu kurze Öffnungszeiten. Die Bibliothek ist ein Dienstleistungsbetrieb, aber die Dienstleistung kostet den Steuerzahler Geld. Die Offizianten im Bücherholdienst haben einen Verdienst auf Sozialhilfeniveau.*

*Als 1983 das Evangeliar Heinrichs des Löwen für mehr als dreißig Millionen Mark in London ersteigert wurde, haben wir im Kollegenkreis diskutiert, ob man das Geld in den Bibliotheken nicht hätte sinnvoller anlegen können. Aber bestaunt haben wir das Wunderwerk alle und – schnöder Alltag – Wachdienst in der Ausstellung geschoben, auch samstags und sonntags.*

*Weit über 100 000 Bücher kommen jährlich neu in die Bayerische Staatsbibliothek. Über 40.000 Zeitschriften sind abonniert. Die Neuzugänge werden aus der weltweiten Buchproduktion ausgewählt. Die Bücher müssen bestellt, die Lieferungen kontrolliert, die Rechnungen bezahlt werden. Die billig zusammengeklebten Taschenbücher werden gebunden, damit sie der häufigen Ausleihe standhalten. [...]*

*Im Jahre 2024 werde ich das Pensionsalter erreicht haben, dann werde ich 46 Berufsjahre in der Bibliothek verbracht haben.*

Die Bibliothekarin Marion Sedelmayer veröffentlichte diesen Beitrag im Rahmen des Geschichtswettbewerbes der Landeshauptstadt München.

# Bibliotheken

Die Maxvorstadt ist der Stadtteil der Bibliotheken und Archive. Neben der **Bayerischen Staatsbibliothek** (Ludwigstraße 16, Tel: 2198-1) seien nur erwähnt die **Universitätsbibliotheken** der LMU (Geschwister-Scholl-Platz 1, Tel: 2180-2428) und **TU** (Arcisstr. 21, Tel: 2105-8621) mit ihren zahlreichen Fakultäts- und Teilbibliotheken; die Bibliotheken der **Fachhochschule** (Lothstr. 34, Tel: 12007-325), der **Akademie der Bildenden Künste** (Akademiestr. 2, Tel: 3852113), der **Hochschule für Philosophie** (Kaulbachstr. 33, Tel: 2386-314), der **Archive** und der **Museen**, wie z.B. die des **Deutschen Theatermuseums** (Galeriestr. 4a, Tel: 222449), oder andere Institutionen wie die der **Monumenta Germania Historica** (Ludwigstr. 16, Tel: 2198-382), der **Industrie- und Handelskammer** (Max-Joseph-Str. 2, Tel: 5116-219). Die bedeutensten Bibliothek ihrer Art ist die des **Zentralinstitus für Kunstgeschichte** (Meiserstr. 10, Tel: 5591-514) mit rund 300 000 Bänden. Auch öffentliche oder kirchliche Einrichtungen unterhalten wichtige Bibliotheken, so z.B. der **Bayerische Rundfunk** (Rundfunkplatz 1, Tel: 5900-2268) und das **Evangelische Landeskirchenamt** (Meiserstr. 11, Tel: 5595-247). Besonders sehenswert ist die **Stiftsbibliothek der Abtei St. Bonifaz** mit ihren rund 150 000 Bänden. Auch Kulturinstitute wie **Amerikahaus** (Karolinenplatz 3, Tel: 552537-21) und **Institut Français** (Kaulbachstr. 13, Tel: 286628-33) leisten hier wertvolle Arbeit. Daneben gibt es Leihbibliotheken (**Studentenbibliotheken, Pfarreibibliotheken** und **Stadtbibliothek**) In diesen öffentlichen Bibliotheken sind schätzungsweise 15 Mio Bände versammelt.

# Buchhandlungen und Antiquariate

Es gibt nirgendwo mehr Buchhandlungen und Antiquariate als in der Maxvorstadt. Dies hat eine Tradition, die bis ins letzte Jahrhundert zurückreicht. Erinnert sei hier an die Buchhandlung Steinecke, die »Bücherstube am Siegestor« sowie besonders die noch bestehenden Antiquariate Ackermann und Kitzinger.

**Ackermann,** Ludwigstr. 7, Tel. 284787 (Antiquariat für teure Bücher)

**Akademische Buchhandlung und Antiquariat,** Veterinärstr. 1, Tel. 3816160

**Aktion Lebenqualität e.V.,** Augustenstr. 43, Tel. 522065

**Amalienbuchhandlung,** Amalienstr. 71, Tel. 281424

**Amalienstraße 67,** Amalienstr. 67, Tel. 281424 (Antiquariat)

**Anglia English Book Shop,** Schellingstr. 3, Tel. 283642

**Antiquariat W. Robin,** Adalbertstr. 14, Tel. 391644 (Franz., Bavar.)

**Arco & Flotow,** Briennerstraße 10, Tel. 284089 (Wertvolle Bücher, Handschriften, Graphiken, Aquarelle)

**Basis-Antiquariat** und **Buchhandlung,** Adalbertstr. 41b und 43 Tel. 2720033, 2723828

**H. Beisler,** Oskar-von-Miller-Ring 33, Tel. 283452 (Antiquariat für Graphiken, Karten, Wertvolle Bücher)

**booox,** Schellingstr. 34 und Theresienstr. 59, Tel. 2730673 u. 5237104 (Modernes Antiquariat)

**Brezina,** Theresienstr. 51, Tel. 525322 (Antiquariat)

**Byteschriften,** Amalienstr. 55, Tel. 288333 (EDV)

**Carstanjen-Vogt u. Suckow,** Seidlstr. 3, Tel. 5502271

**Fachbuchhandlung für Theologie, Jura, Französisch,** Schellingstr. 3, Tel. 2809078

**Frank,** Schellingstr. 3, Tel. 284151 (Universitätsbuchhandlung)

**Frauenbuchladen,** Arcisstr. 57, Tel. 2721205

**Gabelsberger Antiquariat,** Gabelsbergerstr. 72, Tel. 526757

**Goltz,** Türkenstr. 54, Tel. 284906 (Kunst, Design, Fotografie, Museen)

**Häberle,** Zieblandstr. 25, Tel. 526272 (Schulbücher)

**Hammerstein,** Türkenstr. 37, Tel. 285183; Görresstr. 15, Tel. 526564 (Antiquariat, besonders Bücher des 19. und 20. Jhs., Jugend, Simplicissimus)

**Hartung & Hartung,** Karolinenplatz 5a, Tel. 284034 (Wertvolle Bücher, Auktionen)

**Hauser (J. Steutzger),** Schellingstr. 17, Tel. 281159 (Bücher und Graphiken-Antiquariat)

**Heinzelmann & Hollerbach,** Görresstr. 33, Tel. 526892

**Hertie,** Bahnhofsplatz 7 (Große Bavarica-Auswahl)

**Hueber,** Amalienstr. 77-79, Tel. 2866170 (Universitätsbuchhandlung mit modernem Antiquariat)

**Huss,** Augustenstr. 72, Tel. 522399

**Husslein,** Schellingstr. 129, Tel. 5234732 (Antiquariat: Wertvolle Bücher, Literatur, Kunst)

**Iliu,** Barerstr. 46, Tel. 2800688 (Alte Graphiken)

**Jarrar,** Amalienstr. 45, Tel. 281910

**Kanzler,** Gabelsbergerstr. 55, Tel. 286103 (Fachbuchhandlung und Antiquariat für Technik und Naturwissenschaft)

**Karl u. Faber,** Amirapl. 3, Tel. 221865 (Antiquariat)

**Kinderbuchladen Langenreuther,** Blütenstr. 2, Tel. 2723334

**Kitzinger,** Schellingstr. 25, Tel. 283537 (Das Antiquariat für Geisteswissenschaften und Literatur)

**Köbelin,** Schellingstr. 99, Tel. 285640 (Antiquariat: Kinderbücher, Militaria, Graphiken)

**Krauss,** Maillingerstr. 3, Tel. 1231343 (Antiquariat)

**Kubon & Sager,** Heßstr. 39 (Slavica)

**Kunstantiquariat Monika Schmidt,** Türkenstr. 48, Tel. 284223 (Stadtansichten, Landkarten, dekorative Graphiken)

**Lachner,** Theresienstr. 43 und 100, Tel. 521340 (Naturwissenschaften, Technik, EDV)

**J.F. Lehmanns Medizin. Buchh.,** vormals **Schweitzer** am Englischen Garten (Psychologie, Tiermedizin), Veterinärstr. 10, Tel. 285240

**List,** Barerstr. 39, Tel. 281960

**Literaturhandlung,** Fürstenstr. 17, Tel. 2800135 (Judaica)

**Litpass,** Amalienstr. 89, Tel. 2809967 (Esoterik, Reisen)

**Martens,** Nymphenburger Str. 25, Tel. 595613

**Maslowski,** Theresienstr. 48, Tel. 283556 (günstiges Antiquariat)

**Mathes,** Amalienstr. 63, Tel. 282547 (Antiquariat)

**Montanus Aktuell,** Karlsplatz UG, Tel. 594377

**New Age,** Neureutherstr. 27, Tel. 2717778

**Oehler,** Schellingstr. 18, Tel. 286025 (Mathematik, Physik)

**v. Paepke,** Görresstr. 17, Tel. 529337 (Buchhandlung und Antiquariat am Josephsplatz)

**Rau,** Luisenstr. 49, Tel. 521582 (Architektur, Bau)

**Rieß,** Barerstr. 32, Tel. 282383 (Computer, Mathematik, Wissenschaft)

**Sappel,** Schleißheimer Str. 90, Tel. 525959 (Der Bahnladen)

**Schmitt,** Luisenstr. 68, Tel. 2723616 (Antiquariat)

**Schneider-Heun,** Galeriestr. 2b, Tel. 297199 (Antiquariat)

**Schweitzer Sortiment,** Lenbachplatz 1, Tel. 551340 (Jura)

**Sussmann Presse & Buch,** Arnulfstr. 1, Tel. 55117-0

**Tucholsky-Buchhandlung,** Adalbertstr. 110/Ecke Tengstr., Tel. 2719462

**Werner,** Türkenstr. 24 u. 30, Tel. 281034 u. 2805448 (Architektur und Kunst mit Antiquariat)

**Wild,** Amalienstr. 77, Tel. 281513

**Winterberg,** Luisenstr. 68, Tel. 2723616 (Antiquariat)

**Wölfle,** Amalienstr. 65, Tel. 283626 (Antiquariat)

**WordsWorth,** Schellingstr. 21a, Tel. 2809141 (Fachbuchhandlung für englischsprachige Literatur)

# Adressen bekannter Persönlichkeiten

Zusammengestellt auf der Grundlage der Forschungen von *Klaus Bäthe* und *Josef Hödl*
Soweit bekannt und die Häuser noch stehen, wurden die heutigen Hausnummern angegeben.

*Adalbertstraße*
| | |
|---|---|
| 15 | Georg Steinicke (Buchhändler) |
| 34 | Frank Wedekind (Schriftsteller) |
| 41 + 47 | Friedrich Huch (Schriftsteller) |
| 108 | Julius Diez (Maler) |

*Akademiestraße*
| | |
|---|---|
| 5 | Hermine Körner (Schauspielerin) |
| 7 | Alfred Rosenberg (NS-Philosoph) |
| 9 | Erich Mühsam (Schriftsteller) |
| 9 | »Nebenregierung« (Kabarett) |
| 9 + 13 | Wilhelm Herzog (Schriftsteller) |
| 15 | Bertolt Brecht (Schriftsteller) |
| 21 | Frank Wedekind (Schriftsteller) |

*Amalienstraße*
| | |
|---|---|
| 11 | Erich Kuby (Schriftsteller) |
| 14 | Café Stefanie |
| 14 | Wilhelm Hüsgen (Bildhauer) |
| 16 | Heinrich Himmler (Reichsführer SS) |
| 16 | Frank Wedekind (Schriftsteller) |
| 24 + 57 | Paul Klee (Maler) |
| 30 + 55 | German Bestelmeyer (Architekt) |
| 42 | Hans Ludwig Held (Kulturreferent ) |
| 42 | Georg Queri (Schriftsteller) |
| 42 | Georg Schrimpf (Maler) |
| 50 + 53 | Hendrik Ibsen (Dramatiker) |
| 57 | Michael Doeberl (Historiker) |
| 65/54 | Rene Prevot (Schriftsteller) |
| 79 | Gerhard Polt (Schauspieler) |
| 81 | Georg Fuchs (Schriftsteller) |
| 87 | Witwe Bolte (»antiteater« des R. W. Faßbinder) |
| 95 | Willi Graf (Widerstandskämpfer) |

*Arcisstraße*
| | |
|---|---|
| 16/Rg. | Julius Diez (Maler) |
| 35 | Wilhelm Bertsch (Architekt) |
| 44 | Eduard v. Keyserling (Schriftsteller) |
| 46 | Joachim Ringelnatz (Schriftsteller) |

*Augustenstraße*
| | |
|---|---|
| 13 | Ludwig Thoma(Schriftsteller) |
| 77 | Franz v. Stuck (Maler) |
| 85 | Julius Diez (Maler) |
| 89 | Münchner Kammerspiele 1912-1926 |

*Barerstraße*
| | |
|---|---|
| 26 | Georg Fuchs (Schriftsteller) |
| 37, 60 | Fritz von Uhde (Dramatiker) |
| 37, 47 | Oskar Maria Graf (Schriftsteller) |
| 38 | Ludwig Thoma(Schriftsteller) |
| 47 | Paul Klee (Maler) |
| 50 | Hermann Bahr (Schriftsteller) |
| 57 | Hans Frank (Reichsrechtsführer) |
| 69 | Thomas Mann (Schriftsteller) |
| 86 | Alfred Rosenberg (NS-Philosoph) |

*Blütenstraße*
| | |
|---|---|
| 3 | Ferdinand von Reznicek (Zeichner) |
| 3, 9 | Rudolf Wilke (Zeichner) |
| 8 | Rainer Maria Rilke (Schriftsteller) |
| 10 | Max Dasio (Maler) |
| 19 | Helene Boehlau (Schriftstellerin) |

*Briennerstraße*
| | |
|---|---|
| 15 | Päpstliche Nunziatur |
| 21 | Richard Wagner (Komponist) |
| 32 | Ignatius Taschner (Bildhauer) |
| 40 | Verein für Fraueninteressen und Frauenarbeit |
| 45 | «Braunes Haus» |
| 48 | Rainer Maria Rilke (Schriftsteller) |

*Fürstenstraße*
| | |
|---|---|
| 22 | Joseph Gabriel von Rheinberger (Komponist) |

*Gabelsbergerstraße*
| | |
|---|---|
| 4 | Joachim Ringelnatz (Schriftsteller) |
| 8 | Rudolf Wilke (Zeichner) |
| 10/29 | Alfred Walter Heymel (Verleger) |
| 17 | Hermann Schlittgen (Maler) |
| 20a | Franz Blei (Schriftsteller) |
| 20a/51 | Fritz von Uhde (Dramatiker) |
| 27 | Leo Samberger (Maler) |
| 39 | Franz v. Stuck (Maler) |
| 43 | Josef Wackerle (Bildhauer) |
| 45 | Toni Stadler Jun. (Bildhauer) |
| 49 | Karl Wolfskehl (Schriftsteller) |
| 53 | Karl Diefenbach (Naturapostel) |
| 77 | Lovis Corinth (Maler) |
| 78 | Karl Raupp (Maler) |

*Georgenstraße*
| | |
|---|---|
| 4 | Verlag R. Piper |
| 12 | Hans Frank (Reichsrechtsführer) |
| 12 | Hermann Schlittgen(Maler) |
| 16 | Anton Ažbe (Kunstschule) |
| 15 | Willi Graf (Widerstandskämpfer) |
| 15a, 16 | Friedrich von Thiersch (Architekt) |
| 29 | Franziska zu Reventlow (Schriftstellerin) |
| 35, 62 | Wassily Kandinsky (Maler) |
| 48 | Paul Klee (Maler) |
| 80 | Karl Arnold (Zeichner) |
| 105 | Erich Mühsam (Schriftsteller) |

*Heßstraße*
| | |
|---|---|
| 5 | Johannes R. Becher (Schriftsteller/Kultusminister der DDR) |
| 5 | Friedrich Nietzsche (Philosoph) |
| 9 | Stefan George (Schriftsteller) |
| 16 | Heinrich Wölfflin (Kunsthistoriker) |
| 23 | Ferdinand v. Reznicek (Zeichner) |
| 34 | Ludwig Klages (Graphologe) |
| 34 | Stefan George (Dichter) |
| 82 | Reinhard Bauer (Namensforscher) |

*Jägerstraße*
| | |
|---|---|
| 17 | Ludwig Thoma (Schriftsteller) |

*Karolinenplatz*
| | |
|---|---|
| 5 | Else und Hugo Bruckmann (Verleger) |

*Kaulbachstraße*
| | |
|---|---|
| 8 | Hans v. Gumppenberg (Schriftsteller) |
| 12 | Anita Augspurg (Frauenrechtlerin) |
| 12 | Toni Pfülf (Politikerin) |
| 12 | Tini Rupprecht (Malerin) |
| 12 | Klaus Bäumler (Bezirksausschußvorsitzender) |
| 15 | Friedrich August v. Kaulbach (Maler) |
| 19, 29, 33 | Leo Samberger (Maler) |
| 35 | Max Dauthendey (Schriftsteller) |
| 42 | Hans Brandenburg (Schriftsteller) |
| 68 | Klabund (Alfred Henschke) (Dichter) |

*Königinstraße*
| | |
|---|---|
| 12, 25 | Klara Ziegler (Schauspielerin) |
| 19 | Felix Dahn (Schriftsteller) |
| 29 | Josef Wackerle (Bildhauer) |
| 31 | Franz v. Defregger (Maler) |
| 75 | Franz Marc (Maler) |

*Luisenstraße*
| | |
|---|---|
| 25 | Leonhard Romeis (Architekt) |
| 38, 69 | Alfred Schuler (Archäologe) |

*Maillingerstraße*
| | |
|---|---|
| 16 | Carl Orff (Komponist) |

*Marsstraße*
| | |
|---|---|
| 14 | Albert Schmidt (Architekt) |
| 28 | Gabriel v. Seidl (Architekt) |

*Rambergstraße*
2           Peter Paul Althaus(Schriftsteller)
2           Thomas Mann (Schriftsteller)
3           Eduard v. Keyserling (Schriftsteller)

*Richard-Wagner-Straße*
27          Fritz Gerlich (Journalist, Widerstandskämpfer)

*Sandstraße*
34          Lena Christ (Schriftstellerin)

*Schackstraße*
2           Wilhelm Ritter von Rümann (Bildhauer)

*Schellingstraße*
3           Eduard v. Keyserling (Schriftsteller)
5           Franz v. Stuck (Maler)
19, 111     Ferdinand v. Reznicek (Zeichner)
21          Hans Carossa(Arzt, Schriftsteller)
23          Joachim Ringelnatz (Schriftsteller)
24          Wilhelm Hüsgen (Bildhauer)
26, 1 Rgbd.  Wilhelm Hoegner (Ministerpräsident)
                 Geburtshaus von Harald Hoegner
27          Frank Wedekind (Schriftsteller)
37          Wilhelm Herzog (Schriftsteller)
37          Rudolf Wilke (Zeichner)
39          Alfred Rosenberg (NS-Philosoph)
39-41       Völkischer Beobachter, Buchgewerbehaus
48          Walter Kolbenhoff(Schriftsteller)
49          Franz Josef Strauß (Politiker)
50          NSDAP – Parteibüro
55          Hans Brandenburg (Schriftsteller)
62          Osteria Bavaria
62, 75      Wassily Kandinsky (Maler)
64          Hugo Ball (Dadaist)

*Schleißheimer Straße*
34          Adolf Hitler
47          Ernst Penzoldt (Schriftsteller)
106        Otto Falckenberg (Theaterregisseur)

*Schnorrstraße*
3           Otto Falckenberg (Theaterregisseur)

*Schönfeldstraße*
1           Max Dauthendey (Schriftsteller)
4           Martin Dülfer (Architekt)
9           Adele Spitzeder (»Bankiere«)
17          Leo Grätz (Physiker)
17          Hendrik Ibsen (Dramatiker)
19          Michael Doeberl (Historiker)
28          Arthur Kutscher (Literatur-Professor)
28          Hermann Schlittgen (Maler)

*Schraudolphstraße*
5           Franz v. Stuck (Maler)
16          Ludwig Thoma (Schriftsteller)
27, 40      Julian Marchlevskj (Verleger)

*Theresienstraße*
5           Max Halbe (Dramatiker)
2, 7         Johann Andreas Schmeller (Sprachforscher)
7           Georg Fuchs (Schriftsteller)
13          Alfred Kubin (Zeichner)
23          Christian Morgenstern (Schriftsteller)
25          Frauenschule des Kath. Frauenverbandes
39          Theodor Pixis (Maler)
41          Karl Arnold (Zeichner)
45          Emil Pretorius (Graphiker,Sammler)
46          Hans Carossa (Arzt, Schriftsteller)
48          Franz Maget (Politiker)
51          Alfred Kubin (Zeichner)
54          Franziska v. Reventlow (Schriftstellerin)
58          Ludwig Thoma (Schriftsteller)
61, 67      Julius Diez (Maler)
68          Rudolf Wilke (Zeichner)
75          Hermann Schlittgen (Maler)
75          Albert Weisgerber (Maler)
80          Waldemar Bonsels (Schriftsteller)
82          Thomas Mann (Schriftsteller)
82          Heinrich Mann (Schriftsteller)

86          Friedrich v. Thiersch (Architekt)
144        Eduard Thöny (Zeichner)
148        Julius Diez (Maler)
148        Leo Samberger (Maler)
148        Franz v. Stuck (Künstler)
148        Fritz v. Uhde (Dramatiker)
148        Thomas Theodor Heine (Zeichner)
148        Angelo Jank (Maler)
160        Josef Wackerle (Bildhauer)

*Türkenstraße*
7           Anton Ažbe (Maler)
11          Alfred Walter Heymel (Verleger)
23          Reinhard Heydrich (Gestapo-Chef)
28          Elf Scharfrichter (Kabarett)
30          Frank Wedekind (Schriftsteller)
35          Heinrich Mann (Schriftsteller)
36          Friedrich Huch (Schriftsteller)
49          Max Halbe (Dramatiker)
52          August Endell (Architekt)
54          Georg Fuchs (Schriftsteller)
57          Kathi Kobus (Simplicissimus-Wirtin)
57          Joachim Ringelnatz (Schriftsteller)
57          Simplicissimus, Alter Simpl
68          Hans Brandenburg (Schriftsteller)
68a         Heinrich Mann (Schriftsteller)
69          Japanladen (Treff der Kunstgruppe »Blauer Reiter«)
94          Georg Elser (Hitler-Attentäter)
103        Ludwig Ritter von Löfftz (Maler)

*Veterinärstraße*
10          Otto Julius Bierbaum (Schriftsteller)

*Zieblandstraße*
14          Georg Wrba (Bildhauer)

*Das älteste erhaltene Haus der Maxvorstadt (Schönfeld-Vorstadt)*
*Veterinärstraße 10, Hofseite. Hier wohnte Otto Julius Bierbaum*

# Wirtschaft *von Ingrid Bauer*

Viele bedeutende Wirtschaftsunternehmen haben heute ihren Sitz in der Maxvorstadt oder wurden dort gegründet. International berühmt waren besonders sie Kunsthandwerkbetriebe wie die Mayer'sche Hofkunstanstalt (Seidlstraße/Stiglmaierplatz), die Bayerische Hofglasmalerei Gustav van Treeck (Schwindstraße 3) oder die Hofglasmalerei F.X. Zettler (Briennerstraße 23). Die Firma Agfa-Gevaert z.B. hat ihren Ursprung in der Gabelsbergerstraße 36, wo sie aus der »Optische Anstalten A. Hch. Rietzschel« hervorging. Die renommierte G. Franzsche Hof-Buchdruckerei befand sich in der Luisenstraße 17.

Die 1898 gegründete »Graphische Kunstanstalt« Brend'amour, Simhart & Co (Nymphenburger Str. 20), in der einst der Simplicissimus hergestellt wurde, leistet immer noch Präzisionsarbeit.

Die bekannte Kaffeerösterei Burkart und Imhof hatte ihren Firmensitz bis nach dem Zweiten Weltkrieg in der Sandstraße und die Mineralwasser- und Limonadenfabrik O. Pachmayr befand sich lange Zeit in der Theresienstraße 33. In den Hinterhöfen der Maxvorstadt befanden sich Werkstätten, von denen nur wenige erhalten geblieben sind. Schlossereien mußten im Laufe der Zeit wegen der »Lärmbelästigung«, Bäckereien und Metzgereien wegen der »Geruchsbelästigung« weichen. Nur selten konnten sich Handwerksbetrieb und Anwohner arrangieren, oder die Kosten wurden zu hoch, so daß viele Betriebe, wie das Buchgewerbehaus, in »Industriegelände« umziehen mußten. Doch einige Firmen konnten sich kontinuierlich entwickeln und sitzen noch heute in der Maxvorstadt. Hier seien einige Beispiele aufgeführt:

**ARRI**, Türkenstraße 89, Tel. 38091
Was August Arnold und Robert Richter 1917 in dem kleinen Laden an der Türkenstraße begonnen haben, hat sich zu einem führenden Unternehmen der Filmwirtschaft entwickelt, dessen Firmenname ARRI sich aus den jeweils ersten beiden Buchstabe der Nachnamen der Gründer zusammensetzt. Die Filmpioniere August Arnold und Robert Richter kopierten hier als junge Männer Filme mit einer selbstgebauten Maschine. Sie entwickelten 1924 den ersten Spiegel-Facetten-Scheinwerfer und 1938 die erste Spiegelreflex-Kamera, die als »Arriflex-Kamera« in verbesserter Form noch heute verwendet wird. Auch sonstiges Filmzubehör wurde in der kleinen Werkstatt für die ganze Welt entworfen und hergestellt. 1944 wurde das ARRI-Werk in der Türkenstraße fast vollständig zerstört und nach Kriegsende zum »Wiederaufbau-Objekt« erklärt. 1953 wurden hier die ersten Filmproduktionen erstellt. An Stelle des Capitol-Lichtspieltheaters entstand 1958 das moderne ARRI-Kino, das 1985 auf den neuesten Stand von Komfort und Technik gebracht wurde. Heute nehmen die ARRI-Studios das Geviert zwischen Türken-, Ramberg-, Kurfürsten- und Adalbertstraße ein. In der Theresienstraße finden sich Außenstellen der ARRI-Filmgesellschaft.

## Auktionshäuser
In der Maxvorstadt befinden sich renomierte Auktionshäuser von internationaler Bedeutung. Hier wechseln wertvolle Gemälde, Möbel und Antiquitäten den Besitzer.

Das Kunstauktionshaus **Neumeister** hat um 1980 seine Sitz vom Almeida Palais (Briennerstraße) in die neu erbauten Räume in der Barerstraße 37 verlagert. Hier finden jährlich ca. 15 Auktionen statt.

Das Auktionshaus **Hugo Ruef** in der Gabelsbergerstraße 28 ist das älteste Versteigerungshaus Deutschlands und befindet sich seit 1866 im Besitz der Familie.

**L.H. van Hees**, Schneiderei, Mode, Briennerstr. 3, Tel. 22 00 61
1840 eröffnete die aus Holland zugezogene Familie van Hees in der Briennerstraße ein Herrenmodengeschäft, das schon bald den Bayerischen König und Europas Hochadel zu seinen Kunden zählte. 1855 zog die Firma in die heutigen Räume; sie beschäftigte in den Fabrikationsräumen in der Sandstraße 32 damals 11 Zuschneider und 120 Schneider. Die Münchner Bürgerschaft flanierte gerne beim Sonntagsspaziergang am Geschäft der Fa. van Hees vorbei, um die neueste Mode und die neuen Pariser Schaufenster zu bewundern. Im Laufe der Jahre wurden viele berühmte Persönlichkeiten in diesem Hause eingekleidet; es ist noch heute eines der führenden Modehäuser Münchens.

**Hierl**, Schlosserei, Erzgießereistraße 34, Tel. 52 70 92.
1878 gründete Johann Hierl mit erst 22 Jahren seine eigene Firma. 1897 erwarb er das Haus in der Erzgießereistraße 36, da die königlich bayerischen Umweltschutzbestimmungen besagten, daß »lärmendes Gewerbe« nur auf eigenem Grund und Boden und nur vor den Toren der Stadt ausgeführt werden durfte. Der Betrieb entwickelte sich gut, es konnten größere Aufträge, z.B. für die Stadt München, das Lenbachhaus, das Deutsche Museum oder das erste Münchner Ganzstahl-Haus ausgeführt werden. Mit steigendem Umsatz nahm auch die Zahl der Mitarbeiter zu. Der heutige Firmenchef, Rudolf Hierl, begann 1935 bei seinem Onkel Johann die Schlosserlehre. Er leitete nach 1945 den Wiederaufbau des zerstörten Anwesens und die Geschicke der Firma, heute ein führendes Unternehmen im metallverarbeitenden Gewerbe. Rudolf Hierl ist ein Beispiel für das politische Engagement des Mittelstandes; er vertritt seit 1972 das Bennoviertel im Münchner Stadtrat.

**Hofpfisterei**, Kreittmayrstr. 5, Tel. 5202-0
Die Hofpfisterei gehört zu den bedeutendsten Wirtschaftsbetrieben der Maxvorstadt und ist sicherlich der Betrieb mit der längsten Tradition. Bereits 1331 ist die »Torats-Mühle« (Mühle an der Stadtmauer) urkundlich erwähnt. In dieser Mühle wurde die herzogliche Pfisterei errichtet und ein Pfistermeister bestellt. Charakteristisch für eine Pfisterei (lat.: *pistrina*=Bäckerei) war die Verbindung einer Mühle mit einer Bäckerei. Aus der Hofpfisterei wurde die herzogliche Hofhaltung mit Brot und die Hofküche mit Mehl versorgt. Im 17. Jahrhundert wurde die Hofpfisterei dem Pfistermeister »in Bestand gegeben«, was soviel hieß, als daß er jetzt Pächter und selbständiger Unternehmer war. Anfang des 18. Jahrhunderts bekamen

die Pfister ein eigenes Zunftzeichen, 1825 organisierten sie sich in »Innungen«. 1917 pachtete **Ludwig Stocker** die Hofpfisterei. 1958 wurde die Pfistermühle im Herzen der Altstadt von der Staatlichen Schlösserverwaltung verkauft, 1964 zog die Hofpfisterei in die Kreittmayrstraße in der Maxvorstadt um. Sie entwickelte sich zu einem leistungsfähigen Großbetrieb, der heute eine Vielzahl von Verkaufsfilialen in der ganzen Stadt unterhält und sein Brot auch im Umland, ja sogar bis nach Amerika verkauft. Täglich werden hier nicht weniger als 21 Brotsorten gebacken. Ökologie ist großgeschrieben: es werden jährlich 11 000 Tonnen ökologisch produziertes Getreide, das zu 80% von bayerischen Landwirten stammt, verarbeitet, und die Brote werden ohne künstliche oder chemische Mehlverbesserungsmittel oder Backhilfsmittel hergestellt.

**Löwenbräu,** Nymphenburger Str. 4, Tel. 5200-0
Der Bauernsohn Georg Brey kam 1799 als Biersiederlehrling zum Wagnerbräu nach München, arbeitete sich zum Bräumeister des Grafen Törring in Seefeld hoch und heiratete die Tochter eines Brauereibesitzeres aus Inning. Die Mitgift machte es möglich, daß sich das Paar 1818 in München in der Löwengrube eine kleine Brauerei kaufen konnte, die Löwenbrauerei. Brey schaffte es, diese an die Spitze des Münchner Braugewerbes zu führen. 1826 erwarb er außerhalb des Stadtgebietes, am »Unterwiesenfeld«, Ecke Nymphenburger-/Sandstraße ein Gelände, auf dem er ein Brauhaus, zwei große Lagerkeller und ein Sommerkellergebäude errichten ließ. Sohn Ludwig erwarb weiteres Gelände an der Karlstraße. 1872 wurde die Brauerei Aktiengesellschaft und expandierte mit Einzug des technischen Fortschritts weiter. 1982 fand eine »Realteilung« der Löwenbräu-Gesellschaft, 1992 eine Neugliederung statt. Heute betreibt die Löwenbräu AG die Brauerei, in der Bavaria Braubeteiligungsgesellschaft werden die beiden Mineralbrunnen Siegsdorfer Petrusquelle GmbH und Staatliche Mineralbrunnen GmbH Bad Brückenau gehalten, und die Löwenbräu AG & Co. Immobilien verwaltet das Immobiliengeschäft.
Heute liegt das Brauereigelände wieder mitten in der Stadt. Seit den 70er Jahren wird daher über einen Umzug an den Stadtrand diskutiert.

**Meitinger & Co**, Glas, Spiegel, Sandstraße 49, Tel. 52 60 15
1876 gründete der Glasermeister Karl Meitinger in der damals noch wenig bebauten Sandstraße einen Betrieb, der bald expandierte. Es wurden neben dem Rahmen von Bildern, dem Verglasen von Fenstern und dem Herstellen von Bleiverglasungen, Möbelfabriken mit Gläsern aller Art beliefert. Mit dem Bauboom konnten auch größere Aufträge bei Neubauten gewonnen werden. Heute gehört der moderne Betrieb zu den führenden Adressen in der glas- und spiegelverarbeitenden Branche.

**Siemens Aktiengesellschaft,** Wittelsbacherplatz 2, Tel. 234-0
Die 1847 in Berlin gegründete Firma Siemens verlagerte nach dem Zweiten Weltkrieg ihren Hauptsitz nach München. Auf dem Areal zwischen Wittelsbacherplatz und Oskar-von-Miller-Ring entstand die Zentrale eines Unternehmens, das weltweite Bedeutung hat. Die Firma Siemens ist der größte gewerbliche Arbeitgeber in der Landeshauptstadt München.

**Spaten-Franziskaner-Brauerei,** Marsstraße 46-48, Tel. 5122-0
Die Brauerei verweist auf eine über 600jährige Tradition. Der aus Maisach stammende, 1772 geborene Gabriel Sedlmayr d. Ä. erwarb 1807 die kleine Brauerei »Zum Oberspaten« an der Neuhauser Gasse und begründete damit eine große Brauereidynastie. 1839 übernahm Gabriel Sedlmayer d. J. die Spatenbrauerei, während Joseph 1842 die Leist-Brauerei erwarb. Zu dieser kam 1861 die Franziskanerbrauerei. Gabriel Sedlmayr verlegte den gesamten Geschäftsbereich auf das Gelände des Unterkandlerbräus an der Marsstraße, das er 1851 gekauft hatte und wo sich bis heute die Brauerei befindet.
Die Nachkommen der beiden Brüder vereinigten 1922 die beiden Sedlmayr-Familienbetriebe zur »Spaten-Franziskaner-Leistbräu Aktiengesellschaft«. 1931, nach dem Tod des Leitbräus Gabriel von Sedlmayr wurde die gesamte Bierproduktion von der Gesellschaft der Spaten-Franziskaner-Brauerei übernommen.
Noch heute bestimmen die Nachfahren Gabriel und Joseph Sedlmayrs die Geschicke der Brauerei. Seit dem Wiederaufbau nach schweren Zerstörungen im Zweiten Weltkrieg hat sich die Spaten-Franziskaner-Brauerei zu einem leistungsfähigen Unternehmen entwickelt. Sie hat heute einen Getränkeausstoß von 1,2 Mio hl Bier, wovon 172 000 hl exportiert werden, schwerpunktmäßig nach USA, Frankreich, Italien und in die Alpenregion. Besonderer Beliebtheit erfreut sich das »Franziskaner Weißbier«.

**Vinzenzmurr,** Schellingstraße 21
Der Betrieb wurde 1875 von Vinzenz und Rosa Murr in der Sendlinger Straße 77 gegründet. 1910 wurde der Hauptbetrieb in die Schellingstraße 21 verlegt und bestand hier, bis die Firma 1970 aus Platzgründen nach Obersendling umzog. Der Laden in der Schellingstraße wurde neben einer Vielzahl von Filialen in und um München weitergeführt.

# Gastronomie

Auch die Entwicklung der Gastronomie eines Stadtteils zeigt dessen strukturellen »Wandel«. Zwar gibt es in der Maxvorstadt noch einige Traditionslokale wie Atzinger, Schellingsalon, Max-Emanuel-Brauerei, Augustinerkeller oder Löwenbräukeller. Die Wirtshäuser an der Ecke, wo sich vormittags Rentner und Pensionäre zum Frühschoppen treffen, in denen sich die Nachbarschaft zu Versammlungen, zum Kartenspielen oder zum geselligen Beisammensein einfindet und man eine einigermaßen preisgünstige Brotzeit oder einen Schweinsbraten mit Knödl bekommt, werden immer weniger. Die vermeintlichen Bedürfnisse der immer zahlreicher werdenden Studenten, zahlungskräftigen Mittelständler und Doppelverdiener begünstigen die Entstehung von Kneipen, Pubs, Bistros oder Speiselokalen mit modernem, internationalem Angebot. Als typische Beispiele hierfür sind zu nennen »Das Scharfe Eck« in der Schleißheimer Str./ Ecke Theresienstr., in dem sich heute die türkisch-internationale Musikkneipe »Möwe« etabliert hat oder der »Görreshof« in der Schleißheimer Straße/Ecke Görresstraße. Zwar ist diese Entwicklung nicht so extrem wie im benachbarten

*Wandmalerei (Fa. XYLO) in der Erzgießereistraße, die an die benachbarte Kgl. Erzgießerei und die in ihr entstandenen Werke erinnern soll.*

Schwabing, wo manche Straßenzüge ausschließlich von Kneipen und Nachtlokalen geprägt sind. Rentner, deren schmale Altersversorgung eben noch für die Miete reicht, wohnen zwar oft seit Jahrzehnten in diesem Stadtviertel, für die Lokalszene sind sie aber uninteressant geworden.

Die Erhaltung einer »Wirtshauskultur« täte auch der Maxvorstadt gut und würde mit dazu beitragen, daß der Charme dieses Stadtteils bestehen bleibt. Es müßte dadurch keine Konkurrenz zu dem vielen italienischen, französischen, griechischen, asiatischen oder Lokalen anderer Nationalitäten entstehen, die schließlich auch Zeichen für Weltoffenheit und Toleranz sind. Ansätze, die Tradition mit modernen Formen der Kneipenkultur zu vereinen, ohne den »guten Alten Zeiten« hinterherzutrauern, sind z.B. in der »Möwe« erkennbar: die Betreiber beließen größtenteils die alte Einrichtung, verzichteten auf »posttouristischen Bauchtanzkitsch« und haben statt dessen wieder eine Musikbühne etabliert, wo – bei freiem Eintritt – internationale Musiker auftreten. Außerdem soll in einer Ausstellung die wechselvolle Vergangenheit des »Scharfen Ecks« dargestellt werden. Hier tanzten z.B. in der Prinzregentenzeit die Soldaten des nahegelegenen Schießplatzes, hier war ein konspirativer Treffpunkt linker Revolutionäre (auch Lenin war hier häufig zu Gast) und im Hinterzimmer trat Karl Valentin auf.

Natürlich können nicht alle Lokale der Maxvorstadt hier aufgeführt werden, zumal die Gastronomie einem steten Wandel unterliegt. Pächter kommen und gehen; beim Wechsel erhält ein Lokal oft einen anderen Namen, eine andere Einrichtung und ein anderes Publikum. Nur die Brauerei, die das Bier liefert und wegen der hohen Umsatzverpflichtungen für Bier oftmals Mitschuld am Wechsel trägt, bleibt die gleiche.

Hier soll ein Überblick über das vielfältige Angebot, das die Gastronomieszene in der Maxvorstadt bietet, gegeben werden, ohne zu werten. Einige Gaststätten mit historischer Bedeutung werden ausführlicher behandelt.

**Alter Simpl (Simplicissimus)** Türkenstraße 57, Tel.2723083

Das geistige Leben Schwabings spielte sich, sofern es nicht in privaten Salons stattfand, hauptsächlich in Lokalen der Maxvorstadt ab. Eine wesentliche Rolle spielte hier die Gaststätte »Simplicissimus«, heute »Alter Simpl«. Mit der Person Kathie Kobus stand und fiel die Bedeutung des Lokals. Sie verstand es, die Gäste durch Feste und Feiern zu fesseln und die Popularität des Lokals durch Auftritte bei Theater- oder Konzertveranstaltungen, zu denen sie immer eine Schar junger Künstler einlud, zu erhalten. Während des Ersten Weltkriegs verkaufte die Wirtin das Lokal. Sie kehrte aber nach dem Verlust ihres Vermögens 1917 zurück und führte es bis kurz vor ihrem Tod 1927. Von 1935 bis 1944 hatte der »Simpl« unter Theo Prosel eine neue Blütezeit. Seit 1960 versuchte Toni Netzle im »Alten Simpl« an die Tradition des Simplicissimus anzuknüpfen, bevor das Haus 1993 renoviert wurde und in neue Hände überging.

**Kaffeehaus Altschwabing,** Schellingstraße 56, Tel. 2731022

Um die Jahrhundertwende eröffnete hier ein Großcafé, das prächtig ausgestattet war. Im Café Schelling trafen sich viele bekannte Persönlichkeiten, z.B. Thomas Mann, Frank Wedekind, Stefan George, Joachim Ringelnatz, Paul Klee, Wassily Kandinsky oder Franz Marc. Seit 1979 wird in den stuckverzierten Räumen, die zwischenzeitlich einem französischen Restaurant und einer Kunstgalerie gedient hatten, wieder ein Café betrieben.

**Café Annast,** Odeonsplatz 18, Tel. 224768

Das Café Annast ist das älteste Münchner Café. Es wurde 1778 von dem Venezianer Giovanni Sarti, der wegen des Ausschanks von italienischen Erfrischungsgetränken auch »Limo-Mo« genannt wurde, an der Hofgartenmauer gegründet, dem Ort, wo « *München mit der Feldherrnhalle und der Barockpracht von St. Kajetan am ehesten italienisch aussieht«.* Von 1810 bis 1868 führte die italienische Familie Tambosi das Café, 1827 eröffnete im neuerbauten Bazargebäude das Hofgartencafé. August Lewald schreibt 1840: *«Tambosi ist ein Name, der in Münchens Caffeewelt wohl den bedeutendsten, umfangreichsten Klang hat. [...] Sein Caffeehaus, das er im Hofgarten, unter den Arcaden des Bazars hält, ist jedoch ebenso entfernt von Eleganz, als die übrigen. Auch hier wird geraucht, Billard gespielt und warm und kalt gegessen; Bier jedoch nur im Inneren getrunken, an den Tischen unter den Bäumen des Hofgartens ist es nicht gestattet, eben so darf dort nicht geraucht werden. Diese Maßregel macht das Plätzchen dem Fremden besonders werth und auch feine Welt und Damen sieht man hier oft einige Stunden des Nachmittags zubringen.«* In den weitläufigen Räumlichkeiten waren neben dem Adel auch Künstler und Gelehrte wie Dillis, Neureuther, Kaulbach, Schwind, Schelling und überhaupt die ganze bessere Gesellschaft zu

Gast. 1920 übernahm der junge Salzburger Gustl Annast das
Café, nachdem vorher einige Male die Pächter gewechselt
hatten. Er erfüllte es mit neuem Leben: im Hofgarten-Kabarett im ersten Stock des Gebäudes traten berühmte Künstler
wie Karl Valentin, Adolf Gondrell, Trude Hesterberg,
Ursula Herking oder Gert Fröbe auf. Nach dem Krieg ging
ab 1950 der Betrieb weiter, 1960 feierte Gustl Annast ein
dreifaches Jubiläum: 185 Jahre Hofgartencafé, sein 50jähri-
ges Berufsjubiläum und 40 Jahre Hofgarten-Kabarett.
1970 erwarb eine Bank das Anwesen – das Ende des legendären Café Annast schien gekommen. Doch die Münchner
wehrten sich – es wurden Proteste laut. So wurde das Café,
räumlich stark verkleinert, 1973 wieder eröffnet. Seitdem
hat es – bedingt durch die hohen Preise – viele Pächter gesehen. Es konnte nie mehr an die alten Erfolge angeknüpft
werden. Ein Käfer-Bistro soll nun Gäste anlocken.

### Augustinerkeller Arnulfstraße 52, Tel. 594393

Nachdem Anton Wagner 1829 in der Sendlinger Straße die
Augustiner-Brauerei gegründet hatte, erwarb er 1862 den
ehemaligen »Knorr-Keller« in der Arnulfstraße. Nach
Verlagerung des Kellerbetriebs entstand hier der »Augustiner-Keller«, eine Gartenwirtschaft, in der allerdings
keine Musik gespielt werden durfte, weil sich früher in der
Nähe ein Richtplatz befunden hatte. Die 1896 errichteten
geräumige Saalbauten wurden größtenteils im Zweiten
Weltkrieg zerstört. Hier finden seit dem Wiederaufbau
Veranstaltungen und Faschingsbälle statt. Der Biergarten,
mit seinen schattenspendenden Kastanien einer der
gemütlichsten und schönsten in München, wird nicht nur
von Mitarbeitern des nahen Bayerischen Rundfunks
gerne besucht. Bekannt ist der Stammtisch des Kolumni-
sten Sigi Sommer.

### Deutsche Eiche, Sandstraße 43, Tel. 524291

In diesem Wirtshaus, das auch heute noch bayerische
Küche anbietet, verbrachte die bayerische Dichterin Lena
Christ von 1893 bis 1901 als »Wirts-Leni« ihre Jugend-
jahre. Als sie mit sieben Jahren nach München ins Gasthaus ihrer Eltern kam, mußte sie im Wirtshaus fleißig mit-
helfen. In den »Erinnerungen einer Überflüssigen«
beschreibt sie ihre harte Jugendzeit. Sie gibt hier auch ein
Bild, wie der Wirtshausbetrieb damals aussah: *« Bald
füllte sich das Lokal mit Gästen. Es waren fast lauter
Arbeiter: Maurer, Steinmetzen, Schlosser, Schreiner,
Drechsler und zuweilen auch Pflasterer und Kanalarbei-
ter. In der Küche aber standen die, welche für die in der
Nähe liegenden Fabriken die Brotzeit holten; denn zu
unserer Kundschaft gehörten auch eine Bleistift-, eine
Möbel-, eine Sarg-, eine Bettfedern- und eine Schuhfa-
brik. Nun hieß es flink die Lungen- und Voressenhaferln
füllen, Kreuzerwürstl abzählen, Weißwürste brühen und
Hausbrot schneiden. [...] Da kam die Kellnerin und
fragte: » Was gibts heut z'essen für dLeut? «, worauf die
Mutter mit ihrer metallenen Stimme erwiderte: » An Nie-
renbran, Brustban, Schlegl in da Rahmsoß, an Schweins-
bran und a unterwachsens Ochsenfleisch mit Koirabi
(Kohlrabi), an Kartoffisalat, an grean und rote Ruanb;
heut trifft dAndivisuppn! [...] A Biflamott (beouf à
la'mode) mit Knödln ham mar aa!« [...] Nun mußte ich
dem Vater in der Schenke helfen. Der hatte inzwischen
einen Hektoliter Bier ausgeschenkt und, damit er schneller
fertig würde, mit der Kreide Strichlein an die Rückwand des
großen Schenkbüffets gemacht, statt Zeichen zu nehmen.«*

*Im Biergarten der „Max-Emanuel-Brauerei" an der Nordendstraße*

### Löwenbräukeller, Stiglmaierplatz, Tel. 526021

Der Löwenbräukellers, ein prächtiger Bau, nach Plänen
von Albert Schmid im »Deutschen Renaissancestil«
errichtet, wurde am 15. Juni 1883 unter der Anteilnahme
von 6000 Besuchern eröffnet. Eine Sensation, so verzeich-
net die Chronik, waren die Servietten und Tischtücher,
die erstmalig in einer bayerischen Wirtschaft aufgelegt
wurden. 1894 wurde das Gebäude durch Friedrich von
Thiersch grundlegend verändert und erweitert. Neuge-
schaffen wurde der Eckturm, der Giebelanbau und die
Terrasse mit dem ruhenden Löwen, ein Werk Wilhelm von
Rümanns. Der Turm, weithin sichtbar, ist das Wahrzeichen des Stiglmaierplatzes. 1885 schrieb der Bayerische
Kurier: *»Wenn man Einheimische und namentlich die
Fremden sich beraten hört, wo sie sich am Abend treffen,
so sollte man fast meinen, daß es in ganz München keinen
einzigen Keller gibt, als den Löwenbräukeller.«*
Der große Festsaal, der 1986 durch einen Brand zerstört
wurde, erstrahlt in neuem Glanz. Hier in und einer Reihe
kleinerer Säle finden Veranstaltungen statt, seien es die
berühmten Faschingsfeste, das Fischessen am Ascher-
mittwoch oder Auftritte bekannter Politiker.

### Max-Emanuel-Brauerei, Adalbertstraße 33, Tel. 2715158

Die Brauerei Max-Emanuel ging 1898 in der Löwenbräu-
Aktiengesellschaft auf. Seither besteht in der Adalbertstraße noch das Gasthaus mit einem idyllischen, von

hohen Häusern umgebenen Biergarten, in dem vor Weihnachten auch ein Christkindlmarkt abgehalten wird. Im renovierten Festsaal ist neben anderen Gruppen und Vereinen auch die »Volkssängerbühne« zu Hause, ein Laientheater, das hauptsächlich bayerische Klassiker aufführt. Heute finden hier auch regelmäßig Tanzveranstaltungen statt, beliebt sind die »Salsa-Abende«. Ein besonderes Ereignis im Fasching sind die »Weißen Feste«.
Die »Katakombe«, eine 1950 gegründete Künstlervereinigung, tagte hier zehn Jahre lang, zog aber dann ins Rhaetenhaus um.

**Schelling-Salon** Schellingstraße 54, Tel. 2720788
Die Gaststätte wurde 1872 gegründet und 1889 an Silvester Mehr verkauft, im Besitz von dessen Familie das Lokal noch heute ist. Wichtig für das Geschäft waren anfangs die Leichenschmäuse für Begräbnisse am nahen Friedhof. Um die Jahrhundertwende wurde dann ein Café-Restaurant im Wiener Stil eingerichtet. Es war damals in Münchens Cafés üblich, Billard zu spielen. Die Einrichtung des Schelling-Salons ist aus dieser Zeit nahezu unverändert erhalten geblieben. Hier waren Dichter wie Rilke, Brecht oder Ringelnatz zu Gast. Berühmte Politiker, wie Lenin oder Heuss unternahmen hier ihre ersten Billardversuche und Hitler wurde vom Wirt an die Luft gesetzt, als er seien Zeche nicht bezahlen konnte. Hier holte Franz Josef Strauß als Bub Bier für seinen Vater, der schräg gegenüber eine Metzgerei betrieb.
Noch heute erfreut sich der Schelling-Salon großer Beliebtheit; er ist ein Treffpunkt von Generationen, Nationalitäten und sozialen Schichten. Ein Billardmuseum, das seit Kurzem eingerichtet wurde, zeigt uns die ehemals bedeutendsten Billard-Stätten im Glanz der vergangenen Tage.

**Osteria Italiana Lombardi (Osteria Bavaria),** Schellingstraße 62, Tel. 2720717
An der Ecke Schelling-/Schraudolphstraße wurde 1890 von Joseph Deutelmoser ein italienisches Weinlokal eröffnet, die Osteria Bavaria. *« Man fällt mit der Tür ins Haus, in drei ineinandergehende holzgetäfelte Stuben mit südlichen Stichen und Aquarellen und mit Bismark und Böcklin an den Wänden. Für sich abgeschlossen ist nur das italienische Zimmer [...] Aber das Schönste ist das Höfchen, in das man hinter dem Schanktisch gelangt. In seinem tiefen engen Schacht versinkt golddämmernd die letzte Tageshelle und Blau das erste Dunkel. In der Mitte speit ein gelockter Löwe einen Silberstrahl in die Brunnenschale, spitzdachige Laternen beleuchten die Tische und Masken und Reliefs, eine dünne Kastanie fächert über geschindelte ockerfarbene Mauern, Lorbeer und Magnolie stehen in Kübeln, neben denen Farne aus den Ritzen der Fliesen fingern.«*
Hans Brandenburg beschreibt: *«In der Osteria saßen neben den Malern und Bildhauern, Schauspielern, Musikern und Schriftstellern biedere Handwerksmeister, kleine Beamte und Geschäftsleute dieses Schraudolphviertels. Auch Juden und Ausländer verkehrten hier regelmäßig, nach Rasse und Politik wurde ebensowenig gefragt wie nach Stand und Ansehen [...]«*
Dem Reiz dieses Lokals, des ersten »Italieners« in München, sind auch König Umberto, Lenin und Hitler erlegen. Noch heute ist die Osteria bekannt für die hohe Qualität ihrer italienischen Küche.

**Zum Regensburger Hof,** Augustenstraße 53, Tel. 521667
Wo man sich heute einen »Big Mac« oder einen »Hamburger« reinzieht, wurde bereits 1843 die Tafernwirtschaft »Zum Regensburger Hof« eröffnet. 1902 wurde an der Gabelsbergerstraße ein Nebenbau errichtet, in dem sich noch heute ein Lokal namens »Regensburger Hof« befindet, in dem man jugoslawische Spezialitäten bekommt.

## Traditionsgaststätten

**Augustiner-Keller,** Arnulfstr. 52, Tel. 594393
**Deutsche Eiche,** Sandstr. 45, Tel. 524291
**Löwenbräukeller,** Stiglmaierplatz, Tel. 526021
**Max-Emanuel-Brauerei,** Adalbertstr. 33, Tel. 2715158
**Rhaetenhaus,** Luisenstr. 27, Tel. 595637
**Schelling-Salon,** Schellingstr. 54, Tel. 2720788
**Schwarzer Adler,** Amalienstr. 26, Tel. 283297
**Schleißheimer Hof,** Schleißheimer Str. 53, Tel. 1297103
**Türkenhof,** Türkenstr. 78, Tel. 2800235

## Asiatisch

**Felix Arabia,** Isabellastr. 47, Tel. 2723535
**Ashoka,** Karlstr. 46, 592150
**Canton,** Theresienstr. 49, Tel. 522185
**Chinagarten,** Heßstr. 71, Tel. 528599
**Chao-Khun,** Türkenstr. 9, Tel. 284041
**Chinarestaurant Hongkong,** Tengstr. 34, Tel. 2716613
**Der Kleine Chinese,** Schleißheimer Str. 18, Tel. 529934
**Elefantengarten,** Augustenstr. 114, Tel. 5233752
**Garuda,** Theresienstr. 87, Tel. 525836
**Man Fat,** Barerstr. 53, Tel. 2720962
**Peking-Ente,** Elisenhof, Prielmayerstr. 3, Tel. 597257
**Shoya** (Japanisch), Gabelsbergerstr. 85, Tel. 5232347
**Tan Nam,** Amalienstr. 39, Tel. 284940
**Van Kim,** Amalienstr. 20, Tel. 284663
**Vietnam bei Dr. Thien Huu,** Theresienstr. 47, Tel. 522518
**Waikiki,** Neureutherstr. 39, Tel. 2711146

## Französisch

**Bistro Terrine,** Amalienstr. 89, Tel. 281780
**Cabus Creperie,** Isabellastr. 4, Tel. 2710330
**Creperie Cocorico,** Schellingstr. 22, Tel. 284372
**Entecotê,** Türkenstr. 9, Tel. 284041
**La Mucca,** Gabelsbergerstr. 24, 2716742
**La Pasteria,** Hiltenspergerstr. 8, 2724505
**La Perla,** Schellingstr. 97, Tel. 5420194
**La Perla,** Luisenstr. 75, Tel. 5233544
**La Mer,** Schraudolphstr. 24, Tel. 2722439

## Griechisch

**Bistro Costa,** Isabellastr. 47, Tel. 2723535
**Georgios,** Steinheilstr. 10, Tel. 526729
**Hydra,** Schleißheimer Str. 5
**Kyklos,** Schraudolphstr. 24, Tel. 2716363
**Papasitos,** Schraudolphstr. 44, Tel. 2721346
**Petalo,** Schellingstr. 93, Tel. 2714235
**Tavernaki,** Adalbertstr. 82, Tel. 2725253
**Taverna Naxos,** Georgenstr. 56, Tel. 2732073
**Taverne Olympus,** Türkenstr. 38, Tel. 282573
**To Quzeri,** Arcisstr. 55, Tel. 2711145

# Indisch

**Kashmir Mahal,** Schellingstr. 130, Tel. 1231495
**Mahagonny,** Neureutherstr. 8, Tel. 2711180
**Maharani,** Rottmannstr. 24, Tel. 527912
**Natraj,** Theresienstr. 47, Tel. 5420194
**Shiva,** Augustenstr. 96, Tel. 5232888

# Italienisch

**Al Camino,** Schleißheimer Str. 182, Tel. 302698
**Al Dente,** Gabelsbergerstr. 46, Tel. 522783
**Bei Mario,** Luisenstr. 47 und Adalbertstr. 15, Tel. 521519
**Bella Italia,** Türkenstr.50, Tel. 280739
**Cinecitta,** Theresienstr. 144, Tel. 522209
**Da Domenico,** Elisenstr. 3, Tel. 555447
**Da Enzo,** Augustenstr. 21, Tel. 557570
**Donna Rosa,** Arcisstr. 39, Tel. 2722712
**Eboli,** Rundfunkhaus, Hopfenstr. 7, Tel. 558574
**Foro Romano,** Theresienstr. 29, Tel. 284641
**Garibaldi,** Schellingstr. 60, Tel. 2720906
**Il Mulino,** Görresstr.1, Tel. 5233335
**Italia,** Augustenstr. 85a, Tel. 5236446
**Osteria Italiana Lombardi,** Schellingstr. 62, Tel. 2720717
**Piccola Osteria,** Amalienstr. 39, Tel. 284474
**Rosario,** Amalienstr. 87, Tel. 2809037
**Savoy,** Tengstr. 20, Tel. 2711445
**Spago Ristorante,** Neureutherstr. 15, Tel. 2712406
**Trattoria Romagnola,** Neureutherstr. 15, Tel. 2712406
**Tonino,** Augustenstr. 6, Tel. 598198
**Unicum da Luciano,** Kaulbachstr. 33, Tel. 280805

# Jugoslawisch

**Opatija,** Briennerstr. 41, Tel. 591202
**Regensburger Hof,** Augustenstr. 53, Tel. 521667
**Schwind-Hof,** Schwindstr. 20, Tel. 521216
**Split,** Gabelsbergerstr. 58
**Zum Erzgießer,** Erzgießereistr. 40, Tel.5236177

# Spanisch

**Bodega Dali,** Augustenstr. 46, Tel. 5234280

# Türkisch

**Anatolische Spezialitäten,** Gabelsbergerstr. 50
**Kelim,** Amalienstr. 20,

# Vegetarisch

**Ignatz,** Georgenstr. 67, Tel. 2716093

# Biergärten

**Alter Botanischer Garten,** Sophienstr. 7
**Augustiner Keller,** Arnulfstr. 52
**Löwenbräukeller,** Stiglmaierplatz
**Max-Emanuel,** Adalbertstr. 33

# Bistros

**Bei Heß,** Brienner Str. 49, 597051
**Aleppo Bistro,** Kreittmayrstr. 2, Tel. 524651
**Bistro Petit France,** Amalienstr. 87, Tel. 283491
**Cartoon,** Türkenstr. 76, Tel. 284505
**Circus Maximus,** Theresienstr. 40, Tel. 288630
**Creperie Cabus,** Isabellastr. 4, Tel. 2710330
**Creperie Cocorico,** Schellingstr. 22, Tel. 284372
**Käfer's am Hofgarten,** Odeonsplatz 6-7, Tel. 2907530
**La Grimace,** Gabelsbergerstr.24, Tel. 522364
**Seos Bistro,** Theresienstr. 57, Tel. 5237314

# Speiselokale

**Böhmerwald (Böhmisch),** Heßstr. 51, Tel. 522221
**Columbuskeller,** Tengstr. 6, Tel. 2711117
**Engelsburg,** Türkenstr. 57
**Görreshof,** Görresstr. 38, Tel. 12391807
**Halali,** Schönfeldstr. 22, Tel. 285909
**Hammadan (Persisch),** Augustenstr. 1, Tel. 554210
**La Boheme,** Türkenstr. 79, Tel. 2720833
**Mahagonny,** Neureutherstr. 8, 2711180
**Manege Gourmet am Kronebau,** Pappenheimstr. 12, Tel. 184883
**Maon** (Israelisch), Theresienstr. 31, Tel. 2809545
**Münchner Suppenküche,** Schellingstr. 24
**Regional,** Agnesstr. 54, Tel. 180367
**Konrad,** Schellingstr. 122, Tel. 525311
**Papas** (Kartoffelspezialitäten), Schleißheimer Str. 48,
**Schönfelder Hof,** Schönfeldstr. 15a, Tel. 285357
**Vinothek Steirer (Österreichisch),** Amalienstr. 42, Tel. 285049

# Kneipen

**Alter Simpl,** Türkenstr. 57, Tel. 2723083
**Alter Ofen,** Zieblandstr. 41, Tel. 527527
**Am Tatort,** Augustenstr. 62, Tel. 521704
**Atzinger** (Studentenkneipe), Schellingstr. 9, Tel. 282880
**Augusta-Alm,** Kreittmayrstr. 2, Tel. 528371
**Baal,** Erzgießereistr. 31, Tel. 1298518
**Charivari,** Türkenstr. 92, Tel. 282832
**Cyrano de Bergerac,** Zentnerstr. 23
**Enchilada,** Gabelsberger Str. 97, Tel. 522297
**Golden Twenties,** Arcisstr. 61, Tel. 2717701
**Kreittmayr,** Kreittmayrstr. 15, Tel. 5231734
**Lehrer Lämpel,** Amalienstr. 81, Tel. 285866
**Lika,** Gabelsbergerstr. 58, Tel. 522839
**Luisenhof,** Heßstr. 15, Tel. 526211
**Only You,** Pilspub, Arcisstr. 62, Tel. 2715196
**Schultz,** Barer Str. 47, Tel. 2714711
**Tangram,** Gabelsbergerstr. 50, Tel. 522331
**Tresznjewski,** Theresienstr. 72, Tel. 282349
**Trokadero,** Amalienstr. 97, Tel. 390919
**Uhu,** Theresienstr. 138, Tel. 522351
**Unistuben,** Luisenstr. 55, Tel. 5234525
**Vollmond,** Schleißheimer Str. 82, Tel. 529736
**Vorstadt Cafe,** Türkenstr. 83, Tel. 2720699
**Zabriskie,** Theresienstr. 124, Tel. 5232753
**Zentner,** Schellingstr. 122/Zentnerstr., Tel. 525311
**ZEST,** Adalbertstr. 23, Tel. 2800666

*Bemalte Fassaden bilden den illussionären Hintergrund eines Cafés im Karlshof (Karlstraße/Ecke Dachauer Straße)*

## Cafés

**Arkadencafé,** Amalienstr. 33, Tel. 281517
**Café Amadeus,** Arnulfstr. 2, Tel. 598730
**Café Amalien,** Amalienstr. 37, Tel. 2809470
**Café Annast,** Hofgarten, Odeonsplatz 18, Tel. 224768
**Café an der Uni,** Ludwigstr. 24, Tel. 283905
**Café Galerie,** Schleißheimer Str. 44, Tel. 5237276
**Café in der Glyptothek,** Königsplatz 3, Tel. 286100
**Café Günther & Schmid,** Pappenheimstr. 3, Tel. 594798
**Café Hölzl,** Dachauer Str. 24, Tel. 592747
**Café Jasmin,** Steinheilstr. 20, Tel. 525160
**Café im Lenbachhaus,** Luisenstr. 33, Zel. 5237214
**Café Luitpold,** Brienner Str. 11, Tel. 292865
**Cafeteria Neue Pinakothek,** Barerstr. 29, Tel. 2809980
**Coffee Shop,** Schleißheimer Str. 13, Tel. 528028
**Café Oase,** Amalienstr. 89, Tel. 281380
**Café Phillies,** Türkenstr. 90, Tel. 2809588
**Café Puck,** Türkenstr. 33, Tel. 2802280
**Café Senkrecht,** Amalienstr. 91a, Tel. 2800329
**Café Tattersal,** Nordendstr. 10, Tel. 2724388
**Café USW,** Türkenstr. 55, Tel. 2720851
**Café Zum Schaukelstuhl,** Theresienstr. 38, Tel. 284168
**Espresso,** Augustenstr. 27, Tel. 525173
**Italia Eiscafé,** Augustenstr. 85a, Tel. 5236446
**Kaffeehaus Altschwabing,** Schellingstr. 56, Tel. 2731022
**Levantes,** Schellingstr. 43, 285321
**Ricks Cafébar,** Augustenstr. 112, 5233110

Außer den Cafés gibt es viele kleine Bäckereien, in denen neben Backwaren auch Getränke wie Café zu haben sind. Ein gemütliches Beispiel hierfür ist:
**Inge's Backstüberl,** Augustenstr. 93, Tel. 524560

## Nachtlokale/Bars

**Bar Celona,** Theresienstr. 38,
**Cabane-Bar,** Theresienstr. 40, Tel. 283134
**Charivari,** Türkenstr. 92, Tel. 282832
**Charly M,** Maximiliansplatz 5, Tel. 595272
**Crash,** Ainmillerstr. 10, Tel. 391640
**Mascott,** Theresienstr. 21, Tel. 2800560
**Nachtcafé,** Maximilianplatz 5, Tel. 595900
**Night-Club Regency,** Seidlstr. 2 Tel. 593220
**Park-Café,** Sophienstr. 7, Tel. 598313 (bis 6.00 geöffnet)
**Crash,** Ainmillerstr. 10, Tel. 391640
**Koralle,** Bauerstr. 3, Tel. 2711473
**Only you,** Arcisstr. 62, Tel. 2715196
**Titanic City,** Nordendstr. 64, Tel. 1717219
**Uprising,** Gabelsbergerstr. 77 , Tel. 522684
**Waschkuchl,** Luisenstr. 25, Tel. 592372
**Weintrödler,** Brienner Str. 10, Tel. 283193
**Zwickmühle,** Theresienstr. 70, Tel. 283645

*Blick auf das neue Postgebäude an der Seidlstraße, dahinter das Hochhaus des Bayerischen Rundfunks*

HOTEL
AMBA
GARAGEN
MEWA
HOTEL
ODEON
Hotel
Alfa
KADETT 13
OPEL
B·CX 5183
STA 532
MHDT 9636

# Wichtige Adressen

## Regierungssitz und Ministerien

Die Maxvorstadt ist der Stadtteil Bayerns, in dem die meisten Ministerien liegen. Diese Entwicklung begann mit der Errichtung des Kriegsministeriums in der Ludwigstraße 14 unter Ludwig I. Mit der Abschaffung der selbständigen bayerischen Armee 1919 verlor das Gebäude allerdings diese Funktion.

Das Verkehrsministerium wurde 1905-16 durch Carl Hocheder an der Arnulfstraße errichtet. Das Gebäude wurde im Zweiten Weltkrieg zerstört und größtenteils abgebrochen. In der Nachbarschaft sind heute noch Teile der Autobahndirektion Südbayern untergebracht.

Vor dem Zweiten Weltkrieg war das Justizministerium in der Elisenstraße 1a, das Landwirtschaftsministerium in der Königinstraße 17 und das Staatsministerium für Soziale Fürsorge in der Brienner Straße 50 untergebracht.

Nach dem Zweiten Weltkrieg wurde die Maxvorstadt schließlich das Bayerische Regierungsviertel. Da das alte Landtagsgebäude in der Prannerstraße zerstört war, traf sich 1946 die bayerische Volksvertretung zu ihrer konstituierenden Sitzung in der Aula der Universität. Der Landtag zog dann 1949 in das renovierte Maximilianeum ein.

Die 1993 eröffnete neue *Staatskanzlei*, der Sitz des Ministerpräsidenten, liegt am Franz-Josef-Strauß-Ring (Tel. 2165-0) am Rande der Maxvorstadt. Im Stadtviertel direkt sind aber Teile der Staatskanzlei mit dem Prinz-Carl-Palais sowie der Landeszentrale für politische Bildungsarbeit (Briennerstr. 41)

Das *Staatsministerium für Ernährung, Landwirtschaft und Forsten* ist im Gebäude das 1939 von Fritz Gablonsky errichteten Zentralministeriums (Ludwigstr. 2, Tel. 2182-0)

Das *Staatsministerium der Finanzen* hat heute seinen Sitz im alten Leuchtenberg-Palais (Odeonsplatz 4, Tel. 2306-0).

Das *Staatsministerium des Inneren* residiert im ehemaligen Odeon (Odeonsplatz 3, Tel. 2192-01).

Das *Staatsministerium der Justiz* ist im *Justizpalast* untergebracht (Prielmayerstr. 7, Tel. 5597-01).

Der Justizpalast wurde 1897 nach sechsjähriger Bauzeit fertiggestellt. Architekt war Friedrich von Thiersch. Der prächtige Bau im Stil der Spätrenaissance besteht aus drei Lichthöfen, wobei der mittlere als Zentraltreppenanlage und Wandelhalle mit einer Kuppel überdacht war.

Das *Staatsministerium für Bundes- und Europaangelegenheiten* sitzt in der Kardinal-Döpfner-Str. 4 (Tel. 2885-0).

Das *Staatsministerium für Arbeit und Sozialordnung* (Winzererstr. 9, Tel. 1261-019) wird schließlich ab 1996 zur Maxvorstadt gehören.

**Amerikahaus,** Karolinenplatz 3, Tel. 552537-0
Hier befindet sich das Institut für deutsch-amerikanische Freundschaft und eine umfangreiche Bibliothek. In den Räumlichkeiten finden auch Literaturvorträge, Theateraufführungen, Ausstellungen und musikalische Darbietungen statt.

**Alkoholfreie Gaststätte** Zum Steg, Dachauer Str. 29, Tel. 59 74 12

**Arbeiterwohlfahrt,** Arcistr. 45, Tel. 2 720 526
Altentagesstätte mit Mittagstisch und Seniorengruppen. Raum für örtliche Vereine.

**Augenklinik Karl-Theodor,** Nymphenburger Straße 43, Tel. 126005-0
1895 gründete der Augenarzt Dr. med. Herzog Karl Theodor in Bayern diese Klinik, die im ersten Weltkrieg als Lazarett verwendet wurde. 1917 wurde eine gemeinnützige Stiftung eingerichtet, die das Krankenhaus bis heute führt.

**Bahnhofsmission,** Hauptbahnhof, Tel. 59 45 76

**Banken** Die Maxvorstadt ist ein wichtiges Bankenzentrum, in dem u.a. die Spitzen der Bayer. Landeszentralbank und des Sparkassenverbandes ihre Palais haben.

**Bauernmarkt**
Seit 1990 gibt es an der Ecke Theresien/Türkenstraße samstags einen Bauernmarkt. Hier kann man direkt vom Erzeuger Obst, Gemüse, Kartoffeln, Eier, Wurst, Fleisch, Blumen und vieles mehr kaufen. Aber dies war nicht immer so. 1812 wollten die Metzger den »Schönfeldmetzger«, der sich in der Schönfeldvorstadt niedergelassen hatte, nicht in die Zunft aufnehmen. In einem geheimen Bericht schrieb der Polizeipräsident an Max I.: «[...] *erhielt ein Fleischer eine Konzession für das Schönfeld, indem es nicht nur der Wunsch aller dort wohnenden ist, sondern es ist auch wirklich ein Bedürfnis für dieselben, daß dort ein Fleischer wohnen muß. Es war für viele, welche keine Dienstboten halten können, ein all zu großes Zeitversäumnis, wenn sie wegen einer kleinen Quantität Fleisch von dem äußersten Ende des Schönfeldes bis nach einer der beiden Fleischbänke oder bis nach Schwabing gehen müßten.«* Welchen Stellenwert der Bauernmarkt für die Bevölkerung der Maxvorstadt einnimmt ist auch daran zu ersehen, daß bei der Ausschreibung des Wettbewerbs für das Museum der modernen Kunst, das dereinst auf dem »Roncalliplatz« entstehen soll, der »kleine« Bauernmarkt zu berücksichtigen war.

**Bayerischer Rundfunk,** Rundfunkplatz 1, Tel. 5900-01
Das von Richard Riemerschmid entworfene Funkhaus wurde 1929 eingeweiht, 1944 durch Bomben zerstört und 1947 wieder aufgebaut.

**Bayerisches Hauptstaatsarchiv,** Schönfelstraße 5, Tel: 28638-596
Das größte und historisch bedeutsamste Archiv Deutschlands mit umfangreichen Urkundenbeständen seit dem Mittelalter. Schriftliche Unterlagen des Freistaates Bayern und seiner Vorläuferorganisationen stehen hier für die Wissenschaft zur Verfügung.
– Abteilung Nachlässe und Sammlungen, Ludwigstraße 14
– Abteilung Geheimes Hausarchiv, Ludwigstraße 14, Tel: 28638-517

**Bezirksausschuß 3** (Maxvorstadt), Schellingstraße 28a.
Seit 1995 hat der Bezirksausschuß sein Büro in den umgebauten Räumen der historischen Bedürfnisanstalt Schellingstraße/Ecke Türkenstraße

**Bezirksinspektion 3 Maxvorstadt,** Karlstraße 40, Tel: 554557

**Caritasverband kath. der Erzdiözese München und Freising e. V.,** Hirtenstraße 4, Tel. 55169-0

**Caritas-Jugendwohnheim,** Zieblandstr. 35, Tel. 5233410

**Caritas-Fachambulanz für junge Suchtkranke,** Dachauer Str. 29, Tel. 59 70 30

**Caritas-Fachambulanz für Eßstörungen,** Dachauer Str. 29, Tel. 55169-385

**Diakoniewerk München Maxvorstadt,** Heßstraße 22, Tel. 2122 -1 siehe oben

**Drogenberatungsstelle für Drogengefährdete,** Augustenstraße 47, Tel. 2338163

**Evangelische Studentengemeinde der TU,** Briennerstr. 54a, Tel. 524444

**Finanzamt München I,** Karlstraße 9, Tel. 5995-01

**Finanzamt München II-V,** Deroystraße 4-20, Tel. 1252/2-5

**Finanzamt München für Grundbesitz und Verkehrssteuern,** Karlstraße 22, Tel. 5591-00

**Finanzamt München für Körperschaften,** Meiserstraße 4, Tel. 5995-02

**Finanzbauamt München II,** Karlstraße 45, Tel. 5995- 03

**Frauenwohnheim der Inneren Misssion,** Heßstr.12, Tel. 288285

**Handwerkskammer für München und Oberbayern,** Max-Joseph-Str. 4, Tel. 5119-0
Galerie Handwerk

**Josephinum,** Schönfeldstraße 16-20, Tel. 23688-0
Im Jahr 1893 hat der Stifter der Klinik, Dr. Guido Jochner, in zunächst eng beschränkten Rahmen im Haus Arcisstraße 41 mit der operativen und stationären Betreuung von Patienten begonnen. Schon zehn Jahre später zog die Klinik in das von Heilmann und Littmann erbaute »Neue Josephinum« in der Schönfeldstraße um. Seit damals ist das Klinikgebäude oft aus- und umgebaut und nach dem Krieg wieder aufgebaut worden. Noch heute sind in dem angesehenen Krankenhaus Schwestern der Kongregation der Vinzentinerinnen der Provinz Augsburg tätig. Die Belegung der Klinikbetten erfolgt nach dem Belegarztsystem. Modernste medizinische Einrichtungen garantieren eine optimale Versorgung der Patienten.

**Justizgebäude,** Nymphenburger Straße 16, Tel. 5204-1
Hier befinden sich seit 1973 das Amtsgericht München, Abteilungen für Strafsachen, das Landgericht München I und II für Strafsachen und das Oberlandesgericht für Strafsachen. Staatsanwaltschaft beim Landgericht München I, Staatsanwaltschaft beim Oberlandesgericht mit dem Generalstaatsanwalt.

**Landesverband des Bayerischen Einzelhandels,** Briennerstraße 45, Tel. 55118-0

**Landeszentrale für politische Bildungsarbeit,** Briennerstraße 41, Tel. 2165-0
Hier können u.a. kostenfrei Medien zur politischen Bildung bezogen werden

**Oberfinanzdirektion München,** Sophienstraße 6, Tel. 5995-00

**Oberster Bayerischer Rechnungshof,** Kaulbachstraße 5,

**Pro Familia** Ortsverband München, Türkenstr. 103/I, Tel. 399070/79:
Pro Familia München ist ein privater, konfssionellund politisch unabhängiger Verein, der Hilfestellungen in verschiedenen Problemsituationen des Lebens anbietet. Hier kann man sich anonym von Ärztinnen, Psychologinnen, PädagogInnen, SozialpägadogInnen und Juristinnen in der
– Ehe-, Partnerschafts-, Sexual-, und Familienberatungsstelle
– Schwangerenberatungsstelle
– Familienplanungsberatungsstelle
– Sexualpädagogischer Jugendberatungsstelle
Hilfe holen.

**Sektenbeauftragter** der Evangelischen Kirche, Marsstr. 22, Tel. 55980444

**Staatsarchiv München,** Schönfeldstr. 3, Tel: 2198525
Das für den Regierungsbezirk Oberbayern zuständige Regionalarchiv. Hier sind in über 18000 Regalmetern über 5 Mio Archivalieneinheiten verwahrt, die staatliche Stellen aus Oberbayern seit 1507 angelegt haben. Urkunden, Akten, Bände, Pläne, Broschüren stehen der Wissenschaft zur Verfügung.

**Stadtbibliothek Maxvorstadt,** Augustenstraße 92, Tel. 525685
Seit 1964 hat sich diese Zweigstelle nicht nur zu einer modernen, leistungsstarken Bibliothek entwickelt, hier ist ein Treffpunkt für Bildung und Vergnügung entstanden. Man kann wochentags täglich von 10.30 bis 19.00 Uhr aus rund 44 000 Medien wählen. Neben Büchern stehen Videos, Casetten, CDs, Shareware, Zeitschriften und Spiele zur Verfügung. Regelmäßige Veranstaltungen und gelegentliche Ausstellungen erweitern das Angebot für den Bürger.

**Städtische Gesundheitsbehörde (Gesundheitshaus),** Dachauerstr.90, Tel. 52071
Im Städtischen Gesundheitshaus befinden sich zentrale Einrichtungen des Gesundheitswesens.
– Imformationszentrum für Gesundheitsbildung, Tel. 5207-363
– Aids-Beratung und Aids-Test, Zi. 229
– Amtsärztliche Gutachtenstelle, Zi. 399
– Indikationsstelle zu § 185, § 218, Zi. 224
– Blutspendedienst der Landeshauptstadt München, Zi.111
– Mütterberatungsstellen
– Ständige Impfberatung
– Selbsthilfegruppen
– amtliche Gesundheitszeugnisse

**Standesamt IV,** Nymphenburger Straße 45, Tel: 1290037
Als private Villa im Stil der Neurenaissance 1883 von Hermann Berthold errichtet, damals berühmt wegen eines schönen Rosengartens. Der Besitzer fühlte sich später durch die benachbarten Augenklinik belästigt. 1934 Wohlfahrtsamt der Stadt, 1938 Standesamt.

**Verwaltungs- und Wirtschaftsakademie,** Luisenstraße 27, Tel. 594288

**Wohngemeinschaft für strafentlassene Frauen,** Sozialdienst kath. Frauen, Marsstr.5, Tel. 55981-0

*Die Bennokirche überrragt wuchtig ihr Stadtviertel*

Der Giebel des Justizpalastes. Über dem Wappen des Königreiches Bayern schwebt Justitia, die Göttin der Gerechtigkeit; daneben steht Merkur, der Gott der Händler und der Diebe

Ein heißer Sommertag im Hof der Landesbank ▶

Attraktion ist seit 1990 der „Bauernmarkt" an der Türkenstraße, auf dem am Samstagvormittag frische Lebensmittel
und Blumen angeboten werden

# Literaturverzeichnis


**Abenteuer** in München. Stadtbuch für Kinder + Familien. Hg.v.d. Pädagogischen Aktion. München 1985

Helga **Abret**/Aldo **Keel**: Im Zeichen des Simplicissimus. Mit dem Briefwechsel Albert Langen - Dagny Björnson 1895-1908. München/ Wien 1987

**Adreßbücher** der Landeshauptstadt München

**Aktion Maxvorstadt** 1971-1981. Hg.v.d. Aktion Maxvorstadt. München 1981

**Aktion Maxvorstadt** 20 Jahre 1971-1991 [München 1991]

**Amalienstraße 38** - Eine Dokumentation. Hg.v.d. Hausgemeinschaft Amalienstraße 38. München 1987

August **Alckens**: München in Erz und Stein. Gedenktafeln, Denkmäler, Gedenkbrunnen. Mainburg 1973

Katarina **Ambrozic**: Wege zur Moderne und die Azbe-Schule in München. Recklinghausen 1988

Stephan **Ankenbrand**: St. Josef in München. Geschichte und Führer. München 1932

Hanns **Arens**: Unsterbliches München. Streifzüge durch 200 Jahre literarischen Lebens der Stadt. München/ Esslingen 1968

Erwin Freiherr **von Aretin**: Fritz Michael Gerlich. 2. Aufl. München/ Zürich 1983

Karl **Arnold**. Leben und Werk des großen "Simplicissimus"-Zeichners. Hg. v. Fritz Arnold. Reinbek bei Hamburg 1979

**Assel-Assel!** 5 Jahre Katakombe. Hg.v. Wolfgang von Weber. München 1955

**Aufbauzeit**. Planen und Bauen München 1945-1950. Hg.v. Wilhelm Nerdinger. München 1984

Von der **Aufklärung zur Romantik**. Geistige Strömungen in München. Regensburg 1984

**Der Aufstieg der NSDAP in Augenzeugenberichten**. Hg.v. Ernst Deuerlein (dtv 1040) München 1974

Kristian **Bäthe**: Wer wohnt wo in Schwabing? Wegweiser für Schwabinger Spaziergänge. Anschriften von Künstlern, Gelehrten und Politikern. Mümchen 1965

Ernst **Bäumler**: Verschwörung in Schwabing. Lenins Begegnung mit Deutschland (Serie Piper 1342) München 1991

Nanette **Bald**/Werner **Bald**/Verena-Charlotte **Bald-Zarwell**: Schwabinger Blätter. Eine lyrische Begegnung mit Familie Bald. München 1985

Elke **Barten**/Peter **Zimmer**: Schwabinger Spaziergänge. Pfaffenhofen 1986

Karl **Bauer**: Wenn ich so zurückdenke... Ein Leben als Verleger in bewegter Zeit (dtv 10514) München 1985

Michael **Bauer**: Christian Morgensterns Leben und Werk (Serie Piper 421) München 1985

Reinhard **Bauer**: Schwabing. Das Stadtteilbuch. München 1993

Reinhard **Bauer**: Münchens Altstadt. Das Stadtteilbuch. München 1994

Reinhard **Bauer**: Eine Stadt vor 100 Jahren: München. Bilder und Berichte. München 1995

Reinhard **Bauer**/Ernst **Piper**: München. Die Geschichte einer Stadt. München 1993

Richard **Bauer**: Ruinen-Jahre. Bilder aus dem zerstörten München 1945-1949. München 1983

Richard **Bauer**: Fliegeralarm. Luftangriffe auf München 1940-1945. München 1987

Adalbert Prinz von **Bayern**: Maximilian I. Joseph von Bayern. München 1957

Pilar von **Bayern**: So was B'sonderes war ich nicht. In: Carlamaria Heim: Aus der Jugendzeit. Kindheit und Jugend in Deutschland. München 1984, S. 9-31

**Bayern und seine Armee**. Eine Ausstellung des Bayerischen Hauptstaatsarchives aus den Beständen des Kriegsarchives (Ausstellungskatalog Nr.21) Hg.v.Rainer Braun. München 1987

Johannes R. **Becher**: In München bin ich geboren. Erlebtes und Erzähltes. Berlin o.J.

Johannes R. **Becher**: Abschied. Roman (dtv 10745) München 1987

Stefan **Becht**/Kurt Nane **Jürgensen** (Hg.): Bücher in München. Der Führer durch die Buch- und Literatur-Szene einer Großstadt. München 1985

Ludwig **Beckenbauer**: Schwabing-Maxvorstadt. Stegreiferinnerungen an ein Stadtviertel. In: Verdunkeltes München. Geschichtswettbewerb 1985/ 1986. München 1987, S.140 f

Ellen **Beumelburg**: Anita Augspurg - Ein Leben für die Emanzipation der Frauen. In: Von der Klassenpartei zur Volkspartei. Hg. v. Hartmut Mehringer. München 1992, S.168-174

30 Jahre Münchner **Bezirksausschüsse 1947-1977**. Hg.v. Matthias Auer. München 1977

Handbuch der Münchner **Bezirksausschüsse** [München 1985]

Josef H. **Biller**/Hans-Peter **Rasp**: München Kunst & Kultur-Lexikon. Stadtführer und Handbuch. München 1988

Immanuel **Birnbaum**: Achtzig Jahre dabei gewesen. Erinnerungen eines Journalisten. 2. Aufl. München 1974

Otto Josef **Bistritzki**: Brunnen in München. Lebendiges Wasser in einer großen Stadt. München 1974

**Blatt**. Stadtzeitung für München

Wilfried **Blunt**: Ludwig II. König von Bayern. München 1970

Peter **Böttger**: Die Alte Pinakothek in München. Architektur, Ausstattung und museales Programm. München 1972

Margret **Boveri**: Verzweigungen. Eine Autobiographie. München/ Zürich 1977

Hans **Brandenburg**: München leuchtete. Jugenderinnerungen. München 1953

Hans **Brandenburg**: Im Feuer unserer Liebe. Erlebtes Schicksal einer Stadt. München 1956

Rainer **Braun**: Die Bayern in Rußland 1812. In: Wittelsbach und Bayern III,1. Hg.v. Hubert Glaser. München 1980, S. 260-271 [Obelisk]

Bertolt **Brecht**: Tagebücher 1920-1922. Frankfurt a.M. 1975

**Brennpunkt der Moderne**. Der Blaue Reiter in München. Hg.v. Rosel Gollek. München 1989

Heike **Bretschneider**: Der Widerstand gegen den Nationalsozialismus in München 1933-1945 (MBM 4) München 1968

Rüdiger vom **Bruch**/Rainer A. **Müller**: Erlebte und gelebte Universität. Die Universität München im 19. und 20. Jahrhundert. Pfaffenhofen 1986

Claudia **Brunner**: Arbeitslosigkeit in München 1927 bis 1933. Kommunalpolitik in der Krise (MBM 162) München 1992

Luigi von **Buerkel**: Vom Rindermarkt zur Leopoldstraße. Jugenderinnerungen. München 1966

Jacob **Burckhardt**: Briefe an einen Architekten. München 1913

Hans **Carossa**: Geschichte einer Jugend. Wiesbaden 1957

Lena **Christ**: Erinnerungen einer Überflüssigen. Mit einem Nachwort von Eva Maria Volland (Serie Piper 1633) München 1992

**Chronik der Staatsanwaltschaft beim Landgericht München I 1879 bis 1989**. Hg. v. d. Staatsanwaltschaft beim Landgericht München I. München 1990

**Chronik der Stadt München 1945-1948**. Hg.v. Wolfram Selig u.a. München 1980

Felix **Dahn**: Erinnerungen. 1. Buch. Leipzig 1890

**Denk ich an München**. Ein Buch der Erinnerungen. Hg.v. Hermann Proebst/ Karl Ude. München 1966

**Denkmäler in Bayern**, Bd. I.1 Landeshauptstadt München. Hg.v. Bayerischen Landesamt für Denkmalpflege. München 1985

Antje **Dertinger**: Dazwischen liegt nur der Tod. Leben und Sterben der Sozialistin Antonie Pfülf. Berlin/ Bonn 1984

Gesamtbericht über die **Diakonissen-Anstalt** in München in den Jahren 1867-1892. München 1892

Zum 50jährigen Jubiläum der **Diakonissenanstalt** in München 1867-1917. Dargereicht von der Vorstandschaft der Anstalt [München 1917]

100 Jahre **Diakonissenanstalt** an der Heßstraße [1867-1967]. Hg.im Auftrag des Kuratoriums der Diakonissenanstalt [München 1967]

**Dichter und ein großer Schnabel**. 25 Jahre Tukan-Kreis. Hg.v. Rudolf Schmitt-Sulzthal. München 1955

Walter **Diehl**: Die Künstlerkneipe "Simplicissimus". Geschichte eines Münchner Kabaretts 1903 bis 1960. München 1989

Hans-Ludwig **Dienel**/ Helmut **Hilz**: 125 Jahre Technische Universität München 1868-1993. Bayerns Weg in das Technische Zeitalter. München 1993

Michael **Dirrigl**: Ludwig I. König von Bayern 1825-1848. München 1980

Michael **Dirrigl**: Maximilian II. König von Bayern 1848-1864. München 1984

Theodor **Dombart**: Der Englische Garten zu München. Geschichte seiner Entstehung und seines Ausbaues zur großstädtischen Parkanlage. München 1972

Theodor **Dombart**: Schwabing. Münchens älteste und schönste Tochter. München 1967

Kajetan **Dürr**: Historische Entwicklung der Münchner Stadtbezirke (Münchner Forum Berichte 103) München 1991

Klaus **Drobisch** (Hg.): Wir schweigen nicht! Berlin 1969 [Briefe von Sophie Scholl]

Josefa **Dürck-Kaulbach**: Erinnerungen an Wilhelm von Kaulbach und sein Haus. München 1918

Bernd **Eckhardt**: Rainer Werner Fassbinder. In 17 Jahren 42 Filme - Stationen eines Lebens für den deutschen Film. München 1982

Johann Georg **Elser**. Ein Vergessener aus der Türkenstraße. = Maxvorstädter Echo. Sonderdruck. Hg.v.d. Aktion Maxvorstadt [München 1995]

200 Jahre **Englischer Garten** München 1789-1989. Offizielle Festschrift. Hg.v. Pankraz Frhr. v. Freyberg. München 1989

50 Jahre **Evang.-Luth. Gesamtkirchengemeinde** München 1920-1970. Hg.v. Georg Lanzenstiel. München 1970

Richard **Faber**: Franziska zu Reventlow und die Schwabinger Gegenkultur (Europäische Kulturstudien 3) Köln/ Wien/ Weimar 1993

Karl-Heinz **Fahlbacher**: Literarische Kultur in München zur Zeit Ludwigs I. und Maximilians II. München 1992

Otto **Falckenberg**: Mein Leben - Mein Theater. München 1944

150 Jahre **Feldherrnhalle**. Lebensraum einer Großstadt. Materialien zu einem Baudenkmal. Hg.v. Hannelore Kunz-Otto/ Andrea Kluge. München 1994

Eduard **Fentsch**: Land und Leute im 19. Jahrhundert. Die Kgl. Haupt- und Residenzstadt München. Hg.v. Paul Ernst Rattelmüller. München 1989

Marta **Feuchtwanger**: Nur eine Frau. Jahre, Tage, Stunden. München 1983

Carl von **Fischer** 1782-1820. Katalog. Hg.v.Winfried Nerdinger. München 1982

Gerd **Fischer**: Architektur in München seit 1900. Ein Wegweiser. Braunschweig/ Wiesbaden 1990

Leonhard **Frank**: Links wo das Herz ist. München 1952

Carola **Friedrichs-Friedländer**: Architektur als Mittel politischer Selbstdarstellung im 19. Jahrhundert. Die Baupolitik der bayerischen Wittelsbacher (MBM 97) München 1980

Georg **Fuchs**: Sturm und Drang in München um die Jahrhundertwende. München 1936

Adolf **Furtwängler**: Beschreibung der Glyptothek König Ludwigs I. 2. Aufl. München 1910

Robert **Geipel**: Probleme der Universitätsstadt München. In: Die Landeshauptstadt München im Jahr der Olympischen Spiele 1972. (Landeskundliche Forschungen 44) Hg.v. Hans Fehn. München 1972, S.7-49

Günther **Gerstenberg**: Liebe, Hiebe und Proteste. München 1968. München 1991

**Geschichtswettbewerb** 1985/86 ff = Lesebuch zur Geschichte des Münchner Alltags. Hg.v.d.Landeshauptstadt München. München 1987 ff

**Glyptothek München 1830-1980**. Jubiläumsausstellung zur Entstehungs- und Baugeschichte. Hg.v. Klaus Vierneisel/ Gottlieb Leinz. München 1980

Heinz **Gollwitzer**: Ludwig I. von Bayern. Königtum im Vormärz. Eine politische Biographie. München 1986

Michael **Graeter**: Wer ist was in München in Wort und Bild. 2. Aufl. Percha am See 1980.

Oskar Maria **Graf**: Wir sind Gefangene. Ein Bekenntnis aus diesem Jahrzehnt. München 1927

Oskar Maria **Graf**: Notizbuch des Provinzschriftstellers Oskar Maria Graf 1932. Leipzig 1932

Otto **Gritschneder**: Weitere Randbemerkungen. München 1989 [S.107-128: Adenauer widerspricht Kardinal Faulhaber: S.443-445: Anderschens Märchen]

Anrea **Grösslein**: Die internationalen Kunstausstellungen der Münchner Kunstgenossenschaft im Glaspalast in München von 1869 bis 1888 (MBM 137) München 1987

**Grüne Hinterhöfe**. Stadt-Landschaft 2 (Sammlungsreihe 22) Hg. v. Münchner Forum. München 1980

**Grün in München**: Gärten und Parks in der Maxvorstadt-Universität. Hg.v. Bezirksausschuß Maxvorstadt-Universität. München 1983

Fritz **Grundner**: Schellingstraße 5 - Schicksale eines Münchner Bürgerhauses und seiner Bewohner 1856-1986. Hg.v. Bürgerkreis Maxvorstadt e.V.. München 1986

Ingrid **Günther**: St. Bonifaz - Zuflucht für die Armen von der Straße. In: Süddeutsche Zeitung vom 30.12.93

Heinrich **Habel**/ Klaus **Merten**/ Michael **Petzet**/ Siegfried von **Omast**: Münchener Fassaden. Bürgerhäuser des Historismus und Jugendstils. München 1974

Christoph **Hackelsberger**: Ein Architekt sieht München. München 1981

August **Hahn**: Der Maximilianstil in München. Programm und Verwirklichung. München 1982

Max **Halbe**: Jahrhundertwende: Geschichte meines Lebens 1893-1914. 2. Aufl. Danzig 1942

Ernst **Hanfstaengl**: Zwischen Weißem und Braunem Haus; Memoiren eines politischen Außenseiters. München 1970

Wilhelm **Hausenstein**: Liebe zu München. München 1959

Georg von **Hatzfeld**/Rainer **Wallraf** (Hg.): München wie es schreibt & isst. 64 Betrachtungen Münchner Autoren über ihre Lieblingslokale. München 1965

Oswald **Hederer**: Die Ludwigstraße in München. München 1942

Oswald **Hederer**: Friedrich von Gärtner. Leben, Werk, Schüler. München o. J.

Oswald **Hederer**: Leo von Klenze. Persönlichkeit und Werk. München 1964

Christoph **Heilmann**: Schack-Galerie München. Ein Führer durch die Sammlung deutscher Malerei der Spätromantik. München 1983

Hermann **Heimpel**: Die halbe Violine. Eine Jugend in der Residenzstadt München. Stuttgart 1949

Dirk **Heißerer**: Wo die Geister wandern. Eine Topographie der Schwabinger Bohéme um 1900. München 1993

Rudolf **Herz**/Dirk **Halfbrodt**: Revolution und Fotographie. München 1918/19. Berlin 1988

Theodor **Heuss**: Vorspiele des Lebens. Jugenderinnerungen. Tübingen 1953

Lida Gustava **Heymann**/Anita **Augspurg**: Erlebtes - Erschautes. Deutsche Frauen kämpfen für Freiheit, Recht und Frieden 1850-1940. Meisenheim am Glan 1977

Paul **Heyse**: Jugenderinnerungen und Bekenntnisse. Berlin 1900

Gertrud von **Hilgendorf**: Ein Wald voller Nüsse. Roman einer Jugend. München/ Wien 1980 [Ein Kind des Münchner Hauptbahnhofes]

Irma **Hildebrandt**: Bin halt ein zähes Luder. 15 Münchner Frauenporträts. München 1990

**Historische Fassaden** im 5. Stadtbezirk Maxvorstadt- Universität. Text: Hansjörg Gassenmeier. Photos: Joseph Hödl. München 1982

Friedrich **Hitzer**: Lenin in München [München 1977]

Alois **Höchtl**: Zur Verfassungsfeier des VIII. Stadtbezirkes. Ein kleiner Rückblick auf vergangene Tage. München 1928

**Hof-Atelier Elvira** 1887-1928. Ästheten, Emanzen, Aristokraten. Hg.v. Rudolf Herz/ Brigitte Bruns. München 1985

Curt **Hohoff**: Unter den Fischen. Erinnerungen an Männer, Mädchen und Bücher 1934-1939. Wiesbaden/ München 1982

Ludwig **Hollweck**: Unser München. München im 20. Jahrhundert. Erinnerungen und Berichte, Bilder und Dokumente von 1900 bis heute. München 1967

Ludwig **Hollweck** (Hg.) Von Wahnmoching bis zur Traumstadt. Schwabinger erzählen von Schwabing. München 1969

Ludwig **Hollweck**: Stadtgeschichte in Jahresporträts. Was war wann in München. Von der Besiedlung der Münchner Gegend bis 1980. München 1982. Jährliche Fortsetzung bis 1989.

Ludwig **Hollweck**: München im Buch. In: Liebeserklärung an München. Hg.v.Kurt Wilhelm. Pfaffenhofen 1984, S.117-185

Korfiz **Holm**: Farbiger Abglanz. München 1947

Gerdi **Huber**: Das klassische Schwabing. München als Zentrum der intellektuellen Zeit- und Gesellschaftskritik an der Wende des 19. zum 20. Jahrhundert (MBM 37) München 1973

Ricarda **Huch**: Erinnerungen an das eigene Leben. Köln 1980

Florian **Hufnagl**: Gottfried von Neureuther (1811-1887) Leben und Werk (MBM 91) München 1979

Jules **Huret**: Bayern und Sachsen (In Deutschland ,3.Teil) München o.J.

**Im Dunst aus Bier, Rauch und Volk**. Arbeit und Leben in München von 1840 bis 1945. Ein Lesebuch. Hrsg. v. Reinhard Bauer/ Günther Gerstenberg/ Wolfgang Peschel (Serie Piper 1017) München 1989

**Die Isar**. Ein Lebenslauf. Hg.v. Marie-Louise Plessen. München 1983

Anton Joachimthaler: Hitler in München 1908-1920. Frankfurt a.M./ Berlin 1992

Dreitausend Kunstblätter der Münchner »**Jugend**«. Ausgewählt aus den Jahrgängen 1896-1908. Hg.v. Georg Hirth. München 1908

Siegfried **Käss**: Der heimliche Kaiser der Kunst. Adolph Bayersdorfer, seine Freunde und seine Zeit. München 1987

Erich **Kästner**: Gesammelte Schriften für Erwachsene. München/ Zürich 1969

**Kandinsky** und München. Begegnungen und Wandlungen 1896-1914. Hg.v. Armin Zweite. München 1982

Herbert **Kapfer**/Carl-Ludwig **Reichert:** Umsturz in München. Schriftsteller erzählen die Räterepublik. München 1988
Ursula von **Kardorff:** Abgesang auf Schwabing. In: Merian 35 (1982) München, Nr. 12, S.83-86
**Katholische Kirchen in München.** Hg. i. A. d. Erzbischöflichen Ordinariats von Hans Ramisch/ Peter B. Steiner. München 1984.
**Das Kaulbachhaus:** Die wechselvolle Geschichte einer Münchner Künstlerresidenz des 19. Jahrhunderts. Hg.v. Bezirksausschuß Maxvorstadt-Universität. München 1979
**Kaulbachstraße** - Zur Anatomie einer Münchner Straße. Hg.v. Bezirksausschuß Maxvorstadt-Universität (Julia Wolf/ Bettina v. Reiswitz). München 1982
Richard **Kerler:** München - wo? Ein unentbehrlicher Führer durch die Weltstadt mit Herz. München 1967
Armin Rudi **Kitzmann:** Das offene Tor. Aus der Geschichte der Protestanten in München. München 1990
**Klassizismus in Bayern**, Schwaben und Franken. Architekturzeichnungen 1775-1825. Hg.v. Winfried Nerdinger. München 1990
Luise von **Kobell** und die Könige von Bayern. Historie und Anekdoten anno 1790-1890. Hg.v.Kurt Wilhelm. München 1980
**Königinstraße 17.** Bayerische Landesanstalt für Wiederaufbaufinanzierung in München. Hg.v. Bärbel Hamacher. München 1993
**Königsplatz** Open Air '94 [München 1994]
Anette **Kolb** 1870-1967. Ich habe etwas zu sagen. Ausstellung der Münchner Stadtbibliothek. Hg.v.Sigrid Bauschinger. München 1993
Anette **Kolb:** Daphne Herbst. Roman. Frankfurt a. Main 1927
Jürgen **Kolbe:** Heller Zauber. Thomas Mann in München 1894-1933. Berlin 1987
Walter **Kolbenhoff:** Schellingstraße 48. Erfahrungen mit Deutschland. Frankfurt a. M. 1984
Karl **Korn:** Trip nach München. In: Der Kurier. Berlin 30.9.1947
Marita **Krauss:** Nachkriegskultur in München. Münchner städtische Kulturpolitik 1945-1954. München 1985
Thomas **Krauß:** Die Münchener Trambahnlinien. Eine Chronik von 1876 bis 1991. München 1991.
Wilhelm Lukas **Kristl:** Der weiß-blaue Despot. Oskar von Miller in seiner Zeit. München o.J.
Wilhelm Lukas **Kristl:** Lola, Ludwig und der General. Pfaffenhofen 1979 [Aufzeichnung des Generals und Malers Karl Wilhelm von Heideck aus der Maxvorstadt]
**Die Krokodile.** Ein Münchner Dichterkreis. Hg.v.Johannes Mahr (RUB 8378 [6]) Stuttgart 1987
Nadeshda K. **Krupskaja:** Erinnerungen an Lenin. Wien/ Berlin 1929
Alfred **Kubin** 1877-1959. Hg.v.Annegret Hoberg. München 1990
**Kunst in München.** Hg.v. Gert Gliewe. München 1988
125 Jahre Bayerischer **Kunstgewerbeverein.** Ausstellung im Münchner Stadtmuseum vom 7.Juli bis 10. Oktober 1976. München 1976
Heidrun **Kurz:** Barocke Prunk- und Lustschiffe am Kurfürstlichen Hof zu München (MBM 163) München 1993 [S.143-159 Der Bau der Kanäle unter Kurfürst Max Emanuel]
Artur **Kutscher:** Wedekind. Leben und Werk. Hg.v. Karl Ude. München 1964
**Landeshauptstadt München.** Ensembles, Baudenkmäler, Archäologische Geländedenkmäler. Hg. v. Heinrich Habel u. a. (Denkmäler in Bayern I/1) München 1991
Brigitte **Langer:** Das Münchner Künstleratelier des Historismus. Dachau 1992
Christian **Lankes:** München als Garnison im 19. Jahrhundert (Militärgeschichte und Wehrwissenschaften 2) Berlin/ Bonn/ Herford 1993
Egon **Larsen:** Graf Rumford. Ein Amerikaner in München. München 1961
Evelyn **Lehmann**/Elke **Riemer:** Die Kaulbachs. Eine Künstlerfamilie aus Arolsen. Arolsen 1978
Hans **Lehmbruch:** Ein neues München. Stadtplanung und Stadtentwicklung um 1800. Forschungen und Dokumente. München 1987
Städtische Galerie im **Lenbachhaus** München (museum) Braunschweig 1978
Norbert **Lieb**/Florian **Hufnagl:** Leo von Klenze. Gemälde und Zeichnungen. München 1979
Hermann **Lingg:** Meine Lebensreise. Autobiographie. Berlin/Leipzig 1899
Iris **Linnenkamp:** Leo von Klenze. Das Leuchtenberg-Palais in München (MBM 159) München 1992
**Literaten** an der Wand. Die Münchner Räterepublik und die Schriftsteller. Hg. v. Hansjörg Viesel. Frankfurt a.M. 1980
Festschrift zur Rückkehr des **Luisengymnasiums** in den renovierten Th. Fischer Bau [München] 1991

Katia **Mann:** Meine ungeschriebenen Memoiren. Hg.v. Elisabeth Plessen/ Michael Mann. Frankfurt a.M. 1974
Thomas **Mann:** München als Kulturzentrum. Heidelberg 1968
Viktor **Mann:** Wir waren fünf. Bildnis der Familie Mann. Konstanz 1949
Werner **Maser:** Die Frühgeschichte der NSDAP. Hitlers Weg bis 1924. Frankfurt a. M./ Bonn 1965
Bericht über die Festfeier anläßlich des 75jährigen Bestehens des Maximilians-Gymnasiums am 15. November 1924, den Teilnehmern gewidmet vom Festausschuß. München 1925
**MBM = Miscellanea Bavarica Monacensia.** Neue Schriftenreihe des Stadtarchivs München
Max **Megele:** Baugeschichtlicher Atlas der Landeshauptstadt München. München 1951
Ludwig **Merkle**/Elli **Merkle:** München damals. Böse alte Zeit. München 1972
Ferdinand von **Miller** erzählt. Hg.v. Eugen Stollreither. München 1931
Werner **Mittlmeier:** Die Neue Pinakothek in München 1843-1854. Planung, Baugeschichte und Fresken. München o.J.
Robert von **Mohl:** Erinnerungen. Stuttgart/ Leipzig 1902
Amrei **Mosbauer**/Christoph **Valentien:** Die Kommunale Grünentwicklung in München. In: Oberbayerisches Archiv 115 (1991) S.205-282.
Erich **Mühsam:** Namen und Menschen. Unpolitische Erinnerungen. Leipzig 1949
Erich **Mühsam:** Tagebücher 1910-1924. Hg.v. Chris Hirte (dtv 19030) München 1994
Hugo A. **Müller:** Türkenstraße 26. Ein Münchner erinnert sich. München 1989
Karl Alexander von **Müller:** Aus Gärten der Vergangenheit.o.O.o.J.
Karl Alexander von **Müller:** Mars und Venus. Erinnerungen 1914-1919. Stuttgart 1954
Karl Alexander von **Müller.** Im Wandel einer Welt. München 1966
**München baut auf.** Ein Tatsachen- und Bildbericht über den nationalsozialistischen Aufbau in der Hauptstadt der Bewegung. Hg.v. Reichsleiter Oberbürgermeister Karl Fiehler. München o.J.
**München.** Ein Lesebuch. Hg.v. Reinhard Bauer/ Ernst Piper (insel tb 827) Frankfurt a.M. 1986
**München.** Dichter sehen eine Stadt. Texte und Bilder aus vier Jahrhunderten. Hg. v. Hans-Rüdiger Schwab. Stuttgart 1990
Gastfreundliches **München.** Das Antlitz einer Stadt im Spiegel ihrer Gäste. Hg. v. Wilhelm Zentner. München 1972
**München in den 50er Jahren.** Architektur des Wiederaufbaus am Beispiel von Hans Fries. Hg.v. Peter M.Bode. München 1992
**München** - "Hauptstadt der Bewegung". Hg.v. Münchner Stadtmuseum. München 1993
**München.** Musenstadt mit Hinterhöfen. Die Prinzregentenzeit 1886-1912. Hg.v. Friedrich Prinz u.a. München 1988
**München.** Photographische Ansichten 1885-1915. Hg.v. K.J. Sembach/ W. Ranke/ G. Sterner. München 1977
**München** - Stadt der Frauen. Kampf für Frieden und Gleichberechtigung 1800-1945. Hg.v. Eva Maria Volland/ Reinhard Bauer (Serie Piper 1006) München 1991
**München** und seine Bauten. Hg.v. Bayerischen Architekten- und Ingenieur-Verein. München 1912
**München** und seine Bauten nach 1912. Hg.v.Bayerischen Architekten- und Ingenieur-Verband. München 1984
**Münchener Bürgerliche Baukunst der Gegenwart.** Eine Auswahl von charakteristischen öffentlichen und privaten Bauten. München 1898-1909
**Münchener Jahrbuch** 1 (1888) ff.
**Die Münchner.** Branchenbuch '93. Hg.v. Walter Bringmann. München 1992
**Die Münchner Moderne.** Die literarische Szene in der "Kunststadt" um die Jahrhundertwende. Hg.v. Walter Schmitz. Stuttgart 1990
**Münchner Philharmoniker** 100 Jahre. Hg.v.d.Direktion der Münchner Philharmoniker. München 1993
**Die Münchner Straßennamen.** Hg.v. Hans Dollinger. München 1994
Marianne **Neboisa:** Ellen Ammann 1870-1932. Diakonin der Katholischen Aktion. Ein Lebensbild.
Winfried **Nerdinger:** Theodor Fischer. Architekt und Städtebauer. München 1988
**Neue Pinakothek München.** Erläuterungen zu den ausgestellten Werken. München 1981
Alfred **Neumeyer:** Lichter und Schatten. Eine Jugend in Deutschland. München 1967
Gottfried von **Neureuther.** Architekt der Neorenaissance in Bayern 1811-1887 (Ausstellungskataloge der Architektursammlung der Technischen Universität München und des Münchner Stadtmuseums 2) München 1978

Neureuther. Bilder um Lieder. Hg.v. E.W. Bredt. München 1918
Margarete **Niedermeier:** Von der Maxvorstadt damals zur Maxvorstadt heute. In: Stadtteilgeschichte Lebensgeschichten. Geschichtswettbewerb 1988. München 1990, S.15-18
Toni **Nopitsch:** Der Garten auf dem Dach. Erinnerungen. Hg.v. Hilde Schneider. Nürnberg 1970 [Kindheit im Max-Josef-Stift]
Siegfried **Obermeier:** Münchens goldene Jahre 1871 bis 1914. München 1976
Dieter **Ohly:** Glyptothek München. Griechische und römische Skulpturen. Ein kurzer Führer. München 1972
Dieter **Ohly:** Die Antikensammlung am Königsplatz in München. Ein Führer durch das Museum. Waldsassen o.J.
Hundert Jahre R. **Oldenbourg.** München 1958
**Palais Leuchtenberg.** Die Geschichte eines Münchner Adelspalais und seines Bauherrn. München 1987
Christine **Pelkofer:** Rückkehr in die zerstörte Stadt. In: Jugebdbilder. Geschichtswettbewerb 1987. München 1989, S.160
Wolfgang **Petzet:** Theater. Die Münchner Kammerspiele 1911-1972. München 1972
Ernst **Piper**/Bettina **Raab:** 90 Jahre Piper. Die Geschichte des Verlages von der Gründung bis heute (SP 1990) München 1994
Reinhard **Piper:** Vormittag. Erinnerungen eines Verlegers. München 1947
Reinhard **Piper:** Nachmittag. Erinnerungen eines Verlegers. München 1950
**Planungsleporello:** Hofgarten-Finanzgarten-Türkenkaserne 1965-1985. Hg.v. Bürgerkreis Maxvorstadt e.V.. München 1986
Karl Heinrich **Pohl:** Die Münchner Arbeiterbewegung. Sozialdemokratische Partei, Freie Gewerkschaften, Staat und Gesellschaft in München 1890-1914. München 1992
Kurt **Preis:** München unterm Hakenkreuz. Die Hauptstadt der Bewegung. Zwischen Pracht und Trümmern. München 1980
**Prinzregentenzeit.** München und die Münchner in Photographien. Hg.v. Richard Bauer. München 1988
Theo **Prosel:** Freistaat Schwabing. Erinnerungen des Simplwirts. München 1951
Helene **Raff:** Blätter vom Lebensbaum. München 1938
Karl Graf von **Rambaldi:** Die Münchner Straßennamen und ihre Erklärung. München 1894
Paul Ernst **Rattelmüller:** Pompe Funèbre im alten Bayern und seiner Landeshauptstadt München. München 1974
Hundert Jahre Altes **Realgymnasium** 1864-1964. Festschrift. München 1964
Hans **Reidelbach:** König Ludwig I. von Bayern und seine Kunstschöpfungen. München 1988
Rudolf **Reiser:** Alte Häuser - Große Namen. München 1978
**Reise Textbuch München.** Ein literarischer Begleiter auf dem Weg durch die Stadt. Hg.v. Albert von Schirnding. München 1988
Hans-Günther **Richardi:** Bomber über München. Der Luftkrieg 1939 bis 1945. München 1992
Joachim **Ringelnatz:** Mein Leben bis zum Kriege. Berlin 1931
Marlene **Rösch:** Cafés in München. Kaffeehausführer von Plüsch bis Pop. München 1986
Eugen **Roth:** Zwischen den Kriegen. In: Das neue Eugen Roth Buch. München 1970, S.196 ff
Eugen **Roth:** Der Glaspalast in München, Glanz und Elend 1854-1931. München 1971
Die Münchner Künstlerfamilie **Roth.** München o.J.
Carl Alexander Großherzog von **Sachsen-Weimar-Eisenach.** Tagebuchblätter von einer Reise nach München und Tirol. Hg.v. Conrad Höfer. Eisenach 1933
Edith Gräfin **Salburg:** Deutsches Bilderbuch der Zeit 1926-1931. Leipzig o.J.
Pfarrführer **St. Joseph.** München 1960
**Sankt Joseph** 1902-1977. 75 Jahre. Report. München 1977
**Sankt Ludwig** in München. 150 Jahre Pfarrei 1844-1994. Hg.v. Helmut Hempfer/ Peter Pfister. Weißenhorn 1994
100 Jahre **St. Markus** München 1877-1977. Hg.v.d. Evang.-Luth.-Kirchengemeinde St. Markus [München 1977]
B. **Saurbier**/E. **Stahr:** Geschichte der Leibesübungen. Leipzig 1939 [Maßmann]
Adolf Friedrich Graf von **Schack:** Ein halbes Jahrhundert. Erinnerungen und Aufzeichnungen. 1. Buch: Erinnerungen. Berlin o.J.
Martha **Schad:** Bayerns Königinnen. Regensburg 1992
Joseph Viktor von **Scheffel:** Briefe ins Elternhaus 1856/57. Hg. v. Wilhelm Zentner. Bühl 1939
Erwin **Schleich:** Die zweite Zerstörung Münchens. 2. Aufl. München 1981
Johann Andreas **Schmeller:** ”Lauter gemähte Wiesen für die Reaktion”.

Die erste Hälfte des 19. Jahrhunderts in den Tagebüchern Johann Andreas Schmellers (Serie Piper 884) Hg.v. Reinhard Bauer/ Ursula Münchhoff. München 1990
Inge **Scholl:** Die weiße Rose. Frankfurt 1982
Franz **Schonauer:** Stefan George in Selbstzeugnissen und Dokumenten. Reinbek bei Hamburg 1960
**Schwabing.** Ein Lesebuch. Hg.v. Oda Schaefer (Serie Piper 366) München 1985
Kurt **Seeberger**/Gerhard **Rauchwetter:** München 1945 bis heute. München 1970
Marion **Sedelmayer:** ” Der Bibliothekar ist der Kärrner der Wissenschaft”. In: Arbeit ist das halbe Leben. Geschichtswettbewerb 1991. München 1992, 125-128
**Selbsthilfe und Eigeninitiative.** Münchner Gruppen stellen sich vor. Hg.v. Selbsthilfezentrum München: Lara Geislinger/ Reinhard Fuß. München 1992
Heinz **Selig:** Stadtgestalt und Stadtbaukunst 1860 bis 1910. München 1983
**Simplicissimus Album.** Facsimile Querschnitt. Hg.v. Christian Schütze. Bern/ Stuttgart/ Wien 1963
**Soblau.** Kulturzustand München. Hg.v. Friedrich Köllmayer. München 1992
100 Jahre **Sozialdemokraten in München.** Hg. v. SPD-Unterbezirk München. München 1969.
100 Jahre **SPD im Münchner Rathaus.** Hg.v.d. SPD-Stadtratsfraktion. München 1994
Albert **Speer:** Erinnerungen. Frankfurt a. M./ Berlin/ Wien 1969
**Stadt und Vorstadt.** Münchner Architekturen, Situationen und Szenen 1895-1935, fotografiert v. Georg Pettendorfer. Der Norden und Nordwesten. Hg.v. Richard Bauer. München 1990
**Stadtbild München.** Ansichten, Modelle und Pläne aus fünf Jahrhunderten. Katalog der Schausammlung [des Münchner Stadtmuseums] München 1990
**Stadtbuch für München** 1984/85. Hg.v. Stefan Becht u.a. München 1983
**Stadtteilzeitung** ”Der Maxvorstädter” 1979 ff. Hg. v. Bezirksausschuß Maxvorstadt-Universität
Statistische Jahrbücher München
Ernst **Stern:** Cafe Größenwahn. Karikaturenfolge. Hg.v. Richard Lemp. Dortmund 1980
Karl **Stieler:** Zur künstlerischen und wissenschaftlichen Entwicklung Münchens im 19. Jahrhundert. In: Werke. Hg.v. Karl Quenzel. Leipzig o. J.
100 Jahre Münchener **Straßenbahn** 1876-1976. Vom Groschenwagen zur Untergrundbahn (Neue Schriftenreihe des Stadtarchivs München 60) München 1976
Gerhard K. **Stinglwagner:** Von Mönchen, Prinzen und Ministern. Das Gebäude des Landwirtschaftsministeriums und seine Nachbarschaft. Eine Chronik, München 1991
Franz Josef **Strauß:** Die Erinnerungen. Berlin 1989
Franz Josef **Strauß:** Der Mensch und der Staatsmann. Ein Porträt. Hg.v.Walter Schöll. [Starnberg 1988]
Johannes **Szekely:** Franziska Gräfin zu Reventlow. Leben und Werk. Mit einer Bibliographie (Abh. zur Kunst-, Musik- und Literaturwissenschaft 276) Bonn 1979
**Technische Universität München.** Jahrbuch 1993. Hg.v.d. Universitätsbibliothek der TUM. München 1994
Ludwig **Thoma:** Erinnerungen. München 1919
**Tradition und Widerspruch.** 175 Jahre Kunstakademie München. Hg.v. Thomas Zacharias. München 1985
**Trümmerzeit in München.** Kultur und Gesellschaft einer deutschen Großstadt im Aufbruch 1945-1949. Hg. v. Friedrich Prinz. München 1984
Karl **Ude:** Soldat in der verdunkelten Stadt. In: Denk ich an München, S. 248-258
**Verkehrsberuhigung/Verkehrtberuhigung** für Schwabing und die Maxvorstadt; Arbeitskreis Münchner Bürger für Verkehrsberuhigung zieht Bilanz 1977-1984. Hg.v. Münchner Forum. Berichte und Protokolle. München 1984
100 Jahre Städtisches **Vermessungsamt** 1889-1989. München 1989
Eva Maria **Volland:** Antonie (”Toni”) Pfülf - ”... die Interessen der Frauen zu vertreten”. In: Von der Klassenpartei zur Volkspartei. Hg. v. Hartmut Mehringer. München 1992, S.187-191
Alois **Wagner:** Zu meiner Zeit. Ein Bubenleben in Schwabing 1904 bis 1918. München 1980
Frank **Wedekind:** Die Tagebücher. Ein erotisches Leben. Hg.v. Gerhard Hay. Frankfurt a.M. 1986
**Wege für Fußgänger in der Maxvorstadt.** Hg.v. Bezirksausschuß Maxvorstadt-Universität. München 1979
Gustav **Wenng:** München. Max-Vorstadt und Schönfeld-Vorstadt im Jahr

1849. In Grundrissen dargestellt mit Angabe sämmtlicher Hauseigenthümer
Benedikt **Weyerer:** München zu Fuß. 20 Stadtteilrundgänge durch Geschichte und Gegenwart. Hamburg 1988
Edward **Wilberforce:** Ein Snob in München. Die erstaunlichen Beobachtungen des Mr. E. W. in München. Übersetzt und Kommentiert v. Gerhart Wiesend. München 1990
Hermann **Wilhelm:** Die Münchner Bohéme. von der Jahrhundertwende bis zum Ersten Weltkrieg. München 1993
Thomas **Wimmer** und sein München. Eine Stadt im Aufbau 1948-1960. Hg. v. Elisabeth Angermair. München 1989
Eugen Gottlob **Winkler:** Briefe 1932-1936. Bad Salzig 1949
Werner **Wirsing:** Bauten und Projekte. Arbeiten seit 1947. München 1985
Georg Jacob **Wolf:** König Ludwig II. und seine Welt. München 1922
Georg Jacob **Wolf:** Die Münchnerin. Kultur- und Sittenbilder aus dem alten und neuen München. München 1924

Georg Jacob **Wolf:** Münchner Künstlerfeste, Münchner Künstlerchroniken. Hg. mit Franz Wolter. München 1925
Georg Jacob **Wolf** (Hg). Ein Jahrhundert München 1800-1900. Zeitgenössische Bilder und Dokumente. Leipzig 1935
**Die Zeichen der Zeit.** Alltag in München 1933-1945. Hg. v. Marita Krauss/ Bernhard Grau. Berlin 1991
Florian **Zimmermann:** Wohnbau in München 1800-1850 (MBM 129) München 1984
Klaus **Zimniok:** Eine Stadt geht in den Untergrund. Die Geschichte der Münchner U- und S-Bahn im Spiegel der Zeit. München 1981
Elfi **Zuber:** Der Alte Nördliche Friedhof. Ein Kapitel Münchner Kulturgeschichte. München 1983
Carl **Zuckmayer:** Als wär's ein Stück von mir. Horen der Freundschaft. Frankfurt a. M. 1969
**Die Zwanziger Jahre in München** (Aussstellungskatalog Stadtmuseum München) Hg. v. Christoph Stölzl. München 1989

# Mitarbeiter(innen)

**Dr. Reinhard Bauer,** Historiker und Namenforscher, Autor und Dozent, Vorsitzender des Bürgerkreises Maxvorstadt e. V.

**Alois Schmitz,** Graphiker

**Klaus Bäumler,** Jurist, Vorsitzender des Bezirksausschusses Maxvorstadt

**Ingrid Bauer,** Diätassistentin

**Klaus von Gaffron,** Künstler, Vorsitzender des Berufsverbandes Bildender Künstler

**Dr. Klaus-Ulrich Högg,** Historiker und Epigraphiker

**Hans Dieter Kaplan M.A.,** Lehrer, e. a. Stadtrat

**Dr. Rainer Musselmann,** Allgemeinarzt, Mitglied der Aktion Maxvorstadt und des Vereins zur Erhaltung denkmalgeschützter Häuser in der Maxvorstadt e. V.

**Waltraud Netzer,** Journalistin, e. a. Bezirksrätin

**Uta Reimann,** Psychologin, Oberin des Diakoniewerkes Maxvorstadt

**Dr. Helmut Ruhwandl,** Pfarrer in St. Markus, Dekan der evangelisch-lutherischen Gesamtkirchengemeinde München

**Georg Simet,** Lehrer am Luisengymnasium

**Iris Zobel,** Leiterin der Stadtbibliothek Maxvorstadt

Besonderer Dank für Mithilfe gebührt den Mitarbeiterinnen und Mitarbeitern der Geschichtswettbewerbe der Landeshauptstadt München sowie Gustav Apel, Gerhard Bauer, Renate Capella-Soler, Reginald Huber, Peter Koller und Daniela Riedl. Dank auch den Archiven und Rechteinhabern, die Bilder und Texte zur Verfügung gestellt haben!

# Abbildungsnachweis

Photo **Alois Schmitz:** 8, 12, 13, 16, 17 u., 21, 37, 40, 77, 80, 81, 84, 85, 89, 92, 97, 100, 101, 104, 112, 113, 116, 117, 121, 122, 123, 124, 125, 127, 128, 131 u., 132, 133, 136, 141, 148, 152, 153, 156, 157
Photo **Reinhard Bauer:** 61, 106, 109
Photo **Barbara Etzel:** 133, 149
Photo **Joseph Krempl:** 65 o.

Photo **Ernest Langendorf:** 71
Photo **Rainer Musselmann:** 145
**Stadtarchiv München:** 46, 50, 63, 64, 65 u. 66, 67, 72, 88, 95 (darin Sammlung **Georg Pettendorfer:** 15, 20, 24, 34, 35, 43, 47, 53, 91, 94, 115, 119)
Die übrigen Abbildungen entstammen der Sammlung **Reinhard Bauer,** München.

# München in Geschichte und Gegenwart
## Stadtteilbücher

Schwabing – der wohl bekannteste Stadtteil Deutschlands. Ein Viertel mit großer Vergangenheit, dessen Name für Kultur wie Vergnügen steht, und in dem es sich noch immer gut leben läßt. Hier werden Geschichte und Gegenwart, wichtige Persönlichkeiten und Institutionen, Probleme und Freuden lebendig dargestellt.
176 Seiten, 142 Abbildungen.
ISBN 3-920530-83-7, DM 39,80

Die Geschichte Münchens vom Mittelalter bis heute. Rathaus, Residenz, Kirchen, Oper, Theater, Wirtshäuser, Bauten, Menschen und Probleme, die der Stadt ihr unverwechselbares Gesicht geben, sind in neuer Form beschrieben und abgebildet. Viele Münchner werden ihre Heimat erst hier richtig kennenlernen.
146 Seiten, 110 Abbildungen.
ISBN 3-920530-84-5, DM 39,80

Die Maxvorstadt, zwischen Münchens Altstadt und Schwabing, dem Englischen Garten und Neuhausen, ist die älteste geplante Vorstadt Münchens. Hier befinden sich die Universitäten und Bibliotheken, die meisten Ministerien und Museen. Geschichte und Gegenwart werden in diesem Buch erstmals dokumentiert.
170 Seiten, 134 Abbildungen.
ISBN 3-920530-85-3, DM 45,–

---

Reinhard Bauer:
**Eine Stadt vor 100 Jahren – München.**
**Bilder und Berichte.**
Das Buch gibt mit zeitgenössischen Texten einen Einblick in Politik, Bautätigkeit, Lebenswirklichkeit, Literatur und Kunst der Prinzregentenzeit in München. Ein farbiges Panoptikum – lustig und interessant zu lesen und zu schauen. Ein Blick in eine Zeit, in der von München weltweite Impulse ausgingen.
104 Seiten, 75 Abbildungen.
ISBN 3-920530-86-1, DM 29,80

Bavarica-Verlag
**Dr. Reinhard Bauer**
Lerchenauer Str. 148,
80935 München
Tel. + Fax: 0 89/3 51 42 81

**Vertrieb:**
**Verlag Wilhelm Unverhau**
Nadistraße 23, 80809 München
Tel.: 0 89/3 51 31 67,
Fax: 0 89/3 51 97 16

**Der Autor: Dr. Reinhard Bauer.**
Historiker, Namenforscher, Germanist und Volkskundler; Dozent und Lehrbeauftragter. Vorsitzender des Vereins Münchner Stadtteilgeschichte. Herausgeber zahlreicher Bücher.

# Die umfassende Geschichte Münchens

Die wechselvolle Geschichte der Stadt München in einer umfassenden Gesamtdarstellung – kompetent und anschaulich geschrieben, reich bebildert und liebevoll ausgestattet. Ein faktenreiches, informatives Buch für alle, die München lieben und mehr über die Vergangenheit und Gegenwart der Isarmetropole wissen wollen.

**480 Seiten mit 105 s/w-Abbildungen und 4 Karten. Leinen DM 68,–**

# PIPER

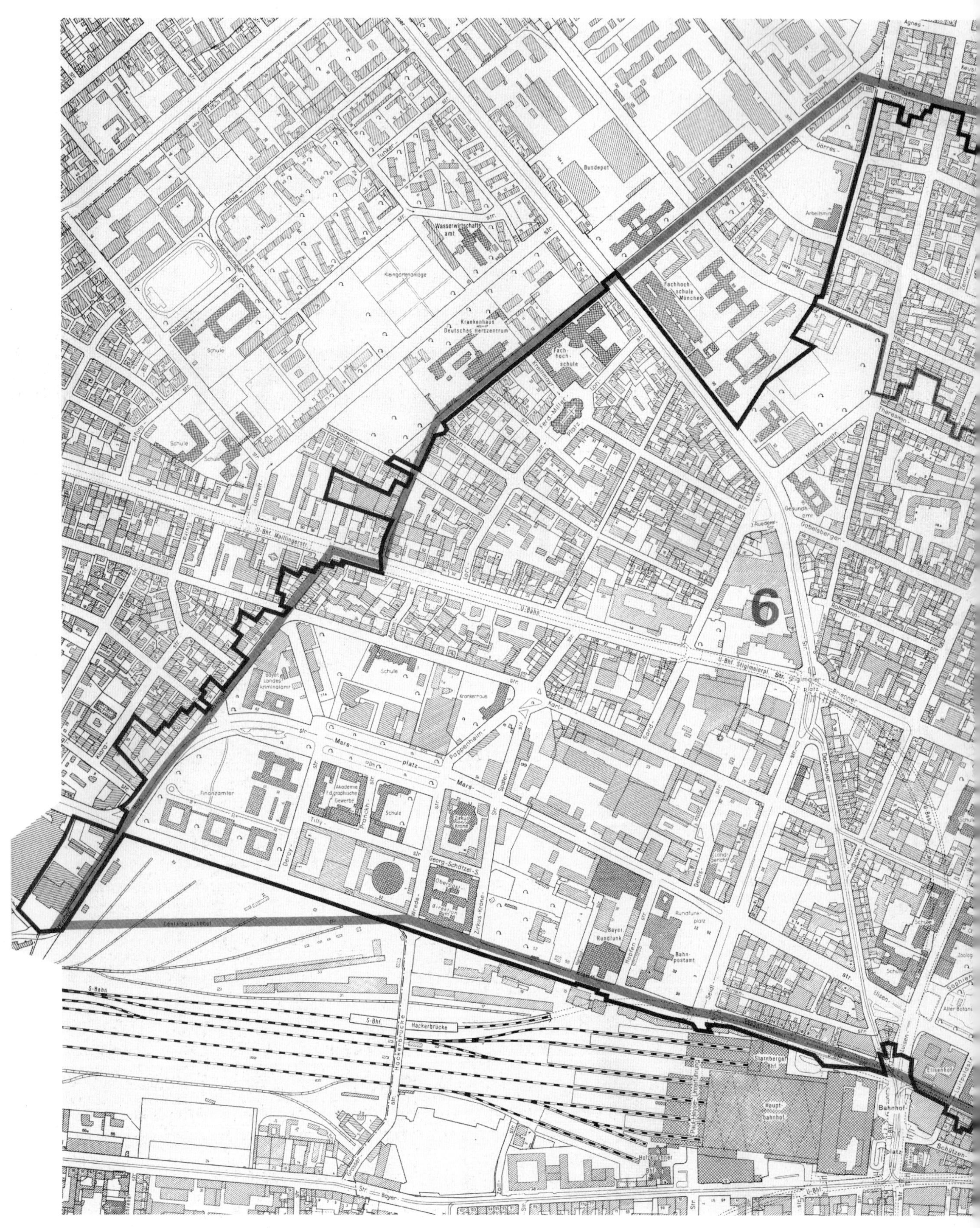


——— Grenze zwischen den Stadtbezirken 5, 6 und 7 bis 1.9.1992     ——— Grenze des Stadtbezirks Maxvorsta